OCT -- 2017

W9-CTV-665

08/17 ; de niños bilingües

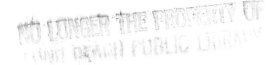

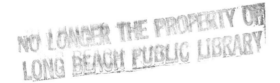

PARENTS' AND TEACHERS' GUIDES
Editor de serie: Colin Baker, *Bangor University, UK*

Esta serie proporciona consejos inmediatos y ayuda práctica en temas para los que tanto padres como maestros buscan respuesta. Cada libro está escrito por uno o más expertos, en un estilo altamente accesible y sin tecnicismos. No se asume ningún conocimiento *a priori*, pero aseguramos que una vez leído el libro apropiado se tendrá un profundo conocimiento del tema.

Se pueden encontrar detalles completos sobre cada libro de esta serie y sobre todas nuestras publicaciones en http://www.multilingual-matters.com o escribiendo a Multilingual Matters, St. Nicholas House, 31–34 High Street, Bristol BS1 2AW, UK.

Guía Para Padres y Maestros de Niños Bilingües

2.ª versión en español

Alma Flor Ada, F. Isabel Campoy y Colin Baker

MULTILINGUAL MATTERS
Bristol • Blue Ridge Summit

DOI 10.21832/ADA7913

Library of Congress Cataloging in Publication Data
Names: Ada, Alma Flor, author. | Campoy, F. Isabel, author. | Baker, Colin, author. |
   Baker, Colin, – Parents' and Teachers' Guide to Bilingualism.
Title: Guía para padres y maestros de niños bilingües / Alma Flor Ada, F.
   Isabel Campoy y Colin Baker.
Description: Segunda edición. | Blue Ridge Summit, PA: Multilingual Matters, 2017. |
   Series: Parents' and Teachers' Guides: 24 |
   Based on: A Parents' and Teachers' Guide to Bilingualism/Colin Baker. |
Includes bibliographical references and index.
Identifiers: LCCN 2017010345| ISBN 9781783097913 (hbk : alk. paper) |
   ISBN 9781783097906 (pbk : alk. paper) | ISBN 9781783097944 (kindle)
Subjects: LCSH: Bilingualism in children – Miscellanea.
Classification: LCC P115.2 A3 2017 | DDC 306.44/6083--dc23
LC record available at https://lccn.loc.gov/2017010345

British Library Cataloguing in Publication Data
A catalogue entry for this book is available from the British Library.

ISBN-13: 978-1-78309-791-3 (hbk)
ISBN-13: 978-1-78309-790-6 (pbk)

Multilingual Matters
UK: St Nicholas House, 31-34 High Street, Bristol, BS1 2AW.
USA: NBN, Blue Ridge Summit, PA, USA.

Website: www.multilingual-matters.com
Twitter: Multi_Ling_Mat
Facebook: https: //www.facebook.com/multilingualmatters
Blog: www.channelviewpublications.wordpress.com

Typeset in Sabon and Frutiger by R. J. Footring Ltd, Derby, UK.
Printed and bound in the US by Edwards Brothers Malloy, Inc.
Printed and bound in the UK by the CPI Books Group, Ltd.

Índice

Sección A: Preguntas sobre la familia

Sección C: Preguntas sobre problemas

Sección E: Preguntas sobre pedagogía

Preguntas básicas sobre pedagogía

Sección G: Libros en español recomendados para fomentar la lectura y desarrollar el lenguaje

Sección H: La importancia de la comunicación entre padres e hijos en el hogar

Sección I: Padres, maestros y niños protagonistas y autores

Sección J: Primeros pasos para enseñar a los niños a leer en español en la casa

Agradecimientos

La idea para la primera edición de este libro no fue mía. Llegó como una *idea suelta* durante una conversación telefónica con un amigo muy admirado que nos dejó recientemente. "¿Has pensado en escribir un libro para ayudar a los padres?". No, no lo había pensado. Y, en verdad, no volví a pensar en ello.

Pero todo cambió con un acontecimiento. Necesitaba una operación que me mantendría convaleciente en casa por algunas semanas. Decidí que la recuperación se beneficiaría de tener algo que hacer. Podría empezar el libro para los padres. Un cirujano muy competente, Mike Jamison, se aseguró de que durante ese tiempo no tuviera problemas.

Las preguntas fueron acordadas provisionalmente con el ángel de la guarda del proyecto, Marjukka Grover, quien a su vez amplió el marco de las preguntas. Terminado el borrador, cuidó el proyecto a través de las etapas sucesivas. Ningún autor podría haber sido tratado con más gentileza, ni aconsejado con más sagacidad. Marjukka dedicó un tiempo considerable a sugerir cambios en el borrador. Para la segunda y la tercera edición, se ocupó de darme retroalimentación detallada y consejos excepcionalmente útiles. Su experiencia, su conocimiento y su entusiasmo fueron cruciales para la compleción de cada edición. Mil gracias a mi finlandesa favorita.

Un particular agradecimiento en esta 4.ª edición a Claire Thomas, Anna Roderick y Ofelia García por sus comentarios minuciosos y creativos sobre el borrador. Claire proporcionó preguntas adicionales desde su amplia experiencia en Londres, así como muchas recomendaciones para mejorar el texto. Anna hizo sugerencias estimulantes sobre estilo, diseño y una más amplia comprensión. También ofreció su considerable experiencia en producción. Ofelia García ha sido mi inspiración, mi consejera y mi amiga por más de veinticinco años. Siempre una pensadora profunda, altamente perceptiva y permanente innovadora, con gran sensibilidad, ha sido mi consultora académica, mi colega y mi defensora. Les estoy muy agradecido a Claire, a Anna y a Ofelia por haberse tomado el tiempo y la molestia en actualizar esta contribución.

Mi gratitud a todos los que ayudaron en formas diversas en las tres ediciones anteriores: profesor Tony Cline, Sami Grover, doctora Charlotte Hoffmann, doctora Jean Lyon, doctor Geraint Wyn Jones, doctora Sylvia Prys Jones, profesora Ofelia García y profesor Iolo Wyn Williams. *Diolch o galon*. A todos los que leyeron los borradores y me dieron ayuda y apoyo, les estoy agradecido. Sin embargo, la responsabilidad por cualquier cosa en este libro que no sea justa o equitativa es totalmente mía.

Este libro nunca se hubiera escrito si no viviera en una familia bilingüe. En casa, mi esposa Anwen y nuestros tres hijos (Sara, Rhodri y Arwel) han proporcionado la experiencia, el estímulo pensador y una amplitud de encuentros que forman una base para este libro. Los cuatro son por completo bilingües. Contestan con honestidad, apertura y humor a mis preguntas interminables sobre su experiencia como bilingües y sobre la educación bilingüe. Amorosamente proporcionan una dimensión hogareña de "pies sobre la tierra" que equilibra el estudio académico del bilingüismo. A partir de 2005, el nacimiento de dos nietos (Ioan y Joseff) me permite tener una perspectiva diferente sobre el desarrollo bilingüe en la infancia, desde el punto de observación de un *Taid* (abuelo).

Por último, mi gratitud a Mike Grover, por la llamada a su hijo Tommi Grover para invitarlo a actualizar la cuarta edición del libro y, en especial, por el estilo dispuesto y participativo de esa familia Grover, que creó una colaboración nacida de una visión compartida de retener la lengua materna y paterna en el mundo gracias a la reproducción de la lengua familiar.

Colin BAKER

Introducción a la cuarta edición en inglés

Desde la primera edición en inglés de este libro, en 1995, se ha avanzado mucho y en muchos campos en la investigación y las publicaciones académicas sobre el estudio del bilingüismo en la infancia. Cada edición siguiente, y aún más esta cuarta edición en inglés, se ha creado teniendo en cuenta esos avances en la investigación. En cada una, se han ampliado y enriquecido las ideas y percepciones con una actitud crítica y con más experiencias de familiares, conferencias, talleres con padres, lecturas y respuestas a muchos correos electrónicos.

Anwen y yo tuvimos la fortuna de pasar unas vacaciones con mi cuñado, Geraint, y su esposa, Ann, en Talmont-sur-Gironde, Francia, que me proporcionaron la ocasión para reflexionar, repensar algunos de los textos y revisar todo el libro.

En esta edición se han ampliado y refinado los conceptos, además de añadir nuevos materiales, sobre:

- el desarrollo del trilingüismo y el multilingüismo en el niño;
- la mezcla de idiomas al hablar;
- el valor de mantener, o no, los idiomas separados;
- el cambiar los hábitos de hablar una u otra lengua al niño;
- la fluidez en diferentes contextos lingüísticos;
- el papel de la madre;
- los niños como intérpretes o traductores;
- la adopción;
- las experiencias lingüísticas neonatas/fetales;
- los efectos en la personalidad;
- los esfuerzos y las frustraciones de los padres;
- la tartamudez;
- la elección de idioma cuando uno de los padres es totalmente bilingüe;
- los libros en dos idiomas;
- las clases de idioma en la escuela en un idioma que los niños ya hablan con fluidez;

- el efecto de los hermanos y hermanas en la adquisición de la lengua;
- los efectos de la tecnología de la información y la Internet en el desarrollo bilingüe;
- las escuelas internacionales;
- la integración del aprendizaje en contenido y lengua;
- el papel de los amigos y la comunidad local en el desarrollo bilingüe en la infancia;
- el translenguaje;
- las direcciones de Internet, los artículos y los libros para una lectura posterior;
- la escolarización en el hogar.

Se han añadido también citas ocasionales de padres y niños en este texto. Aunque no son extensas, ya que las condiciones familiares son individuales y no se las puede generalizar, se incluyeron para proporcionar un nuevo punto sobre el tema.

Tenemos la esperanza de que la cuarta edición haya retenido los puntos fuertes de las previas, eliminado las posibles debilidades y añadido nuevos textos que proporcionen una amplia introducción a este tema cada vez más importante en todo el mundo.

Colin BAKER

Introducción a la segunda versión en español

Esta versión en español se basa en la cuarta edición del libro de Colin Baker, que ha sido traducido y adaptado al español por Alma Flor Ada y F. Isabel Campoy respetando su contenido y espíritu. Sin embargo, para hacerla verdaderamente útil a los lectores de español, se han incorporado ciertas modificaciones y se han adaptado muchas respuestas a la realidad del bilingüismo de los idiomas español–inglés.

Además se han añadido:

- una sección dirigida específicamente a los maestros y educadores sobre cómo apoyar mejor la interacción hogar-escuela;
- principios útiles para el desarrollo de la lectoescritura en español en el hogar;
- sugerencias de lecturas tanto para maestros y padres como para niños.

Esta versión está dirigida a un público diverso, de dentro y fuera de los Estados Unidos. En los Estados Unidos el libro está dirigido a:

- padres latinos que hablan español y cuyos hijos hablarán español en el hogar e inglés en la escuela;
- matrimonios mixtos en los que el padre y la madre tienen idiomas distintos y uno de ellos habla español. Los hijos de estos padres pueden aprender dos idiomas en el hogar o uno en el hogar y otro en la escuela;
- padres cuyo primer idioma es el inglés, pero que desean criar a sus hijos hablando inglés y español.

Fuera de los Estados Unidos, este libro puede ser de interés para padres hispanohablantes que desean educar a sus hijos en dos idiomas, ya sea que el padre o la madre hablen dos idiomas, o que los niños los aprendan en la escuela o en la comunidad en que habitan.

El libro, escrito por un europeo, tiene una perspectiva internacional. No hemos querido que la versión en español pierda la riqueza de información sobre lo que ocurre con otros idiomas y en otras partes del mundo. A la vez, por estar dirigido a un público hispanohablante, le hemos dado preferencia, siempre que ha sido apropiado, a la realidad hispánica (de dentro o de fuera de los Estados Unidos).

Esta versión en español refleja el inestimable diálogo que a través de los años hemos mantenido con Rosalma Zubizarreta, hija de Alma Flor, que comparte nuestra inquietud por apoyar a las familias hispanas en los Estados Unidos, reclamar justicia y equidad para ellas y encontrar alternativas mejores para la interacción hogar-escuela.

Alma Flor ADA y F. Isabel CAMPOY

Introducción

Las diferentes situaciones consideradas en este libro

Este libro está escrito en forma de respuestas a las *preguntas más frecuentes* que hacen los padres, los maestros y otras personas interesadas en la educación y crianza de niños y niñas bilingües. Las preguntas han sido coleccionadas tanto por Colin Baker, durante más de treinta años de presentaciones a padres e interacción con trabajadores sociales y comadronas (por ejemplo, en el programa Comunicación en la Familia, en el País de Gales, Gran Bretaña), como por Alma Flor Ada y F. Isabel Campoy, durante más de cuarenta años de presentaciones y trabajo con familias latinas a través de todos los Estados Unidos y numerosas participaciones en conferencias, simposios y talleres sobre bilingüismo en múltiples países.

Las **respuestas** están escritas en un lenguaje claro y sencillo. El libro se centra en preguntas sobre la vida familiar, preguntas educativas y temas lingüísticos, así como en las dificultades que puedan presentarse en estas áreas. Las respuestas consideran los **temas** sobre los que hay que tomar decisiones fundamentales al educar niños bilingües. Hay preguntas importantes sobre las ventajas y desventajas, esquemas y estrategias para el desarrollo del lenguaje. Las respuestas ponen de manifiesto los **retos** a los que se enfrenta una familia bilingüe y las decisiones que es necesario tomar.

El libro está destinado a padres y maestros de posibles niños bilingües, ya sean ellos mismos bilingües o no; a padres y maestros monolingües; y a otros profesionales, como médicos, terapistas del lenguaje, psicólogos y consejeros, y maestros que desean saber más sobre el tema.

Gran parte del libro trata acerca del bilingüismo en el hogar, los familiares y otras experiencias (por ejemplo, la comunicación electrónica). Para algunos padres, es posible que sus hijos participen en algún programa bilingüe, pero otros no tienen esas oportunidades. Por ejemplo, en los Estados Unidos y en Inglaterra, la educación monolingüe es, a veces, la única elección. Este libro se ha escrito pensando también en esos padres, ya que **es posible desarrollar el bilingüismo sin una educación bilingüe formal.** Las secciones A, B, C y D prestan especial atención a esos padres cuyos hijos no tienen el beneficio de un programa bilingüe.

El libro es útil para los padres que atraviesan la etapa del embarazo y para los que tienen hijos recién nacidos. Sin embargo, también está diseñado para los que tienen niños de 2 a 12 años, ya que, mientras que para algunas familias el bilingüismo comienza a partir del nacimiento, para otras comienza más tarde. El libro atiende a esta variedad, con la certeza de que el bilingüismo es posible desde antes de nacer hasta los 100 años de edad.

Algunos padres pueden tener la oportunidad de ofrecer a sus hijos algún tipo de educación bilingüe o multilingüe. La sección E está especialmente dedicada a ellos y también a los maestros, tanto los que están en entrenamiento como los ya experimentados, para brindarles una comprensión más completa acerca de las complejidades de la educación bilingüe.

El lenguaje del bilingüismo

Este libro trata de **niños bilingües y multilingües,** de **padres bilingües** y de **educación bilingüe.** Lamentablemente hay mucha confusión con relación a estos términos. No hay una definición común, en la que todos estemos de acuerdo. *Bilingüismo* es una palabra sencilla que esconde un problema muy complejo. ¿Incluye la palabra *bilingüe* a todos los que saben hablar un segundo idioma, pero no lo utilizan? ¿Incluye a quienes comprenden un segundo idioma cuando lo oyen, pero que rara vez lo usan? ¿Incluye a quienes hablan bien un idioma, pero apenas están aprendiendo a hablar un **segundo idioma?** [véase el Glosario]. ¿Incluye la palabra *bilingüe* a quienes saben hablar en dos idiomas aunque no sepan leer en uno de ellos o incluye solo a quienes hablan, leen y escriben en dos idiomas?

Estas preguntas dejan ver que el lenguaje presenta diferentes dimensiones. Podemos examinar las habilidades lingüísticas de una persona en dos o más idiomas según su capacidad para **escuchar (comprender), hablar, leer** y **escribir.** Dentro de estas cuatro dimensiones del lenguaje, hay muchas variables. Desde las personas que recién empiezan a aprender un segundo idioma hasta los que ya hablan bien en dos idiomas, hay muchos niveles. Se discute constantemente dónde termina el aprendizaje de un segundo idioma y dónde comienza el bilingüismo. No hay una clara frontera que separe estos dos procesos. Cualquier punto que se establezca será arbitrario y debatible.

Hay personas que consiguen ser totalmente bilingües porque dominan dos idiomas con casi la misma facilidad, a veces se las llama *bilingües balanceadas* o *equilibradas* [véase el Glosario], pero tienden a ser la minoría. La mayoría de las personas bilingües domina mejor uno de los dos idiomas. Con frecuencia, a los bilingües les resulta más fácil usar uno de sus idiomas en ciertas circunstancias. A menudo, los idiomas se usan en ocasiones distintas, con personas distintas. Algo que se modifica a medida que cambian la edad, la experiencia, la geografía, el trabajo, la familia y los amigos.

Llamar a alguien *bilingüe* o *multilingüe* significa usar un **término genérico**, como una sombrilla debajo de la cual se cobijaran distintas personas. Amparados por ella, hay diferentes niveles de habilidades en dos idiomas.

Bilingüe emergente [véase el Glosario] es un término reciente y cada vez más popular para referirse a quienes están en camino al bilingüismo. Pero ser bilingüe no se refiere solo a las **habilidades** lingüísticas en dos idiomas. También tiene que ver con el **uso** del idioma. Hay una diferencia entre saber hablar un idioma y usarlo. Alguien puede saber hablar dos idiomas y, sin embargo, no usarlos casi nunca. Tiene habilidades bilingües, pero no actúa bilingüemente. El caso opuesto es el de una persona que usa constantemente dos idiomas, pero apenas empieza a dominar uno de ellos. Puede tener un **vocabulario** [véase el Glosario] muy limitado y mucha dificultad para expresarse con corrección. Sin embargo, en la práctica puede ser bilingüe, aunque su segundo idioma todavía se halle en proceso de desarrollo. Esta diferenciación entre saber hablar un idioma y usar el idioma demuestra una vez más como el simple término *bilingüe* implica fenómenos muy complejos. Ya que el libro también trata acerca de niños multilingües, la complejidad aumenta.

Clases de bilingüismo familiar

En este libro se hace referencia constantemente a las familias bilingües y a los padres que educan hijos bilingües. Sin embargo, la familiaridad de la madre y del padre con los idiomas, la posibilidad de practicarlos con otros miembros de la familia, los idiomas que se hablen en la comunidad o en la región crean una **amplia variedad de familias bilingües.**

Las familias bilingües y multilingües incluyen muchas combinaciones diferentes según sea su respuesta a las siguientes preguntas:

(1) ¿Qué idioma(s) habla la madre/el padre con la niña o el niño?
(2) ¿Qué idioma(s) hablan los hermanos y hermanas entre sí?
(3) ¿Qué idioma(s) hablan los otros miembros de la familia (abuelos, tías, tíos, etcétera) con la niña o el niño?
(4) ¿Qué idioma(s) hablan los amigos y cuál consideran más importante?
(5) ¿Cuál es el impacto de la comunidad local, las redes (incluso las electrónicas), la sociedad y la cultura dominante en la familia? ¿Cuáles son las presiones sobre la identidad que se atribuyen al idioma y cuáles son la cultura y la religión del hogar? Por ejemplo, los idiomas que se hablan en el hogar son:
(a) ¿dos idiomas mayoritarios?;
(b) ¿un idioma mayoritario y uno minoritario?;

(c) ¿dos idiomas minoritarios/dialectos?;

(d) ¿un idioma minoritario?

(6) ¿Se está aprendiendo un idioma distinto al del hogar fuera de este (por ejemplo, en la calle, en la escuela, en el ámbito religioso)?

(7) ¿Se habla(n) el idioma (los idiomas) del hogar en la comunidad local, en las redes sociales [véase el Glosario] o en la región?

(8) ¿Cuáles son las actitudes de la familia hacia los idiomas que usan y los idiomas con los que están en contacto [véase el Glosario]?

(9) ¿Se habla(n) el idioma (los idiomas) del hogar en otra comunidad o región?

(10) ¿Vive la familia permanentemente en un lugar o hay traslados geográficos que imponen distintas necesidades en cuanto al uso de los idiomas?

Los padres usan **diversas estrategias** para que sus hijos sean bilingües o multilingües. Las **principales** (con otras alternativas posibles, como por ejemplo, cambiar los patrones de conducta a medida que el tiempo pasa) son las siguientes:

Estrategia 1: Cada padre (o dos personas de la familia) habla en un idioma distinto del de la niña o el niño. A esta estrategia se la llama a menudo estrategia de *una persona-un idioma*.

Aunque, desde que el niño nace, el padre y la madre le hablan cada uno en su idioma, al hablar entre ambos lo hacen en un solo idioma. Sin embargo, no es solo la familia la que influye en la adquisición de un idioma [véase el Glosario]. Las influencias comunitarias también son importantes (por ejemplo, el programa preescolar, los familiares, los medios de comunicación). Una variante puede producir multilingüismo. Si cada padre le habla al niño en un idioma diferente, el niño puede adquirir un tercer idioma fuera del hogar. A menudo esto da lugar al trilingüismo (por ejemplo, la madre habla alemán, el padre habla español, el lenguaje de la comunidad es el inglés). Muchas familias varían esta estrategia (por ejemplo, durante las comidas ambos padres suelen hablar en un solo idioma). Es difícil hacer una separación absoluta y, en la práctica, no siempre es posible.

Estrategia 2: Los padres (o familiares) hablan en un idioma al niño o a la niña, quien luego adquiere un segundo idioma fuera de la casa. Esto tiende a ocurrir cuando en el hogar se habla un idioma minoritario o también cuando uno de los padres usa su segundo idioma [véase el Glosario].

Estrategia 3: Ambos padres (o los familiares) le hablan en ambos idiomas a la niña o al niño. La mezcla de idiomas es aceptable en el hogar y en el vecindario. El niño normalmente cambia de idioma con otras personas bilingües, pero no con las monolingües (por ejemplo, la madre y el padre hablan maltés e inglés, los idiomas de la comunidad son el maltés y el inglés).

Estrategia 4: Los padres pueden demorar la introducción del segundo idioma si el idioma del vecindario, la comunidad y la escuela tiene un estatus más alto y es un idioma preponderante. Por ejemplo, los padres pueden hablar en el hogar exclusivamente en el idioma minoritario hasta que el niño tenga 2 o 3 años de edad y luego agregar un idioma mayoritario como el inglés. La táctica consiste en asegurar una base sólida en el idioma hereditario [véase el Glosario] antes de que el idioma dominante fuera del hogar se convierta en preponderante.

Las estrategias 1 y 2 tienden a asociarse en particular con las familias de la élite y de la clase media. Las estrategias 3 y 4 se aplican a veces entre los grupos de idiomas hereditarios relativamente desfavorecidos en el aspecto económico, inmigrantes y familias trabajadoras. La segunda estrategia se encuentra a menudo entre familias de primera generación de inmigrantes (en especial cuando los padres no hablan con mucha fluidez la lengua mayoritaria), mientras que la estrategia 3 es más común entre generaciones posteriores de inmigrantes.

Este libro intenta cubrir una amplia variedad de **familias bilingües** (que incluyen otras además de las mencionadas). Algunas respuestas a las preguntas son válidas para todas las familias. Hay generalizaciones que pueden hacerse sea cual sea el tipo de familia. Hay otras preguntas que se refieren a situaciones específicas. Por ejemplo, hay **padres que hablan una lengua minoritaria** y viven en una región donde esta tiene una larga tradición y es valorada, mientras que, en otros casos, la lengua minoritaria no goza de prestigio ni aceptación. Las actitudes y motivaciones que ambos tipos de familias tienen sobre la lengua y la cultura varían muchísimo. Este libro se refiere a las dudas planteadas por padres en todos estos contextos.

Aunque la edición en inglés de este libro está dirigida a todos los tipos de familias bilingües que pueden darse en el mundo, la versión en español presta especial atención a la realidad de las **familias latinas de los Estados Unidos,** ya sean de inmigrantes recientes, o establecidos largo tiempo atrás. Se hace aquí referencia a las grandes variantes que hay entre estas familias, bien vivan en grandes ciudades —en barrios donde el español se usa abundantemente—, bien en lugares donde su empleo es limitado. La realidad de las familias de campesinos migrantes también es de especial interés, como lo son las inquietudes frente a la mezcla de los dos idiomas y las variantes de español que hablen los niños. Los **padres que hablan español sin ser ellos mismos de ascendencia latina** y que desean que sus hijos sean bilingües también encontrarán aquí respuestas a sus preguntas.

Este libro se ha escrito, además, para los padres de **matrimonios mixtos que hablan dos idiomas** (y también para los que tienen dos culturas). Los matrimonios entre personas que hablan idiomas distintos van en aumento, a medida que se abren las fronteras internacionales y se incrementa la comunicación entre distintos países. Así, aquí se dan respuestas a situaciones como la de una madre que habla, por ejemplo, español, chino o francés como idioma materno y está casada con alguien que habla solo inglés. O la de familias donde ambos padres tienen una **lengua distinta a la lengua mayoritaria del país en el que viven** (por ejemplo, si uno habla español y el otro tagalo). Los consejos son también válidos para las familias que tienen **dos idiomas de prestigio internacional,** como el inglés y el francés, y las que tienen una **combinación de idiomas mayoritario y minoritario.**

Hay familias que viajan a otros países por razones de trabajo, de estudio o por la **naturaleza internacional de su empleo** (por ejemplo, quienes trabajan para las Naciones Unidas, la Comunidad Europea o compañías transnacionales). Estas familias "internacionales" van en aumento. Y este libro les ofrece también a ellas sugerencias útiles.

Otra situación que cubre este texto es la de los **inmigrantes recientes** a un país (ya sean refugiados, exiliados o personas en busca de trabajo o mejores condiciones económicas). Este fenómeno de la inmigración, tan prevalente en los Estados Unidos, también existe en muchas otras partes del mundo.

Distintas situaciones bilingües

En el bilingüismo hay enormes diferencias que deben aclararse. El bilingüismo incluye un amplio espectro, desde el **bilingüismo aditivo,** o de suma [véase el Glosario], hasta el **bilingüismo sustractivo,** o de resta [véase el Glosario].

En el bilingüismo aditivo se ha sumado otro idioma al que los niños ya tenían. Esto, que es el ideal para todos los niños, tiende a ocurrir con más frecuencia cuando los niños que hablan una lengua mayoritaria tienen la posibilidad de aprender otra lengua mayoritaria o una lengua minoritaria. Como su idioma materno es un idioma prestigioso, mayoritario, no está amenazado. En los Estados Unidos, este es el caso de niños en cuyo hogar se habla inglés y participan en un programa dual donde aprenden español. El idioma aprendido en el hogar, el inglés, no va a ser sustituido por el segundo idioma que aprendan en la escuela, el español. Estos niños ganan un nuevo idioma y una nueva cultura sin sufrir ninguna pérdida.

Una situación distinta es la del bilingüismo sustractivo o de resta, que se produce cuando **un niño o una niña que habla un idioma minoritario** (por ejemplo, español) debe aprender el idioma mayoritario (por ejemplo, inglés) en el hogar o, más a menudo, en la escuela. En estos casos, es frecuente que el segundo idioma (mayoritario) se convierta en más importante que el primero, hasta el punto de reemplazarlo. Lamentablemente, esto les sucede a un gran número de los niños que hablan español, lenguas indígenas nativoamericanas u otros idiomas minoritarios en los Estados Unidos. Es común que reciban el mensaje constante de la escuela y de la sociedad de que deben hablar en inglés, y el inglés termina dominando y reemplazando el idioma del hogar.

Los políticos, los administradores y los miembros del sistema educativo a menudo quieren sustituir la lengua del hogar por el idioma mayoritario. Sus argumentos en favor de la supremacía del idioma mayoritario se basan en temas como mejores oportunidades de empleo, igualdad de oportunidades, la importancia de que un solo idioma (por ejemplo, el inglés) sea el denominador común para la integración en la sociedad, la teoría de que todos los inmigrantes deben *fundirse en una olla común (melting pot)* y volverse indistinguibles de la mayoría dominante, y que esto se logra abandonando el idioma propio y hablando solo inglés. La intención es asimilar a las minorías dentro de las mayorías. Reemplazar toda diferencia con similitudes. Eliminar las variantes de idioma y crear una uniformidad lingüística. Esto puede resultar en un bilingüismo sustractivo o de resta. La segunda lengua se adquiere a expensas de la primera, a menos que los padres hagan un esfuerzo especial para impedir esta pérdida.

Frecuentemente, el término *niños bilingües* se usa como eufemismo para hablar de niños que están perdiendo su primer idioma y reemplazándolo por el idioma mayoritario del país o la región. Algo importante que debe tenerse en cuenta es que, en los Estados Unidos, aun cuando las personas pierdan su idioma y se conviertan en monolingües en inglés, no llegan a tener la aceptación que esperaban si su color de piel y rasgos físicos son distintos de los de la mayoría. Y el sacrificio de su lengua y cultura resulta no solo innecesario, sino, peor aún, inútil.

Este libro aborda ambas situaciones: el bilingüismo aditivo o de suma, y el sustractivo o de resta. Ofrece consejos a los padres de niños que hablan una lengua mayoritaria o una minoritaria, y que viven en su propio país o han viajado a otro país. El libro se refiere a padres que viven en comunidades que apoyan su lengua y en comunidades que la desprecian. Hay información para los que viven en comunidades, grandes o pequeñas, en las que se habla el idioma del hogar y para los que viven en comunidades en las que no se habla ese idioma.

Contenido del libro

La intención del libro es ofrecer una **introducción fácil** que sea de valor práctico para los padres. No se intenta usar en ella la terminología que los académicos emplean al hablar del bilingüismo. En todo lo posible, los términos académicos se han traducido al lenguaje diario. Los lectores que deseen una información más académica pueden leer los libros que se ofrecen como referencia al final de este volumen.

Por favor, tenga en cuenta que este libro no ha sido escrito para académicos, investigadores o estudiantes que ya tienen una base sobre el bilingüismo o la educación bilingüe. Para permitir una lectura más fácil y un texto por donde se navegue con más fluidez, se han evitado deliberadamente los estilos de referencias académicas. El libro de Colin Baker *Foundations of Bilingual Education and Bilingualism* (2011) que tiene una versión en español, *Fundamentos de educación bilingüe y bilingüismo*, Editorial Cátedra, es un mejor recurso para los académicos, los investigadores y la mayoría de los estudiantes.

Dada la importancia que la **educación formal** tiene para el desarrollo bilingüe de los niños, la sección E está dedicada al papel que puede desempeñar la escuela en fomentar o impedir el desarrollo bilingüe. Las preguntas de esa sección cubren una variedad de circunstancias escolares. Se habla de distintos tipos de escuelas y clases: unas donde la lengua difiere de la del hogar, otras donde los padres tienen el derecho a elegir el mantenimiento de la lengua minoritaria. También se plantean los casos en que las únicas escuelas existentes son monolingües y promueven el monolingüismo, o los de padres que se trasladan con frecuencia de lugar en lugar o de país en país, por su trabajo, y los niños pasan de escuela a escuela. Se mencionan los distintos tipos de programas bilingües que existen en el mundo sin discutirlos técnicamente. Encontrará una introducción a ese tema en el libro de Colin Baker mencionado al principio de esta sección.

Al final de este libro hay un glosario que ofrece una explicación breve y sencilla de los términos más importantes. También incluye algunos de los términos técnicos que se ha evitado usar en el texto, pero que suelen aparecer en otros libros y artículos sobre temas de bilingüismo.

Algunos **lectores** leerán el libro pregunta a pregunta. Para ellos, ha sido organizado siguiendo un orden lógicamente progresivo. Los principios que se ofrecen al inicio ayudarán a comprender los temas que se desarrollan luego. Sin embargo, otros lectores preferirán leer primero las preguntas que les resultan de mayor urgencia y luego otras. Es posible que algunas no les interesen en absoluto. El libro ha sido diseñado, desde su concepción, para ser útil a una variedad de lectores. Cada pregunta y su respuesta forman una unidad independiente. Cada respuesta intenta ofrecer información coherente y completa. Esto implica que, a lo largo del libro, habrá cierta repetición.

Algunas preguntas llevan a otras. Por eso, en algunas respuestas se hace referencia a otras que pueden ampliar el tema. También hay un índice que ayudará a los lectores a encontrar otros temas relacionados. Ciertas palabras aparecen en negrita para facilitar ojear el texto y encontrar con facilidad los temas relevantes.

Para ayudar con **orientaciones básicas**, ofrecemos algunas recomendaciones para diferentes grupos:

- Para padres de recién nacidos o niños pequeños, las secciones A y B son, al principio, las más relevantes.
- Para padres, abuelos y otros que se sientan inseguros, ansiosos y hasta dudosos, la sección A1 resulta básica, luego el resto de la sección A seguida por las preguntas más relevantes de la sección C.
- Para quienes creen que están fracasando con el bilingüismo (algo bastante común), las secciones A y C son útiles y prácticas.
- Para familias que empiezan el bilingüismo después de la primera infancia, las secciones de la A a la D cubren temas específicos que surgen con frecuencia. Las preguntas de B3, B5, B6, B7, B10, B12, C3 y C4 son de gran importancia.

- Para padres que tienen la oportunidad de elegir la educación bilingüe para sus hijos, la sección E ofrece información acreditada, que esperamos sea útil.
- Para maestros en entrenamiento, maestros nuevos en la educación bilingüe o deseosos de aumentar su conocimiento sobre el tema, la sección E pretende ser una introducción lo más completa posible. Las secciones H e I les darán sugerencias prácticas sobre la relación escuela-hogar e, incluso, sobre la creación de libros con la participación de los padres.
- Para los padres que saben español y quieren enseñar a sus hijos a leer y escribir en español, o apoyar el aprendizaje de la lectoescritura en español que reciben en la escuela, la sección J propone sugerencias prácticas.
- Además, la sección G ofrece recomendaciones de lecturas en español para padres, maestros y niños.

Las respuestas a las preguntas se basan todo lo posible en **investigaciones** internacionales recientes. En las dos últimas décadas, ha habido una cantidad creciente de investigaciones sobre el bilingüismo y la educación bilingüe. Este libro ofrece el resultado de ellas. La quinta edición del libro de Colin Baker *Foundations of Bilingual Education and Bilingualism* (2011), publicado en español como *Fundamentos de educación bilingüe y bilingüismo,* brinda una visión de todas estas nuevas investigaciones.

Al final de este libro se incluye información sobre **lecturas adicionales** y sobre cómo establecer una **red de contactos** con otros padres que desean criar a sus hijos en forma bilingüe.

Los autores

Algunos lectores querrán saber sobre la trayectoria profesional de los **autores** de este libro. La validez de las respuestas está en función de su experiencia.

Colin Baker

En primer lugar, el autor principal de este libro, Colin Baker, es experto en bilingüismo y educación bilingüe. Ha publicado 17 libros, además de otras 100 obras sobre este tema. Algunos de los libros son *Aspects of Bilingualism in Wales* (Aspectos del bilingüismo en el País de Gales), 1985; *Key Issues in Bilingualism and Bilingual Education* (Aspectos esenciales del bilingüismo y la educación bilingüe), 1988; *Attitudes and Language* (Las actitudes y el lenguaje), 1992; y *Foundations of Bilingual Education and Bilingualism* (*Fundamentos de educación bilingüe y bilingüismo*), con cinco ediciones de 1996 a 2011. Con la profesora Ofelia García, del City College, en Nueva York, ha editado dos libros con artículos de varios autores: *Policy and Practice in Bilingual Education: A Reader Extending the Foundations* (Regulaciones y prácticas en educación bilingüe: Lecturas que amplían los principios), 1995, y *Bilingual Education: An Introductory Reader* (Educación bilingüe: Lecturas iniciales), 2007. Con Sylvia Prys Jones, escribió *Encyclopedia of Bilingualism and Bilingual Education* (Enciclopedia del bilingüismo y la educación bilingüe), 1998. Él aporta a este libro el conocimiento de la investigación en el ámbito internacional y varias décadas de publicaciones académicas y de investigaciones sobre el bilingüismo y la educación bilingüe. También incluye sus perspectivas tras dar cursos en esta área por más de una década a alumnos universitarios, a maestros y a padres. Colin Baker fue elegido Fellow de la Sociedad Británica de Psicología en 1994 por su trabajo sobre bilingüismo.

En segundo lugar, Colin Baker y su esposa, Anwen, han criado tres niños bilingües. Este libro destila la experiencia de veinte años y numerosas conversaciones entre los padres y sus hijos. Han solucionado problemas y otros nuevos han aparecido. Ningún camino al bilingüismo está exento de problemas. Los tres hijos, Sara, Rhodri y Arwel, hoy son completamente bilingües en inglés y galés. Anwen les ha hablado siempre en galés, mientras que Colin, lo ha hecho casi siempre en inglés. Por lo general, los hijos hablan entre sí en galés. Los tres han recibido una educación bilingüe desde kindergarten (a la edad de 3 o 4 años) hasta la escuela secundaria. Sin embargo, sus caminos al bilingüismo han sido distintos y no han carecido de problemas.

En tercer lugar, el autor trabaja en la Facultad de Pedagogía de una universidad que se especializa en bilingüismo y educación bilingüe. Por lo tanto, tiene un diálogo constante con colegas sobre el tema, así como investigaciones en las escuelas bilingües.

Hay un cuarto tipo de experiencia que ha influido a la hora de escribir este libro. En conferencias profesionales y en diálogos informales, Colin Baker ha hablado con frecuencia sobre el bilingüismo familiar con otros padres. Estas conversaciones, en el País de Gales, se han referido a la situación del galés como lengua autóctona minoritaria; en Inglaterra, se han dado con padres asiáticos, turcos y griegos; en los Estados Unidos, con familias que hablan español e inglés; y, en distintas partes de Europa, con padres que están educando a sus hijos con dos y, algunas veces, tres idiomas. En todas ellas ha compartido e intercambiado ideas. Este libro se ha enriquecido al observar a padres en situaciones bilingües muy diversas, escucharlos y hablar con ellos.

Alma Flor Ada

Alma Flor Ada ha dedicado su vida académica y profesional al estudio del bilingüismo y la educación bilingüe, a la promoción del derecho de los padres a mantener la lengua del hogar y a fomentar la interacción entre el hogar y la escuela. Ha guiado más de cien tesis doctorales sobre estos temas en la Universidad de San Francisco, donde fue profesora en la Facultad de Pedagogía, en el Programa

Internacional Multicultural, durante cerca de treinta años. También ha dado conferencias sobre estos temas tanto en los Estados Unidos como en otros países. Ha sido miembro activo de la Asociación Nacional de Educación Bilingüe y fue la fundadora de la revista profesional de la institución.

Alma Flor Ada, que en el Perú fue maestra en una escuela bilingüe, Abraham Lincoln School, y en otra trilingüe, Colegio Alexander von Humboldt, crió en los Estados Unidos a cuatro hijos totalmente bilingües: Rosalma, Alfonso, Miguel y Gabriel. Aunque nunca pudieron participar en programas escolares bilingües en este país, Rosalma, que creció hablando tres idiomas, desarrolló desde muy pequeña sus habilidades de traductora de inglés y español, ha traducido un gran número de libros y ha creado materiales educativos en ambos idiomas. Alfonso, que es trilingüe porque habla portugués además de español e inglés, tiene un importante cargo como representante de una compañía de productos tecnológicos en toda Hispanoamérica, gracias al dominio del español que adquirió en la casa y del portugués que aprendió luego como tercer idioma. Miguel y Gabriel también han usado el español en forma profesional en distintos países de habla hispana.

Alma Flor Ada ha tenido conversaciones frecuentes sobre el bilingüismo con ellos, como también con los doctorandos de la Universidad de San Francisco. Pero, sobre todo, a lo largo de cuarenta años, ha hablado con varios miles de padres hispanohablantes en todos los Estados Unidos, desde los pueblos de la frontera del río Bravo hasta las costas de Nueva Inglaterra, en el Medio Oeste y en la Florida.

F. Isabel Campoy

F. Isabel Campoy vivió sus primeros quince años oyendo catalán/valenciano en los lugares públicos, francés y español en la escuela, e inglés en su hogar porque su padre era profesor de inglés. Su llegada a los Estados Unidos como estudiante a los 16 años la hizo consciente de la importancia del bilingüismo y, a su regreso a España, se licenció en la Universidad de Madrid en la especialidad de filología inglesa. A partir de entonces, su dedicación a la comprensión del proceso de adquisición de dos idiomas ha sido constante y se afanó en la creación de materiales educativos que propiciaran tanto el aprendizaje del español como del inglés. Como directora del Departamento de Lengua Inglesa en la Editorial Mangold, en Madrid, diseñó, redactó y supervisó diversas series para la enseñanza de inglés en la escuela elemental (*Creative English, Horizons, Fantasy*). Tras sus estudios de posgrado en la Universidad de Reading, en Inglaterra, y en la UCLA, en los Estados Unidos, alcanzó la posición de Senior Sponsoring Editor en la editorial Houghton Mifflin, en Boston, Massachusetts, donde dirigió las publicaciones en lenguas modernas para los niveles universitarios en ese país.

F. Isabel Campoy es autora de más de cien libros, tanto en inglés como en español, dirigidos a maestros, padres y estudiantes, cuyos contenidos resaltan la importancia del bilingüismo, la **biculturalidad** [véase el Glosario] y el multi-culturalismo. Frecuente oradora en conferencias internacionales, ha recibido en 2016 el Premio Ramón Santiago, otorgado por la Asociación Nacional de Educación Bilingüe de los Estados Unidos.

Es autora, con Alma Flor Ada, de *Ayudando a nuestros hijos* (Mariposa. Transformative Education, 2016), que incluye sugerencias adicionales para los padres sobre la crianza de los hijos y cómo ayudarlos a tener éxito escolar. Es miembro correspondiente de la Academia Norteamericana de la Lengua Española (ANLE).

El estilo del libro

El libro no utiliza el **estilo** de los libros de texto académicos. El texto *Foundations of Bilingual Education and Bilingualism* (5.ª edición, 2011) publicado por Multilingual Matters, brinda un estudio completo del bilingüismo y la educación bilingüe. Hay una edición en español, *Fundamentos de educación bilingüe y bilingüismo,* publicada por Editorial Cátedra. En ese libro Colin Baker se esforzó en presentar varios puntos de vista para que los lectores lleguen a sus propias decisiones en los puntos difíciles. A menudo las opciones se presentan sin indicar cuál es la más ventajosa.

Este libro es de otro estilo. Si bien es cierto que a menudo se ofrecen alternativas, siempre que es posible se da una recomendación de qué es lo más aconsejable, basada en el conocimiento y la experiencia. Los padres y los maestros generalmente piden sugerencias concretas y guía. Los consejos que aquí se dan revelan los valores personales de los autores, sus convicciones y sus preferencias, así como el conocimiento obtenido de las investigaciones internacionales y de los escritos académicos.

No todo el mundo estará de acuerdo con los consejos ofrecidos, y eso es natural. Las circunstancias específicas de algunos padres, sus actitudes personales, su estilo de vida y sus motivaciones pueden llevarlos a estar en desacuerdo con algunas de las opiniones aquí expuestas. Ningún consejo puede abarcar todas las situaciones. Las realidades humanas son muy complejas y es imposible una sola receta para todo el mundo.

Sabemos que hay distintos puntos de vista y que, en algunos temas, no se puede llegar a un acuerdo total. Ningún libro para padres puede ofrecer recetas perfectas, ni dar consejo autorizado para todas las circunstancias, ni convencer a todos los lectores.

Este punto queda muy claro en el libro de Clare Thomas *Growing Up with Languages: Reflections on Multilingual Childhoods* (Crecer con más de un idioma: Reflexiones de infancias multilingües), publicado por Multilingual Matters en 2012, al presentar más de 40 estudios de casos en Londres. Al describir las diferencias considerables entre ellos, indica:

Existen demasiadas variables, y aun las situaciones que podrían parecer muy familiares muestran matices y personalidades que dan a entender que las cosas funcionan de manera muy distinta en la práctica. Las familias son intensamente personales, y lo que funciona para una familia puede no servir para otra [...]. Los niños también son diferentes. Algunos tienen mayor facilidad que otros para aprender idiomas. Tienen diferentes personalidades.

No quisiéramos tampoco que nuestros lectores siguieran estos consejos como si fueran los diez mandamientos del bilingüismo, grabados en piedra. Nuestra esperanza es que el libro incentive la meditación, abra la mente a nuevas ideas, ayude a los padres a conversar sobre ciertos problemas y a crear las mejores estrategias para su situación específica. Este libro quisiera iluminar y facilitar el camino hacia el bilingüismo iniciado en la infancia, estimular el pensamiento crítico sobre la educación de los hijos e invitar a la reflexión profunda sobre la importancia de la lengua materna y de los idiomas en el ámbito individual y el social.

¡Buen viaje!

Preguntas sobre la familia

Abuelita,
quiero hablar como tú
para decirte muy quedo,
quedito,
cuánto te quiero.

F. Isabel CAMPOY
Hablar como tú

A1: ¿Cuáles serán las ventajas para mis hijos si llegan a ser bilingües?

A1

Criar a los hijos para que sean bilingües es una decisión importante. Va a **afectar el resto de sus vidas y la vida de sus padres.** El que un niño sea bilingüe o monolingüe tiene un efecto en su identidad, sus circunstancias sociales, su educación, sus posibilidades de empleo, su matrimonio, los lugares en que viva y viaje, y su modo de pensar. Convertirse en una persona bilingüe es más que hablar dos idiomas. El bilingüismo tiene consecuencias educativas, sociales, económicas, culturales y políticas.

Hay muchas ventajas y muy pocas desventajas en ser bilingüe. A continuación se presenta un resumen de ellas. Algunas de las ventajas se discuten en esta respuesta. Otras necesitan explicaciones más detalladas y se exponen más adelante. Las desventajas posibles se analizan en la sección C.

Cuando los padres hablan el mismo idioma (por ejemplo, el español), pero no el idioma del país en que viven (por ejemplo), el inglés, la ventaja de que los niños sean bilingües es que podrán **comunicarse** completamente con sus padres y familiares, y los padres podrán guiarlos, protegerlos y dirigirlos. Así, la relación con los padres podrá ser rica, amplia y satisfactoria.

Cuando los padres tienen dos lenguas maternas distintas, la ventaja de que los niños sean bilingües es que podrán comunicarse en la lengua materna de cada uno de los padres. Esto puede permitir una relación más sutil y más profunda en el hogar.

Otros niños bilingües se comunican con sus padres en un idioma y con sus amigos (y en la comunidad) en otro diferente. También pueden darse otras situaciones y se analizan más adelante.

Para muchos padres y familiares al cuidado de los niños, es importante poder hablarles en su propia lengua materna. Muchos adultos solo pueden comunicarse con total intimidad, naturalidad y expresividad en su lengua materna, aun si tienen suficiente conocimiento de otro idioma para manejarse en situaciones sociales y laborales. Si un niño habla con cada uno de sus padres, o con los adultos que lo cuidan, en el idioma que ellos mejor dominan, podrán tener una **relación muy cercana**. A la vez, cada uno de los padres les dará a sus hijos esa parte de su pasado y de su herencia.

Ventajas de ser bilingüe

Algunas de las posibles ventajas del bilingüismo y de la educación bilingüe reconocidas hoy día son:

Ventajas de comunicación
1. mayor comunicación (con otros miembros de la familia, con la comunidad, con nexos internacionales, en el lugar de empleo);
2. poder leer y escribir en dos idiomas;

Ventajas culturales
3. mayor riqueza cultural, al conocer y compartir dos mundos de experiencias. Preparación para apreciar el multiculturalismo;
4. mayor tolerancia y respeto hacia otros seres humanos y aprecio de su diversidad;

Ventajas del desarrollo del pensamiento
5. beneficios para la capacidad de pensar (creatividad, sensibilidad en la comunicación);

Ventajas para la personalidad
6. aumento en la autoestima;
7. seguridad en la autoidentidad o identidades múltiples;

Ventajas curriculares
8. mayor éxito en el aprendizaje escolar;
9. mayor facilidad para aprender un tercer idioma;

Ventajas económicas
10. beneficios para conseguir empleo y recibir mejor remuneración.

Una rueda (un idioma) puede llevarte a muchos sitios

También te llevarán una rueda grande y una pequeña

Sin embargo, cuando tus ruedas están bien balanceadas y con la cantidad de aire adecuada irás más rápido y más seguro…

Siempre y cuando quienes hicieron las ruedas supieran lo que hacían

Adaptado con permiso de *Negotiating Identities: Education for Empowerment in a Diverse Society* [Negociando identidades: la educación y el autofortalecimiento en una sociedad diversa], de Jim Cummins (CABE, 1996).

Ser bilingüe también permite **crear un puente entre las generaciones.** Cuando los abuelos, tíos, tías y otros familiares viven en otro lugar o hablan un idioma que es distinto al de los niños, estos tendrán una comunicación muy limitada con aquellos. Los bilingües, en cambio, tienen la oportunidad de crear un puente entre las generaciones, crear relaciones con otros miembros de la familia y sentir la conexión y el apoyo de todos.

Esto es evidente, sobre todo, con los **abuelos.** Compare el caso de un niño que no puede hablar con sus abuelos en su idioma con otro niño que sí tiene esa capacidad. La intimidad de la relación, el vínculo afectivo, el apego emocional, el proceso de iniciación en la historia familiar y la tradición son fuertes cuando hay un lenguaje común, y débiles cuando se desarticula la comunicación porque el niño no habla el idioma de los abuelos. Esto ocurre con más frecuencia con los abuelos que ayudan en el cuidado de los niños.

Una persona bilingüe tiene la oportunidad de **comunicarse** con una mayor variedad de personas que una persona monolingüe. Los niños bilingües tienen una clara ventaja al viajar —ya sea en su propio país, países vecinos o cualquier lugar del mundo— porque el saber otra lengua les brinda más y mejores oportunidades de hacer contacto con los demás. Mientras el monolingüe puede comunicarse con muchas personas en una lengua, su propio monolingüismo muchas veces se convierte en una barrera para establecer relaciones con personas de otras nacionalidades y culturas, aunque hablen su idioma. Ser bilingüe ayuda a romper las barreras, a eliminar los prejuicios y el racismo, y hace a los seres humanos más comprensivos y respetuosos de las diferencias. Ser bilingüe permite crear puentes entre distintas culturas.

Otra ventaja en la comunicación ocurre al saber leer los dos idiomas. Leer en dos idiomas permite tener acceso a dos literaturas, distintas tradiciones, ideas, modos de pensar y de actuar. Cuando las personas bilingües pueden **leer en dos idiomas,** la lectura de todo tipo de publicaciones, desde novelas hasta noticias, el gozo de escribir a amigos y familiares, y la comunicación escrita en el trabajo se duplican.

Ya que somos la *generación de Google,* existe una gran cantidad de información disponible electrónicamente en una variedad de idiomas. El hecho de poder acceder a información en otros idiomas a través de la Internet, por ejemplo, o de comunicarse con otros en más de un idioma en salas de chat y por las redes sociales es una nueva y gran ventaja para bilingües y multilingües. En los Estados Unidos, se ha popularizado la expresión "quien habla dos lenguas vale por dos". Alma Flor Ada prefiere decir "quien habla dos lenguas podrá hacer el doble de bien al doble de personas".

Una de las ventajas de un niño y un adulto bilingüe es tener **dos o más mundos de experiencias.** Cada idioma lleva aparejado un sistema propio de conducta; refranes; cuentos; historias; tradiciones; modos de saludar y despedirse; rituales de nacimiento, cumpleaños, matrimonio y muerte; modos de conversar —

imagínese el modo distinto de conversar de españoles, árabes y angloamericanos—; distintas literaturas; música; modos de entretenimiento; tradiciones religiosas; maneras de comprender e interpretar el mundo; ideas y creencias; formas de pensar, llorar, amar, comer y ocuparse de los demás; modos de hacer bromas y de estar de duelo. Dos idiomas proporcionan una experiencia cultural más amplia, una mirada estereoscópica del mundo y, muy posiblemente, mayor respeto y tolerancia hacia las diferencias culturales y menos racismo [véase el Glosario]. Como dijo el emperador Carlomagno (742–814 d. C.) "Tener otro idioma es poseer una segunda alma".

He aquí las citas de dos adultos a quienes se los entrevistó sobre sus experiencias como niños multilingües, extraídas del libro de Claire Thomas *Growing Up With Languages: Reflections on Multilingual Childhoods* (Crecer con más de un idioma: Reflexiones de infancias multilingües), Multilingual Matters, 2012. La traducción al español es nuestra.

De Mohamed, de origen bengalí-sylheti, hablante de inglés en Inglaterra, quien, a pesar de ser reacio a hablar bengalí cuando era niño, llegó a tener una actitud muy positiva hacia el bilingüismo:

Creo que el bilingüismo es una gran bendición, te proporciona una perspectiva completamente diferente, un punto de vista distinto del mundo. Y también una perspectiva diferente sobre el poder de las palabras [...]. Yo vivo en esa zona gris, ni una cosa ni la otra. Las personas bilingües son, a la vez, de adentro y de afuera, y yo creo que eso es más poderoso que ser lo uno o lo otro (página 154).

De Parvati, bilingüe de hindi-inglés, de Inglaterra, en una conversación con un padre que no apoyaba plenamente que su hijo hablase hindi:

[...] porque esa lengua lleva inherente un sistema de ver a la vida y la muerte [...], es muy útil. En hindi la palabra ayer es la misma que mañana. Es la misma palabra. En inglés tenemos el tiempo pasado, el presente y el futuro. En hindi no es lineal, es circular, el círculo de la vida en hindi puede expresarse solo con esa palabra. La forma de entender cómo funciona el mundo se forma a través de la lengua (página 155).

Las personas monolingües también pueden llegar a conocer una variedad de **culturas** —puesto que hay comunidades que, aunque usan el mismo idioma, tienen distintos modos de vida— y también pueden viajar a otros países y observar otras culturas. Pero, para establecer verdaderamente contacto con otra cultura, se necesita entender su lengua. Para poder participar y ser parte de la experiencia profunda de otros, hay que poder hablar su idioma. La persona bilingüe multiplica las posibilidades de formar parte de otras culturas.

Dentro de cada idioma, hay un caleidoscopio de culturas. Los monolingües pueden experimentar la superficie del caleidoscopio de la cultura que tiene otro idioma. Pero, para experimentar a fondo los colores internos del caleidoscopio y todo lo que ofrece, hay que conocer el idioma.

El lenguaje humano es el gran privilegio que diferencia a los seres humanos. A través de nuestro lenguaje, cuidamos a los niños, los mimamos, los cultivamos y los educamos. El lenguaje tiende a ser una barrera entre las naciones y los diversos grupos étnicos. A veces, puede ser una barrera para la comunicación y para crear amistades. Las personas bilingües pueden construir **puentes** para ayudar a eliminar estas barreras en el hogar, la comunidad y la sociedad. Hablar un idioma simboliza la diferencia entre animales y personas. Hablar dos idiomas simboliza la capacidad humana de construir puentes entre personas de distinto origen, creencia, cultura e idioma.

Además de las ventajas sociales, culturales, económicas, de relaciones personales y de comunicación, la investigación científica nos ha demostrado que las personas bilingües tienen ventajas para desarrollar su **pensamiento.** Los niños bilingües tienen dos o más palabras para un mismo objeto o idea (por ejemplo, *kitchen* en inglés y *cuisine* en francés, que ambas significan 'cocina'). Esto significa que la conexión entre la palabra y el **concepto** [véase el Glosario] no es tan rígida. Algunas veces palabras que se corresponden en dos idiomas tienen connotaciones diferentes. Por ejemplo *kitchen* en inglés ha sido tradicionalmente un lugar de mucho trabajo (por eso en inglés existe la frase *tied to the kitchen sink,* 'atado al fregadero de la cocina'). El concepto francés de *cuisine* es un lugar de creatividad, un lugar donde la familia se reúne no solo a comer, sino a disfrutar.

Cuando a una palabra se le unen asociaciones diferentes, la persona bilingüe puede **pensar con mayor facilidad, flexibilidad y creatividad.** El poder moverse entre dos idiomas puede crear una mayor **conciencia lingüística** [véase el Glosario] y mayor sensibilidad en la comunicación. Al tener que comunicarse con alguien que no habla un idioma muy bien, las personas bilingües por lo general se esfuerzan más en entender a la otra persona que los monolingües. Esto se discutirá más adelante.

Hay crecientes **ventajas económicas** para las personas bilingües. Una persona que habla dos idiomas estará mejor capacitada para ocupar un mayor número de posiciones en el futuro. A medida que las barreras económicas disminuyen, que las relaciones internacionales se multiplican, que las organizaciones y los acuerdos entre los países aumentan, habrá más y más negocios que requerirán que sus empleados sean bilingües o multilingües. La necesidad de ser bilingüe y multilingüe aumenta continuamente en el sector de las ventas internacionales, el turismo, el transporte internacional, las relaciones públicas, los bancos, las contadurías, la información tecnológica, el trabajo de secretariado y propaganda, el derecho, la enseñanza y los trabajos de ayuda internacional.

Donde sea necesario que las **interrelaciones con los clientes** se establezcan en distintos idiomas, habrá gran demanda de personal bilingüe y multilingüe. A veces, los idiomas que habla una persona bilingüe representan un valor añadido para un trabajo. Otras veces, el dominio de múltiples idiomas es esencial.

En numerosas oportunidades de trabajo, tanto internacionalmente como dentro de los Estados Unidos, las personas bilingües tendrán más oportunidades que las monolingües. Ser bilingüe no garantiza en sí mismo la afluencia económica. Sin embargo, a medida que las barreras económicas entre las naciones desaparezcan, las personas bilingües y multilingües tendrán una gran ventaja.

Alma Flor Ada, en sus presentaciones sobre este tema, enfatiza un aspecto adicional: el poder ser útil a más personas, el poder incrementar nuestra capacidad para el servicio y la generosidad. "Quien habla dos lenguas puede hacer el bien doblemente" es el lema que les ofrece a los padres que están considerando si sus hijos deben o no ser bilingües.

A2: ¿Están algunas familias en mejor posición que otras para lograr que sus niños sean bilingües?

Algunos padres eligen que sus hijos sean bilingües. Para muchos otros, el bilingüismo es algo automático. En las comunidades bilingües y multilingües, el que una persona hable un solo idioma es poco común, incluso raro. En estas comunidades, los niños y los adultos necesitan dos o más idiomas para la vida cotidiana. En los lugares donde el bilingüismo es la norma, las familias están en la situación adecuada para criar niños bilingües.

Con independencia del tipo de comunidad en que viva la familia, para que un niño llegue a ser verdaderamente bilingüe es necesario tener abundante experiencia lingüística estimulante (escuchar y hablar, leer y escribir) en ambos idiomas. Algunas familias facilitan este proceso mejor que otras. En las familias en que los niños alcanzan un verdadero bilingüismo, hay establecido con claridad un patrón que les permite florecer en los dos idiomas. Por ejemplo, cuando dos de los adultos a cargo de un niño hablan cada uno un idioma distinto, ese niño podrá experimentar los dos idiomas. Si ambos adultos conviven suficiente tiempo con él y hablan lo suficiente con él, el niño está expuesto a la riqueza de dos idiomas. Otro ejemplo es el de los niños que están aprendiendo un idioma en el hogar y otro en un lugar de juego, la escuela o la comunidad.*

*Véase la página 146

Hay otras situaciones en las que lograr el bilingüismo es menos probable. Por ejemplo, si el padre es la fuente de experiencia en la lengua minoritaria y está ausente por períodos prolongados. Cuando el niño está en un centro de cuidado casi todo el día y solo escucha el idioma del hogar poco tiempo por la noche y durante los fines de semana, conseguir que se vuelva bilingüe requerirá esfuerzo y creatividad de parte de los padres.

En las familias donde el bilingüismo parece más un reto que una meta fácil, es importante la **planificación lingüística** [véase el Glosario]. Es necesario tomar decisiones claras sobre el uso de cada idioma. ¿Cómo puede organizarse un menú lingüístico en el cual la familia cree las condiciones necesarias para que sus hijos sean bilingües, sabiendo que aprender un idioma requiere un largo tiempo? No siempre se trata de practicar los dos idiomas la misma cantidad de horas. Es imposible conseguir un equilibrio perfecto de exposición a dos idiomas. La lengua del hogar puede necesitar más estímulo para contrarrestar el dominio de la lengua mayoritaria, el inglés en el caso de los Estados Unidos, fuera del hogar.

Cuando hay situaciones familiares especiales que hacen que el bilingüismo se haga aún más difícil, es necesario crear un **plan de acción**. Es fundamental que los padres hablen sobre el desarrollo lingüístico del niño no solo antes que el niño nazca o en cuanto acaba de nacer, o en cuanto la familia emigra a un país con otro idioma, sino continuamente, para ir observando y controlando la situación. El bilingüismo puede darse aun en circunstancias difíciles siempre que haya un plan de cómo, cuándo y dónde va a practicar el niño los dos idiomas para que los desarrolle bien.

Para conseguir un plan que sea eficaz, los padres:
- hablan en forma sencilla;
- aumentan el intento de comunicación de los niños (por ejemplo, si el niño dice "salir ahora", responden "Sí, es un buen momento para ir al parque. Vamos");
- usan con frecuencia preguntas abiertas (es decir, que no se pueden contestar con solo "sí" o "no", o que tienen varias respuestas posibles);
- felicitan a los niños por sus esfuerzos y muestran su aprobación y entusiasmo;
- valoran las contribuciones de los niños y los animan a dar sus opiniones;
- prestan atención a lo que los niños dicen y son corteses en su trato con ellos;
- relacionan las palabras con objetos reales, para que a los niños les sea fácil recordar el significado de ellas;
- utilizan gestos y expresividad en la voz.

Cuando un niño no tiene suficientes oportunidades de escuchar y hablar un idioma, es necesario crear un plan para que esto ocurra. La estrategia necesita tener en cuenta la cantidad de tiempo que el niño va a estar en contacto con el idioma y la calidad de ese tiempo. Un niño que oye un idioma solo media hora por día, posiblemente no llegará a aprenderlo. Cuando se hace un plan para que un niño oiga un idioma en una variedad de contextos (libros, grabaciones, videos, visitas al zoológico y al parque, cuentos y canciones), hay una oportunidad más realista de que pueda llegar a ser bilingüe.

La **calidad de la relación con el lenguaje** es importante. Para los padres hispanos, es mejor conversar con los niños motivándolos para que contesten y expresen sus ideas en español que simplemente hablarles y dejarlos que no contesten o que contesten en inglés. Es importante que **aumente la comunicación entre padres e hijos.** Además de hablarles a los niños, se les debe pedir que cuenten lo que han hecho en el colegio, que relaten un cuento, que reciten rimas y canten, que jueguen con el lenguaje (por ejemplo, simulando una conversación telefónica), que jueguen a representar distintas personas (médicos, exploradores). De este modo, el desarrollo del lenguaje será activo, vivo y apreciado por los niños.

La pregunta final es ¿hay circunstancias en las que el desarrollo bilingüe es prácticamente imposible? La respuesta es que el bilingüismo es posible en muchas situaciones distintas, siempre que se planee con cuidado y se combinen el propósito y el placer. Ayudar a los niños a convertirse en verdaderos bilingües requiere motivación y una actitud positiva de parte de los padres. Hay que estar seguros de que sí se puede, estar dispuestos a ponerle dedicación y constancia a una meta lejana y a no descorazonarse ni darse por vencidos. **Las habilidades bilingües** de los niños **cambian constantemente.** Pasan de tener más dominio de un idioma a tener más dominio del otro, del mismo modo que se producen cambios en el lugar de residencia de la familia, en los amigos y conocidos, en la escuela. Habrá períodos de oscuridad y desaliento, por ejemplo, un adolescente puede perder el interés en hablar el idioma del hogar. Otras veces, parecerá que se ha alcanzado la cima de una montaña, como cuando un niño se ofrece a traducir para una persona monolingüe, y los ojos del niño y los de sus padres brillan con orgullo.

Los **factores** que pueden influir más en que una familia tenga o no niños bilingües son la estabilidad o la movilidad física, las relaciones en el núcleo familiar y con otros miembros de la familia (por ejemplo, que los familiares que hablaban solo en el idioma del hogar se muden lejos), las condiciones de empleo de los padres y el tiempo que puedan pasar con los niños, la situación y las actitudes de la comunidad frente al idioma, el tiempo de estancia en el país, un cambio de prioridades en la familia (cuánta importancia tiene el mantenimiento del idioma frente a otras consideraciones), las actitudes y la motivación de los propios niños, la influencia de los hermanos y las hermanas, de los amigos y otras personas de la comunidad y los efectos de la escuela.

En algunas situaciones, el que los niños crezcan bilingüemente es natural. En otros casos, es un gran esfuerzo. Sin embargo, si conseguir que los niños sean bilingües es una prioridad para la familia, los consejos de este libro, las conversaciones constantes sobre este tema y un planeamiento cuidadoso del uso de la lengua del hogar pueden ayudar a que el camino sea posible y a que se llegue a la meta.

A3: ¿Es la madre más importante que el padre en el desarrollo del lenguaje?

Esta pregunta es peligrosa. Se asume, equivocadamente, que la función de la madre es quedarse en casa y criar niños bilingües. Esto no es ni justo ni razonable. Resulta discriminatorio para las madres e injusto para los padres cuyo papel en el desarrollo lingüístico del hijo puede tener diferentes perfiles, incluso el de estar a cargo del hijo a tiempo completo. No hay razón para que un padre no pueda ser tan exitoso como una madre en la crianza de hijos bilingües.

No es extraño que en las familias en las que el padre sale a trabajar y la madre cría a los niños se use el término *lengua materna* [véase el Glosario]. En esas situaciones el tiempo que la madre pasa con los niños afecta mucho a la naturaleza del desarrollo del lenguaje de los niños. En los Estados Unidos, muchas madres cuyo idioma es el español prefieren hablarles a sus niños en su **primer idioma.** Hablarles en un idioma distinto al suyo, aunque sea el del padre, el de la localidad en que viven o el de la nación, puede resultar artificial, impersonal, distante y hasta desagradable.

Muchas veces los padres **inmigrantes** quieren asimilarse a los Estados Unidos y creen que el mejor modo de hacerlo es dejar de hablar español. Por lo general, esta decisión se toma sin saber que sus últimas consecuencias pueden ser muy negativas.

Las investigaciones científicas demuestran que gran parte de las conversaciones entre madres e hijos tienen que ver con las actividades del hogar (por ejemplo, comer, bañarse, vestirse, imponer disciplina). Los niños necesitan que se les modele el uso del lenguaje en muchas circunstancias distintas. Tradicionalmente, se ha pensado que es la madre quien desarrolla el lenguaje. Pero **los padres** tienen la oportunidad de jugar con sus hijos y modelar el uso del idioma. El papel que pueden desempeñar los padres no se ha reconocido lo suficiente. Es importante que comprendan la importancia de su función, sobre todo si tienen tiempo libre para estar con sus hijos o si se quedan en el hogar a cuidarlos mientras la madre sale a trabajar.

En algunas familias (por ejemplo, en las que el padre y la madre hablan idiomas distintos con los niños), los dos facilitan el bilingüismo. En esta situación, tanto el padre como la madre deben tener conciencia de la importancia de su papel en el desarrollo lingüístico. Ambos deben reconocer la gran influencia que tienen sus conversaciones con los niños, aun cuando sean bebés que solo balbucean. Antes de que un bebé diga su primera palabra, ya selecciona sonidos de los idiomas que hablan el padre y la madre. A medida que crece, la importancia de la función del padre aumenta. Los padres, al igual que las madres, necesitan variar el contexto en que modelan el uso del idioma (por ejemplo, hablar de distintos temas en distintos lugares, jugar, cantar) para que los niños tengan una experiencia lingüística más variada.

Los padres, como las madres, también influyen en las actitudes de sus hijos hacia el lenguaje. La actitud positiva o negativa que tenga el padre sobre el bilingüismo afectará a los niños. Si el padre se muestra escéptico sobre el valor que puede tener hablar dos idiomas o si no le gusta que la madre use el suyo propio, los niños se darán cuenta inmediatamente de estas actitudes negativas y actuarán en consecuencia. Por otra parte, si un padre anima a sus hijos a volverse bilingües, si los felicita cuando hablan el idioma materno, influirá sobre ellos en forma muy positiva.

Una decisión importante que tienen que tomar los padres es **qué idioma van a usar entre ellos cuando los niños están presentes**. Algunas veces, ese es el idioma en que la pareja se comunica normalmente. Después de algunos cambios de opinión iniciales, los padres habrán establecido cuál es el idioma que van a usar entre ellos, y esto, por lo general, se mantiene a través de su vida en pareja. Los hábitos de lenguaje son difíciles de cambiar. Entonces, usan ese idioma como el lenguaje *común*, por ejemplo, durante las comidas. Así este puede tener una influencia mayor en el desarrollo lingüístico del hijo y vale la pena no subestimarlo. Los niños suelen estar escuchando mientras los padres hablan entre ellos y, a veces, participan (aunque no se los haya invitado). Esto tiende a equilibrar la experiencia lingüística de la familia en una dirección más que en otra. (En raras ocasiones, los padres se dirigen uno a otro en su idioma favorito sabiendo que serán entendidos plenamente, y esto constituye una experiencia lingüística interesante para el hijo).

Sin embargo, pensando en los niños, es necesario conseguir un **equilibrio** entre los dos idiomas de la familia. Si los niños oyen un idioma el 90% del tiempo y el otro solo el 10%, los padres pueden decidir usar el idioma que los niños oyen menos, para compensar. El uso del idioma en la escuela y la comunidad también puede determinar el idioma que deba usarse más en el hogar para alcanzar un equilibrio.

Un ejemplo importante del valor que tiene que el padre (o la madre) hable con sus hijos en un **idioma minoritario** se ve claramente cuando los hijos llegan a la adolescencia. Algunos jóvenes pueden sentirse avergonzados de oír a sus padres hablar el idioma del país con **acento** extranjero [véase el Glosario] o de manera imperfecta. Esto se evita si los niños se acostumbran a hablar con sus padres en el idioma que dominan bien. El padre mantendrá su autoridad y credibilidad ante el joven, que lo valorará más como modelo. Para que la lengua minoritaria se preserve hasta que el niño se convierta en adulto, es necesario que la siga hablando durante la adolescencia.

Por lo tanto, la respuesta a la pregunta es que **tanto el padre como la madre** son muy importantes para el desarrollo lingüístico de los niños. Ambos necesitan ser conscientes de la importancia del desarrollo del lenguaje que los niños escuchan y usan en el hogar. Así como es importante balancear la dieta alimentaria de la familia, también es importante que el lenguaje del hogar se discuta y se equilibre. Tanto las madres como los padres son fundamentales en este proceso.

A4: ¿Qué ocurre si los padres no están de acuerdo entre ellos en que sus hijos sean bilingües?

Para algunos padres, criar a niños bilingües es algo natural, normal y no necesita discusión. En muchos países del mundo, los niños bilingües, trilingües y multilingües son, a menudo, la norma más que la excepción. En muchas áreas, no hay nada peculiar ni excepcional sobre ellos. El bilingüismo se acepta y se espera. No existe planificación ni estrategia para el idioma. Su uso es espontáneo, intuitivo o habitual.

En otras familias, los idiomas que van a hablar los niños son **tema de debate** que empieza desde antes de que nazcan y continúa después del nacimiento, durante la infancia, la adolescencia y la edad adulta. Lo más positivo es que el bilingüismo de los niños se discuta y se debata. Así como los padres necesitan ponerse de acuerdo sobre la escuela a la que van a ir sus hijos, la disciplina y orden en el hogar, y cuánta televisión van a dejar que los niños vean, también necesitan conversar abiertamente sobre el idioma que van a hablar los niños.

La lengua de los niños puede ser parte de muchas conversaciones, por ejemplo, acerca de las relaciones familiares, del papel de abuelos y tíos, de la escuela, de la relación con la comunidad, de las posibilidades de empleo futuro, de la importancia de la identidad, la autoestima y el crecimiento. El debate sobre criar a los niños de manera monolingüe o de manera bilingüe no es solo lingüístico. Forma parte de la educación integral de los niños. Tiene que ver con la seguridad personal dentro de la sociedad, como miembros de una comunidad que habla un mismo idioma.

Cuando exista un **desacuerdo** sobre este tema, considere el idioma solo una parte del desarrollo total del niño o de la niña. La discusión acerca del bilingüismo no es solo sobre dos idiomas, sino sobre la personalidad que desarrollará el niño. Afecta a las posibilidades de su futuro y al placer de tener un lugar seguro durante la infancia. El bilingüismo en los niños no debe tomarse aisladamente: es una pieza en el rompecabezas del desarrollo del niño o la niña. El poder colocar bien esa pieza requiere que los padres hablen y tomen decisiones sobre ese futuro.

Si este tema provoca desacuerdo entre los padres, haga una **lista** de los temas por discutir. **Escriba las ventajas y las desventajas.** En lugar de hablar uno o dos puntos, y dejar que lo dominen las emociones, analice la mayor cantidad posible de los consejos que se dan en este libro.

Uno de los peligros potenciales es que uno de los padres insista en una posición personal, sin tener en cuenta lo que es mejor para el niño o la niña. Un padre puede sacrificar su opinión **en beneficio de los intereses del niño.** Si al padre le preocupa no entender lo que la madre hable con la hija en su idioma, ¿debe sacrificarse el bilingüismo de la niña debido a los sentimientos del padre? Si nos enfrentamos a los problemas como retos que pueden ser superados, encontraremos soluciones y comprensión. El padre del ejemplo anterior puede aceptar el no entender las conversaciones entre la madre y la hija a cambio de facilitar el que la niña sea verdaderamente bilingüe. El desafío consiste en que cambie el padre, en lugar de la hija. ¿Puede el padre aprender algo del idioma, como para entenderlo, en vez de impedir que sus hijos sean bilingües?

En suma, es necesario resolver los desacuerdos. Las conversaciones abiertas y sinceras, en un tono positivo y tratando de ver el punto de vista de los demás, son el camino a la solución. Y lo más importante es explorar qué beneficiará más a los niños durante toda su vida.

A5: ¿Tendrá algún efecto perjudicial para nuestro matrimonio o pareja el facilitar que nuestros hijos sean bilingües?

A5

Si criar a los niños para que lleguen a ser bilingües o multilingües no afecta al matrimonio, entonces, ¡esa unión es muy rara! Desde el principio, un recién nacido puede afectar al idioma que se usa en el hogar. Por ejemplo, antes del nacimiento, la madre y el padre quizás se comunican en un solo idioma. Tan pronto como nace el niño, es posible que cada uno use un idioma diferente con él, que a menudo es su propia lengua materna. Lo que era un matrimonio monolingüe pasa a ser, instantáneamente, una familia bilingüe. Esto puede tener consecuencias en la relación de la pareja. Otro ejemplo se da cuando ambos padres hablan el mismo idioma con el hijo, pero el niño adquiere un segundo idioma lejos de los padres, a través de los familiares, la niñera o la guardería.

La manera en que se plantea la pregunta sugiere el temor de que algo negativo le ocurra al matrimonio. Por ejemplo, si un niño le dice al padre cosas sobre la madre en un idioma que ella **no entiende**, el niño puede hacerle daño a la relación entre los esposos. Otro ejemplo es el hecho de que los padres necesitan considerar qué idioma van a usar entre ellos delante de los niños o de tener que cambiar o no de idioma cuando los abuelos, familiares, amigos u otras personas van de visita. Cuando en la casa se habla una lengua minoritaria y llegan hablantes del idioma mayoritario, ¿cambian los padres de idioma al hablar con los niños?

El bilingüismo trae nuevas áreas para debatir y tomar decisiones en la familia. Así como se toman decisiones sobre la administración del dinero, también es necesario conversar sobre el **uso de los idiomas en las distintas situaciones familiares**. Estas conversaciones no se tienen una sola vez. Del mismo modo en que los ingresos de una familia pueden cambiar al pasar los años y se requiere reajustar el presupuesto, también se requiere tomar decisiones constantemente sobre la **riqueza lingüística**. ¿Se están desarrollando los dos idiomas del niño? ¿Se ha empobrecido uno de los dos idiomas? ¿Puede remediarse esta situación? ¿Cómo puede aprovecharse la presencia de nuevas personas en la familia, el contacto con otros para aumentar la riqueza lingüística?

En el desarrollo físico, social e intelectual, se pasa por etapas de alegría y de dolor, por montañas y por valles de satisfacción y de preocupación. En el desarrollo bilingüe, también habrá montañas y valles, **cimas y zanjas.** Da **alegría** escuchar a los niños hablar dos idiomas con personas distintas, ver que son capaces de romper barreras y construir puentes gracias a sus dos idiomas, de tener dos mundos de experiencias. Cuando tanto el padre como la madre hablan el mismo idioma materno que los niños están aprendiendo, sienten la enorme alegría de transmitir su cultura, de comunicarse íntimamente en una lengua que conocen bien, de ver que sus hijos pueden relacionarse con los abuelos y demás familiares. También existen las **ansiedades** y las dudas de si los niños llegarán a adquirir un bilingüismo verdadero con los dos idiomas que están aprendiendo, de ver una aparente **interferencia** [véase el Glosario] entre los dos idiomas, y el temor de que, algunas veces, al hablar uno de los dos idiomas algunas personas quedan excluidas de la conversación.

La respuesta es, por lo tanto, que el desarrollo bilingüe de los niños tendrá un efecto en el matrimonio, y esto es natural. Habrá **momentos de satisfacción y momentos de preocupación,** como ocurre con todos los demás aspectos del desarrollo, bien sea físico, emocional, social o intelectual.

Así como la gran mayoría de los niños logran convertirse en adultos físicamente maduros, socialmente efectivos e intelectual y emocionalmente desarrollados, también el bilingüismo tiende a brindar más satisfacciones que penas. Y del mismo modo que los padres alimentan y cuidan a los niños físicamente, también es necesario cuidar y alimentar los dos idiomas.

A6: Mi pareja no entiende el idioma en el cual le hablaré a mi hijo. ¿Es esto un problema?

En las últimas décadas se ha visto un rápido crecimiento en las relaciones, uniones y matrimonios de dos personas de diferentes culturas, credos y color. Este aumento incluye a quienes tienen dos idiomas diferentes, algunos de los cuales entienden el idioma de su compañero y otros no. Por ejemplo, en muchas regiones metropolitanas, una persona que habla un idioma mayoritario se enamora de un visitante, un colega o un amigo de un amigo que habla el idioma mayoritario, pero también otro idioma incomprensible para ella. ¿Qué pasa con el aprendizaje de idioma entre sus hijos?

Cuando tales padres tienen un hijo recién nacido, se preguntan en qué idioma o idiomas le hablarán al niño. ¿Qué sucede si uno de ellos desea hablarle en un idioma ininteligible para el otro? La respuesta a la pregunta A4 (página 12) considera qué hacer si hay desacuerdo y la A5 (página 13) examina los efectos que ocasiona en el matrimonio el hecho de tener un hijo bilingüe. La cuestión es determinar si es un problema o si hay maneras de asegurar que ese hecho no se vuelva problemático.

Para quienes se encuentran en esta situación, resultaría beneficioso **hacer un análisis y tomar una decisión antes de que nazca el niño.** Se corre el peligro de que uno de los dos comience a hablar automáticamente en el idioma que el otro no comprende y, entonces, el asunto se vuelva polémico. Lograr desde el principio un entendimiento y un acuerdo puede asegurar que no aparezcan inconvenientes más tarde.

Sin embargo, la percepción más frecuente entre muchas parejas es que **no existe ningún problema.** Vivimos en un mundo cada vez más multilingüe, con un mayor reconocimiento de que hablar dos o más idiomas es normal para muchas personas, ventajoso y hasta exigido en una economía global y en un mundo interconectado electrónicamente. Puede ser que ambos en la pareja estén de acuerdo en este punto y se alegren de celebrarlo en sus hijos.

Otras parejas simplemente aprecian la diversidad, apoyan la lengua hereditaria de su compañero y se entusiasman por darles a sus hijos **el arraigo y el conocimiento** provenientes de esa cultura. Para tales parejas, el problema no es comprender el idioma del otro, sino activar la potencialidad de que sus hijos lleguen a ser bilingües.

Algunas personas que no hablan el idioma del otro pueden tener la oportunidad de **aprenderlo junto con el hijo.** De hecho, es casi imposible no adquirir algún vocabulario, expresión o conocimiento cuando el compañero le habla al niño en ese idioma desde que nace. A veces, se puede agregar un suplemento de aprendizaje adulto más formal (por ejemplo, clases a distancia, Internet, clases en escuelas locales), pero el idioma nuevo también puede desarrollarse junto con el hijo.

Normalmente, ese padre cambiará a un **idioma común** que toda la familia entienda a la hora de las comidas o en reuniones sociales. Otras veces, cuando sea necesario, se pueden ofrecer explicaciones rápidas y traducciones. Es decir, mientras exista inclusión en lugar de exclusión, sensibilidad en ambas partes y voluntad de practicar el bilingüismo de manera activa o pasiva, muy rara vez habrá problemas.

Sin embargo, hay circunstancias en las que el padre o la madre que no habla el idioma del otro **se siente excluido** y, entonces, puede empezar a protestar sobre *un idioma secreto* o sobre el propio bilingüismo. Esto se presenta mayormente en algunos padres, pero muy rara vez en las madres. A pesar de las explicaciones, la sensibilidad y el uso de dos idiomas por ambos, madre e hijo, hay ejemplos de padres que insisten en que solo se hable en su idioma. El problema no tiene tanto que ver con el idioma, sino con el poder y el control. La solución está, pues, en la relación, en cómo negocian las dos personas el poder y la autoridad al tomar decisiones, de modo que el idioma solo será un tema entre muchos.

En innumerables casos, **el problema se disipa** tras una conversación bien informada, sensibilidad hacia el otro y planificación adelantada. Permitir que cada padre o madre use el idioma que prefiera para evitar sentimientos de exclusión, tolerar la diferencia y diversidad, y estar de acuerdo en lo que es mejor para el hijo tiende a convertir en positivo lo que hubiera podido ser un problema.

El inconveniente también puede desaparecer cuando la pareja aprende de sus hijos que hablar dos o más idiomas es, al mismo tiempo, natural y fácil para ellos, un gran regalo de los padres que dura toda la vida y significa una inversión que puede reportar grandes dividendos sociales, económicos y culturales.

A7: ¿Qué ocurre si los abuelos y el resto de la familia no están de acuerdo con que los niños mantengan su idioma o lleguen a ser bilingües?

Los abuelos tienen una importancia cada vez mayor en la familia contemporánea. A menudo ayudan con el cuidado de los niños (incluso con el desarrollo del bilingüismo) y, como las personas viven más, los abuelos pueden formar parte de las experiencias culturales y lingüísticas de los nietos durante un tiempo más largo. Hay muchos casos en que los **abuelos** y los **demás miembros** de la familia desean que los niños sean bilingües y que conserven el idioma familiar. Por ejemplo, mantener el español les permitirá a los niños de las familias hispanas que viven en los Estados Unidos comunicarse con sus abuelos, sus tíos y tías, sus primas y primos y otros parientes que no hablen inglés. En cambio, si los niños durante el proceso de aprender a hablar inglés olvidan el español, luego les será muy difícil y hasta casi imposible la comunicación.

Algunos abuelos y demás familiares **pueden no ver la ventaja** de que los niños conserven o desarrollen un idioma que no es el mayoritario. Ellos quieren lo mejor para los niños, pero creen que lo mejor es que tengan un solo idioma. Hay dos razones principales para ello. Cuando se trata de una familia que emplea en la casa un idioma distinto al mayoritario —como es el caso de los hispanohablantes en los Estados Unidos—, los abuelos y otros parientes quieren que los niños hablen inglés para que sean totalmente aceptados, quieren evitarles el sufrimiento de la discriminación. No se plantean las consecuencias que tendrá el que los niños crezcan sin saber español. Cuando se trata de familiares monolingües que hablan el idioma mayoritario del país, su preocupación puede ser que el aprender dos idiomas confunda a los niños e interfiera con el desarrollo de su primer idioma. Es posible que también sientan que el hecho de que los niños aprendan otro idioma es una deslealtad hacia su cultura, que puede afectar a su aprecio por ella.

En los Estados Unidos, hay una arrogancia colectiva que sugiere que el inglés es suficiente. Hay un deseo de que todo el mundo aprenda inglés para que no haya necesidad de otro idioma. Así quienes hablan inglés podrían ir por todo el mundo comunicándose siempre en su idioma y sin tener que molestarse en aprender otro.

Lamentablemente, hay también ciertos estigmas conectados con el bilingüismo, pues algunas personas de habla inglesa opinan que las personas bilingües son menos inteligentes, no desarrollan bien ningún idioma, tienen problemas de identidad y rinden menos en la escuela. Nada de esto es verdad y las investigaciones lo han demostrado. Sin embargo, todavía abundan los **prejuicios** contra las personas bilingües, sobre todo de parte de los monolingües americanos y europeos.

Es necesario combatir estos prejuicios con **información real y verdadera.** La información que se da en este libro y en otros* puede ayudar a contrarrestar la opinión de abuelos, demás familiares y amigos que se oponen al bilingüismo. Cada vez que alguien describa a las personas bilingües negativamente, hay que aclararle las ventajas que proporciona el ser bilingüe.

*Véase la página 240

Un tipo distinto de desaprobación se produce cuando los abuelos u otros parientes se sienten personalmente **excluidos.** En estos casos, la información y el resultado de las investigaciones no van a tener efecto en los sentimientos. Por lo tanto, los padres de niños bilingües necesitan actuar como **ingenieros sociales y lingüísticos.** Los padres tendrán que explicarles tanto a los niños como a los abuelos de qué modo se puede conseguir la mejor comunicación. Es importante decirles, aun a los niños más pequeños, que la abuelita y el abuelito no los entenderán si les hablan en inglés, por ejemplo, y que, por lo tanto, deben usar español. Los niños pequeños son capaces de cambiar de idioma y, de este modo, ganarán muchísimo al practicar la lengua de los abuelos.

También se les puede hacer ver a los abuelos y demás familiares **las ventajas de ser bilingües** mencionándoles lo natural que es para los niños cambiar de idioma y que, si los niños en algún momento hablan un idioma que ellos no comprenden, eso no significa falta de amor o cariño. Si hay desacuerdos, es esencial tener diplomacia. Los padres y los niños bilingües suelen estar bien preparados para actuar con diplomacia en casos de desacuerdo. Y el mero hecho de tener que aprender a usar la diplomacia es una gran oportunidad de aprendizaje para los niños y un enriquecimiento de sus experiencias vitales.

Si los abuelos viven en la misma casa o cerca, les pueden ofrecer a los niños un tesoro de experiencias. Los abuelos, y otros miembros de la familia, brindan una oportunidad para aprender o practicar su idioma. Y con el idioma, los abuelos pueden trasmitir mucho de la cultura: refranes, arrullos, rimas, canciones, cuentos, leyendas y tradiciones a las nuevas generaciones.

A8: ¿En qué consiste el enfoque una persona-un idioma? ¿Resulta efectivo?

A8

Gran parte de lo que se ha escrito acerca de los niños bilingües habla del éxito del enfoque *una persona-un idioma.* Esta estrategia tiene una historia que data de las civilizaciones primitivas, cuando los idiomas estaban en contacto y los matrimonios se formaban entre grupos que no hablaban el mismo idioma. La expresión tiene más de cien años y se deriva de un libro en francés escrito por Maurice Grammont (1902), que usó el término *une personne-une langue.*

Básicamente, consiste en que uno de los padres habla un idioma con el hijo y el otro le habla en un idioma diferente. Ambos padres pueden mantener tal separación de idiomas todo lo que sea posible en la práctica. Sus ventajas parecen incluir el aprendizaje de dos idiomas desde el nacimiento, la reducción del miedo de que los niños mezclen los idiomas y el que cada padre sea un buen modelo de lenguaje para el niño.

Este enfoque tiene gran aceptación entre muchos autores e investigadores, mientras sea regular y continuo. Estudios bien documentados de dos lenguajes selectos demuestran que este método produce resultados en niños cuyo **bilingüismo es su primer idioma.** Tales niños no solo aprenden a hablar sus **dos primeros idiomas,** sino que retienen de por vida al menos la comprensión de ambos. Sin embargo, esta no es la única ruta eficaz para el bilingüismo de los niños. En este libro se consideran otras estrategias eficaces.

También es necesario mencionar una serie de **limitaciones** de esta estrategia:

(1) Los niños criados bajo este enfoque, normalmente, no tienen dos primeros idiomas iguales o equilibrados. El aporte a la familia nunca será igual en los dos idiomas. Por ejemplo, cuando los padres hablan entre sí, usan un idioma que es, por lo general, la lengua dominante de la familia. El niño no dará un mismo mensaje a cada padre en un idioma distinto. Se usará un idioma como común denominador, en especial a medida que el niño crece. Cuando llegan los hermanos, el equilibrio de los idiomas de la familia se verá afectado por el idioma que usen entre ellos. Los familiares, vecinos, amigos y visitantes también influirán en la experiencia lingüística del niño. Los padres son solo una fuente de lenguaje. Dentro de esta estrategia hay una gran variedad de experiencias.

(2) El estudio de casos revela que, en algunas familias que usan este enfoque, el niño, adolescente o joven adulto retiene ambos idiomas, pero uno se vuelve más pasivo (lo comprende, en lugar de hablarlo). No todos los niños criados bajo este modelo llegan a ser bilingües, debido, por ejemplo, a que se han visto menos expuestos al uso de uno de los idiomas. Este método no garantiza el éxito porque hay muchos otros factores (por ejemplo, en la comunidad) que afectan el desarrollo lingüístico en la niñez y aún más en la adolescencia.

(3) El niño no es un pedazo de arcilla que pueda moldearse exactamente en la forma que quieran sus padres. Además de recibir la influencia de familiares y amigos, existen otras influencias poderosas en la propia elección del niño acerca del uso del idioma. Los amigos de la misma edad del niño y, en especial, del adolescente, el currículo escolar y la cultura, los maestros, la información tecnológica y los medios masivos de comunicación son ejemplos de modificadores de los dos o más idiomas del niño. Tales personas e instituciones afectan a las actitudes, preferencias de identidad y fuentes de autoestima de los niños. Estos factores (actitud, identidad, autoestima) afectan al dominio y al uso del idioma. Fuera del método una persona-un idioma, existen otras muchas fuentes de impacto en el bilingüismo del niño.

(4) El seguimiento constante, la búsqueda de equilibrio de los idiomas y la preocupación por el éxito pueden resultar emocionalmente agobiantes para los padres. Esto se discute más en la Sección C1.

A9: ¿Qué puede hacer una madre sola o un padre solo para que sus hijos sean bilingües?

La mayoría de los estudios sobre niños bilingües asumen que los niños viven con el padre y la madre. Esto hace suponer, sin intención, que pocos niños que viven con uno solo de sus padres llegan a ser bilingües. Podría pensarse que, cuando se está solo para la crianza de los hijos, ya hay bastantes dificultades para añadir la preocupación por el bilingüismo. Sin embargo, sabemos muy bien que en muchos casos no es así.

Las familias que cuentan con uno solo de los padres, generalmente, han desarrollado gran habilidad para enfrentarse a las dificultades. Como han tenido que vencer obstáculos económicos y sociales, si deciden que es importante que los niños sean bilingües, podrán conseguirlo. El bilingüismo no siempre se adquiere de los padres, sino que puede combinarse el idioma que habla el padre o la madre que cría al niño con el idioma de la comunidad, de la escuela o de la guardería. Si la madre o el padre les habla siempre a los niños en un idioma, ellos podrán aprender el otro en la calle y en la escuela.

Es más difícil que un padre solo o una madre sola les enseñe dos idiomas a los niños, aunque, por supuesto, no es imposible. Si el padre o la madre usa dos idiomas con el niño, se presentará un problema de separación de los idiomas. Y hay peligro de que uno de los idiomas se desarrolle más que el otro. Si un padre o una madre siente verdadera necesidad de usar dos idiomas con sus hijos, debe entonces establecer reglas muy claras de cuándo empleará uno u otro. Y tendrá que vigilar atentamente que los **idiomas no se entremezclen** y que uno de ellos no se quede sin desarrollar (por ejemplo, usando un idioma diferente en distintos días) por lo menos mientras el niño es muy pequeño (de dos o tres años) y está en sus primeras etapas de desarrollo lingüístico.

A10: Ninguno de los dos padres habla otro idioma. ¿Cómo pueden ayudar a sus hijos a ser bilingües?

Los padres pueden ayudar a sus hijos en el aprendizaje de cosas que ellos no saben. Por ejemplo, si los padres hablan solo español, pero están deseosos de que sus hijos hablen bien inglés, pueden apoyar ese aprendizaje **celebrando sus esfuerzos** y animándolos.

El mayor riesgo para los niños que viven en los Estados Unidos en cuyos hogares se habla español no es tanto que no lleguen a hablar bien inglés, sino que se olviden de hablar español o que no lo desarrollen suficientemente. El aprendizaje del segundo idioma en la escuela se trata más adelante en la sección E de este libro.

El hábito de la lectura es de gran importancia para desarrollar un bilingüismo verdadero. Los padres pueden colaborar para desarrollar este hábito animando a los niños a leer mucho. Deben llevar a sus hijos a la biblioteca, proporcionarles libros cada vez que sea posible, asegurarse de que tienen un lugar para guardarlos, enseñarles a cuidarlos bien y animarlos a que lleven a su casa libros de la biblioteca de la escuela. Deben también crear espacios y tiempo para que los niños lean con tranquilidad y, sobre todo, pedirles que les cuenten lo que han leído. Cuando los niños empiezan a leer en inglés, es muy importante que transmitan a sus padres en español lo que han leído en inglés, así se garantiza que habrá un bilingüismo verdadero y equilibrado, y que los niños sabrán hablar de todos los conceptos en los dos idiomas.

A11: Mis niños tienen pocas oportunidades de practicar uno de sus idiomas fuera del hogar. ¿Qué puedo hacer?

Cuando uno de los idiomas de los niños no se habla en la comunidad, la única fuente constante de práctica suele ser el seno del hogar. En este caso, los padres necesitan plantearse cómo van a crear una **riqueza de experiencias lingüísticas** para sus hijos. Para que el lenguaje de los niños no quede reducido a las comidas y las rutinas del hogar, es necesario crear oportunidades de usar su idioma en otras situaciones.

El vocabulario se adquiere al comprender bien el significado de las palabras y compartirlo. Para que los niños usen el lenguaje con fluidez y confianza, es necesario hablar con ellos en **situaciones y circunstancias distintas.** Una salida a mirar tiendas; una tarde en el parque; una visita al zoológico, a un acuario, a la biblioteca, a la playa, al campo o al circo, todas son oportunidades para hablarles a los niños sobre cosas y situaciones nuevas que les permitirán aprender palabras nuevas. También será enriquecedor para ellos conocer a otras personas que hablen su idioma y tener la oportunidad de escucharlas y de conversar con ellas. Así aprenderán que, en todo idioma, hay regionalismos y que cada persona habla con un estilo propio. También puede ayudarlos mucho escuchar discos compactos (CD) o videos (DVD) en que se cuenten cuentos.

Los CD o los DVD pueden comprarse, pero serán todavía más valiosos si los graban los padres mismos y relatan cuentos de su infancia e historias de la familia. Los videos, los libros y las revistas de historietas del país original de los padres, todo puede contribuir a la experiencia lingüística de los niños. Los arrullos o canciones de cuna, las rimas, las canciones infantiles, las adivinanzas, los trabalenguas y los refranes ayudarán a que el idioma de los niños tenga más riqueza y color. Leerles cuentos cada noche aumentará muchísimo su vocabulario y, a la vez, los ayudará a ser buenos lectores.

Puede verse, por los ejemplos mencionados, que la riqueza de la experiencia lingüística no debe convertirse en *tarea*. La práctica significa **participación agradable** y no repeticiones tediosas; inspiración más que aburrimiento, un reto motivador y no una imposición.

Puede ser muy importante para el niño o la niña darse cuenta a edad temprana de que la isla lingüística que es la familia se conecta con territorios y comunidades lingüísticas de otros lugares. Los niños necesitan vivir la experiencia de hablar el idioma del hogar con familiares o amigos de un país donde ese idioma predomina. Hay que evitar que el idioma del hogar quede aislado dentro de la casa y tratar de facilitar su crecimiento en otros ambientes. Para este propósito, salir de **vacaciones** al extranjero resulta muy provechoso. Los padres que llevan a sus hijos bilingües a visitar a familiares y a amigos de otra región o país encuentran que hasta una corta visita de dos semanas tiene efectos considerables en el idioma más débil. Cuando el niño se ve inmerso en ese idioma, un lenguaje pasivo se torna, a menudo, activo. Escuchar se convierte en hablar, la duda se vuelve convicción, la ansiedad pasa a ser confianza. Si resulta difícil visitar el país de origen (por ser refugiados o por el alto costo del viaje), se puede visitar un lugar donde se hable más el idioma o comunicarse a menudo por Internet o por Skype con familiares y amigos que también hablan el idioma, sin importar si viven en la misma zona o en cualquier lugar del mundo.

A12: Cuando mi hijo o hija ve la televisión, ¿debe escuchar un solo idioma o ambos?

Cuando no hay suficiente exposición a un idioma, el uso de Internet, videos y programas de televisión puede ser un suplemento útil para la dieta lingüística de un niño. Los videos en español, por ejemplo, pueden contribuir a que los niños incrementen su vocabulario en español. No solo les proporcionarán una experiencia agradable, sino que les permitirán valorar más el idioma al relacionarlo con una imagen que conlleva prestigio.

Es difícil para los padres ejercer su autoridad con respecto a la televisión. Desde muy pequeños, los niños aprenden a seleccionar sus canales preferidos. Ver un programa de dibujos animados que les gusta les resulta más importante que el idioma en que lo ven. Esto puede ser beneficioso para el desarrollo del bilingüismo. Ver un programa de Mickey Mouse o de Bugs Bunny puede ser muy importante para los niños. El idioma en que lo vean puede no ser tan importante. De este modo, en muchas situaciones familiares, el niño, con el dedo en el control remoto, vota por la experiencia lingüística de la televisión, en lugar de esperar que lo guíe la mano del padre.

Ya que en la televisión los idiomas no están mezclados, ver televisión en cualquiera de ellos puede resultar provechoso, para mantenerlos separados. Sin embargo, hay que saber que la televisión no contribuye demasiado al desarrollo lingüístico, puesto que es, en esencia, un **medio pasivo**. Difícilmente puedan practicar los niños la lengua frente al televisor porque, al mirar un programa, son receptores de lenguaje, no productores. Quizá el lenguaje pasivo, de comprensión, pueda crecer algo viendo la televisión, pero, por lo general, no aumenta la habilidad para hablar. De todos modos, esto puede mejorar en cierta medida si los padres ven la televisión con el niño y conversan acerca de lo que están viendo, o si desarrollan el hábito de hablar de lo que ya vieron.

Por otra parte, la televisión puede contribuir en algo a desarrollar las habilidades lectoras por medio de los títulos, los anuncios y los letreros, aunque será siempre de forma limitada. Una muy buena idea es poner subtítulos, de modo que el niño vea el lenguaje escrito al mismo tiempo que lo oye.

Otro riesgo de la televisión es que, a menos que se controle, tiende a mejorar el idioma que los niños dominan mejor y no el que necesitan desarrollar más. Ellos, comúnmente, prefieren verla en el idioma mayoritario (en el caso de los niños hispanos en los Estados Unidos, en inglés). Por lo tanto, esto no contribuye a desarrollar más su bilingüismo.

Además, debe considerarse que, en general, a menos que se controle qué programas ven los niños y cuánto tiempo se les permite estar frente al televisor, este medio de comunicación puede resultar negativo para la creatividad y el desarrollo total de los niños.

A13: Mis hijos hablan dos idiomas. ¿Cómo puedo ayudarlos a tener dos culturas?

En cierta medida el solo hecho de hablar un idioma hace que un niño participe de una cultura. Las palabras y las expresiones de una lengua conllevan cultura. A través de un idioma, los niños aprenden una **visión de la vida**; modos de percibir y organizar la experiencia; modos de anticipar el mundo; modos de establecer relaciones sociales, reglas y convenciones sobre la conducta, los ideales y los valores morales; ciencias y tecnología; así como poesía, música e historia. La cultura se reproduce en los niños a través del lenguaje.

Sin embargo, es posible hablar un idioma y no comprender la cultura que el idioma representa o no participar de ella. Aunque parezca paradójico, se puede ser bilingüe, pero seguir siendo monocultural.

Todos nos movemos entre diferentes subculturas, de acuerdo con nuestros entretenimientos favoritos, religión, empleo, educación, género y muchos otros aspectos de la vida donde difieren valores y opiniones. Pero si reducimos esta discusión a la conexión que tiene cada cultura con los idiomas, resultará que una persona bilingüe no tendrá el mismo acceso a cada cultura. De hecho, una persona bilingüe puede relacionarse con una cultura mucho más que con otra, pero esto puede cambiar con el tiempo. El profesor François Grosjean, autor de *Bilingual Life and Reality* (Vida y realidad bilingües) observa: "He cambiado cuatro veces mi cultura dominante desde que me convertí en bicultural: fui inglés en mi adolescencia, francés hasta los 28 años, norteamericano hasta los 40 y suizo desde entonces". También se da el caso de quienes se sienten menos cómodos y hasta rechazan parte de la cultura relacionada con un idioma. Por ejemplo, algunas personas bilingües en una lengua minoritaria no quieren ser biculturales y se identifican con la cultura de la lengua mayoritaria. Las personas bilingües son diferentes; pueden elegir. No todos los bilingües son o quieren ser biculturales.

¿Cómo se puede ayudar a un niño a que se **identifique** con una cultura? Muchos niños y adultos bilingües no pertenecen a dos culturas de la misma manera que un monolingüe pertenece a una cultura. Una persona que habla inglés y francés, por ejemplo, puede identificarse en parte con la cultura inglesa y en parte con la francesa. Ser **bicultural** [véase el Glosario] es algo distinto que tener dos monoculturas unidas. Las personas bilingües tienden a ser biculturales de un modo peculiar. Se produce una combinación, integrada pero compleja, de ambas culturas dentro de la persona. Como sucede con dos círculos que se entrelazan, no dos círculos colocados uno junto al otro.

Biculturalismo

El biculturalismo cambia de persona a persona. A veces, cambia en la misma persona en distintos momentos de su historia. Ser mexicano-americano significa tener una identidad cultural que toma de dos culturas para crear una nueva y diferente de ambas.*

*Véase la página 98

A medida que los niños bilingües crecen, deciden por sí mismos qué mantener y qué desarrollar de cada una de sus dos culturas. Los **padres** solo pueden actuar como **jardineros,** mostrándoles a sus hijos la riqueza que va asociada a cada una de ellas. Los jardineros facilitan el crecimiento, no lo fuerzan. Las semillas del lenguaje necesitan cuidado y abono. Algunas requieren cuidado y protección especial, otras florecen rápidamente y sin esfuerzo. A veces, es necesario volver a plantar las semillas. El crecimiento variará según el clima y las condiciones que están más allá del control del jardinero. Los padres deben ser jardineros del lenguaje dentro de estas condiciones variables.

Al facilitar encuentros con personas que hablan los dos idiomas y participar en actividades culturales variadas —desde ferias hasta actividades deportivas, reuniones religiosas y festivales folclóricos—, los padres pueden aumentar el contacto de sus hijos con las culturas representadas por sus dos idiomas. Cuando esta participación directa no sea posible, la televisión y los videos pueden ofrecer alternativas. Acercar a los niños a la mayor cantidad posible de experiencias culturales propias de un idioma aumentará su **horizonte,** les abrirá más oportunidades y los ayudará a desarrollar una visión del mundo con menos murallas y más puentes.

A14: ¿Cuál es la importancia de que los dos idiomas reciban apoyo y se practiquen fuera del hogar?

Las familias latinas de **inmigrantes** o **refugiados** muchas veces encuentran poco apoyo en la escuela para mantener la lengua del hogar. Si los padres se sienten aislados, a veces, se crea la tendencia a abandonar la lengua familiar, el español, y a hablarles a los niños solo en inglés, porque sienten la presión de la comunidad para que se expresen en el idioma del país.

El problema no suele ser la adquisición del idioma mayoritario, en este caso el inglés, sino el mantenimiento del idioma del hogar, el español. Los padres no deben dejar que este reto los desanime. Deben esforzarse por sostener con firmeza la isla lingüística que el hogar representa porque los beneficios para la familia y los niños bien valen el esfuerzo.*

*Véase la página 27

A15: ¿Qué tipo de ayuda comunitaria es valiosa para el bilingüismo?

El peligro es que el idioma del hogar, el español, se marchite y desaparezca a medida que el niño o la niña fortalece sus habilidades en el uso del inglés gracias a experiencias fuera del hogar y a los medios de comunicación.

Cuando se está criando a un niño o a una niña con la intención de que sea bilingüe, siempre será útil propiciar **reuniones** con otros padres y niños de edades semejantes. Algunas veces esto es imposible debido a las distancias geográficas. Sin embargo, los grupos de madres y niños pequeños, los grupos de niños preescolares o los grupos de personas que hablen español ayudarán a que la familia se sienta menos aislada. Es importante conversar con esos otros padres para que ellos también comprendan la importancia de mantener el español.

Internacionalmente, se dan dos tipos de situaciones. **Primero,** hay grupos locales de madres, padres y niños que se reúnen para hablar su lengua minoritaria común con cierta frecuencia. Algunas madres de niños en edad preescolar se reúnen con el fin específico de hablar solo en el idioma minoritario. **Segundo,** padres de niños bilingües en distintas lenguas se reúnen para intercambiar ideas, buscar solución a problemas comunes, prestarse libros y publicaciones, y, sobre todo, para darse ánimo unos a otros. Si usted se siente en una isla lingüística aislada, trate de encontrar otras islas cercanas y cree nexos con ellas. Si estas islas hablan el mismo idioma, puede haber un intercambio de materiales y se puede emplear ese idioma. Si las islas tienen distintos idiomas, así y todo le ofrecerán la oportunidad de romper el aislamiento. El compartir necesidades semejantes crea solidaridad. Cada vez más, las redes sociales (por ejemplo, Facebook) ofrecen la manera de compartir cuando existe un aislamiento geográfico.

En Inglaterra, un ejemplo destacado de apoyo comunitario es el Waltham Forest Bilingual Group (Grupo bilingüe de Waltham Forest), formado por un grupo de padres en el noreste de Londres, en 2003, que tiene una historia considerable de éxito e influencia. Se trata de voluntarios que brindan apoyo con una variedad de idiomas europeos y asiáticos en su mayoría. Los padres disfrutan de (1) intercambios de experiencias e ideas acerca de la educación de los niños en dos o más idiomas (principalmente, durante una sesión mensual en un centro para niños), (2) charlas de expertos, con sesiones de preguntas y respuestas dirigidas por miembros del grupo, (3) una biblioteca con libros y videos (DVD) acerca de familias multilingües para el uso de los miembros, (4) actividades familiares, como por ejemplo, picnics comunitarios o visitas a atracciones locales los fines de semana, (5) un sitio web y (6) un libro muy original escrito por una de sus líderes, Claire Thomas. El libro es uno de los más útiles y prácticos que se encuentran en el mercado acerca de la educación de niños bilingües y multilingües. Visite su sitio web http://www.wfbilingual.org.uk/.

Hay otro punto de vista para contestar esta pregunta. Las investigaciones y escritos tienden a asumir que la educación de niños bilingües resulta mejor por la vía familiar. La creencia subyacente es que, para criar hijos bilingües desde su nacimiento, la tarea debe recaer en la madre. Pero esto no siempre es así. Los **familiares** (por ejemplo, en la India, en muchas otras partes de Asia y en África) han tenido mucho éxito en la educación de niños bilingües y multilingües al brindar un ambiente de aprendizaje enriquecedor con la participación de abuelos, hermanos mayores y demás parientes. En las **escuelas,** también puede ser efectiva la enseñanza de idiomas (por ejemplo, en centros preescolares, en establecimientos de educación por inmersión, en instituciones de enseñanza dual de idiomas). Todo esto se estudia en profundidad en la sección E de este libro. Las **comunidades** o **redes** locales pueden organizar la enseñanza de idiomas para niños, por ejemplo, a través de programas fuera de las horas de escuela o por medio de organizaciones religiosas. Hay muchos caminos que conducen al bilingüismo. La familia nuclear es solamente uno de ellos.

A16: Mis vecinos creen que debemos integrarnos más y que eso implica usar menos el idioma del hogar. ¿Debemos mantenernos separados o integrarnos?

A16

Los vecinos que hacen este tipo de sugerencias son, por lo general, monolingües. La visión monolingüe del mundo sugiere que los idiomas separan a las naciones y a las personas. Creen que tener un idioma común es el único modo de integrarse. El problema es que la integración tiende en la realidad a ser **asimilación** [véase el Glosario]. Los vecinos monolingües quieren que usted se vuelva igual a ellos.

Las personas bilingües prefieren usualmente la idea de la variedad lingüística, tratan de aceptar a los demás como son y no se sienten amenazadas ni excluidas cuando oyen hablar distintos idiomas. Las personas bilingües suelen ser más tolerantes hacia la diversidad de idiomas y diferencias.

Cuando los vecinos creen que la integración implica monolingüismo, vale la pena intentar educarlos con gentileza. Si los vecinos creen que la asimilación local requiere el monolingüismo en su idioma, hay que pesar el valor de la amistad contra la riqueza que se gana con **la preservación de un idioma.**

Un tema que surge de esta pregunta es si debe mantenerse a los niños aislados de los vecinos para que no desarrollen un idioma más que el otro. La respuesta es que los idiomas no necesitan desarrollarse uno a costa de otro. No son como una balanza, en la cual si uno sube el otro baja. Los **idiomas crecen con interdependencia** y sin que uno, necesariamente, le haga daño al otro, siempre y cuando a ambos se les dé oportunidad de crecer. Por lo tanto, es natural que los niños tengan relación con personas cercanas y que participen de una **red de amistades**. Tratar de impedir que un niño converse con los vecinos por temor a la contaminación lingüística, sería llevar la ingeniería del lenguaje a conclusiones irracionales.

El lenguaje es **comunicación**. ¿Con quién podríamos comunicarnos mejor que con nuestros vecinos? Sin embargo, esto no quiere decir que no hay que guiar la práctica del idioma. Cuando el idioma del hogar no tiene apoyo en la comunidad circundante, hay que crear oportunidades para que los niños lo practiquen con otras personas. En estos casos, el bilingüismo cuesta tiempo y esfuerzo. Pero también tiene enormes ventajas.

 ### A17: ¿Puedo aprender un segundo idioma al mismo tiempo que mi hijo o mi hija?

Esta pregunta no es tan sorprendente como pueda parecer. Hay muchos ejemplos de padres que han aprendido un idioma del otro padre junto con sus hijos. Por ejemplo, un padre puede aprender el idioma de la madre oyéndoselo hablar a los hijos. El padre podrá entender muchas conversaciones en familia en el idioma de la madre. Al mismo tiempo, él seguirá hablando su idioma. Le puede parecer artificial hablarle al niño en una lengua que no es su primer idioma.

En otros casos, uno de los padres puede empezar a tomar clases de un idioma, justamente al tiempo del nacimiento de su niño. Una meta es crear una uniformidad lingüística dentro del hogar. Todos los miembros de la familia hablarán el mismo idioma o, al menos, todos podrán comprenderlo. Si se trata de una lengua minoritaria, como el español en los Estados Unidos, puede ser muy importante tomar esta decisión de hablarla con exclusividad dentro del hogar para que el niño o la niña tenga suficientes oportunidades de desarrollarla. Más adelante los niños adquirirán inglés en la escuela.

Aparece un peligro cuando la uniformidad lingüística en el hogar se logra por usar la lengua mayoritaria. Cuando los padres latinos deciden abandonar el español y hablar solo el inglés, desaprovechan la oportunidad de que los hijos sean bilingües. Un verdadero riesgo es que los padres que no hablan bien inglés les ofrezcan a sus hijos un **modelo pobre** o **restringido de esa lengua.** Los errores que cometen los padres pueden convertirse en el modo de hablar de los niños (esto se llama *fosilización de los errores*). En estos casos, muchas veces los niños tienden a perderles el respeto a los padres al darse cuenta de que hablan incorrectamente la lengua mayoritaria, el inglés, en lugar de seguir viéndolos como modelo de su propio idioma, el español.

A18: Acabamos de mudarnos a los Estados Unidos. ¿Debemos hablar en el hogar solo inglés para ayudar a nuestros hijos?

En primer lugar, si ambos padres, o uno de ellos, saben hablar inglés, pero lo hablan con cierta limitación o rigidez, será poco natural que lo usen con los hijos. En este caso, sustituir el idioma natural del hogar será **artificial** y no será beneficioso, sino que contribuirá a la incertidumbre del momento de desarraigo.

En segundo lugar, si los niños ya **hablan bien** un idioma, el tener que sustituirlo por otro será un cambio difícil más, que se sumará al de país, hogar y amigos. Los niños que tienen que sufrir conmociones tan grandes agradecerán cierta estabilidad y continuidad en su vida, y eso pueden recibirlo de la lengua del hogar.

En tercer lugar, si los niños son ya **competentes** en el uso de su idioma, al reemplazarlo, se resentirá la comunicación porque tendrá que ser más reducida y superficial. Esto puede ser negativo para el desarrollo intelectual y conceptual de los niños.

A pesar de todo lo dicho, muchos padres quieren que sus hijos adquieran fluidez lo antes posible en el idioma del nuevo país. Por eso, tratan automáticamente de proveer el ambiente que permita esa rápida adquisición. Si los niños son muy pequeños, por lo general, adquieren el idioma en la calle, en las tiendas y, sobre todo, en las guarderías y el kindergarten con relativa velocidad y facilidad, puesto que el vocabulario y la complejidad de las oraciones en esta etapa son menores que los que requiere el lenguaje adulto.

El consejo específico es que los niños pequeños no necesitan que los padres hablen el idioma mayoritario, el inglés, en el hogar. Se puede contar con que lo van a aprender naturalmente fuera del hogar. Por eso, es mejor que el idioma que se hable y practique en el hogar sea la lengua de los padres, el español. Esto les dará a los niños la oportunidad de ser bilingües y biculturales, y, al mismo tiempo, de mantener la continuidad de su experiencia vital y la seguridad que esto entraña.

Cuando los niños son mayores, en la escuela se esperará que hablen el idioma del país, a menos que tengan la suerte de poder asistir a un buen programa bilingüe. Aun si estos niños consiguen aprender rápidamente algo del lenguaje conversacional, el trabajo escolar les requerirá un nivel de lengua más avanzado.

Un niño que tiene que estudiar álgebra, las leyes de gravedad, las variaciones atmosféricas y la historia de años atrás sentirá a menudo que hay un **abismo** entre sus habilidades para conversar en el patio y lo que necesita saber para sacar provecho de sus estudios.

Para estos niños mayores y adolescentes, hay que tener otras consideraciones. Si la escuela no ofrece un buen programa bilingüe, que atienda a sus necesidades especiales, los padres pueden ofrecerles **ayuda adicional** en la lengua del país. Pero, para eso, no hay que reemplazar el idioma del hogar por el del país, con la esperanza de que esto les servirá de apoyo. Como se ha comentado en otra ocasión, los padres son mejores maestros del idioma que conocen bien y hablan con naturalidad. Por lo tanto, es más provechoso buscar una ayuda mediante otros mecanismos y no sacrificar la **continuidad** del idioma del hogar. Cuando la continuidad se mantiene, es posible mantener vivas las tradiciones familiares, seguir desarrollando la lengua y la cultura propias, y preservar un sentido del pasado en el presente.

Hay algunas ocasiones en que el bilingüismo no puede ser la prioridad de la familia. Es posible que haya que sacrificar el bilingüismo en función de otras necesidades de los niños. Pero estos casos son pocos y extremos. Casi en cualquier circunstancia, mientras uno de los padres o alguna de las personas que cuidan del niño hable el idioma de la familia, es posible mantener el bilingüismo. En conclusión, el bilingüismo debe ser un placer, no un dolor, un modo de mejorar la calidad de la vida y no un fin en sí mismo. La fe en el bilingüismo se basa en la fe en buscar lo mejor para los niños. Vale la pena apoyar al bilingüismo porque el bilingüismo apoya a los niños.

A19: ¿Cuál debe ser nuestra estrategia con respecto a un niño adoptado o a una niña adoptada?

La categoría de niños adoptados es muy amplia e incluye a los que fueron adoptados al nacer, a una edad muy temprana, más tarde durante la infancia o en la adolescencia. Pueden proceder de la misma localidad, del mismo país o del extranjero (transnacionales). Puede ser que los padres hablen o no el idioma del niño o el adolescente, que les interese mantener el idioma del niño o que deseen romper todos los lazos con sus orígenes. Cuando se adoptan recién nacidos o niños muy pequeños, entonces, sin importar su lengua hereditaria, los padres pueden usar el idioma del hogar.

Algunos niños adoptados crecen sabiendo que no hablan su lengua nativa y algunos pueden sentir que les falta algo en cuanto al idioma o la cultura. Y puede suceder que deseen aprender su lengua hereditaria y sentirse más arraigados. De hecho, algunos pueden sentir doblemente la ausencia de raíces tras haber sido sacados del país donde nacieron y luego sentirse marginados parcialmente en el país donde los crían. Esto ha llevado a una estrategia más tolerante mediante la cual la familia adoptiva decide incluir la herencia cultural y el idioma del niño en su educación. Pero las circunstancias son muy variadas y, para algunos niños, su herencia y su idioma pueden traer recuerdos de pobreza, negligencia, separación y hasta abuso. De manera que los consejos acerca de bilingüismo en relación con los niños adoptados deben estar en sintonía con la familia en particular (por ejemplo, con las reacciones de los hermanos), con los grupos de amigos, con la escuela, con el contexto comunitario y social, y, en especial, con la historia de esa adopción y con las preferencias del niño.

Las decisiones sobre el bilingüismo dependerán de la edad del niño adoptado (por ejemplo, si el niño o la niña ya habla uno o más idiomas) y de si los padres hablan o no el idioma del niño o la niña.

(1) Cuando un niño adoptado es **muy pequeño** (por ejemplo, de dos años o menos) es totalmente apropiado actuar de la manera en que se ha descrito en este libro. Si cada uno de los padres habla un idioma distinto, pueden decidir hablarle cada uno en el suyo. Si ambos hablan un idioma minoritario, por ejemplo, español en los Estados Unidos, pueden decidir hablarle solo en español en el hogar para que lo desarrolle bien y que luego añada el idioma mayoritario aprendiéndolo fuera del hogar.

Lo que cabe discutir aquí es si los padres tienen interés o no en que un niño pequeño cuya lengua materna es distinta de la de ellos hable también su **lengua materna** [véase el Glosario]. Esto se definirá por los valores de los padres y lo que deseen para el niño. Por ejemplo, si unos padres latinos adoptan a un niño zapoteca, ¿querrán que él hable inglés y español y también zapoteca?

Para todo niño, es muy importante llegar a alcanzar un alto grado de **autoestima** y sentirse seguro de su **identidad.** Esto, para muchos padres adoptivos, significa celebrar las raíces étnicas del niño tanto como la cultura de ellos o la del país donde viven. A medida que pase el tiempo, el niño o la niña manifestará su propia preferencia de retener o rechazar la **identidad dual** (o múltiple). Para algunos padres, esta continuidad de la identidad desde el nacimiento es un tema cultural más que lingüístico. Ellos desean celebrar la herencia cultural del niño adoptado aunque no puedan brindar el apoyo verbal para la continuidad de la herencia lingüística.

Si los padres no hablan la lengua materna del niño, aunque quieran apoyarla, es posible que el niño no logre desarrollarla del todo si no hay en su comunidad muchas personas que la hablen. Sin embargo, cuando un niño tiene una comprensión pasiva de un idioma, le será más fácil activarla en el futuro si así lo desea. Y si los padres le han dado el mensaje de que valoran su lengua materna, esa activación será aun más fácil.

En una situación de adopción, por lo general, hay algunas consideraciones más importantes que la del lenguaje, como por ejemplo, que el niño o la niña llegue a sentirse miembro de la familia adoptiva, que sienta el amor de los padres y otros familiares, que adquiera un sentido de identidad y una autoestima alta, que crea en sí mismo o en sí misma, y que tenga predisposición para el éxito en las relaciones y el trabajo. Las estrategias para mantener el idioma original del niño o la niña pueden, ciertamente, ayudar a conseguir estas metas fundamentales. En algunos casos, el deseo de mantener el idioma original y la exageración del aprecio por los orígenes del niño o la niña pueden resultar contrarios a sus deseos. Por lo tanto, es importante que los padres tengan una mente abierta, que sean sensibles al desarrollo del niño o la niña, y que sepan ponerse en su lugar y entender sus sentimientos. Cada niño se desarrolla de una manera individual y sus preferencias tienen un papel fundamental.

(2) Si un niño es adoptado **después de los dos o tres años,** el idioma materno ya debe de estar bien desarrollado (por ejemplo, en el caso de una familia de Finlandia que adopta una niña rusa de 7 años). La pregunta entonces es ¿deben los padres favorecer una transición rápida pero suave del ruso al finlandés? ¿O deben tratar de mantener el primer idioma de la niña, es decir, el ruso?

De nuevo, el punto de partida no debe ser el lenguaje, sino el crear un sentimiento de pertenencia, de apoyo, de afecto y de cariño. Los niños son, a la vez, resistentes y frágiles; son optimistas y muy adaptables, pero también criaturas sensibles y tiernas. Es probable que apoyar el primer idioma del niño o la niña sea importante. A continuación exponemos algunas de las razones por las que esto es válido.

Cuando se adopta a un niño algo mayor, su sentido de **autoestima** y autoconcepto aumentará si los padres muestran explícitamente que valoran su primer idioma. En el caso de la niña rusa adoptada en Finlandia, el valorar el idioma de la niña es, a la vez, valorar a la niña misma, su identidad y sus orígenes. Si los padres demuestran que valoran el ruso, están valorando a la niña y demostrándole su cariño y afecto. El ignorar el idioma de la niña podría darle el mensaje implícito de que su origen, su lengua, su cultura y los primeros años de su vida carecen de importancia, son irrelevantes y no tienen valor.

¿Cómo pueden los padres que no hablan el idioma del niño o la niña que han adoptado valorar ese idioma y apoyar el bilingüismo o el trilingüismo? No hay ningún método fácil ni garantizado, pero vale la pena considerar estas ideas:

- Antes de que el niño o la niña llegue al hogar, los padres deben hacer el intento de aprender algo de su idioma. Si pueden usar algunas frases en ese idioma, le darán al niño o la niña un mensaje que trasciende las palabras. Usar algunas frases en ruso, en este ejemplo, le transmite a la niña el mensaje de que los padres valoran su lenguaje, su cultura y, por lo tanto, la valoran a ella. Aunque los padres no puedan llegar a ser un modelo de lengua para la niña, una simple comunicación en su idioma significará cuidado y apoyo, y el inicio de una relación de cariño.

- Al mismo tiempo, los niños adoptados necesitan aprender el idioma del país, en particular el idioma de la escuela. Los padres darán apoyo y ánimo en el proceso de adquisición del segundo idioma. A menudo estarán encantados al ver la rapidez con que los niños adquieren ese segundo idioma en la casa, sobre todo si los padres usan gestos, acciones y todo tipo de comunicación no verbal [véase el Glosario] para respaldar el proceso en sus primeras etapas.

• Será todavía mejor si los padres apoyan y celebran no solo la adquisición del segundo idioma, sino también el bilingüismo. Por ejemplo, los padres pueden felicitar a la niña por estar aprendiendo finlandés, pero también por ser capaz de hablar en finlandés y en ruso. El sentirse orgulloso de ser bilingüe puede ser un componente importante para desarrollar y mantener la autoestima.

• Es fundamental que los niños mantengan la lengua materna todo lo posible. Esto se traducirá casi siempre en una mayor **autoestima** y evitará la destrucción de la identidad inicial de la niña o el niño. Para muchas personas, el tener varias identidades culturales es una riqueza y una fortaleza. En este ejemplo, apoyar las identidades finlandesa y rusa de la niña le suma una importante vivencia cultural a su vida en vez de restársela.

Esto nos lleva a preguntarnos ¿cómo puede mantenerse ese primer idioma? A los padres adoptivos les puede resultar difícil mantener el nivel que los niños tengan en el idioma y, mucho más, desarrollarlo. Y, por supuesto, también deben tenerse en cuenta los deseos y las necesidades de los niños.

Un primer paso es brindarle al niño o a la niña la oportunidad de utilizar, al menos receptivamente, su primer idioma por medio de libros y videos, y de usar Internet en su idioma. Esto no solo le dará algo de práctica, sino que continuará afianzando el mensaje de que los padres aceptan y valoran su primer idioma.

Otra posible estrategia es encontrar una persona, una familia o un grupo que hable el primer idioma del niño o de la niña. Esto puede ser aun más beneficioso que los medios de comunicación, puesto que da la oportunidad de hablar y no solo de leer o escuchar.

Otro medio para mantener vivo el idioma es la televisión por satélite. Cada día aumenta el número de países que ofrecen programas de televisión en una variedad creciente de idiomas. Esto le permitirá al niño o a la niña oír su lengua materna en distintos contextos culturales propios.

Una decisión importante por parte de los padres será la elección de una **escuela** sensible a las necesidades de su hija o hijo adoptivo.* Algunas escuelas están más orientadas que otras hacia la aceptación, la celebración y el desarrollo de una diversidad de idiomas, en lugar de enfatizar una actitud monolingüe. Cuando los niños están en la edad escolar, su progreso en la escuela y su autoestima se verán influidos por la actitud de la institución hacia la diversidad lingüística.

*Véase la página 152

Para concluir, los padres adoptivos pueden proporcionarles a los niños una variedad de oportunidades con respecto a la lengua y la cultura. Darles la posibilidad de conservar su idioma y tener una herencia bicultural o pluricultural es darles libertad y poder. El padre que insiste en ignorar y enterrar los orígenes lingüísticos y culturales del niño o niña puede estar restringiendo y limitando su experiencia.

Los padres que se enfocan en sus propias necesidades a menudo sienten que el monolingüismo es lo más apropiado. Los padres que tienen en cuenta a los niños, por lo contrario, generalmente encuentran que el bilingüismo y el biculturalismo son lo más apropiado para satisfacer las necesidades e intereses de los niños a corto y a largo plazo.

Las preguntas y respuestas anteriores fueron reproducidas en *Bilingual Family Newsletter* (Boletín informativo de la familia bilingüe, v. 26, n.° 3, 2009. El siguiente número del boletín (v. 26, n.° 4, 2009) muestra una entrevista con Katerlina Nurmi, una niña de siete años adoptada por padres finlandeses. Su experiencia de adopción y su valiosa visión nos proporcionan un caso de estudio fascinante. La entrevista se encuentra: http://www.bilingualfamilynewsletter.com/archives.

Además, tenga en cuenta que casi no hay investigaciones sobre este tema, pero el libro de Suzanne Barron-Hauwaert *Bilingual Siblings: Language Use in Families* (Hermanos bilingües: uso del idioma en familia), publicado por Multilingual Matters (2011), contiene una buena reseña de estudio de casos de niños adoptados en un contexto bilingüe o multilingüe, e incluye adopciones internacionales.

A20: Hablo dos idiomas bastante bien. ¿Cuál debo usar para hablar con mi hijo?

Algunos padres hablan a diario dos o más idiomas con facilidad y fluidez. Para ellos el bilingüismo es su primer idioma. Existe un grado mayor o menor de bilingüismo balanceado visto por algunos como lo ideal, pero solo unos pocos lo alcanzan. Tales padres pueden plantearse la pregunta de qué idioma o qué idiomas deben usar con sus hijos.

Algunos padres que hablan dos idiomas con fluidez quizás prefieran hablar uno que esté más conectado con su propia niñez y con sus familiares, para continuar así la **herencia cultural y la tradición.** Por ejemplo, escoger el idioma hereditario (minoritario o mayoritario) puede servir para presentarle al niño las rimas, las canciones y los dichos de tal cultura. También puede escogerse el idioma hereditario para facilitar conversaciones con abuelos y otros parientes.

Sin embargo, otra dimensión por considerar en la elección del idioma puede ser cuál es el que necesita más desarrollo y más ayuda del hogar porque el otro u otros resultan dominantes fuera del hogar. Por ejemplo, en los Estados Unidos, una persona que habla español e inglés con fluidez puede hablarle a su hijo en español porque el inglés tiene mayor estatus y está siempre presente en la escuela y en la comunidad. De ahí que la elección sea tratar de lograr un **mayor equilibrio a largo plazo en el bilingüismo.** Sin embargo, a muchos padres les preocupa tanto que sus hijos estén lingüísticamente listos para la escuela que escogen el idioma de la escuela para hablar ellos.

Otros padres pueden decidirse por el enfoque una persona-un idioma (descrito en A8) y, por tanto, cada padre usará un idioma distinto con el hijo. Normalmente, quién habla cada idioma depende de la mayor solidez que uno tenga en un idioma y, por tanto, prefiera hablarlo con su hijo. Así que, cuando uno de los padres tiene fluidez en dos idiomas, la elección podría basarse en la **preferencia y dominio del idioma del otro padre.**

Hasta ahora, la respuesta asume que el padre bilingüe puede escoger uno de los dos idiomas. En la práctica, algunos de esos padres usan los dos idiomas con el hijo. En la sección B13 y B14 se cubren estos temas. Aunque, históricamente, no se ha defendido ni estimulado este asunto para lograr que un niño mantenga separados sus dos idiomas, en los últimos tiempos y en la práctica, los padres bilingües parecen tener mucho éxito en la educación de niños bilingües si **usan ambos idiomas** con sus hijos. Esto refleja la realidad de una madre que, por ejemplo, habla en la mesa con los hijos en el idioma del padre. Suele existir un lenguaje común cuando todos están presentes.

Casi ningún padre ni madre bilingüe mezcla dos idiomas cuando le habla a su hijo o habla simultáneamente dos idiomas de modo arbitrario. En su lugar, pueden usar cada idioma en diferentes ocasiones, en diferentes situaciones, para diferentes propósitos y, posiblemente, para estimular el desarrollo de ambas lenguas. En la sección B2 se estudia el **valor de alternar los idiomas.** En lugar de ser un problema, el empleo de dos idiomas, en particular con otras personas bilingües, es muy normal y ventajoso. Por ejemplo, si uno de los padres explica algo en un idioma y después, de nuevo, en un segundo idioma, el significado puede extenderse, reforzarse y comprenderse mejor. Los padres bilingües pueden tener especial capacidad para disciplinar a sus hijos en ambos idiomas ¡para duplicar el efecto!

A21: Me gustaría hablarles a mis hijos en mi lengua materna, pero he perdido el hábito de usarla. ¿Qué debo hacer para recuperar ese hábito?

Un padre o una madre puede comenzar la crianza de sus hijos hablándoles en su lengua hereditaria o preferida. Pero, si hay falta de apoyo de la comunidad, de los amigos y hasta de la familia, esto es difícil de mantener. El padre puede, entonces, empezar a apartarse de ese idioma y a hablar en la lengua del otro padre, de la escuela o del entorno social. Esto es algo que ocurre con bastante frecuencia. Sucede, por ejemplo, cuando existe un idioma de estatus alto que impregna la comunidad y la escuela, o cuando la familia, los amigos y los vecinos parecen desaprobar el uso de otro idioma con el niño.

Para quienes lamentan esta situación, nunca es demasiado tarde para tratar de cambiar de hábito. De la misma manera que muchos tratan de cambiar de hábitos alimenticios, de bebida y de ejercicios, así, con la autodisciplina adecuada, el apoyo y el estímulo de los demás y la convicción de que es algo gratificante, existen más posibilidades de recuperar el hábito de hablar en un idioma particular, incluso con los hijos. Una secuencia aproximada podría ser la siguiente:

Primero, las **razones** para recuperar el hábito deben ser apreciadas, aceptadas y articuladas. Para que el cambio perdure, tiene que haber un compromiso basado en el porqué y el para qué de tales razones. En la sección A, compartimos las muchas ventajas de que el niño sea bilingüe. Considerar esas ventajas puede ayudar a crear el compromiso.

Segundo, en lugar de tener buenas intenciones o esperanzas para el futuro, comprométase a **comenzar en una fecha** definida, ya sea hoy, el primer día del mes que viene, o una fecha especial. Mañana nunca llega, de manera que es importante precisar cuándo va a ocurrir el cambio.

Tercero, el niño o el adolescente, no importa cuán joven o amigo de discutir sea, puede necesitar y merecer una **explicación.** Aunque las transiciones pueden ser suaves, pueden retroceder o avanzar mientras los viejos hábitos tardan en desaparecer. Hablar con el niño acerca de las ventajas de ser bilingüe, explicarle la importancia que tiene para usted que hable su idioma y ganar su comprensión y acuerdo son elementos importantes. Sin embargo, existe también un argumento para una transición suave de la que el niño apenas se da cuenta y, por consiguiente, es más aceptada. Esta transición requiere percatarse constante y conscientemente del idioma a lo largo de este período, requiere supervisión y sensibilidad, y resulta más fácil la preparación que la práctica. Puede ser preferible para el niño, antes que un cambio abrupto, de manera que vale la pena considerar una transición gradual.

Cuarto, algunos niños pueden **resistirse al cambio,** en particular si no hablan con fluidez o no les interesa ese idioma. Muchos tienden a preferir estabilidad antes que cambios abruptos, pragmatismo antes que principios de adultos, prestigio del idioma antes que preferencia paterna o materna. Por consiguiente, cambiar el hábito del idioma puede no resultar tan claro, en especial para niños más grandes y adolescentes.

Quinto, aunque los padres sean capaces de revertir el hábito del idioma, tal vez el niño no haga lo mismo. De manera que el padre puede cambiar al uso de su idioma materno o preferido, mientras que el niño sigue **respondiéndole en un idioma diferente,** sobre todo si es un idioma más fuerte o más habitual para él. Al final, queda a la elección del niño, pero el padre sigue logrando un bilingüismo pasivo [véase el Glosario] y un aumento en la comprensión del idioma. A largo plazo, esa comprensión de un idioma puede dar paso fácilmente a hablarlo y lograr un bilingüismo productivo [véase el Glosario]. El potencial está allí. Solo necesita que lo activen. En conclusión, algunas veces el padre o la madre hablan su idioma hereditario con el hijo desde que nace, pero una vez que la escuela y las actividades sociales se vuelven más prominentes en su vida, el padre pierde el hábito de usarlo. Pero el cambio es muy posible y hasta deseable. Volver al hábito de un idioma puede llegar a ser gratificante para el padre y muy ventajoso para el hijo a largo plazo, al recibir el regalo del bilingüismo.

Sexto y último, hemos visto que, para conseguir que los niños acepten el cambio del inglés al que se han acostumbrado por el español que los padres quisieran reforzar, da resultado asegurarse de que el español sea el idioma del afecto y de las cosas gratas: cuando las caricias, los elogios, las invitaciones a hacer algo divertido, los gustos que se les da a los niños van acompañados siempre de español y nunca se los regaña en español, se consigue que lleguen a preferirlo para comunicarse dentro de la familia. También hemos observado que, con frecuencia, los padres latinos prefieren, cuando regañan a sus hijos en público, hacerlo en español, como si así les diera menos vergüenza la conducta inadecuada del niño. Esto es una mala idea, porque puede ir en contra de conseguir que los niños quieran hablar español.

SECCIÓN
B

Preguntas sobre el desarrollo del lenguaje

Te lo digo
y no hay engaño,
ser bilingüe es una dicha
que nos dura
todo el año.

Alma Flor ADA
Ser bilingüe

B1

B1: ¿Cuáles son los factores más importantes para que un niño o una niña llegue a ser bilingüe?

Los niños **nacen con la habilidad de llegar a ser bilingües o multilingües.** Demasiados niños sufren la restricción de convertirse en monolingües. Ningún padre, madre o maestro que quiere a los niños les niega la posibilidad de desarrollarse física, social, educacional o emocionalmente. Sin embargo, a muchos niños se les niega la posibilidad de llegar a ser bilingües o multilingües.

El lenguaje es la base de **la comunicación y** de **la identidad.** Necesitamos del lenguaje para comunicar información, crear relaciones, jugar juegos, contar cuentos, hacer nuevos amigos y colaborar en proyectos de grupo. Algunos padres bilingües se preocupan demasiado por que la gramática sea correcta, el vocabulario sea preciso, los dos idiomas no se mezclen y la traducción sea exacta. Sin embargo, lo más importante para que un niño llegue a ser bilingüe es lograr que su desarrollo del lenguaje sea una experiencia agradable y positiva. Los niños necesitan valorar sus dos idiomas, sus dos culturas y cobrar conciencia, en forma sencilla, del valor de ser bilingüe y bicultural.

Los padres que convierten la adquisición de los dos idiomas en una **cruzada,** una fuente de conflictos, una serie de pequeñas crisis o una competencia contra los monolingües muchas veces no consiguen lo que se proponían. Es posible que el niño aprenda dos idiomas, pero si siente que el bilingüismo está teñido de ansiedad, presión y correcciones constantes, no se logra ningún triunfo verdadero.

Es importante que al niño se lo estimule constantemente en su adquisición de los dos idiomas. Hay muchos modos sencillos de **dar estímulo:** una palabra de aliento, una felicitación, una caricia contribuirán a desarrollar la **autoestima lingüística.** Por ejemplo, cuando el niño cambia de idioma para que la abuelita comprenda o cuando traduce algo en un grupo para incorporar a un amigo, muéstrele cuánto le agrada su conducta. Todos nos alegramos cuando alguien nos alaba. El estímulo y la alabanza acertada crean el ambiente positivo, de cariño y esperanza, que nutre el desarrollo del niño bilingüe.

Un factor de suma importancia es la **exposición** adecuada a ambos idiomas, que debe ser constante, continuada y enriquecedora para llegar a dominarlos bien. Una razón de que uno de los dos idiomas no se desarrolle de manera adecuada es que los niños **no reciben suficiente exposición** al idioma. Fred Genesee, un reconocido investigador canadiense, experto en bilingüismo infantil, señala que, si los niños tienen suficiente exposición a ambas lenguas, las dos se desarrollarán como las de un niño monolingüe. Sugiere que, para llegar a ser realmente bilingües, los niños necesitan estar expuestos al lenguaje más débil por lo menos el 30% del tiempo.

Cuando los niños hablan una **lengua minoritaria,** es crucial estimular el empleo del idioma del hogar. Por ejemplo, en los Estados Unidos, las familias hispanas que desean que sus hijos aprendan a hablar bien el español necesitan estimularlos a hablar en este idioma cada vez que sea posible, tanto dentro del hogar como en la calle. Todo el entorno apoya el uso del inglés: los medios de comunicación, los centros de trabajo, las dependencias oficiales y hasta la escuela. Hay una situación de desequilibrio en detrimento del español. Los padres tienen que intentar equilibrarla. Los niños aprenderán inglés, pero es posible que no aprendan u olviden el español a menos que los padres intervengan muy activamente.

Un factor fundamental al criar a un niño bilingüe es **el idioma que lo rodea.** El jardinero no puede forzar a que germine la semilla del lenguaje. Todo lo que puede hacer es crear las condiciones: —buena tierra, sol, agua. El desarrollo del lenguaje en los niños es como una planta tierna que necesita de mucho cuidado. Las investigaciones han demostrado que corregir al niño constantemente, hacerle ver sus faltas no da buenos resultados. Lo que da buenos resultados es convertir el uso del lenguaje en algo agradable.

Esto no quiere decir que todo lo que se necesita es estímulo y alabanza. El jardinero del lenguaje también tiene que planear, preparar el terreno, fertilizarlo y, algunas veces, arrancar las malas hierbas. El desarrollo del lenguaje puede ser lento. Habrá días difíciles en que la plantita tierna parecerá quedar estrangulada por la fuerza del idioma mayoritario o la presión de los amigos. Aunque no se la pueda forzar, se pueden crear las condiciones para que crezca fuerte y saludable.

B2: ¿Tienen algunos niños más facilidad que otros para desarrollar su bilingüismo?

El lenguaje de los niños se desarrolla a **distinta velocidad.** Así como algunos niños aprenden a gatear o dicen sus primeras palabras antes que otros, también el desarrollo del lenguaje varía de niño a niño. Y esta diferencia es todavía más notable cuando se trata de dos idiomas.

La rapidez con que se adquiere el lenguaje se debe solo en parte a la **habilidad** del niño o de la niña. De hecho, algunos niños que son académicamente brillantes tienen un desarrollo lingüístico lento. En general, hay poca relación entre la velocidad con la que un niño aprende a hablar uno o dos idiomas y su éxito escolar. Los niños que aprenden a hablar más rápido no tienen necesariamente mayor éxito en la vida, sin importar cómo se defina el éxito.

El **interés** del niño en el lenguaje es importante y es independiente de su habilidad. Si se lo anima y estimula en el proceso de adquisición de un idioma, su interés por la lectura, por ejemplo, aumenta. Escuchar con atención lo que el niño dice, contestar sus preguntas de modo que él pueda comprender la respuesta, jugar con canciones, rimas y adivinanzas, todo esto ayuda al desarrollo del lenguaje. El interés por comunicarse y la motivación para conversar con frecuencia permiten aprender más rápidamente.

Si a los niños se les da suficiente ánimo, práctica y un ambiente estimulante, la adquisición de los dos idiomas les resultará fácil y no les exigirá gran esfuerzo. Muchos niños tienden a reflejar las actitudes, las creencias, las conductas y las expectativas de los padres. Un padre con actitud positiva suele tener hijos con actitudes positivas. Los padres que temen fracasar suelen tener hijos que fracasan. Esto se ve muy claramente con relación al bilingüismo.

Hay **muchas dificultades, pero pocas barreras insuperables** para que los niños alcancen el destino lingüístico deseable. Sin embargo, la ruta al bilingüismo verdadero es larga. Esto les crea muchas veces preocupación a los padres que quieren ver a sus hijos llegar a la meta. Algo que puede ayudar es comparar al niño con otros niños bilingües, no con los monolingües, que van más rápido porque tienen un solo idioma. Muchos niños bilingües desarrollan en uno de los dos idiomas la misma habilidad que los monolingües. Algunos, aunque no todos, llegan a tener bastante habilidad también en el segundo idioma. Muy pocos llegan a tener igual habilidad en los dos idiomas. En general, los niños hispanos en los Estados Unidos que llegan a un desarrollo excelente en ambos idiomas casi siempre cumplen estas características: a) sus padres desean verdaderamente que sean bilingües; b) en el hogar se habla siempre en español; c) a los niños se les enseñan canciones y rimas, se les cuentan cuentos y se juega con ellos en español; d) los niños conversan con familiares que solo hablan español y participan en actividades en español; e) cuando es posible, viajan a México, a Puerto Rico, a la República Dominicana, a pueblos de la frontera con México o algún país donde se habla español.

No todos los niños bilingües llegan a la misma meta. Las circunstancias de la familia, de la escuela y de la comunidad hacen que algunos se detengan a mitad del camino, en el bilingüismo pasivo —capaces de entender un idioma, pero no de hablarlo— o en el bilingüismo parcial —capaces de hablar con cierta fluidez, pero no de leer o escribir el idioma—. El bilingüismo pasivo o parcial no tiene por qué ser el final de la travesía. Es posible retomarlo, por ejemplo, yendo a visitar un país donde se hable el idioma y lograr entonces un bilingüismo más completo.

Es posible comparar el aprendizaje de un idioma con un maratón. Algunas personas completan la carrera a paso rápido; otras van más lentamente, pero también llegan a la meta. Los padres, como espectadores, a veces se preocupan por la lentitud de los niños bilingües. Quieren que los niños se expresen como adultos cuando todavía están al principio de la carrera. Aprender dos idiomas puede ser un proceso más lento que aprender uno solo. Lo importante es llegar a la meta.

No existe una razón individual que determine por qué unos niños avanzan más rápidamente que otros en la adquisición de dos idiomas. Para cada uno, hay una **ecuación compleja que afecta su desarrollo bilingüe**. Algunos de los factores de esta ecuación son la personalidad del niño; su habilidad para aprender idiomas; su desarrollo social; cuánto le hablan los padres y otros familiares; en qué idioma esperan que él responda; la presencia de abuelos, otros parientes o vecinos que hablan solo en el idioma del hogar; el tipo de programa bilingüe al que asiste; las oportunidades para usar los dos idiomas; las actitudes que los padres, otros familiares y personas influyentes tengan sobre el bilingüismo; y la actitud del propio niño sobre el uso de dos idiomas.

Los niños que tienen facilidad para aprender idiomas están dispuestos a arriesgarse y a cometer errores. Les gusta comunicarse, son extrovertidos, tienen confianza en sí mismos y, cuando hablan, se preocupan por ver si los demás los han entendido bien o no. Las prioridades de los niños, la actitud de la familia frente a los idiomas y el lugar que tengan los idiomas del niño en la comunidad también son factores importantes.

B3: ¿Comienza el desarrollo bilingüe en la etapa prenatal?

B3

Hasta hace poco, la mayoría de los padres entendía que el desarrollo del lenguaje en los niños comenzaba al año de haber nacido. Según investigaciones recientes, los padres, incluso los bilingües, influyen en el desarrollo lingüístico de sus hijos a partir de la **etapa fetal**. El feto responde al sonido desde que tiene 22 o 24 semanas, de manera que el desarrollo bilingüe comienza en el embarazo y no cuando nace el niño. Y, como desde este momento del período prenatal puede oír los sonidos del mundo externo, los sonidos del lenguaje en dos idiomas, en especial si son regulares y persistentes, van a formar parte del ambiente de aprendizaje del feto.

La **memoria** que tiene un niño de los sonidos del idioma se inicia en el útero, de manera que el proceso de adquisición bilingüe comienza antes de nacer. Los recién nacidos prefieren la voz de su madre a la de cualquier otra mujer, pero no es así cuando oyen la voz de la madre grabada al revés. O sea, que, en esa voz, su memoria reconoce también la cadencia del idioma. Los recién nacidos también responden más a fragmentos de música y de prosa que oyeron regularmente antes de su nacimiento que a música y a prosa nuevas (aunque no la haya leído la madre). Así que un bebé no solo reconoce la voz de la madre, también discrimina con rapidez el sonido: comienza a descifrar el código lingüístico [véase el Glosario]. Parece que realiza una inmediata diferenciación receptiva del lenguaje, en especial de la entonación, que puede extenderse del monolingüismo al bilingüismo. Otro resultado de las investigaciones muestra que, al final del embarazo, el bebé ya puede distinguir los sonidos de los idiomas de sus padres de los sonidos no familiares de lenguas extrañas. Se desconoce si el aprendizaje prenatal tiene alguna influencia o preferencia a largo plazo.

Los bebés de 4 a 5 meses que viven en un ambiente bilingüe, no responden de la misma manera a sus dos idiomas que a uno que no hayan oído antes. Es decir, que los bilingües tempranos pueden distinguir entre los idiomas que oyeron en la etapa prenatal y desde el nacimiento de un idioma nuevo. Así sabemos que la adquisición y desarrollo del bilingüismo no comienza al nacer, sino en la etapa prenatal.

B4: ¿Tienen menos dificultad los niños pequeños para desarrollar su bilingüismo?

La respuesta es, a la vez, *sí y no*. La respuesta es *sí* porque los **niños pequeños** adquieren el lenguaje muy rápidamente. Lo adquieren sin darse cuenta, de modo subconsciente, sin el esfuerzo que representan las clases en la escuela secundaria, sin la presión de tantas otras cosas. Adquieren idiomas con tanta **naturalidad** como aprenden a correr y a saltar, a pintar y a jugar. Los niños pequeños no se preocupan por la corrección ni por encontrar la palabra adecuada. Solo les interesa comunicar su mensaje y recibir la información necesaria.

El lenguaje entre los niños pequeños es algo que se produce naturalmente. No es un proceso de aprendizaje, sino de **adquisición.** La adquisición de un idioma es el resultado de jugar y de relacionarse con personas. Tienen suficiente tiempo para adquirir el idioma. Entre ellos no existe la presión y la competencia que hay entre los niños mayores. El progreso en el lenguaje, desde las palabras sueltas que usa el bebé hasta el lenguaje divertido del niño de cinco años, es todo placer sin dolor.

Cuando los niños son pequeños, adquieren la **pronunciación** exacta muy rápidamente. Aprenden los sonidos característicos de dos idiomas y de dialectos locales. Compare la pronunciación de niños pequeños con la de un adulto que está tratando de aprender un segundo idioma. Para casi todos los adultos, la pronunciación requiere un gran esfuerzo. Algunos sonidos del otro idioma le resultan casi imposibles de distinguir y producir. Es común que, aunque un adulto llegue a aprender bien otro idioma, se note la entonación de su primer idioma cuando se expresa en el segundo. Piense en los estadounidenses que aprenden a hablar español como segundo idioma o en el acento con que hablan inglés las personas cuyo primer idioma es el portugués, el coreano, el alemán o el árabe. Rara vez llegan a pronunciar exactamente como un hablante nativo. Los sonidos de su primer idioma interfieren en la pronunciación del segundo. Las investigaciones demuestran que los niños pequeños tienen mayor facilidad para adquirir una pronunciación perfecta en dos idiomas que quienes aprenden un segundo idioma más tarde.

La segunda parte de la respuesta es *no*. Los niños bilingües muy pequeños tienden a aprender un idioma lentamente. Como **los niños mayores y los adultos** tienen más desarrolladas las capacidades de pensamiento, manejo de la información, análisis y memorización, tienden a aprender un idioma mejor que los niños muy pequeños. Por eso, si la eficiencia se define como el tiempo que se tarda en aprender un segundo idioma, los jóvenes y los adultos suelen aprender con mayor rapidez que los niños pequeños.

La **velocidad** con que los adultos aprenden un segundo idioma variará de acuerdo al tiempo que tengan para recibir clases y practicar, la actitud y la motivación, la habilidad personal para aprender idiomas y la persistencia en seguir usando el segundo idioma, aun cuando cometan errores. En general, se puede decir que los adultos aprenden más rápido que los niños, pero con mayor esfuerzo y, muchas veces, con menor éxito. A veces, hay una gran resistencia para aprender otro idioma: el temor a cometer errores, la vergüenza de equivocarse, el sentido de frustración por no poder expresarse tan bien como en el primer idioma son obstáculos que hay que vencer.

La respuesta a esta pregunta no debe verse como una competencia sobre quién lo hace más rápido o mejor. Todos —niños, jóvenes y adultos— podemos aprender idiomas, todos podemos volvernos verdaderamente bilingües. Hay muchos caminos para llegar al éxito, y todos, niños, jóvenes y adultos, pueden alcanzarlo si lo ven como algo beneficioso y deseable.

B5: ¿A qué edad reconocen los niños bilingües que tienen dos idiomas? B5

La respuesta a esta pregunta depende de cómo se defina *reconocer*. Si queremos decir cuándo saben los niños que deben cambiar de un idioma a otro, entonces las investigaciones científicas recientes muestran datos sorprendentes.

(1) Un estudio sobre un niño bilingüe (hebreo-inglés) demostró que al año y siete meses el niño hablaba un idioma con el padre y el otro con la madre. Es decir, los niños pueden distinguir un idioma de otro ya antes de los dos años. Y es usual que lo hagan con facilidad a partir de los dos o tres años.

(2) Un estudio similar con un niño bilingüe que hablaba inglés y español demostró que el niño cambiaba de un idioma a otro con total precisión a la edad de un año y ocho meses. Esto no solo incluía el idioma que debía usar con el padre o con la madre, sino también la exactitud para seleccionarlos según los diferentes **contextos** y ambientes (por ejemplo, la guardería, el hogar). Al parecer, el **contexto** en sí mismo hacía detonar el idioma adecuado. Por ejemplo, no cambiaba del inglés al español al azar, sino motivado por la presencia de otros o al estar en la guardería. Esto sirve para ilustrar el peligro del modelo una persona-un idioma porque restringe el análisis al hogar, como si los padres fueran la única influencia lingüística. Por el contrario, los hermanos, los familiares, las niñeras, la guardería, los amigos del ciclo preescolar, los amigos de la familia y contextos muy variados tienen un efecto lingüístico adicional.

(3) Un estudio de un niño bilingüe que hablaba alemán y francés indicó que a los dos años y tres meses el niño se mostraba disgustado cuando el padre o la madre le hablaban en un idioma que no era el que empleaban usualmente.

(4) Un estudio de una niña bilingüe de tres años mostró que la niña siempre utilizaba el lenguaje apropiado al dirigirse a una persona monolingüe. Sin embargo, con las personas que sabía que eran bilingües usaba con naturalidad **los dos idiomas** e, incluso, los combinaba, es decir hacía *code-switching*. Este estudio sugiere que los niños bilingües tienden a no mezclar los idiomas cuando hablan con personas monolingües, pero comprenden que con las bilingües pueden combinarlos. Un logro posterior importante es que el niño bilingüe se dé cuenta de esto y sea capaz de nombrar los idiomas que usa.

B6: ¿Es preferible que mis niños aprendan temprano un idioma para que se les grabe mejor en el cerebro?

El tema de **cómo se guardan los idiomas en el cerebro y cómo se los usa** es de gran interés para los científicos hoy día. Las preguntas que se plantean son de este tipo: Si un niño aprende dos idiomas desde que nace, ¿guarda sus idiomas en el cerebro en forma distinta que quien aprende un segundo idioma en la escuela o de adulto?

Muchos de los interrogantes que planteamos permanecen sin respuesta. Por ejemplo, sabemos poco acerca de si tres o más idiomas se guardan en el cerebro de modo diferente que dos idiomas. Tampoco sabemos si los idiomas se organizan y guardan en el cerebro de distinta manera en los monolingües. Y si descubrimos que cada idioma se organiza y se guarda en el cerebro de manera diferente, no quiere decir que uno sea superior al otro. Las imágenes del cerebro no representan el proceso del pensamiento ni todo lo que pasa cuando pensamos.

Un material de investigación de Mechelli y sus colegas (2004) que ha sido muy divulgado sugiere que el aprendizaje de un segundo idioma aumenta la densidad de la materia gris del cerebro. Al comparar 25 personas monolingües, 25 bilingües tempranas y 33 bilingües tardías, la densidad de materia gris era mayor en las bilingües que en las monolingües, y las bilingües tempranas tenían mayor densidad que las tardías. La conclusión de los autores fue que "la estructura del cerebro se altera con la experiencia de adquirir un segundo idioma". Sin embargo, las implicaciones de estos descubrimientos en cuanto al pensamiento común y al rendimiento del idioma no están claras.

Kim y sus colaboradores (1997) mostraron una diferencia entre los bilingües tempranos (que aprendieron ambos idiomas antes de los 3 años de edad) y los bilingües tardíos. El resultado demuestra que para los bilingües tempranos, los dos idiomas se encuentran en lugares del cerebro distintos, pero adyacentes. Esto indica que hay regiones similares o idénticas del cerebro que sirven a ambos idiomas. En comparación, entre bilingües tardíos, el lenguaje materno y el segundo idioma se guardan más separados.

Esta investigación recibió mucha atención por parte de la prensa, pero no ha sido replicada. Una nota de cautela: existe el peligro de creer que las imágenes del cerebro representan lenguaje y pensamiento. No es así. Las imágenes del cerebro dan idea de la ubicación de los idiomas, pero no revelan la compleja operación de la mente en el uso del idioma. Las instantáneas del cerebro son una consecuencia del pensamiento, pero no revelan cómo funciona. Las investigaciones acerca del cerebro y del bilingüismo están en sus inicios.

B7: ¿Tendrán mis niños el mismo dominio de los dos idiomas?

B7

La respuesta, en el mayor número de los casos, es *no*. Muchos padres tienen la esperanza de que sus hijos se vuelvan perfectamente bilingües, como si fueran dos personas monolingües fundidas en una. Es decir, que hablen inglés tan bien como los monolingües anglohablantes y español tan bien como los monolingües hispanohablantes. Esta idea de los bilingües balanceados, con igual dominio de los dos idiomas, es muchas veces un mito. Un mito que han creado las personas monolingües.

La realidad de la mayoría de las personas bilingües es otra. Los idiomas sirven a un propósito. Para una persona bilingüe, **cada idioma tiene distintos propósitos, distintas funciones y distintos usos.** Las personas bilingües suelen usar sus dos idiomas según el lugar y la ocasión. Por ejemplo, una persona puede hablar inglés en el trabajo y en el campo de deportes. Puede usar su otro idioma en la casa, en la iglesia, la mezquita o la sinagoga, y con sus amigos y vecinos.

Cada idioma es una herramienta distinta, con un uso distinto, y esto se llama *principio de complementariedad.*

Lo mismo les ocurre a las personas bilingües durante **el sueño.** Usan un idioma en lugar del otro según cuál sea el contexto y con quién sueñen. El sueño refleja el principio de complementariedad. Por ejemplo, si uno de mis hijos habla conmigo en sueños, lo hará en español. Si habla con sus amigos de la escuela, lo hará en inglés o en una combinación de ambos.

En algunos contextos y con algunas personas, es posible que el bilingüe use ambos idiomas. Sin embargo, en otros contextos y en la mayoría de los casos usará un solo idioma. En realidad, muy pocas veces las personas bilingües usan dos idiomas en todas las esferas de su vida. De hecho, habría menos razones para ser bilingües, si ese fuera el caso, ya que un idioma sería suficiente. El resultado de esto es que los bilingües tienden a tener más **fluidez** en un idioma particular para ciertas esferas, mientras que reservan el otro idioma para otras esferas o contextos. La fluidez en un idioma varía de acuerdo al contexto. Si una persona bilingüe apenas usa el idioma en un contexto particular, es posible que carezca del vocabulario, las expresiones coloquiales o el estilo de ese contexto.

François Grosjean, en su libro *Bilingual Life and Reality* (Vida bilingüe y realidad), publicado en 2010, relata una experiencia personal que explica este principio de complementariedad por el cual diferentes aspectos de la vida requieren diferentes idiomas y, por tanto, el motivo por el que las personas bilingües tienen diferente fluidez en sus idiomas de acuerdo al contexto. Grosjean estaba enseñando estadística en inglés en la Universidad de Boston y, por eso, el vocabulario técnico era en inglés.

> Cuando regresé a Europa y ofrecí enseñar un curso de estadística en francés, me hallé de pronto en dificultades. Simplemente, no tenía el vocabulario en francés y no sabía cómo decir *standard distribution, scattergram, hypothesis test* ni otros términos. Fue una sensación muy rara. Mi francés es fluido y allí estaba yo, luchando por sacar los conceptos.

En tales circunstancias, las personas bilingües, a veces, se sienten frustradas cuando no tienen en uno de sus idiomas un amplio repertorio lingüístico para una esfera particular. No pueden encontrar el término correcto ni la facilidad de expresión y, por tanto, se sienten menos competentes en ese idioma. Sienten que su reputación como bilingües y su autoestima están en juego. Un ejemplo de esto se da en las matemáticas, que les pueden resultar más fáciles en un idioma que en otro, según su educación. Sin embargo, cuando esto les sucede en presencia de otros bilingües, en lugar de complicarse en ese contexto con un idioma con el que tienen menor fluidez, cambiarán de idioma y usarán palabras, expresiones y oraciones completas en el otro idioma. Esto es muy normal, eficiente y natural para los bilingües.

Muchos bilingües tienen más fluidez en un idioma que en el otro. Por ejemplo, muchas veces la lengua mayoritaria en el país se convierte en la lengua dominante en los estudios, y la lengua del hogar se reserva para lo afectivo y espontáneo. Esta diferencia en **el dominio de los dos idiomas es variable.** Si los niños y los adultos se trasladan de lugar, cambian de escuela o de trabajo, es posible que la lengua más débil se desarrolle más. Los niños bilingües pasivos (que entienden, pero no hablan uno de los dos idiomas), si van a vivir a un lugar donde se habla solo el idioma que no dominan, llegan a volverse bilingües activos.

Aun los niños que crecen con **un idioma de parte de la madre y otro de parte del padre** rara vez tienen el mismo dominio de las dos lenguas. Por ejemplo, es posible que pasen más tiempo con uno de los dos padres. El idioma que ellos usen para comunicarse como pareja también afecta el equilibrio de los idiomas y la exposición. El equilibrio desigual rara vez permanece constante. Por ejemplo, puede alterarse al nacer nuevos hermanitos o al tener amigos que hablen solo uno de los idiomas. Luego puede volver a cambiar a medida que los niños crecen y estudian formalmente uno de los idiomas o lo utilizan en el trabajo.

Es importante **no comparar a los bilingües con los monolingües** en el desarrollo del idioma, sino con otros bilingües. Las personas bilingües no son la suma de dos monolingües. Tienen una combinación de dos idiomas, a veces separados, a veces integrados dentro del proceso mental. Si bien las dos lenguas se hacen visibles en la producción (por ejemplo, al hablar o al escribir), en el proceso del pensamiento una alimenta a la otra. Una ayuda a crecer a la otra. En este sentido, hay una integración entre las dos. Las ideas y conceptos que se aprendieron en un idioma se pueden transferir con facilidad al otro idioma. Si se aprende a multiplicar en un idioma, no hay que volver a aprender en el otro.

Puesto que las personas bilingües utilizan sus idiomas en distintas circunstancias y con personas distintas, no sería natural esperar que tuvieran el mismo repertorio lingüístico que los monolingües. Por ejemplo, los niños pueden tener un vocabulario sobre temas religiosos más desarrollado en un idioma que en otro si van siempre a una iglesia, mezquita o sinagoga donde se habla un solo idioma. Y los niños pueden tener un vocabulario científico más desarrollado en un idioma si ese es el único idioma en que han estudiado ciencias. Sin embargo, las ideas que hayan desarrollado en un idioma se transferirán al otro.

Otro **peligro** es el de comparar a los niños bilingües con los monolingües del país de origen. Por ejemplo, un niño latino que ha nacido o crecido en los Estados Unidos rara vez hablará el español tan bien como un niño educado en México, Puerto Rico o El Salvador. Sin embargo, puede tener la base suficiente para comunicarse bien en el idioma y para seguir desarrollándolo en el futuro.

La creación del lenguaje bilingüe es diferente de la del monolingüe. Para muchas personas bilingües, **el bilingüismo es su primer idioma, su lengua materna** [véase el Glosario]. Los padres de niños bilingües no deben esperar que los niños tengan necesariamente el mismo dominio de sus idiomas que los monolingües.

Por el contrario, los bilingües tienen la ventaja y la flexibilidad de poder moverse entre dos o más culturas, en un modo que no les es posible a los monolingües. El que los dos idiomas no se hayan desarrollado al mismo nivel no es un déficit ni una desventaja. Es solamente un reflejo de la realidad y de las circunstancias en que los niños han vivido.

Hay padres que desean que sus habilidades bilingües puedan algún día servir a sus hijos para obtener un empleo o para avanzar académicamente.* Estos padres deben saber que llegar a desarrollar bien los dos idiomas requiere un esfuerzo concentrado de parte de los niños y de la familia.

*Véase la página 6

Por todo lo dicho, es necesario ampliar las ocasiones en que los niños hablen, lean y escriban en los dos idiomas, para que aprendan en el otro idioma el vocabulario que solo conocen en uno. De este modo, la distancia natural que puede haber entre los dos idiomas irá disminuyendo.

B8: ¿Es mejor desarrollar dos idiomas al mismo tiempo o uno después de otro?

Desarrollar dos idiomas al mismo tiempo o uno después de otro son los dos **caminos posibles para llegar al bilingüismo.** Aunque los niños pequeños tienen gran facilidad para aprender idiomas, los jóvenes y los adultos también pueden llegar a dominarlos, como ya se ha mencionado.* Es posible llegar a ser bilingüe a cualquier edad.

*Véase la página 41

Sin embargo, si las condiciones del hogar lo permiten, vale la pena desarrollar el bilingüismo en los niños **lo más pronto posible.** Dado que los niños aprenden idiomas con más facilidad que los jóvenes y los adultos porque tienen más tiempo y porque logran una mejor pronunciación, siempre que el bilingüismo pueda estimularse desde la niñez, debe hacerse. El bilingüismo temprano da ventajas inmediatas en el desarrollo mental y social, y también puede dar a largo plazo ventajas económicas, interpersonales y culturales. Si la situación de la familia permite el bilingüismo temprano, el mejor consejo que podemos dar es empezar lo más pronto posible.

Vale la pena aclarar que cuando en el hogar se habla un idioma minoritario y no la lengua mayoritaria dominante, como es el caso de las familias latinas en los Estados Unidos, para evitar que se produzca una situación de resta, de sustracción del idioma del hogar, los padres deben primero afianzarlo, asegurarse de que los niños se sienten identificados con su idioma, antes de fomentar el aprendizaje del inglés. Los niños van a aprender inglés casi inevitablemente en la calle y en la escuela, y hay mayor peligro de que el idioma que no aprendan sea el español.

El **riesgo para los padres latinos que viven en los Estados Unidos y que hablan español** es que si introducen el inglés cuando los niños son pequeños, los niños prefieran usar el inglés más y más en detrimento de la lengua del hogar, es decir, que prefieran hablar solo inglés y no español. En los Estados Unidos, incluso los niños pequeños expresan una preferencia por el inglés porque sienten que tiene más valor y prestigio, más aceptación y mayor uso. Si los niños aprenden bien su lengua y se sienten identificados con su cultura, no tendrán dificultad para aprender inglés rápidamente una vez que comiencen la escuela. Como las habilidades aprendidas en una lengua se transfieren a la otra y como el inglés goza de tanto prestigio y los niños tendrán tantas oportunidades de usarlo, rara vez es un problema que lo aprendan los niños que crecen en los Estados Unidos.

Sin embargo, este no sería el caso si fuera al revés, es decir, si los padres demoraran el aprendizaje del idioma minoritario, no podrían contar con los mismos factores de motivación y prestigio.

B9: ¿Cómo puedo saber si el desarrollo lingüístico de mis hijos es normal y adecuado?

B9

La **velocidad** con que los niños adquieren el lenguaje **varía** mucho. El que un niño empiece a hablar temprano no garantiza que su desarrollo será excepcional. Y los niños que empiezan a hablar más tarde luego pueden desarrollar el lenguaje muy rápidamente. El gran sabio Einstein no empezó a hablar hasta los tres años.

Hay grandes diferencias en la cantidad y el tipo de experiencias que vive cada niño en cada idioma. Por ejemplo, entre las familias latinas en los Estados Unidos algunos niños viven el 50% de las experiencias en inglés y el 50% en español, otros viven el 80% en inglés y el 20% en español. No puede esperarse que el desarrollo del español sea igual en los dos casos. Por tanto, es posible que los dos idiomas no se desarrollen de igual modo. Si hay más contactos en un idioma y más necesidad de hablarlo, la velocidad del desarrollo será diferente.

Si el lenguaje de un niño no se está desarrollando normalmente, es muy importante buscar ayuda profesional. Terapistas del lenguaje, audiólogos, psicólogos, consejeros y médicos pueden ofrecer consejo y tratamiento. Es importante que estos profesionales tengan entrenamiento bilingüe y experiencia con niños bilingües. Esto lo expresa muy bien Claire Thomas (véase la sección F12): "No busque consejos acerca del bilingüismo de alguien que no tenga esa especialidad. Si alguien que no es especialista en bilingüismo le ofrece consejo sin haberlo pedido, proceda con precaución". Las secciones C y E de este libro muestran un análisis del bilingüismo y los trastornos del lenguaje.

La tabla que aparece a continuación muestra el **patrón promedio del desarrollo de los niños bilingües.** El libro de la profesora Annick De Houwer, *An Introduction to Bilingual Development* (Introducción al desarrollo bilingüe), publicado por Multilingual Matters, brinda detalles acerca de este patrón de desarrollo. Es el mismo modelo que el de niños monolingües. Los niños en cuyos hogares se hablan dos idiomas en forma más o menos equitativa tienden a seguir estas normas. Pero hay que insistir en que muchos niños se diferencian de estos

*Véase la página 110

promedios y, sin embargo, más tarde desarrollan el lenguaje sin dificultad. La mayor preocupación surge cuando los niños comienzan la escuela y necesitan aprender sus **asignaturas** [véase el Glosario] en uno de sus idiomas. Más adelante hay una pregunta* específica sobre niños que muestran retraso en el desarrollo del lenguaje.

Uno de los hijos de Colin demoró mucho en hablar. Uno de los abuelos, inmediatamente, le echó la culpa al bilingüismo. Era obvio que el niño no articulaba los sonidos con claridad. Pero como no tenía problemas de audición, no era necesario intervenir. Tres años más tarde, el niño había desarrollado a la perfección los dos idiomas, con vocabulario apropiado y oraciones complejas, y no tenía ninguna dificultad en la escuela.

Edad	Lenguaje
0 a 1 año	Balbuceo, risa (papá, mamá, agua).
1 año	Comprensión de palabras y frases.
Alrededor de 1 año	Primeras palabras dichas de modo comprensible.
2 años	Combinaciones de dos palabras. Lentamente van apareciendo combinaciones de tres y cuatro palabras. Oraciones de tres elementos (Papá ya viene. El libro es mío. Osito dice adiós).
3 a 4 años	Cambios impresionantes. Oraciones sencillas, pero cada vez más largas. Empiezan a desarrollarse las estructuras gramaticales. En las conversaciones, se espera el turno para hablar.
4 años en adelante	Oraciones cada vez más complejas. Conversaciones ordenadas. Uso de los pronombres (yo, tú, él, nosotros...) y de los verbos auxiliares (Me está llamando. Ha venido).
5 años en adelante	Narraciones breves con significado.

B10: ¿El aprendizaje de un segundo idioma causará problemas en el desarrollo del primero?

La respuesta es *no*, definitivamente, *no*. Es posible que se produzca alguna mezcla de palabras en los dos idiomas, pero esto se puede aclarar más adelante. Las investigaciones científicas indican que llegar a ser bilingüe facilita la adquisición del lenguaje y es beneficioso, incluso, para el primer idioma. Por ejemplo, al aprender dos idiomas, los niños se vuelven más conscientes sobre la naturaleza misma del lenguaje y más sensibles a él. También desarrollan mayor sensibilidad respecto del proceso de la comunicación y de las necesidades de los oyentes. El tener dos (o más) palabras para cada objeto, idea o concepto **expande la mente** en lugar de contraerla.

La ilustración es **incorrecta.** Representa a una persona bilingüe como alguien **con dos globos de lenguaje** en la cabeza. La ilustración sugiere que los dos idiomas se alojan en áreas distintas del cerebro. Parece asumir que el cerebro humano tiene espacio solo para un idioma. Si ese globo se llenara de un idioma, la mente funcionaría con total eficiencia. Pero si se llenara de dos idiomas, el resultado serían dos globos, cada uno a medio llenar. Estos globos a medio llenar crearían un cerebro ineficiente.

Este concepto de los dos globos es erróneo. En primer lugar, el cerebro tiene capacidad para retener mucho más que dos idiomas. Es imposible ponerle límites a la cantidad de conocimiento, comprensión y sabiduría que puede acumular una persona. Lo cierto es que todos utilizamos solo una porción mínima de lo mucho que nuestro cerebro nos permite usar. Pero, además, la ilustración es incorrecta porque entre los dos idiomas se produce una transferencia. Como en el ejemplo del niño que aprende a multiplicar y dividir en un idioma, los conceptos no tienen que ser reaprendidos en otro idioma. Lo único que hace falta aprender es su nombre en el idioma nuevo. No hay que volverlos a entender. Así, los dos globos del lenguaje se comunican en la mente. Hay un área de pensamiento a la que ambos idiomas sirven.

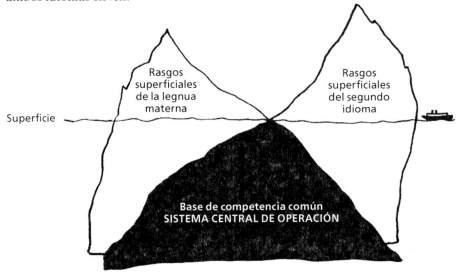

La imagen incorrecta debe reemplazarse con la ilustración de un témpano doble. Los dos témpanos aparecen separados sobre la superficie del mar, pero debajo son solo uno. Los dos idiomas de una persona bilingüe están separados mientras la persona habla o escribe o lee. Pero debajo de la superficie, los dos idiomas están unidos en el área de operaciones del cerebro.

El segundo idioma no solo no interfiere con el primero, sino que brinda mayores oportunidades de pensamiento y razonamiento, así como ventajas sociales, culturales e, incluso, más adelante, económicas.

B11: ¿Recibirán mis niños algún beneficio si solo llegan a adquirir un uso limitado del segundo idioma?

En muchos casos, a menos que estén en un buen programa bilingüe o que los padres hagan un esfuerzo especial, los niños no llegan a tener el mismo dominio de los dos idiomas, sino que **desarrollan un idioma más que el otro.** En muchas de las familias que desean criar niños bilingües, si no en la mayoría, el ideal de dos idiomas bien desarrollados se convierte en una realidad de un idioma fuerte y otro más débil. A veces, los padres se sienten frustrados cuando esto ocurre a pesar de sus mejores esfuerzos. Los libros, los artículos y las sugerencias ignoran que esta situación es muy frecuente en las familias bilingües.

Esto no debe verse como un fracaso. A menudo se debe al contexto (por ejemplo, si solo uno de los padres habla el segundo idioma y casi no hay apoyo de la comunidad ni visitas o vacaciones para desarrollar el lenguaje más débil). A veces, se debe a que el niño rechaza el segundo idioma, aun antes de la adolescencia (por ejemplo, cuando sufre abusos o burlas por ser diferente de sus compañeros).

Anímese y piense positivamente. Tener dos idiomas, aun si uno está menos desarrollado, sigue siendo un éxito. El niño o adolescente tendrá una base, un conocimiento pasivo de ese idioma, una disposición para desarrollarlo y usarlo en el futuro. Cuando el aprendizaje de un segundo idioma se opaca, no quiere decir que muera. No será necesario aprenderlo de nuevo desde el principio. En gran medida podrá ser reactivado rápidamente.

No podemos predecir el futuro de un niño o un adolescente. Cuando sea más grande, querrá viajar, y su segundo idioma sugerirá nuevos destinos y abrirá nuevas experiencias. Cuando tenga veinte o treinta años, es posible que consiga un empleo para el cual ese segundo idioma resulte una verdadera ventaja. O puede ser que quiera celebrar el pertenecer a una familia y una herencia cultural que opera a través del segundo idioma. En estas circunstancias, el segundo idioma se reactivará y se desarrollará rápidamente como un recurso de mucho valor.

El regalo de un segundo idioma bien desarrollado se puede guardar. Más tarde, cuando el tiempo, las personas y el lugar sean adecuados, podrá usarse, estimarse y extenderse. Desarrollar un segundo idioma, aunque sea más débil, no es un fracaso. Es una inversión para el futuro. Este punto es muy importante para aquellas familias en las cuales el niño responde solo en el idioma de la escuela y la calle, a pesar de entender el idioma hereditario. Al hablarle a ese niño en el idioma hereditario, sin importar cuál use él para responder, se le está ofreciendo un regalo para el futuro.

Tres científicos australianos han demostrado recientemente que tener alguna experiencia con un segundo idioma, aun si es limitada, ofrece ventajas a los niños en el proceso de pensamiento y en el aprendizaje de la lectura. Los participantes en este estudio eran niños de cuatro a seis años. Un grupo de ellos eran monolingües. El otro grupo recibía una hora de clase de italiano por semana. Después de solo seis meses, los niños *apenas bilingües* tenían una conciencia mucho más clara de las palabras (**conciencia metalingüística** [véase el Glosario]) que los niños monolingües. Esta superioridad se manifestó cuando los niños comenzaron a aprender a leer. Los apenas bilingües reconocieron las palabras escritas con mayor facilidad que los monolingües. Los autores del estudio sostienen que los niños no necesitan tener el mismo dominio de los dos idiomas para beneficiarse en el pensamiento y en la lectura.

Cuando los niños se dan cuenta de que hay dos idiomas distintos para representar un mismo objeto o concepto, aprenden a leer con mayor facilidad. Para empezar a aprender a leer, los niños tienen que entender que su lenguaje oral se representa con un sistema de símbolos en el lenguaje escrito. Los niños tienen que llegar a comprender que un nuevo sistema de símbolos (las letras) se relaciona con su sistema de palabras orales.

Los niños bilingües tienen **conciencia** de la existencia de dos sistemas de lenguaje. Saben que el italiano hablado se relaciona con el inglés hablado. Esto hace que luego les resulte más fácil comprender la relación de un sistema oral y uno escrito, y les da a los niños bilingües una ventaja en el aprendizaje de la lectura.

B12: ¿Qué efectos tendrá el bilingüismo en la inteligencia de mis hijos?

Durante más de cien años, se publicaron escritos falsos sobre el bilingüismo que sugerían que la inteligencia de los niños sufre si se vuelven bilingües. Algunas de las investigaciones iniciales examinaban la diferencia en el resultado de las pruebas sobre el índice de inteligencia *(IQ tests)* de los niños bilingües y los monolingües. Entre los años 1920 y 1960, los niños monolingües alcanzaban puntajes más altos en estas pruebas. La conclusión fue suponer que los niños bilingües sufrían de confusión mental y que tener dos idiomas en el cerebro entorpecía el pensamiento. Se aducía que tener un idioma bien desarrollado era mejor que tener dos idiomas a medio desarrollar.

Hoy sabemos que estas investigaciones estaban mal concebidas. En primer lugar, se sometía a los niños bilingües a una prueba de inteligencia en el idioma que menos dominaban, generalmente, el inglés. Si se los hubiera sometido a la prueba en español, galés o hebreo, los resultados habrían sido distintos. Los **exámenes** eran **injustos**. Segundo, no se comparaban niños de condición similar. Los bilingües eran, casi siempre, de una clase social sin recursos económicos en Nueva York o de extracción rural en el País de Gales. Los monolingües pertenecían a familias acomodadas. Las pruebas tienden a reflejar el mundo de los niños de clases acomodadas. Por lo tanto, los resultados reflejaban las diferencias sociales, más que las diferencias lingüísticas. La **comparación** entre los monolingües y los bilingües era injusta porque no reflejaba la verdad.

Los estudios más recientes, planteados de forma más realista, indican que los bilingües son, por lo menos, iguales a los monolingües en cuanto a las pruebas de inteligencia. Y cuando los bilingües tienen **dos idiomas bien desarrollados,** llamados *bilingües balanceados* [véase el Glosario], tienden a mostrar niveles superiores a los de los monolingües. Estas son muy buenas noticias para los padres que quieren que sus hijos hablen dos idiomas, ya que la conclusión es que el bilingüismo indica una **superioridad intelectual.**

Aquí es necesario hacer una llamada de **cautela.** Los índices de inteligencia, posiblemente, no miden la inteligencia, sino solo una pequeña muestra del concepto de inteligencia, que es mucho más amplio. Las pruebas se componen de preguntas escritas que solo permiten responder *verdadero* o *falso.* ¿Puede encerrarse toda la inteligencia en el número de respuestas correctas a este tipo

El mensaje en inglés, japonés, finlandés y español asegura que el bilingüismo produce beneficios para el conocimiento y es, por lo tanto, una bendición y no una carga. (Foto de Don Williams, Bangor).

de preguntas? ¿No es la inteligencia algo mucho más amplio, necesario para el funcionamiento y la vida diarios? Por ejemplo, la famosa lista de las inteligencias múltiples de Howard Gardner incluye inteligencia lógico-matemática, verbal-lingüística, visual-espacial, musical-rítmica, corporal-cinestésica, naturalista, interpersonal, intrapersonal y existencialista. En los últimos tiempos, se ha despertado gran interés por la inteligencia emocional. De modo que hay muchas formas de inteligencia.

La psicología actual propone que, cuando los dos idiomas están relativamente bien desarrollados, los bilingües tienen **ventajas de razonamiento** sobre los monolingües. Por ejemplo, a un niño se le hace una simple pregunta: ¿Cuántos usos puede tener un ladrillo? Algunos niños dan solo dos o tres respuestas. Pueden imaginar levantar una pared, construir una casa y quizá eso es todo. Otros niños escriben sin parar y ofrecen una idea detrás de otra: tapar la madriguera de un conejo, romper una ventana, usar como baño para pájaros, como cañería, como escultura abstracta en una galería de arte.

Las investigaciones hechas en distintos continentes muestran que las respuestas de los bilingües a este tipo de preguntas abiertas tienden a ser más amplias, flexibles, originales y complejas. A las personas que pueden dar solo unas pocas respuestas se las llama *convergentes*. Sus ideas convergen en un mínimo de respuestas convencionales. A las personas que piensan en multitud de usos distintos se las llama **divergentes.** Pueden dar múltiples respuestas a una pregunta y su pensamiento es imaginativo y flexible.

Aunque muchos monolingües son divergentes, en general los bilingües tienden a aventajar a los monolingües en estas pruebas de creatividad y de pensamiento. El tener dos o más palabras para cada objeto o idea puede significar una mayor **elasticidad en el pensamiento.** Un niño puede tener distintas asociaciones para la misma palabra en dos idiomas. Por ejemplo, un niño que hable español e inglés sabrá que a la parte inferior del pie se llama *sole* en inglés y *planta del pie* en español. Como *planta* también designa un ser vegetal vivo y como está relacionado con *plantar,* el concepto de pie humano queda asociado a la idea de asentarse sobre la tierra con la seguridad y la vitalidad de un árbol.

Hay otros aspectos del pensamiento que favorecen a la persona verdaderamente bilingüe sobre las monolingües, como una mayor **sensibilidad para la comunicación** y un crecimiento más rápido en las etapas del **desarrollo cognoscitivo,** es decir, de la capacidad de pensar. Estos niños se concentran menos en el sonido de las palabras y más en su significado. Esta capacidad para concentrarse en el **significado de las palabras** tiende a favorecerlos, en especial, entre los cuatro y los seis años. Esta ventaja también se manifiesta en su mayor facilidad para aprender a leer y aprender a pensar sobre el lenguaje.

Estudios recientes indican que los bilingües relativamente balanceados muestran habilidades superiores en tareas que requieren **atención selectiva** a la información del sistema de control ejecutivo del cerebro (como cuando hay información confusa o conflictiva). Por ejemplo, la investigación de Ellen Bialystok en Canadá muestra que, si a los niños se les da una oración ilógica, pero gramaticalmente correcta (como *Las naranjas crecen en la nariz*), los bilingües, más que los monolingües, se dan cuenta de que, aunque sea una oración tonta, sigue siendo gramaticalmente correcta.

Los bilingües tienden a poseer un sistema de conocimiento capaz de prestar atención a la información importante e ignorar la menos importante. Están mejor capacitados para pensar acerca de dos cosas diferentes y alternarlas, prestando atención a lo que es relevante e ignorando el resto. Esto es un espejo de lo que sucede en el cerebro cuando habla un bilingüe: ambos idiomas están activos y disponibles, pero el cerebro escoge de inmediato lo que es relevante en ese momento. Ya que ambos idiomas permanecen activos durante el proceso lingüístico (en lugar de activar un mecanismo de cambio), cuando se participa en una conversación, se produce la inhibición de un idioma para evitar interferencias. Esto, de por sí, conduce a ventajas en el pensamiento.

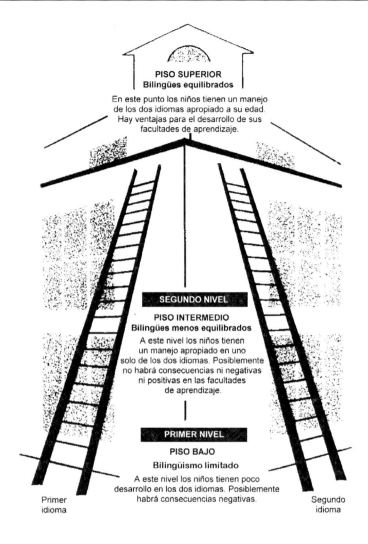

PISO SUPERIOR
Bilingües equilibrados

En este punto los niños tienen un manejo
de los dos idiomas apropiado a su edad.
Hay ventajas para el desarrollo de sus
facultades de aprendizaje.

SEGUNDO NIVEL

PISO INTERMEDIO
Bilingües menos equilibrados

A este nivel los niños tienen
un manejo apropiado en uno
solo de los dos idiomas. Posiblemente
no habrá consecuencias ni negativas
ni positivas en las facultades
de aprendizaje.

PRIMER NIVEL

PISO BAJO

Bilingüismo limitado

A este nivel los niños tienen poco
desarrollo en los dos idiomas. Posiblemente
habrá consecuencias negativas.

Primer
idioma

Segundo
idioma

Otro ejemplo que procede de las investigaciones muestra que los bilingües son capaces de **hacer más cosas al mismo tiempo** que los monolingües. Se sitúa a monolingües y a bilingües en un simulador de conducción. A través de audífonos, se les indica que realicen otras tareas mientras conducen (por ejemplo, hablar por teléfono). El resultado muestra que el desempeño de los bilingües como conductores disminuye menos que el de los monolingües. Esto es un ejemplo de cómo se acentúa la atención selectiva de los bilingües por el hecho de procesar dos idiomas en el cerebro.

En general, tal **atención selectiva** tiene que ver con (1) un aumento en la capacidad de **análisis** de su idioma y (2) un mayor **control** de la atención en el proceso interno del lenguaje. La investigación en esta área (llamada *conciencia metalingüística*) muestra que los bilingües tienen una ventaja definida en el proceso del conocimiento. Puede ser que esta ventaja se deba al hecho de que necesitan diferenciar sus idiomas.

Este estudio reciente acerca de que los bilingües tienen un mejor funcionamiento cognitivo en comparación con los monolingües ha conducido a investigaciones en pacientes de alzhéimer, que tienen un funcionamiento cognitivo reducido a causa de la demencia. Especialmente, a partir de la investigación de Ellen Bialystok, de la Universidad York, en Canadá, se ha demostrado que, como promedio, los bilingües muestran síntomas de alzhéimer cuatro o seis años más tarde que los monolingües. Esto no quiere decir que los bilingües evaden la enfermedad de Alzheimer, sino que su funcionamiento cognitivo mejorado a través de la atención selectiva les permite hacerle frente mejor y durante más tiempo.

Hay una relación directa entre el desarrollo que hayan alcanzado los niños en cada uno de los idiomas y las ventajas en el desarrollo del pensamiento. La ilustración de la página anterior ayudará a explicarlo.

A los lados de esta casa hay dos escaleras que representan el progreso que un niño bilingüe hace, por lo general, en sus idiomas. En el **piso de abajo** de la casa están los que no han logrado en ninguno de los idiomas un desarrollo comparable al de otros niños de su misma edad. Si ninguno de sus dos idiomas se ha desarrollado, tampoco habrá crecido su capacidad de pensar y, por lo tanto, su aprendizaje escolar será más pobre porque no comprenderá las explicaciones. En cambio, un niño cuyo idioma fuerte no es el que hablan en la escuela puede tener dificultades por un tiempo, pero de manera distinta, porque no tardará en entender lo que sea necesario una vez que su idioma más débil haya comenzado a desarrollarse.

En el **nivel intermedio,** el segundo piso de la casa, se sitúan los niños que han desarrollado bien uno de los dos idiomas. Ellos podrán aprender en uno de los dos idiomas al mismo nivel que otros niños de su edad. Estos niños parcialmente bilingües tienen un desarrollo mental semejante al de los monolingües siempre y cuando el aprendizaje en la escuela sea en el idioma que dominan mejor.

En el **piso superior** de la casa, el tercer piso, están los niños que tienen dos idiomas bien desarrollados. Tienen un grado de competencia acorde con su edad en los dos idiomas, y aquí es donde se ven claramente las ventajas del bilingüismo. Estos niños con dos idiomas bien desarrollados suelen tener una capacidad de pensamiento más desarrollada que los monolingües. Las investigaciones sugieren que, cuando los niños crecen hablando bien dos idiomas, tienden a ser más aventajados en su nivel de pensamiento.

B13: Quiero que mis hijos tengan éxito. ¿Debo concentrarme en ayudarlos a desarrollar el español o el inglés?

Los padres quieren que sus hijos tengan éxito. Algunos quieren que sean músicos, empresarios, médicos, abogados o arquitectos. Otros quieren que lleguen a ser muy religiosos, obtengan un gran conocimiento científico o adquieran habilidades sociales. La gran mayoría quiere que sus hijos se desempeñen académicamente bien en la escuela. La respuesta a la pregunta depende de lo que usted quiera para sus hijos.

El bilingüismo está relacionado con muchas de las habilidades necesarias para alcanzar cualquiera de estas metas. El **bilingüismo** es útil a los músicos, a los empresarios y a los profesionales. En este siglo XXI, los empleos exigirán más y más que las personas sean bilingües. Así que los niños que lleguen a dominar bien dos idiomas tendrán mayores y mejores oportunidades.*

Para los padres que desean que sus hijos tengan **buenas relaciones interpersonales y éxito social,** quienes hablan más de un idioma son, generalmente, sensibles y cuidadosos en la comunicación. Las personas bilingües pueden romper las barreras y crear puentes y, a menudo, son más abiertas en relación con las diferencias raciales y étnicas. En cuanto al éxito académico, el bilingüismo puede contribuir a alcanzarlo.*

Sin embargo, muchos padres que hablan un idioma que no es el dominante en el país sufren por no hablarlo, como es el caso de los padres latinos en los Estados Unidos que no hablan inglés. En estos casos, es frecuente que su enfoque sea el de conseguir que los niños hablen inglés.

Lo que es necesario reconocer aquí es la gran ventaja que representará para los niños llegar a ser bilingües, en cualquier país, incluso en los Estados Unidos. Se trata de tener dos idiomas bien desarrollados y no convertirse en monolingües que hablan solo inglés. El inglés es importante, pero no basta para asegurar el éxito. Si no, no habría en los Estados Unidos tanta gente pobre que habla inglés, que no ha hablado nunca otra lengua más que el inglés. Muchos jóvenes que solo hablan inglés abandonan los estudios y no logran un buen empleo. Sin embargo, es difícil que alguien que sepa bien dos idiomas no encuentre trabajo. El inglés es importante, pero solo, por sí mismo, no basta. Además, si los niños pierden la habilidad de hablar bien el idioma del hogar, perderán sus raíces y su herencia y, peor todavía, la capacidad de comunicarse bien con sus propios padres y demás familiares. Es falsa la idea de que, si los niños mantienen su idioma, no van a aprender inglés o lo van a aprender mal. Lo opuesto es la verdad. **El buen manejo del primer idioma** contribuye al aprendizaje del segundo idioma, le ofrece una base para desarrollarse mejor y con más facilidad.

Permitir que un niño deje de usar el idioma del hogar y aprenda y hable solamente el idioma mayoritario, por ejemplo, en nuestro caso, el inglés, puede causarle al niño una profunda pérdida psicológica, y significa negar las habilidades lingüísticas que posee. Estas habilidades se **transfieren** con facilidad al inglés y permiten aprenderlo a medida que el español se sigue desarrollando.

Los defensores del bilingüismo reconocen la importancia económica, política y social de un alto nivel de **competencia en la lengua dominante.** La habilidad de hablar bien la lengua del país es necesaria o útil en el trabajo y en el progreso económico y político. El carecer de la habilidad de hablar bien el idioma dominante ocasiona grandes limitaciones. Sin embargo, es necesario repetir que la adquisición de la lengua dominante no debe ocurrir a costa del idioma del hogar. Para aprender inglés, no hay que olvidar el español. El bilingüismo sano y útil es el que suma, no el que resta un idioma. Se trata de multiplicar las habilidades de los niños, no de reducirlas.

B14: ¿Debe mi niño mantener los dos idiomas separados en distintas situaciones y con distintas personas (por ejemplo, las visitas)?

Un concepto importante al criar niños bilingües es el de las **fronteras de cada idioma.** Los expertos han insistido con frecuencia en la importancia de mantener separados los idiomas de los niños. Esto se logra cuando el niño aprende un idioma en el hogar y otro en la calle; o cuando, en el programa bilingüe de la escuela, se usa un idioma a ciertas horas y otro en otras; o mejor todavía, cuando una maestra enseña parte del día en un idioma y otra maestra enseña el resto del tiempo en otro idioma a los mismos niños. Esto les da a los alumnos una idea clara de que ambos idiomas son importantes y necesarios cada uno en su momento.

Los mejores programas bilingües son los que tienen establecidas fronteras lingüísticas claras y se aseguran de que cada idioma reciba suficiente atención. Esto no quiere decir que la división del tiempo sea del 50% para el español y el 50% para el inglés todos los años. Muchas veces se comprende la necesidad de compensar el idioma minoritario que no tiene el mismo refuerzo público que el idioma dominante. En los programas de **doble inmersión** [véase el Glosario], todos los niños comienzan con un 100% o un 90% de español. Esto ayuda a que los niños latinos desarrollen una fuerte base en un idioma que no recibe el apoyo social y que los anglohablantes, cuyo idioma no está amenazado, sino reforzado en su hogar y en la sociedad, puedan desarrollar también una buena base de español. Los maestros de los programas de doble inmersión son magníficos modelos de la separación de idiomas: no hablan jamás a los niños en un idioma distinto del que modelan, de hecho, tampoco permiten que los niños los oigan hablar en otro idioma —ni siquiera con un colega— para acostumbrarlos a que usen un solo idioma con ellos.

La separación sostenida de los idiomas facilita que los niños desarrollen un verdadero bilingüismo, es decir, la habilidad de llegar a comunicarse bien con hablantes monolingües en ambos idiomas. Un hablante bilingüe puede, de vez en cuando, intercalar una palabra en otro idioma, pero es muy distinto hacerlo porque no se sabe la palabra que hacerlo a propósito, para dar un énfasis especial.

El mantener los idiomas separados con fronteras y límites claros hará que el desarrollo bilingüe de los niños sea más eficiente, que ganen mayor aceptación social y que los prepare para poder utilizar los idiomas de modo profesional algún día. No hay nada malo ni vergonzoso en mezclar los idiomas. Incluso, algunas veces es muy efectivo para demostrar que algo proviene de la otra cultura o fue dicho originalmente en el otro idioma. Cuanto más tiempo estén dos idiomas en contacto, más hablantes utilizarán préstamos de palabras de un idioma en el otro. Pero debemos recordar que el objetivo es que los niños dominen bien dos idiomas y luego, si quieren, hablen creativamente, mezclando los dos, pero no que los niños se sientan inseguros en los dos.

Los niños tienden a crear sus propias fronteras lingüísticas, en especial, cuando son pequeños. Por ejemplo, cuando el padre les habla solo en español y la madre en inglés, los niños pueden querer hablarles en español a todos los hombres y en inglés a todas las mujeres.

La situación familiar más sencilla se da cuando toda la familia le habla al niño en el idioma del hogar. Cuando en la familia se hablan dos o más idiomas, y cuando el padre y la madre tienen idiomas maternos distintos, la situación no será siempre tan fácil. ¿Qué idioma deben hablar a las horas de las comidas? El principio fundamental es el ayudar a que los niños lleguen a tener un desarrollo equilibrado de los dos idiomas. Sin embargo, ese equilibrio no se alcanza siempre con un 50%. Por ejemplo, los padres que son conscientes de que a medida que los niños crecen van a estar más expuestos al inglés y van a tener más inclinación a usar solo el inglés pueden ayudar a conseguir un desarrollo final equilibrado afianzando el español en los primeros años del niño e insistiendo en que en el hogar "se use solo español 25 horas al día", como responde Alma Flor Ada cada vez que le preguntan cómo consiguió que sus hijos, que crecieron en los Estados Unidos, desarrollaran perfectamente el español.

A medida que los niños crecen, los hermanos mayores pueden tener una gran influencia. Es frecuente que los niños mayores hablen bien el idioma del hogar, pero que los pequeños apenas lo comprendan o no lo hablen en absoluto. Esto tiende a ocurrir cuando los hermanos mayores dejan de usar el idioma del hogar entre sí y les hablan a los pequeños solo en inglés. Incluso llega a ocurrir, hasta inconscientemente, que los mayores sirvan de traductores entre los menores y sus padres. Cuando los padres se dan cuenta, muchas veces ya es demasiado tarde.

¿Cómo conseguir la clara separación de los dos idiomas? ¿Qué estrategias se pueden usar?

(1) En el hogar y con los padres se habla solo el idioma de la familia. Los padres hablan con sus hijos solo en el idioma de la familia y les exigen que contesten en ese idioma. El segundo idioma se desarrolla en la escuela.

(2) Si los padres hablan idiomas distintos, cada uno se dirige al niño siempre en su idioma y hace que el niño le responda en ese idioma.

(3) Se busca que el programa de educación bilingüe tenga una clara separación de los dos idiomas.

(4) Los niños aprenden un idioma distinto al del hogar en una institución (por ejemplo, aprenden hebreo, en la sinagoga; árabe, en la mezquita; alemán, en clases de piano con un profesor que les hable en alemán).

Cuando están presentes personas que no hablan el idioma del hogar, algunos padres que hablan inglés, pero que comprenden la importancia de desarrollar y proteger el idioma del hogar, pueden optar por dirigirse siempre a sus hijos en el idioma del hogar y traducirles a las otras personas. Esta actitud conlleva el mensaje de que los padres no se sienten avergonzados de su idioma, que no lo ocultan ni lo supeditan a la lengua mayoritaria. Una breve explicación a las otras personas es generalmente todo lo que hace falta.

Por supuesto que puede haber muchas situaciones complejas, en las que intervenga el protocolo, la cortesía, el deseo de que las demás personas se sientan incluidas. Es importante conversar sobre estos temas y tener cierto acuerdo sobre normas generales, y, a la vez, estar dispuestos a ser flexibles en las distintas ocasiones. Hay que tener en cuenta la necesidad de contrarrestar el sentimiento de pena o de vergüenza que pueden experimentar los niños cuando sus padres les hablan en público en el idioma minoritario, por ejemplo, cuando en los Estados Unidos se les habla en español en la calle, la escuela o las tiendas. Los padres pueden darles a sus hijos un sentido de orgullo de su herencia, de aprecio y gozo por el idioma que hablan.

*Véase la página 72

Por último cabe reiterar que la persona verdaderamente bilingüe tiene en su repertorio la capacidad de cambiar de un idioma al otro* y también de intercalar en un idioma palabras o frases del otro como énfasis, para distinguir o señalar la importancia de que algo fue dicho en un idioma, e, incluso, para excluir a alguien de la conversación. El **cambio** de idiomas y la intención de intercalarlos, una vez que se tiene fluidez en ambos, es una de las prerrogativas de ser bilingüe.

B15: ¿Debe hablarle el niño a la misma persona en dos idiomas distintos?

Cuando el niño es muy pequeño o empieza a ser bilingüe suele ser mejor que hable siempre en **un solo idioma con cada persona.** Esto le evita confusiones.

Una situación que se da con frecuencia es que el niño intente cambiar el idioma que usa con algunas personas para demostrar su facilidad en el otro idioma. Si los padres están tratando de desarrollar cada uno un idioma y el niño utiliza otro, o si los padres están tratando de desarrollar el español y el niño les habla en inglés, es importante indicarle que debe cambiar de idioma, en forma amable y cariñosa. Por ejemplo, con frases como estas:

Lo siento, ¿qué me dijiste?
¿Qué es lo que dijiste que quieres?
Por favor, dímelo en nuestro idioma.
Repítemelo, por favor.
No te entendí claramente. ¿Puedes repetirlo en español?

Si somos coherentes al utilizar estas frases, los niños aprenderán pronto que las fronteras lingüísticas son firmes y constantes.

Sin embargo, una vez que los niños han desarrollado bastante fluidez en ambos idiomas y saben mantenerlos separados, no es extraño que usen dos idiomas con la misma persona, si saben que ella puede hablar en ambos. La capacidad de los niños para determinar rápidamente con quién pueden hablar en cada idioma e, incluso, con quiénes pueden mezclarlos es asombrosa.

Lo importante es recordar que el bilingüismo, a menos que haya funciones específicas y razones para usar cada idioma, puede ser muy inestable y transitorio. Los padres tienen que decidir si verdaderamente quieren darles a sus hijos las oportunidades y las ventajas de ser bilingües. Si es así, deben esforzarse en que la lengua mayoritaria, en el caso de los Estados Unidos, el inglés, no haga desaparecer al idioma de la familia, el español.

B16: Las actitudes que tengan mis hijos sobre el lenguaje, ¿afectarán a su aprendizaje de un segundo idioma?

Los padres pueden proporcionar un ambiente lingüístico estimulante, pero esto no basta. Pueden llevar a sus hijos de viaje a lugares donde se hable el idioma que quieren desarrollar, ofrecerles múltiples recursos y materiales para practicarlo o facilitar que lo hablen con otras personas. Y todo esto será muy valioso para ayudarlos a volverse realmente bilingües. Pero si a los niños no se los inspira para que tengan una **actitud positiva, motivación e interés** en relación con su idioma, las esperanzas de los padres pueden no realizarse.

Consideremos la analogía siguiente. Hay padres que quieren que sus hijos amen la lectura y les compran muchos libros. Creen que si los niños tienen libros en su casa se volverán lectores. Si bien proporcionarles los libros es importante, no basta. Hay que animarlos a leer. Otros padres creen que la lectura se aprende mediante ejercicios de fonética y les imponen numerosos ejercicios. Lamentablemente, luego pueden descubrir que, aunque los niños han aprendido a leer, no les gusta leer. Aprender a leer en una forma aburrida les quitó el amor por los libros. Desarrollar una actitud positiva hacia la lectura, hacer que los libros provean una experiencia grata y animar a los niños es importante para lograr que aprendan a leer y les guste la lectura.

Algo semejante ocurre con el desarrollo bilingüe. Es fundamental proporcionar un ambiente estimulante y variado para que las estructuras lingüísticas y el vocabulario se desarrollen ampliamente. También es importante que los niños tengan una **valoración positiva de sus dos idiomas.** Los padres no son la única fuente de estímulo lingüístico. La actitud que tenga la sociedad en general hacia un idioma minoritario afectará la imagen personal del niño. Los padres necesitan contrarrestarla, haciendo que los hijos se sientan orgullosos de su lengua y dándoles oportunidad de sentirse queridos, apreciados y valorados en ella.

La autoestima de los niños puede elevarse si se los felicita por lo bien que se expresan en ambos idiomas. Una palabra de alabanza, una sonrisa, una frase de halago contribuirán a que desarrollen una actitud positiva hacia los dos idiomas. Y una actitud positiva hacia el bilingüismo es un modo de protegerlos para el futuro.

No bien los niños que hablan español en casa empiezan a asistir a un programa preescolar —y a veces incluso antes—, se dan cuenta de que el idioma preferido en la institución es el inglés. En lugar de ver que los celebran por saber español, se sienten disminuidos por no saber inglés o por hablarlo con acento distinto. Ser diferente de lo que se presenta como norma del país puede hacer que los niños se sientan avergonzados. Aun cuando la escuela diga que aprecia el español, los mensajes sociales pueden ser muy fuertes. A menos que la escuela **demuestre** que valora el español, usándolo en situaciones de prestigio, muchos niños sienten que necesitan alejarse del idioma de su familia para pertenecer al grupo social más poderoso. Y así un gran número de niños deja de hablar en español.

Los padres pueden hablar con los maestros y con la dirección de la escuela para pedir que el establecimiento insista en la valoración del español, no con simples palabras, algunos letreros y alguna comunicación a los padres en ese idioma, sino de una manera sistemática y convincente. En su calidad de autoras de libros para niños y jóvenes, Alma Flor Ada y F. Isabel Campoy, hablan con frecuencia con niños de distintas edades en las escuelas que visitan. Algunas de las respuestas que dan a la pregunta de por qué no quieren hablar español son iluminadoras. Por ejemplo, algunos niños manifestaron: "Los maestros dicen que el español es importante, pero cuando hablan entre ellos siempre lo hacen en inglés". En una zona rural de California, unos niños de quinto grado, mientras conversaban informalmente en el patio con las autoras, dijeron: "Para qué vamos a hablar español, es el idioma de los *losers*". Fue doloroso oír que identificaban el idioma de su hogar como el idioma de los perdedores. Esos niños no tenían conciencia de que el español es uno de los tres idiomas más hablados en el mundo, y que, sobre todo, es el idioma en el que sus padres se han esforzado por vivir una vida digna y proporcionársela a ellos.

A los niños que provienen de hogares donde se habla inglés y aprenden un poco de español, se los celebra. Así debe ser, porque a los niños debe dárseles estímulo y reconocimiento por todo lo que aprenden. Pero es, en cambio, una gran injusticia que a los niños que vienen de hogares donde se habla español no se los celebre por el español que ya saben, sino que se los evalúe solo por el inglés que aún tienen que aprender.

La **autoestima** de los niños crece cuando reconocemos lo que ya saben y lo que están aprendiendo. Las palabras de elogio de los padres y su aprecio por los esfuerzos de sus hijos tienen un valor extraordinario.

B17: ¿Es sensato que mis hijos crezcan hablando tres idiomas o más?

B17

El multilingüismo entre los niños está creciendo en términos numéricos y en popularidad. El dominio de múltiples idiomas es posible tanto en niños como en adultos y, cada vez más, es visto como deseable y ventajoso por los educadores, legisladores, políticos y padres en muchos países, aunque, lamentablemente, no en todos.

Mientras trabajaba en Australia, el profesor Michael Clyne tuvo muchas **ventajas** sociales, culturales y cognitivas por ser trilingüe. Se considera que las personas trilingües son aprendices efectivos y continuos de idiomas, y que su bilingüismo ha sido como un taller de formación para seguir aprendiendo idiomas. La adquisición de un tercer idioma profundiza el interés en otros idiomas, culturas y países.

En muchas partes del mundo, hay niños que aprenden dos o más idiomas locales y también un idioma nacional. Hay lugares en la India y en Escandinavia, en África y en Asia, donde muchos niños son trilingües y multilingües. En algunas regiones del mundo, el **trilingüismo** es algo común y natural. En muchos casos, este trilingüismo tiende a ser oral más que escrito. Sin embargo, entre las clases más pudientes de Hispanoamérica, se da un trilingüismo adquirido en la escuela que conlleva leer y escribir en los tres idiomas.

Alma Flor Ada enseñó por varios años en el Perú, en la Escuela Alexander von Humboldt, donde todos los niños aprendían español, alemán e inglés. Del mismo modo, hay escuelas en que se enseñan español, francés e inglés; o italiano, español e inglés; o español, hebreo e inglés; o chino, español e inglés. Estas escuelas están muy solicitadas y son muy apreciadas.

Los estudios sobre el trilingüismo y el plurilingüismo en la familia son todavía escasos. En Canadá, se han hecho investigaciones sobre niños que son trilingües en inglés, francés y hebreo (y en inglés, francés y una lengua indígena americana).

En Europa continental, hay muchos niños que aprenden a hablar bien tres idiomas (por ejemplo, sueco, finlandés e inglés; alemán, francés e inglés). Los escandinavos parecen tener mucho éxito en criar niños trilingües. Muchos de ellos aprenden dos idiomas en la escuela (por ejemplo, inglés y alemán), además de hablar el idioma del país. Allí el aprendizaje de idiomas se valora mucho. Y como hay pocas personas que hablen los idiomas escandinavos fuera de Escandinavia, les resulta importante aprenderlos para viajar y relacionarse en el mundo.

Los niños tienen la habilidad de adquirir idiomas si están en contacto con ellos suficiente tiempo y en modo significativo. Los padres hispanos pueden plantearse que, si bien tener dos idiomas es mejor que tener uno, tener tres es mejor que tener dos. Muchos de los programas de doble inmersión que existen en los Estados Unidos nacieron por la iniciativa y el esfuerzo de grupos de padres, generalmente monolingües, que querían que sus hijos crecieran con dos idiomas.

Los padres latinos pueden agruparse y solicitar a los distritos escolares que ofrezcan programas trilingües a sus hijos. Si una familia latina hace el esfuerzo de mantener el español en el hogar y sus hijos están creciendo con un bilingüismo bastante equilibrado, el paso siguiente es crear las oportunidades para que los niños desarrollen un tercer idioma.

En los Estados Unidos, se producen cada vez con más frecuencia los matrimonios mixtos en los que cada uno de los padres tiene un idioma distinto: español y tagalo, español y cantonés, español y *creole* haitiano, por ejemplo. También hay padres bilingües que hablan español y alguno de los innumerables idiomas indígenas de Hispanoamérica. Esos padres tienen muy buenas posibilidades de conseguir que sus hijos sean trilingües.

¿Cuáles son las distintas maneras en que puede lograrse que un niño sea trilingüe? (1) Uno de los caminos para que un niño sea trilingüe es que los **padres** le hablen dos idiomas distintos en el hogar mientras los niños se educan en la **escuela** en otro idioma. La lengua mayoritaria de la comunidad influirá sobre la fuerza que logren alcanzar los tres idiomas. También existen otras rutas. (2) Los tres idiomas pueden adquirirse consecutivamente. Por ejemplo, un niño puede adquirir un idioma de la madre, otro del padre y otro en la guardería desde su nacimiento en adelante. (3) El niño puede adquirir un idioma en el hogar y aprender otros idiomas simultáneamente, más tarde. Por ejemplo, un niño puede adquirir el idioma coreano en la casa y después ir a una escuela donde se enseña inglés y español. (4) Otro camino frecuente es aprender los tres idiomas consecutivamente. Por ejemplo, el niño puede aprender un idioma en la casa, otro idioma en la escuela y más tarde un tercero (o cuarto) en una escuela de idiomas, en la universidad, estudiando o trabajando en el extranjero, o como entretenimiento (con la ayuda de libros, DVD, medios de comunicación). Hay otras rutas posibles, incluso llegar a ser multilingüe más tarde en la vida, en lugar de la infancia.

La competencia en los tres idiomas rara vez llegará a ser la misma y puede cambiar al pasar el tiempo. El trilingüismo tiende a ser menos estable que el bilingüismo. Pero dependerá de las circunstancias y las oportunidades que tengan los niños para usar cada idioma.

Hace falta que la escuela se muestre positiva hacia el multilingüismo y el multiculturalismo para garantizar que la actitud de los niños hacia el progreso de sus idiomas sea favorable.

Un ejemplo bien documentado acerca del desarrollo del multilingüismo lo ofrece Suzanne Quay. Ella realizó estudios acerca de un niño cuyos padres hablaban en alemán entre sí y fue criado en tres idiomas: (1) en alemán por el padre; (2) en inglés por la madre; (3) en japonés en la guardería, ya que era el idioma de la comunidad local y ambos padres también tenían fluidez en japonés. En los dos primeros años, hubo un cambio en la exposición al idioma debido a visitas al extranjero y a modificaciones del horario de trabajo del padre. Tales cambios son comunes para los trilingües tempranos.

La tabla muestra que este niño estuvo menos expuesto al alemán que al inglés. A los 15 meses, parecía no entender mucho alemán. Sin embargo, después de pasar dos semanas en Alemania, la madre reportó: "Nos asombró a todos lo mucho que entendía en alemán cuando le hablaban sus familiares". Esto también es una experiencia común para las familias: se comprende (y se habla) un segundo o un tercer idioma rápidamente una vez que hay suficiente exposición e incentivo. Sin embargo, Quay también muestra que el niño era un trilingüe en desarrollo, en lugar de un trilingüe activo. Este niño prefería hablar japonés con sus padres, ya que tenía más vocabulario en japonés y sus padres entendían y aceptaban lo que decía en japonés. Era propenso a ser un **trilingüe pasivo,** que entendía inglés y alemán, pero hablaba japonés.

Edad del niño	% Inglés escuchado	% Alemán escuchado	% Japonés escuchado
Nacimiento a 11 meses	70	30	0
11 meses a 1 año (asistiendo a la guardería)	50	20	30
1 año a 1 año y 5 meses	43	23	34
1 año y 5 meses a 1 año y 6 meses	45	10	45

Otro estudio de familia es el de Jean-Marc Dewaele, profesor de Lingüística Aplicada y Multilingüismo en Londres, que siguió el caso de su hija, Livia, educada en holandés por su madre, en francés por él mismo, que adquirió inglés en la comunidad y la escuela londinense. La madre y el padre usaban principalmente el holandés cuando hablaban entre sí, de modo que este era el idioma dominante de la familia. El inglés se convirtió rápidamente en su segundo idioma cuando se reunía con la mayoría de sus amigos en Londres. Desde los 5 meses hasta los dos años y medio, Livia aprendió urdu de una niñera, así que se convirtió en cuatrilingüe a edad temprana (aunque ya perdió el urdu).

La niña comprendió desde muy pequeña el **valor del multilingüismo:** "Si no conseguía la galletita que había pedido en un idioma, alternaba con otro, solo para asegurarse de que entendían lo que quería". Sin embargo, a los 5 años de edad, el estatus y la **aceptación** de sus amigos adquirieron importancia. Su padre relata: "No quería que le hablara en francés en la escuela y se dirigía a mí en inglés o me susurraba en francés al oído". Quería evitar sobresalir entre sus compañeros. Sin embargo, desde los 10 años se empezó a sentir más cómoda con su multilingüismo y sus raíces belgas, y ya no le importaba demostrarlo.

Livia comenzó a aprender español en la escuela secundaria, pero rara vez lo usaba para comunicarse fuera de la escuela. Sentía que su conocimiento del francés y del holandés la había ayudado a aprender español. Debido a encontrarse rodeada por el inglés fuera de la familia y por ser una ávida lectora, este es su idioma más fuerte. Continúa teniendo facilidad para comunicarse en francés y holandés, y su facilidad aumenta tras sus visitas a Bélgica. Puede leer y escribir en francés y leer en holandés. Todavía usa el francés con su papá y sus abuelos, y holandés con su mamá y sus primos. Alternar los tres idiomas es normal y aceptable en la familia.

Livia considera que su multilingüismo no es "nada especial" y está mucho más orgullosa de sus logros en karate, donde tiene una cinta negra. Se puede ver la entrevista en http://vimeo.com/42852429 y también en http://www.multilingualliving.com/2013/04/29/trilingual-sixteen-quadrilingual#more-15379.

El caso de Livia demuestra (1) cuán fácil es ser multilingüe en la infancia, (2) que los idiomas de un multilingüe no se desarrollan igualmente y (3) que se vuelven más débiles o más fuertes según sea la exposición, las experiencias y los cambios de educación a través del tiempo y lugar.

Algunos padres de niños trilingües encuentran valioso el que uno de los padres también esté aprendiendo un nuevo idioma. Si bien el padre quizá no sea un modelo perfecto de ese idioma para el niño, le da, en cambio, un mensaje muy importante demostrándole con el ejemplo que la familia valora el aprendizaje de idiomas. Aun si el padre comete algunos errores en el idioma que está aprendiendo, es mucho más importante que el niño sepa que adquirir un idioma es parte del aprendizaje de la vida en general y de la vida familiar.

Una precaución que se debe tener con el trilingüismo es que por lo menos uno de los idiomas debe desarrollarse a fondo. Para el desarrollo de la inteligencia del niño es necesario que por lo menos uno de los idiomas se desarrolle al nivel apropiado a la edad. Por ejemplo, los niños necesitan suficiente competencia lingüística [véase el Glosario] para poder seguir el currículo escolar que se va haciendo cada vez más abstracto. Sería peligroso que el niño terminara teniendo un nivel insuficiente en los tres idiomas. Como esto dificultaría su desarrollo cognoscitivo, exige que la familia esté vigilante y tenga un especial cuidado para que no ocurra.

A continuación se ofrecen dos referencias de casos específicos, para quienes quieran seguir informándose sobre este tema. Uno de estos estudios, de Charlotte Hoffmann, describe la manera en que dos niños aprendieron español con el padre y las personas que los cuidaban; alemán con la madre y las visitas, e inglés en la escuela y con los amigos. Los padres siguieron la regla de una lengua cada uno. Al final, el inglés resultó ser el idioma dominante a medida que las relaciones en la escuela y con los amigos fueron tomando mayor importancia.

El segundo caso se refiere a la hija mayor de Alma Flor Ada, Rosa Zubizarreta, que creció con tres idiomas. En el Perú asistió a una escuela preescolar en alemán y luego al Colegio Alexander von Humboldt. Jugaba con niños alemanes. Tomaba clases de clavicordio con una señora alemana. Y aprendió a leer en alemán. Cuando la familia viajó por dos años a los Estados Unidos, aprendió inglés. De regreso al Perú, siguió estudiando en el colegio Humboldt en alemán. Cuando la familia se trasladó definitivamente a los Estados Unidos, Alma Flor le proporcionó muchos libros en alemán, consiguió una maestra que le siguiera enseñando piano en alemán y la hacía traducir libros infantiles del alemán al español. Así mantuvo y desarrolló tres idiomas. Contamos esta experiencia para animar a todos los padres a que consideren que sus hijos son capaces de aprender tres o más idiomas y a que les faciliten las posibilidades de hacerlo.

¿Cuántos idiomas puede aprender un niño? Hay algunos casos excepcionales en la historia, pero sería peligroso generalizar a partir de ellos. Por ejemplo John Bowring, gobernador de Hong Kong en el siglo XIX, decía saber unas 200 lenguas y hablar cerca de 100 de ellas. El lingüista brasileño doctor Carlos do Amaral Freire decía saber unos 115 idiomas y hablar con fluidez unos 30. Pero estos son individuos excepcionales. La mayoría de los niños multilingües hablan bien tres o cuatro idiomas, y algunos pocos cinco o seis.

Xiao-lei Wang ofrece una descripción muy detallada de cómo sus tres hijos aprendieron tres idiomas en los Estados Unidos, desde su nacimiento: inglés, francés y chino mandarín. Sus dos libros no solo relatan el camino multilingüe que siguieron sus hijos, sino que también ofrece sugerencias para padres que tengan una formación académica sólida.

Las ventajas que tienen las personas multilingües para conseguir empleo aumenta constantemente. Poder hablar varios idiomas es muy beneficioso cuando hay que tratar con los clientes, por ejemplo en hoteles, en compañías transnacionales, en ventas en el exterior. En un mundo globalizado, hay gran demanda de personas multilingües.

La economía mundial en los próximos años dependerá, en especial, de lo que ocurra en los países BRIC (Brasil, Rusia, India y China) —que tienen enorme cantidad de habitantes, situación política más o menos estable, apertura al comercio internacional y voluntad de crecer en lo económico — y también, posiblemente, en los países llamados *Los próximos once:* Bangladés, Egipto, Indonesia, Irán, México, Nigeria, Pakistán, Filipinas, Turquía, Corea del Sur y Vietnam. Por lo tanto, cualquier niño que llegue a dominar una combinación de estos idiomas tendrá excelentes oportunidades de empleo en el futuro.

B18: ¿Tienen los bilingües mayor facilidad para aprender un tercer idioma de la que tienen los monolingües para aprender un segundo idioma?

Las investigaciones acerca del **trilingüismo** llegan a la conclusión de que el bilingüismo no entorpece la adquisición de otro idioma. En lugar de ello, en la mayoría de los casos, la favorece. Los bilingües, por lo general, tienden a ser mejores que los monolingües a la hora de aprender un nuevo idioma.

Las razones de esta superioridad de los bilingües sobre los monolingües para aprender otro idioma— dicho como generalización— parecen múltiples, aunque se superponen y todavía es necesario investigar más. (1) El bilingüe ya posee dos idiomas, tiene más **experiencia** para aprenderlos, está más consciente del proceso para adquirirlos y sabe cómo alternarlos. Es decir, es posible que ya tenga estrategias para un aprendizaje efectivo y tiene experiencia en cambiar de un idioma a otro. (2) Las **ventajas de pensamiento** de los bilingües, tales como tener un repertorio lingüístico más amplio, mejores estrategias de aprendizaje, flexibilidad cognitiva, conciencia metalingüística y desarrollo de mejores estrategias de procesamiento lingüístico-cognitivo pueden ayudar a explicar este efecto positivo del bilingüismo. (3) Las **ventajas de personalidad** de los bilingües, en el sentido de mente abierta, empatía cognitiva y tolerancia de la ambigüedad. También puede ser una ventaja la **confianza.** Los bilingües pueden sentirse más seguros de que pueden adquirir un nuevo idioma porque ya han aprendido a usar dos. Los monolingües todavía no pueden contar con esa certeza.

Esto no significa que todos los bilingües aprendan otro idioma más fácil y rápidamente que los monolingües, tampoco quiere decir que los monolingües no puedan llegar a ser bilingües o hasta multilingües. Además, hay que tener cautela porque, mientras que las investigaciones indican que el bilingüismo tiene un efecto positivo en la adquisición de un tercer idioma, hay muchos otros factores que afectan el éxito (por ejemplo, la cantidad de exposición; la persistencia de las oportunidades; la motivación; la aptitud para el aprendizaje de idiomas [véase el Glosario]; el aliento o desaliento por parte de la familia, la escuela y la comunidad local; los grupos sociales; las presiones políticas, etcétera). El bilingüismo y el monolingüismo son solo algunos ingredientes, entre muchos, en las variadas recetas que conducen al multilingüismo.

Sin embargo, los expertos tienden a estar de acuerdo en que, por lo general, el bilingüismo tiene una influencia positiva en la adquisición de un tercer idioma.

Quizás el más experto en esta área, el profesor Jasone Cenoz, tenga también otra buena noticia:

> Los niños expuestos a tres idiomas, por lo general, no mezclan los idiomas más que los otros niños. Cuando hablan un idioma, a veces piden prestadas algunas palabras de los otros idiomas que conocen, pero esto no quiere decir que estén confundidos acerca de los idiomas que saben, lo que pasa es que usan sus otros idiomas como una estrategia para seguir hablando.

B19: ¿Progresan a distinto ritmo los niños y las niñas en la adquisición del bilingüismo y el aprendizaje de la lectura?

B19

El ritmo con que los niños adquieren la habilidad de hablar en dos idiomas varía. También las niñas difieren unas de otras. Estas **diferencias** pueden estar en relación con la personalidad, la calidad y cantidad de interacción oral con los padres y otras personas, el contexto en el que viven, los ambientes en que se mueven y la atmósfera que rodea a cada idioma, así como con la motivación que sienta el niño o la niña y las presiones que pueda sufrir. Sin embargo, aunque esto es una generalización y hay muchas excepciones, las niñas tienden a desarrollar el bilingüismo un poco más rápido que los niños. Es posible que, en parte, esto se deba a las expectativas de los padres, que tienden a esperar cosas distintas de los niños que de las niñas. Por ejemplo, muchos padres esperan que las niñas aprendan a leer antes que los niños. La diferencia entre los géneros puede deberse al tipo de interacción entre los padres y los niños y las niñas, los estereotipos y las expectativas y la conducta de los maestros.

No hay ninguna razón para creer que las niñas tienen mayor facilidad para llegar a ser bilingües que los niños. Tampoco hay ninguna razón para tratar a las niñas de forma distinta que a los niños (y viceversa). Las actitudes de los dos sexos en relación con la lengua minoritaria puede ser un problema, en especial, en la **adolescencia.** En el País de Gales, por ejemplo, hay pruebas de que los muchachos suelen tener una actitud menos favorable hacia el idioma minoritario que las chicas. Las chicas tienden a mantener su bilingüismo, mientras que los chicos tienden hacia el monolingüismo entre los 13 y los 25 años. Esto refleja, en parte, qué conducta concede estatus y otorga el aprecio de los pares, y cuál es la influencia de los medios de comunicación y también de los padres y la familia. Hay muchas excepciones a esta corriente y, además, debe recordarse que estas actitudes juveniles no son necesariamente permanentes.

B20: ¿Hay diferencia en el desarrollo del bilingüismo entre el mayor de los niños y sus hermanos menores?

B20

Desde la década de los años cincuenta hay abundante información que muestra que la relación entre hermanos es muy significativa para el desarrollo infantil y no se le ha dado toda la importancia que merece. Los hijos únicos, los primogénitos y los hermanos menores suelen tener personalidades diferentes y también distintos grados de motivación y de rendimiento en la escuela y, más tarde, en la vida. Pero aún falta investigar cómo afectan los hermanos al ambiente lingüístico del hogar, especialmente en las familias bilingües.

El hermano menor aprende mucho de su lenguaje oyendo a otros niños y hablando con ellos, en lugar de con adultos. El niño mayor provee un modelo de lengua para los hermanos menores. Los últimos hijos, a veces, tienen una historia lingüística distinta si se la compara con la de los mayores. Los cambios en las circunstancias familiares, las amistades y la situación económica, todo puede tener un efecto sobre el bilingüismo. Por ejemplo, en una familia que habla español en los Estados Unidos, los hermanos mayores pueden haber aprendido inglés y pueden preferir hablar en este idioma. Los menores pueden aprender inglés de sus hermanos mayores y, en cambio, no aprender nunca español, en especial si los mayores se acostumbran a servir de intérpretes entre padres y hermanos. Si los niños menores nunca llegan a aprender bien español, su comunicación con los padres será muy reducida.

Otro ejemplo es el de los padres que emigran cuando los hijos menores son muy pequeños. Si los niños mayores ya saben hablar bien el idioma del hogar e, incluso, han asistido a la escuela en su país de origen, probablemente llegarán a ser bilingües activos. En cambio, si los hermanos menores aprenden a hablar rodeados del idioma mayoritario, es posible que nunca desarrollen bien el idioma del hogar y sean bilingües pasivos. Por lo tanto, es muy importante que las familias se propongan conscientemente desarrollar el bilingüismo en todos sus hijos.

Si la situación de la familia es más constante o si los padres toman la decisión firme de que todos sus hijos sean bilingües, sí puede haber algunas ventajas para los hijos menores. En ese caso, los padres ya tienen experiencia sobre cómo educar niños bilingües y la ansiedad que sintieron al educar al primogénito ha disminuido. Ya han tomado las decisiones sobre qué idioma usar en las distintas circunstancias. Y ya tienen un patrón de interacción lingüística dentro y fuera de la familia. Por lo tanto, la crianza de los siguientes va acompañada de menos ansiedad y nerviosismo.

B21: Mis hijos mezclan sus dos idiomas. ¿Es esto normal?

Es probable que no exista un niño educado como bilingüe desde que nació que no mezcle palabras de sus dos idiomas. Los adultos bilingües tienden a hacer esto con regularidad, pero casi únicamente cuando están con otros bilingües (es decir, cuando todos los presentes comprenden las palabras). Para los adultos, cambiar o mezclar palabras da idea de que utilizan a plenitud los recursos lingüísticos; en el caso de un niño, puede ser visto como incompetencia lingüística. Esto es injusto para el niño.*

*Véase la página 73

Además, las reacciones negativas ante la mezcla de idiomas provienen, casi exclusivamente, de los monolingües. Tanto bilingües como multilingües, en presencia de otros bilingües o multilingües, consideran que la mezcla de idiomas es eficiente para llevar al máximo el entendimiento mutuo y es efectiva siempre que el hablante y el oyente la entiendan a la perfección e incluya al oyente en lugar de excluirlo.

Es necesario que veamos el cambio entre dos idiomas como una forma de comunicación de los niños bastante típica y efectiva. Ellos usan todos los recursos lingüísticos disponibles para transmitir el significado. A esto, en los últimos tiempos, se le ha dado el nombre *translingüismo*.

Se trata de niños ingeniosos que muestran capacidad cognitiva, pericia lingüística y aptitud social. Si no saben una palabra en un idioma, usan la palabra en el otro idioma, porque casi siempre están seguros de que el oyente entiende. Por ejemplo, se valen de su idioma más fuerte como ayuda para comunicarse en el idioma más débil. Esto no quiere decir que se hallen confusos en cuanto al conocimiento, que hablen inapropiadamente o que sean incapaces de separar sus dos (o más) idiomas.

Lo que ocurre es que la gramática de una lengua domina e influye de manera directa en cómo se usan las palabras en una oración. Hasta en los niños más pequeños, el uso de palabras de *otro idioma* se rige por las reglas de gramática. La gramática de un idioma brinda las reglas para la inclusión de palabras de otra lengua. Al observar qué gramática domina, los padres pueden llegar a comprender el predominio relativo entre los dos o más idiomas del hijo.

En su libro de 2012, *Growing Up with Languages: Reflections on Multilingual Childhoods* (Crecer con más de un idioma: Reflexiones sobre infancias multilingües), Claire Thomas analizó la mezcla de idiomas hechas por los niños en 40 estudios de casos. Descubrió que las familias, sin importar que tuvieran reglas o no, tenían éxito en la educación de los niños para que fueran multilingües. Las familias eran variadas en cuanto a la rigidez versus la flexibilidad, en cuanto a ser estrictas y apegadas a las reglas versus adoptar distintos niveles de flexibilidad, incluso, cambios al pasar el tiempo. En la práctica, vio que los padres que mezclaban los idiomas también tenían éxito al educar a los hijos de forma bilingüe. Sin embargo, su consejo es mantener los idiomas separados, si esto es posible, cuando los niños son menores de tres años.

En algunas comunidades, es aceptable y normal el cambio de código o alternancia. Para varias comunidades puertorriqueñas de Nueva York, el *español de los Estados Unidos* es un símbolo de orgullo en una herencia lingüística dual. Mezclar los dos idiomas es un símbolo con el que identifican sus dos culturas, sus dos mundos lingüísticos.

B22: ¿Hay alguna razón para mezclar los idiomas y pasar de uno a otro en la misma conversación?

Cuando dos personas que conversan hablan ambos idiomas, tiene sentido intercalar palabras de un idioma mientras se habla en el otro o hablar intercambiando frases en los dos idiomas. Es casi como si se creara un tercer idioma. Esta **alternancia** [véase el Glosario] puede producirse intercalando párrafos, oraciones o palabras en una oración.

Algunos autores distinguen entre la mezcla de los idiomas y la alternancia. Se usa *mezcla* para referirse a lo que ocurre cuando un niño bilingüe pequeño parece usar los dos idiomas indistintamente. *Alternancia* se refiere a los bilingües que tienen establecidos con claridad dos idiomas. Muchos autores consideran ahora que no es posible distinguir entre la mezcla y la alternancia. Otros autores prefieren usar el término *translingüismo*. Y este debate está relacionado con otro tema en discusión: si el niño bilingüe desarrolla dos sistemas de lenguaje o desarrolla solo un sistema integrado (hipótesis del lenguaje unitario) o no desarrolla ningún sistema inicial seguido por diferenciación lingüística. La investigación no sustenta la antigua idea de que los niños usan al principio sus dos idiomas como uno solo o como un *sistema unitario de lenguaje*. Ahora, la opinión generalizada es que los idiomas del niño bilingüe se desarrollan autónoma e interdependientemente, y esto es, en parte, una función de transferencia entre tipos de combinaciones de lenguajes (por ejemplo: francés-inglés comparado con mandarín-inglés). Sin embargo, hay cada vez más estudios que muestran que los niños bilingües (ya desde los dos años) reconocen los distintos idiomas según quién hable, dónde hable y cuándo hable. Desde una edad muy temprana, los niños saben en qué idioma hablar según a quién se dirijan y cuál sea la situación.

Los monolingües que oyen a los bilingües alternar los idiomas pueden pensar que es por falta de fluidez en ambos idiomas. Incluso los bilingües pueden sentirse mal y hasta avergonzarse y atribuir sus alternancias a malos hábitos del habla. Muy pocos bilingües mantienen sus dos idiomas completamente separados. Muy pocos bilingües hablan sus dos idiomas con la fluidez de un hablante nativo. Un idioma puede afectar al otro, y algunas veces hay interferencias del idioma dominante sobre el otro. Sin embargo, la alternancia de idiomas es una estrategia comunicativa importante. No ocurre al azar. Por lo general, hay una razón y una lógica para alternar los idiomas.

Los niños tienden a alternar los idiomas solo cuando se dirigen a alguien que sabe las dos lenguas. Y, además, se dan cuenta fácilmente de si la mezcla es aceptable o no para la persona con quien hablan. Es decir, los bilingües descubren con rapidez cuáles son las situaciones sociales en las que pueden alternar los idiomas. Uno de los padres de niños trilingües (inglés, italiano, urdu) escribió: "Cuando mis hijos necesitan hablar en uno de los idiomas [...], no tienen dificultad en hacerlo correctamente. Cuando están con amigos que hablan dos idiomas [...],

Usos principales de la alternancia de idiomas

(1) Dar énfasis a un punto específico en la conversación. Por ejemplo, una madre puede repetir una orden *(Go to bed. Vete a la cama)* para acentuar lo que ha pedido que el niño haga.

(2) Sustituir una palabra o frase que se desconoce en un idioma. A veces, una palabra o frase no tiene equivalente en el otro idioma (o en su cultura). Por ejemplo, para decir *carpool* pueden necesitarse varias palabras en español: *compartir un automóvil entre varias personas con un destino común.*

(3) Expresarse con mayor claridad. Al hablar de temas como computadoras o matemáticas, los niños pueden querer usar el lenguaje de la escuela porque no conocen la terminología en el idioma del hogar. Además, es posible que ciertos temas, como por ejemplo, el dinero, se traten habitualmente en un idioma.

(4) Repetir una oración para añadirle fuerza o para asegurarse de haber sido comprendido.

(5) Expresar amistad. Por ejemplo, al pasar de la lengua mayoritaria a la lengua minoritaria, los hablantes expresan amistad, identidad común. El usar el idioma que la otra persona domina mejor puede querer indicar deferencia o deseo de ser aceptado. A veces, los niños copian la alternancia que usan los amigos y los adultos, para ganar estatus y elevar su autoestima.

(6) Citar a otro. Al repetir lo que otra persona ha dicho, muchas veces se prefiere usar el idioma en que la persona se expresó para que la comunicación sea más fácil o exacta. Por ejemplo, dos personas están hablando en español, pero al citar una conversación que tuvo lugar en inglés, la citan en inglés.

(7) Entrar en una conversación. Si una persona quiere entrar en la conversación de otros, puede hacerlo diciendo algo en otro idioma. Por otra parte, un hablante puede cambiar de idioma para finalizar una conversación.

(8) Relajar la tensión y poner una nota de humor en una conversación. El uso de otro idioma puede ayudar a relajar una conversación tensa y dar un poco de humor a la situación.

(9) Indicar distancia social. Si dos personas se encuentran, empiezan la conversación en la lengua mayoritaria. En Kenia, por ejemplo, hablarían en inglés o en swahili. A medida que conversan, se van revelando a qué tribu pertenecen, cuál es su estatus social, y el cambio a una lengua regional puede significar una expresión de solidaridad.

(10) Excluir a alguien de la conversación. Dos personas que están hablando la lengua mayoritaria pueden cambiar al idioma minoritario para hacer un comentario que no desean que entiendan quienes las rodean.

(11) Indicar un cambio de actitud. Por ejemplo, después de una conversación de negocios llevada a cabo en la lengua mayoritaria, a la hora de la despedida se cambia a la lengua minoritaria para indicar que ya no hace falta seguir siendo formales, que llegó el momento de la amistad.

mezclan solo esos dos" (Shera Lyn Parpia, en *Bilingual Family Newsletter*, v. 16, n.º 1, 1999, p. 5).

El cuadro presentado ofrece algunos ejemplos de los usos más frecuentes de la alternancia de idiomas. Por ejemplo, se puede enfatizar un punto, reforzar una opinión, citar palabras exactas de alguien, expresar amistad y afecto, y hasta excluir a alguien de una conversación. También se usa cuando se quiere establecer

---

Vidas salvadas en la Segunda Guerra Mundial

Gracias a su bilingüismo, Marie Meienhofer salvó la vida de tres judíos en el Holocausto de la Segunda Guerra Mundial.

Nacida en 1897, en Bremgarten, en el cantón suizo de Aarga, tomó como nombre religioso el de Jeanne Berchmans. Durante la Segunda Guerra Mundial, era monja y maestra en la escuela del Convento de la Congregación del Sagrado Corazón en Thonon-les-Bains (Haute-Savoie), Suiza. A principios de 1944, el pastor de Douvaine (Haute-Savoie) le pidió que escondiera en el convento a tres miembros de una familia judía de Viena (Austria): Taube Wittels y sus dos hijos, Renée, de 21 años, y Bruno, de 9 años. Ellos habían salido de Austria en 1938 y permanecieron en el convento hasta el final de la guerra.

Un día la hermana Jeanne oyó el ruido de los tanques alemanes que se acercaban al convento. Tenía que actuar con rapidez y astucia, o los tres refugiados terminarían en un campo de concentración. Los llevó a una habitación desocupada del tercer piso, cerró la puerta y puso un cartel: "Cuarentena: Escarlatina".

Cuando los soldados alemanes entraron en el convento, buscaron por todas partes, puerta por puerta, acompañados por la hermana Jeanne. Al llegar al tercer piso, ella, serenamente, les dijo que había enfermos muy contagiosos en esa habitación, que padecían de escarlatina. Como tenía tanta fluidez en alemán como en francés, les habló en perfecto alemán. Parece que esto surtió efecto, porque los soldados decidieron no entrar en la habitación y abandonaron el convento.

Si los soldados alemanes hubieran entrado en la habitación, es posible que tanto los refugiados judíos como ella hubieran encontrado la muerte. Los tres refugiados le debieron la vida al bilingüismo de esta noble monja del Sagrado Corazón.

A la edad de 79 años, la hermana Jeanne recibió la visita de Bruno y, después de esa emotiva reunión, siguieron en contacto. En diciembre de 1991, dos años antes de su muerte, la premiaron con la medalla israelí Justos entre las Naciones para honrar su acto sumamente humano y cristiano para salvar varias vidas del Holocausto.

una relación entre un concepto propio de una cultura y el idioma de esa cultura, como cuando los latinos en Estados Unidos hablamos del *American way of life* o del *bottom-line*. La alternancia de idiomas no es una interferencia ni una mezcla arbitraria, sino un recurso expresivo. Es un tercer idioma sutil que los bilingües usan ingeniosamente.

La familiaridad entre quienes hablan, su relación social, el contexto de la conversación y la fluidez en ambos idiomas influirán en la naturaleza y proceso de la alternancia de dos lenguas. No se trata solo de un proceso lingüístico, sino también de indicar importantes relaciones sociales y de poder.

B23: ¿Cuándo podrán mis hijos bilingües servir de intérpretes y traducir de un idioma al otro?

B23

Los niños empiezan a poder **traducir** palabras y oraciones sencillas de un idioma al otro desde los tres o cuatro años si saben hablar bastante bien ambos idiomas. Algunas veces hacen estas traducciones automáticamente y, con ello, divierten y deleitan a los padres. Por ejemplo, si uno de los padres no sabe hablar uno de los idiomas, los niños a veces le explican lo que se acaba de decir en ese idioma. Esto puede ocurrir en el médico, en una tienda, en la escuela o en cualquier otro lugar.

El que los niños traduzcan tiene un **aspecto positivo** porque los hace sentir especiales e importantes. Al traducir un mensaje, pueden darle su propia interpretación, participar en una decisión, recibir elogios de sus padres, adquirir estatus y una imagen positiva, ayudar a la familia y ¡hasta influir en el mensaje para que les resulte favorable!

Los niños pueden sentirse muy cercanos a sus padres en su papel de traductores. Se crea una dependencia recíproca entre hijos y padres. Servir de intérprete es un acto de empatía, de creación de puentes. Esta práctica puede llevar a incrementar la madurez, la sensibilidad, el ingenio y la autosuficiencia del niño.

Sin embargo, el servir de traductor también puede ser una **carga**. Muchas veces, ser el traductor de adultos exige a los niños usar un lenguaje que no es común para ellos. Por ejemplo, si un niño o adolescente bilingüe acompaña a su madre al médico y ella no entiende el idioma del profesional, traducir la terminología médica puede representar una enorme presión para el hijo. Un niño puede sentir mucha ansiedad emocional al enterarse de temas privados. Traducir constantemente para los padres, que no hablan el idioma mayoritario, puede significar una responsabilidad muy grande para la edad del hijo. Será muy importante que los padres reconozcan el esfuerzo del niño y lo valoren. Y que se lo expresen, del mismo modo que deben valorar y apreciar cualquier otro esfuerzo que él hace para ayudar en la casa y colaborar con la familia.

Es un mito que las personas bilingües tengan igual fluidez en ambos idiomas. Solo unas pocas pueden considerarse bilingües balanceadas. Por tanto, puede ser difícil para un niño traducir de un lenguaje fuerte a uno más débil. Las diferentes situaciones de la vida pueden requerir el uso de idiomas diferentes. También puede ser que una lengua se adquiera y se use en situaciones particulares con personas determinadas y para propósitos específicos (lo que se llama *principio de complementariedad*) y, por tanto, el niño no tenga el vocabulario y la traducción equivalentes en otras situaciones. Por ejemplo, un niño que *no* haya usado uno de sus idiomas en la escuela puede carecer del vocabulario académico o más técnico para traducir con facilidad. Para un niño, pero también para un adulto, la traducción no es simple. Una palabra en un idioma puede tener múltiples significados en otro. Tales significados también pueden depender del contexto en particular y del cambio de contexto. Algunas veces es casi imposible encontrar la traducción exacta para una palabra o frase. Por ejemplo, algunos chistes no pueden traducirse porque consisten en juegos de palabras. Un dicho breve o una rima puede ser difícil de traducir.

Los niños también pueden sufrir **presiones** cuando les piden que traduzcan instantáneamente para demostrar lo bien que saben los dos idiomas. Para ellos, el lenguaje es algo natural, espontáneo y subconsciente. Hacer que demuestren cuánto saben les resultará extraño. Pedirles que demuestren su habilidad de intérpretes para impresionar a los demás es algo artificial y les impone mucha presión.

Hay una diferencia muy sutil entre felicitar a un niño por ser bilingüe y pedirle que demuestre su bilingüismo ante otras personas. Lo más importante es la **autoestima del niño** y su actitud hacia los idiomas que habla. El principio fundamental debe ser asegurarse de que tenga una actitud positiva y de que se enorgullezca de su bilingüismo.

B24: ¿Qué efecto tendrán los medios masivos de comunicación en el bilingüismo de mis hijos?

Una pregunta importante que los padres minoritarios plantean con frecuencia es qué efecto tendrán sobre sus niños los medios masivos de comunicación. Esta **inquietud** es doble. En primer lugar, les preocupa la cantidad de lenguaje que sus hijos consumirán de la televisión, los juegos electrónicos, la Internet, las computadoras u ordenadores, la radio, las grabaciones en CD y DVD. Muchos niños pasan innumerables horas frente al televisor. En segundo lugar, la televisión les brinda información, pero no los invita a procesarla. No los ayuda a producir lenguaje ni a leer ni a escribir. Mucha televisión en inglés, por ejemplo, puede impedir que desarrollen suficientemente el español. Tampoco los ayuda a mejorar la lectura ni la escritura, a menos que vean los programas con subtítulos en el mismo idioma y se acostumbren a leer y escuchar a la vez.

Poco a poco van existiendo más programas de televisión de buena calidad, y hay que asegurarse de que esos son los que ven los niños. Además, también está aumentando la cantidad de programas, películas y dibujos animados disponibles en otros idiomas. El problema es que, cuando son traducciones del inglés, siguen difundiendo la cultura estadounidense. Hacen falta programas en otros idiomas que, además, muestren la **cultura propia de esos idiomas.**

Los padres que quieren que sus hijos mantengan y desarrollen el idioma del hogar necesitan fomentar que los niños vean buenos programas y películas infantiles, oigan la radio y aprendan canciones en ese idioma. No solo ayudarán a desarrollar el idioma, sino también a que los niños sientan que el idioma tiene **prestigio.**

A la vez, hay que recordar que los medios de comunicación de masas proporcionan solo **lenguaje receptivo.** Los niños, normalmente, no interactúan con la televisión o la radio. Hay algunos discos y grabaciones que los invitan a contestar o a cantar con ellos y que pueden contribuir a desarrollar el lenguaje, pero son pocos y hay que buscarlos.

Si los niños utilizan la Internet para buscar información, vale la pena ayudarlos a descubrir portales en los cuales encuentren todo tipo de material en español. Para darles la oportunidad de navegar en español, pueden animarlos a iniciar la búsqueda a través de www.terra.es, por ejemplo.

A medida que los niños crecen, y, en particular, entre los 13 y los 19 años, hay una enorme presión por seguir los modelos de la televisión y el cine estadounidenses. Las **imágenes más influyentes** para los jóvenes de esta edad rara vez provienen de su propia cultura o de su lengua materna, y eso puede contribuir a que descuiden, abandonen y hasta olviden el uso de la lengua del hogar. En los últimos tiempos, en los Estados Unidos, han empezado a destacarse artistas latinos jóvenes, con los que nuestra juventud puede identificarse. Lamentablemente, en algunos casos, esos artistas no hablan español.

Fuera de la casa, los niños captan muy pronto si su idioma tiene **prestigio** o si la sociedad le ha creado una imagen negativa. Desde una edad temprana, ya sea en un centro preescolar, en los grupos de amigos del barrio, en los clubes o en los equipos deportivos, los niños se dan cuenta de que hay una jerarquía de idiomas. Los medios de comunicación refuerzan estos prejuicios al presentar a los personajes de una cultura en términos de inferioridad, al burlarse de su acento o al hacer chistes a su costa. Los padres deben tener muy claro que sus hijos tendrán que luchar contra el racismo y la discriminación. Para muchos niños, el camino más seguro parece ser evitar por completo el uso de su idioma y simular que no lo hablan.

Las investigaciones educativas nos demuestran que los niños que **mantienen la lengua del hogar** son, generalmente, los que, sobre todo en la adolescencia, participan de actividades culturales en su idioma. Por ejemplo, en los Estados Unidos, los latinos que conservan su idioma suelen bailar en grupos folclóricos o cantar en un coro en español, o formar parte de un club de español para hispanohablantes o de en un grupo de alumnos de La Raza. Cuando los jóvenes pierden su idioma, no se debe solo a que los medios de comunicación los atraen al uso exclusivo del inglés, sino también a que ellos dejan de usarlo y se alejan de las actividades en las que su cultura y su idioma son importantes.

B25: ¿Pueden la música y el teatro ayudar a desarrollar el bilingüismo de mis hijos?

Para que un idioma viva en un hablante es necesario que la persona **participe activamente** usándolo. El idioma tiene que ser valioso y útil para el niño, y le debe proporcionar momentos agradables. La música y el teatro son dos actividades, entre muchas, que pueden permitirles disfrutar de su lengua y desarrollarla de forma natural.

Por ejemplo, cuando los niños pequeños **bailan** y gesticulan mientras escuchan una canción, y repiten las palabras mientras se mueven con entusiasmo, están desarrollando el lenguaje. De manera subconsciente, están aprendiendo el lenguaje, estableciendo conexiones entre las palabras y las acciones, y, a la vez, divirtiéndose. Cuando los niños **cantan** rondas o representan un cuento tradicional, su lenguaje se enriquece y no solamente disfrutan, sino que, además, se van familiarizando con la cultura que el idioma representa. La cultura se va cimentando poco a poco.

Cuando los niños aprenden un idioma por medio de actividades que les interesan (por ejemplo, ir de compras, cocinar, jugar, cantar, actuar o cualquier acción cotidiana), el idioma cobra vida dentro del niño.

Durante la **adolescencia** y la primera juventud, entre los 13 y los 19 años, es importante que los jóvenes tengan actividades que los estimulen, propias de su edad, para que sigan utilizando el idioma. Esto es fundamental cuando se trata de un idioma minoritario, como en el caso del español en los Estados Unidos. Si la música que escuchan, las fiestas, la amistad y la vida social se desenvuelven en español, existe la posibilidad de que no lo pierdan. Si todo lo que más les interesa se expresa solo en inglés, es probable que se pierdan los avances de la niñez.

B26: ¿Tendrán un efecto en el bilingüismo de mis hijos las computadoras y la tecnología?

Cada día cobran más importancia los teléfonos celulares, las computadoras, las tabletas, el correo electrónico, los bancos de datos, las redes sociales y otras formas de comunicación tecnológica. El hecho de que la mayor parte de los programas para computadoras que se usan en las escuelas están en inglés contribuye a que la fuerza del inglés siga aumentando, a expensas de los idiomas minoritarios. Los niños acceden a la tecnología, generalmente, solo en inglés. Y se unen el alto prestigio de la tecnología y el alto prestigio del inglés en detrimento de los demás idiomas, que parecen más anticuados, más tradicionales y más históricos.

No podemos ignorar que las computadoras y la Internet van a desempeñar un papel importante en la vida de nuestros hijos. La sociedad de información en la que ya vivimos exige que cada niño adquiera conocimientos sobre el valor y el uso de las computadoras en la casa, en la escuela, en el trabajo y en la sociedad. Si el inglés domina el mundo de la tecnología, tendremos que tenerlo en cuenta para reforzar más todavía el idioma del hogar, para que pueda haber una **ecuación justa.** Tal vez necesitemos hacer todavía mayor hincapié en el uso del idioma hereditario en los demás terrenos (clubes, actividades sociales y culturales, barrio). Hasta podemos considerar la posibilidad de vivir en otro lugar donde se hable más el idioma del hogar, de planear viajes a países donde los niños puedan practicar su idioma y de animarlos a usar la Internet para visitar páginas escritas en su idioma (por ejemplo, www.cristi.com).

B27: ¿Qué importancia tienen las posibles oportunidades de empleo en la decisión de mantener los dos idiomas de mis hijos hasta que sean adultos?

En la vida de un idioma hay **dos factores importantes:** (1) Es necesario **reproducir el idioma dentro de la familia.** El bilingüismo existe gracias a su lugar en la vida del padre, de la madre o de la comunidad, y debido a la relación entre cultura y herencia. (2) Es necesario también que el idioma brinde **utilidad social y económica** a quien lo posee. La vida del idioma dentro del individuo y de la sociedad se fortalece si tiene valor económico. Cuando los idiomas tienen un **valor utilitario,** como la posibilidad de conseguir más y mejores empleos, el bilingüismo cobra mayor fuerza.

Las personas bilingües necesitan, como todas las demás, tener empleo. Lo más importante para todos y, por lo tanto, también para los bilingües, es sobrevivir, evitar la pobreza, trabajar y superarse. La calidad de vida de la familia y de la comunidad está determinada en parte por la economía. No es posible ignorar el efecto de la economía en la vida familiar.

En el mercado de trabajo de hoy —y del futuro—, las personas bilingües tienen una **ventaja** porque pueden servir de puente entre grupos distintos.* La Comunidad Europea está tratando de darles importancia a los distintos idiomas de Europa. Las personas que hablan francés e inglés, alemán y español, o alemán y francés son muy requeridas en el mercado internacional. Los Estados Unidos aspiran a comerciar con el mundo entero. También habrá gran demanda de personas que hablen inglés y chino, japonés e inglés, o inglés y español.

¿Y si uno de los dos idiomas que se habla es una **lengua minoritaria?** Hay que saber que aprender el idioma mayoritario es una necesidad para tener acceso e igualdad de oportunidades. Lo esencial es recordar que no hay que eliminar o dejar de desarrollar el primer idioma. No se trata de sustituir el idioma del hogar por el idioma mayoritario, sino de añadir el idioma mayoritario al idioma del hogar. Aun en el caso de los idiomas de uso más restringido porque tienen un número menor de hablantes, ser bilingüe será siempre una ventaja. Y cada vez habrá más oportunidades de utilizar el poder de dos idiomas.

Cada vez que sea posible, se deberá tratar de promover **empleo** en el idioma minoritario para contribuir a que este sobreviva o gane fuerza. Para que una lengua minoritaria se vea como algo útil y valioso para la sociedad, deben existir empleos que la reconozcan. Por ejemplo, en Cataluña, España, es necesario hablar catalán y español para acceder a diversos puestos y para tener participación en los negocios. En el País Vasco, es útil saber euskera además de español para muchos trabajos.

Para persuadir a un padre de que ofrezca a sus hijos enseñanza bilingüe, podría ser muy atractivo presentarle las ventajas del bilingüismo para conseguir empleo. Los maestros que capacitan a los niños para estar mejor equipados en un mercado de empleo que establece ventajas para las personas bilingües le dan una razón de ser al aprendizaje de idiomas y la enseñanza bilingüe.

El canciller Helmut Schimdt, de la antigua República Federal de Alemania, dijo una vez: "Si quiere comprarnos algo, puede hacerlo en el idioma que desee, porque haremos el esfuerzo de entenderle. Pero si quiere vendernos algo, entonces debe hablar nuestro idioma".

Cada vez más las ofertas de trabajo exigirán o preferirán que los solicitantes sean bilingües. Esto añade valor al idioma. Quienes hablamos un idioma minoritario, debemos tratar de que esos empleos existan, utilizando en público nuestro idioma siempre que sea posible y, sobre todo, siguiendo la recomendación del canciller alemán cada vez que seamos nosotros los que vamos a comprar o a pagar. Así contribuiremos a que haya más empleos que requieran personas bilingües. Aun cuando no parezca haber incentivos económicos para preservar un idioma, todo idioma tiene un valor cultural, social y afectivo.

Vale la pena recordar que si dos idiomas abren mejores posibilidades de empleo que uno, tres son todavía más valiosos. Algunos niños de los Estados Unidos que hablan español en la casa tendrán la oportunidad de aprender un tercer idioma, especialmente en las grandes ciudades, donde muchas veces comparten la comunidad con personas de otras culturas, como por ejemplo, chinos o coreanos. Lamentablemente, estas oportunidades no se aprovechan con frecuencia.

Es mucho más común ver a los niños asiáticos aprendiendo español y volviéndose trilingües que viceversa. Hay varias razones para que esto ocurra: muchas comunidades asiáticas tienen la tradición de mantener vivo su idioma con clases organizadas por la comunidad y que se dictan los sábados; algunas familias asiáticas han llegado a los Estados Unidos después de haber vivido en Hispanoamérica; en la escuela secundaria, hay mayor número de cursos de español que de otros idiomas. Pero lo que queremos resaltar es que, para las familias latinas, aprender un idioma asiático parece todavía algo casi impensable. Sin embargo, la realidad es que, si nuestros hijos van a ser profesionales y personas involucradas en negocios, saber chino, japonés o coreano les sería una gran ventaja.

Los padres hispanos harían bien en estimular a sus hijos para que aprovecharan toda oportunidad de aprender un tercer idioma. Aun si solo aprenden un poquito, eso servirá de base para continuar aprendiéndolo luego.

B28: Necesito cambiar el idioma, o los idiomas, que uso con mis hijos. ¿De qué modo los afectará?

B28

Esta es una pregunta que hacen los padres que, por deseo o por necesidad, **se mudan de un país a otro.** Muchas veces, especialmente si piensan quedarse en el país por largo tiempo, creen que lo mejor es hablar en el hogar en el idioma del lugar para que los niños lo adquieran con mayor rapidez y se adapten con más facilidad a la nueva sociedad.

Cuando el **estilo de vida de una familia cambia** (por ejemplo, si hay un divorcio, si muere uno de los padres o si los abuelos van a vivir a la casa), es posible que los patrones de lenguaje establecidos tengan que cambiar.

El primer punto para conversar es si es vital que los patrones de lenguaje cambien o no. ¿Va a sufrir el **desarrollo emocional** del niño debido a un cambio de idioma? Los niños que acaban de llegar a un país, aunque no lo demuestren, sufren por lo que han dejado atrás y experimentan también desconcierto e incertidumbre. ¿Debe añadirse a estos sentimientos de pérdida el cambio del idioma del hogar? ¿No es la estabilidad del idioma un apoyo importante para que desde allí los niños desarrollen su relación con el nuevo país?

Cuando se va a tomar una decisión de este tipo, es importante **conversar sobre el tema con los niños** a un nivel que puedan comprender. Ellos necesitan y merecen explicaciones. Cada vez que sea posible, el niño debe ser parte del proceso de decisión.

Los niños necesitan expresar a su manera sus preocupaciones e inquietudes, sus preferencias y prioridades. Si están totalmente en contra del cambio, es importante que este se produzca poco a poco. Si los niños están dispuestos a aceptar el cambio, es necesario **tener cuidado,** dialogar sobre el tema con ellos y ofrecerles mucho apoyo.

Los niños suelen acostumbrarse a los cambios de idioma con más facilidad que los adultos. A menudo, les es fácil hacer amigos y adaptarse a las circunstancias nuevas con mayor facilidad que los adultos, que tienden a ser menos flexibles. Si ellos reciben apoyo y cuidado, pueden ser muy resistentes. Sin embargo, es importante que, desde el principio, hablemos con quienes los cuidan, con los maestros y con cualquier otra persona que los conozca bien sobre las necesidades de los niños y las dificultades que puedan experimentar. Aunque no es posible protegerlos totalmente, sí es posible ofrecerles un **ambiente positivo** de modo que sus dificultades emocionales sean menores.

Es mucho más difícil explicar las situaciones de cambio a niños pequeños, de dos, tres o cuatro años. Con los niños de esa edad será importante tener un período de transición. Ellos no notarán demasiado si se deja de usar un idioma poco a poco y se lo sustituye por otro. Con cariño y sensibilidad, esta **transición** puede lograrse sin dificultad. Un cambio brusco, total, sin embargo, puede hacer que se sientan rechazados e incomprendidos. En casi ninguna circunstancia es aconsejable dejar de hablar el idioma del hogar, sobre todo si es el idioma materno de padres y abuelos.

SECCIÓN C

Preguntas sobre problemas

Familia,
ellos conmigo
y yo, ¡adelante!

¡Adelante!,
a construir caminos
que nos lleven juntos
a una vida justa y alegre.

¡Adelante!,
a cruzar los puentes
que nos abran mundos
y un nuevo horizonte.

F. Isabel Campoy
Familia

C1: ¿Cuáles son las desventajas de que mi hijo o mi hija sea bilingüe?

C1

En el crecimiento físico y social de un niño, así como en el desarrollo de su personalidad y en su salud, siempre hay pruebas y dificultades, preocupaciones y ansiedades. No existe la posibilidad de criarlo sin que haya algún momento de inquietud. Por lo tanto, el criar a niños que hablen dos idiomas también ocasionará momentos de inquietud. Habrá ocasiones en que los padres estarán preocupados por el desarrollo del lenguaje de sus hijos.

Cada vez que hay un problema lingüístico, educativo o social, muchos padres de niños bilingües tienden a pensar que el bilingüismo es la causa posible. Si un niño no tiene éxito en la escuela, los padres del niño monolingüe tienden a culpar al nivel de motivación del niño, su personalidad, la calidad de la enseñanza o la misma escuela. Los padres de los niños bilingües pueden reconocer todas estas causas posibles, pero añaden el bilingüismo como otra.

Si un niño o una niña tiene problemas sociales, motivacionales, educativos o personales, no hay que achacarle la culpa inmediatamente al bilingüismo o al biculturalismo. Rara vez la tendrá. Trate de descubrir las posibles causas sin culpar al lenguaje. Converse sobre el problema con amigos, con el maestro y con el niño o la niña.

Sería falso decir que el bilingüismo nunca tiene desventajas. **En primer lugar,** habrá una desventaja si el niño no llega a manejar bien ninguno de sus dos idiomas y ambos quedan subdesarrollados. La definición más clara de un **idioma subdesarrollado** es que no le permite al niño seguir las explicaciones del maestro ni de los textos escolares, ni aprender como corresponde según su edad y grado. Esto no ocurre con demasiada frecuencia, pero cuando ocurre es muy perjudicial.

En general, esta situación se da cuando el niño deja de hablar en la lengua del hogar antes de haber desarrollado bien la segunda lengua. La primera es una base importante para la segunda, ya que, si aquella queda a medio camino, hay peligro de que la siguiente no se desarrolle tampoco. Aquí es donde los padres tienen una gran responsabilidad y también una gran oportunidad. Cuando los niños mantienen el idioma del hogar y lo siguen desarrollando a la vez que aprenden un segundo idioma, el bilingüismo les da una ventaja escolar frente al niño monolingüe.

Algunos niños que empezaron su vida como bilingües ya no lo son cuando llegan a la adolescencia. La profesora Annick de Houwer, experta en bilingüismo infantil, descubrió, en un estudio sobre 2,500 jóvenes, que 1 de cada 5 ya no hablaba uno de los idiomas, podía entenderlo, pero no hablarlo. Aunque en principio esto es lamentable, debe tenerse en cuenta que ese idioma *pasivo* que los jóvenes entienden, aunque no hablan, puede convertirse en activo en un contexto adecuado y con suficiente inmersión.

En segundo lugar, otro problema que se les puede presentar a los padres es el **esfuerzo** que requiere lograr que un niño llegue a ser verdaderamente bilingüe. Puede resultar una exigencia emocional estresante y hasta ocasionar un sentimiento de fracaso si no se alcanza un bilingüismo perfecto. En realidad, el esfuerzo proviene más de las madres que de los padres, pero no siempre. Una investigación hecha por Toshie Okita (2002) entre familias anglo-japonesas sugiere:

Criar niños bilingües en familias mixtas es un trabajo emocionalmente exigente [...], exige tener que organizar con cuidado el entorno social, controlar el uso del tiempo de los hijos [...], equilibrar varias necesidades a la vez [...], de las cuales la posibilidad de desarrollar el idioma japonés [es] solo una [...].

Las madres tenían también sus propias necesidades [...], querían tiempo para distraerse, para *ser ellas mismas* en lugar de ser una maestra de idiomas en la casa. Si fracasaban en equilibrar todas esas demandas, el tejido familiar podía desbaratarse. Lograr el equilibrio era emocionalmente exigente porque las madres se daban cuenta de que eso significaba reducir el uso del lenguaje minoritario.

Los padres necesitan planear de forma creativa cómo van a conseguir que sus hijos desarrollen dos idiomas. Para tener un jardín, no basta esparcir semillas, hay que fertilizar, regar, cultivar. Los padres tienen que pensar en sus hijos como un jardín que necesita atención y cuidado. Y, al igual que las distintas estaciones del año exigen un cuidado distinto del jardín, así, a medida que los hijos crecen, hay que ir implementando nuevas medidas. Al principio, se trata de que el niño aprenda a hablar el idioma de sus padres; luego, se trata de que lo desarrolle y amplíe; después, se trata de que aprenda a leer y escribir bien en el idioma.

No todos están de acuerdo con esto. Hay quienes dicen que el *esfuerzo* para educar niños bilingües es un control exagerado sobre ellos en un período de la vida que debe ser divertido, despreocupado y creativo. Tales críticos insinúan que controlar la vida de los hijos en todos los aspectos es volverse *superpadres* para tratar de maximizar el éxito de los niños según los resultados definidos por los padres. El bilingüismo entre familias selectas —así como las sesiones musicales para el bebé en el vientre materno, la natación cuando nacen, la lectura y los números antes de que caminen— es visto por los críticos como producto de la necesidad de realización de los padres. Esto parece *supercrítico*. Ignora el placer que genera en los niños la música, la lectura, la escritura y el hecho de ser bilingües. Así como las ventajas, en el caso de los niños latinos en los Estados Unidos, de seguir viendo a sus padres como maestros, de poder disfrutar de la relación con abuelos y otros familiares, de gozar con la riqueza de la cultura.

En tercer lugar, educar a los hijos puede ser una tarea exigente. La dentición, las enfermedades infantiles, el llanto, los cólicos, el comer poco, el dormir mal, el *portarse mal,* la exploración ilimitada al gatear y caminar, todo esto puede hacer de la maternidad y la paternidad un trabajo difícil. Añadir el bilingüismo a la lista puede verse como la adición de otro problema. Por ejemplo, para fomentar el bilingüismo, puede ser necesario organizar muchas oportunidades de usar el lenguaje más débil. Eso lleva tiempo y esfuerzo.

Otro ejemplo de las exigencias del bilingüismo es la tensión a la que están sometidos los padres entre la comunicación cálida y amorosa con sus hijos y el monitoreo y las correcciones constantes de dos idiomas. En un momento el padre es alentador y amable; en el mismo momento necesita dar una indicación (por ejemplo, recordarle al niño que hable español y no inglés). Los padres pueden sentirse tironeados en diferentes direcciones y pensar que, hagan lo que hagan, nada les sale bien.

El mismo sentimiento se presenta a veces en las minorías lingüísticas de los Estados Unidos o del Reino Unido. El primer idioma podría ser el árabe o el galés; el segundo es el inglés. Los padres y el hijo reciben críticas de algunos miembros de la comunidad (los monolingües del idioma inglés) porque el niño habla un inglés imperfecto y reciben, además, críticas de otros miembros (del idioma minoritario) por hacer demasiado norteamericano o británico al niño. Critican a los padres desde dos perspectivas opuestas: por no ser lo suficientemente leales a su herencia cultural, religión o identidad, y porque el inglés del hijo no es perfecto. El resultado puede ser que los padres queden desalentados.

A veces, la educación de un niño bilingüe ocasiona discusiones en el matrimonio. Si el esposo no entiende la comunicación entre madre e hijo, ¿se siente excluido? Las exigencias que plantea el conflicto entre el matrimonio y la educación pueden ser agotadoras para la madre. Ella tiene que equilibrar prioridades. Atender al desarrollo de dos idiomas es solo un aspecto de la vida familiar y de la educación, y no puede separarse de otras decisiones, presiones y hasta conflictos familiares. También existe el peligro de que los idiomas se vean como un trabajo que le corresponde a la madre hasta el punto de hacer que se quede en casa.

Para algunos padres el camino al bilingüismo es muy directo. Desde el primer momento, les han hecho saber a los hijos con toda claridad que en el hogar se habla español, por ejemplo, y nunca han vacilado en exigir que los niños respondan en ese idioma. Además, han logrado ampliar las experiencias del niño con actividades en el idioma del hogar, visitas a familiares y amigos, etcétera. Muchas veces estos padres también les leen a sus hijos cada noche en el idioma del hogar, les facilitan libros y otros materiales en ese idioma, y los animan a leer y a escribir a diario. Otros padres se han encontrado con algunas dificultades. En ese caso, es importante recordar el valor de tener dos idiomas y lo ventajoso que es que un niño pueda comunicarse con sus abuelos y otras personas de su cultura en el idioma de su familia. Y los esfuerzos, entonces, se harán menos molestos y más gratos.

En cuarto lugar, otra dificultad que puede plantearse se relaciona con la **identidad** del niño. Si un niño habla bien dos idiomas, ¿cómo se define quién es? Si habla inglés y francés, ¿es británico, es francés o es franco-británico? Si un niño de ascendencia mexicana en los Estados Unidos habla bien español e inglés, ¿sigue siendo mexicano, es estadounidense o es mexicano-estadounidense?

Para muchos padres e hijos la identidad no es un problema, porque tienen claro a qué grupo pertenecen. Por ejemplo, en el País de Gales, que está en la isla de Gran Bretaña, igual que Inglaterra, es muy importante saber inglés, ya que el galés es un idioma que hablan pocas personas en el mundo. Pero muchos bilingües de Gales, que hablan galés e inglés, se consideran galeses y, quizá, en segundo lugar británicos, pero jamás se consideran ingleses. Ser considerados ingleses es para ellos un anatema, un insulto, a pesar de que son súbditos del mismo rey.

En otro extremo se encuentran muchos **inmigrantes**. Muchas veces el inmigrante (la primera generación) y sus hijos (la segunda generación) quieren desesperadamente asimilarse y ser aceptados. Muchas veces los mexicanos, los cubanos o los salvadoreños, por ejemplo, quieren asimilarse y volverse estadounidenses que hablan solo inglés.

*Véase la página 98

Entre estos dos opuestos, hay algunas posibilidades de **crisis de identidad y conflicto**.* Hay algunos bilingües que se sienten a la vez ingleses y franceses, españoles y catalanes, mexicanos y estadounidenses. Hay muchas personas que se sienten felices de tener una doble identidad, unida por un guión (por ejemplo, mexicano-americano, anglo-alemán, chino-canadiense, ítalo-americano). Hay otras personas bilingües que no se sienten cómodas con esa doble identidad. Se preguntan: ¿Soy asiático, soy británico o soy asiático-británico? ¿Soy chino de China, como tantos chinos que hay dispersos en el mundo, o soy canadiense? ¿Soy italiano, estadounidense o una **combinación** más o menos integrada de los dos?

Estos conflictos de identidad no son el resultado inevitable de tener dos idiomas. Sin embargo, los idiomas contribuyen a que se produzcan porque generan la posibilidad de mezclar dos o más culturas, de pensar y actuar como miembros de dos grupos étnicos distintos, de identificarse con ambos grupos o con ninguno de los dos. El lenguaje es un vehículo por medio del cual puede producirse un conflicto de identidad. Es importante hablar con honestidad y no simular que todo lo que ocurre es perfecto. La autoidentidad, la identidad cultural y la identidad étnica pueden ser problemas para algunas personas bilingües.*

*Véase la páginas 98–99

En quinto lugar, una familia no vive separada del resto del mundo. Los parientes, amigos, compañeros de trabajo, comunidades, sociedades y naciones ejercen su influencia en la vida familiar. No somos individuos autónomos que tomamos decisiones en el vacío acerca de los idiomas en la familia. Los otros ejercen una poderosa influencia sobre nosotros. Esos *otros* pueden ser, por ejemplo, los familiares, la religión, los medios masivos de comunicación y la política lingüística dominante en una región. Aun cuando los padres considerasen valioso educar a sus hijos como bilingües, la fuerza de la opinión externa (social, económica y política) podría hacerles pensar que la decisión sería demasiado radical.

En resumen, es un peligro que las expectativas de éxito sean demasiado elevadas. A veces **se idealiza** una situación que es imposible de alcanzar: que ambos padres sean plenamente bilingües y tengan actitudes positivas hacia el bilingüismo; que los familiares, amigos y demás sean capaces de estimular y tengan ellos mismos experiencias positivas; que los niños disfruten ambos idiomas en el hogar, la escuela y la comunidad; que los niños dominen ambos idiomas toda la vida y usen cada uno para diversos propósitos; que los padres celebren el bilingüismo y los hijos lo consideren una maravillosa experiencia personal.

La **realidad,** por lo general, no es tan simple. Es más frecuente una situación que abarque algunas de las siguientes características: uno de los padres no tiene fluidez en el lenguaje de la familia; ambos padres muestran preocupación acerca del éxito en lograr hijos bilingües; un padre se preocupa más que el otro y, a veces, se siente marginado de la conversación; otro padre siente que ha recaído en él todo el peso y le resulta emocionalmente agotador; la familia reciben críticas de los que están fuera; se presentan desequilibrios y cambios en la experiencia de dos idiomas; los niños tienen un idioma más fuerte y otro más débil; los niños cambian de actitud hacia sus dos idiomas y el uso de ellos; los niños atraviesan períodos de negación a hablar uno de los idiomas; no se puede predecir el futuro de los idiomas a lo largo de la vida.

C2: Mi hijo mezcla los dos idiomas. ¿Qué debo hacer?

Considere que su familia es **muy típica.** Probablemente, son muy pocas las familias en las que los niños bilingües no mezclan los idiomas, por lo menos al principio. La mezcla de idiomas tiene varios nombres:

- *translingüismo;**
- *transferencia;*
- *alternancia;*
- *interferencia.*

Véase la página 212

El último término hoy se considera inapropiado porque no refleja el modo creativo en que las personas bilingües pueden mezclar los idiomas. Hay que diferenciar entre la mezcla que ocurre cuando alguien no sabe la palabra en un idioma y la que ocurre cuando usa el otro idioma a propósito. El término *interferencia* se reserva para lo que puede ocurrir cuando una persona está aprendiendo un idioma y mezcla una palabra de otro sin saber que lo hace o porque todavía no sabe expresarse en el idioma nuevo.

Factores que influyen en que los niños pequeños mezclen o no los idiomas:

- la separación de los idiomas que el niño escucha (distintas personas y distintos contextos);
- el equilibrio entre los idiomas en la vida hogareña y en la vida comunitaria;
- la cantidad de experiencia lingüística en ambos idiomas;
- la calidad de la experiencia lingüística;
- la aceptación o no por parte de los padres de la mezcla de los dos idiomas y cuánto se mezclan o no los idiomas en la comunidad.

A muchas personas les preocupa la pureza del idioma. Y, si oyen a alguien mezclar dos idiomas, les parece muy mal. Es cierto que es necesario hablar bien un idioma, sin mezclarlo. Pero, para un niño, lo importante es lograr la comunicación.

Hay que distinguir claramente los distintos momentos y las distintas maneras de mezclar los idiomas. Se pueden describir tres casos. El primero es común cuando un niño empieza a desarrollar dos idiomas. Supongamos que un niño de una familia hispanohablante que vive en los Estados Unidos empieza a mezclar en el español palabras en inglés que ha aprendido en la escuela y, al hablar inglés, mezcla palabras en español que todavía no sabe en inglés. Si a este niño se lo ayuda, diciéndole las palabras que no conoce en español, es de esperar que su inglés mejore cada día más y su español también.

El segundo caso, muy diferente del anterior, es el uso creativo que pueden hacer las personas bilingües al intercalar palabras u oraciones en el otro idioma. Aun si una persona habla bien los dos idiomas, puede darse que, con otra persona bilingüe, cambie de un idioma a otro por distintos motivos, como añadir énfasis a un punto. Esto es algo muy común entre bilingües.

Un tercer caso es la mezcla de idiomas en toda una comunidad. Cuando no hay una clara conciencia de la importancia de desarrollar al máximo cada uno de los idiomas, sin interferencia, es posible que se genere una nueva variante de lenguaje mixto de toda una comunidad, como ocurre, por ejemplo, en algunas partes de Nueva York o en la frontera entre Texas y México. No hay nada malo en crear un nuevo idioma. De hecho, muchos de las lenguas que hoy hablamos se han formado de esa manera. Sin embargo, si una persona no sabe hablar una forma de español general, que no dependa del inglés, no tendrá las mismas oportunidades ni ventajas al buscar trabajo que exija hablar español o al querer comunicarse en algún lugar de Hispanoamérica.

Aunque mezclar los idiomas sea típico en los primeros momentos del desarrollo bilingüe, a muchos padres no les gusta que los hijos lo hagan. La familia puede ayudar en el proceso de separación de los idiomas. Lo más importante es no criticar al niño y no señalarle sus esfuerzos de comunicación como errores. Esto puede tener un efecto negativo, contrario a lo que se desea, porque el niño puede sentirse nervioso o inseguro. El énfasis constante en la corrección del lenguaje les parecerá artificial a los niños, que están más interesados en la comunicación, la información, las ideas, los sentimientos, los relatos y las actividades. Para ellos el idioma es un medio para alcanzar un fin, no un fin en sí mismo. El lenguaje es el vehículo para moverse por el camino del intercambio de información, de la expresión de sentimientos y de la comunicación social.

Si los niños mezclan palabras porque no las saben en español, es necesario enseñárselas. Un modo de hacerlo sin que sientan que los estamos corrigiendo constantemente es responderles incluyendo la palabra que no conocen todas las veces que sea posible. Por ejemplo, si alguno dice: "Me gustan los *skateboards*", le contestamos: "A mí también me gustan mucho las patinetas. Cuando era pequeña no había patinetas como estas. Me gustaría ser niña otra vez para tener una patineta así".

Los padres también pueden asegurarse de **mantener las fronteras lingüísticas.** Pueden hacer el esfuerzo de no mezclar los idiomas, de modo que les darán a sus hijos el modelo que ellos desean ver. Si los padres mezclan los idiomas están dando el mensaje de que es apropiado hacerlo. Los niños aprenden muy pronto cuándo es adecuado alternar los idiomas y cuándo no lo es.

En los casos en que los padres han decidido que **cada uno hable solamente en un idioma** con los hijos, si lo hacen permanentemente, demostrarán que es posible mantener los idiomas separados y usar un idioma en un lugar específico, con personas específicas o para propósitos específicos. Aunque al principio no se manifieste ninguna mezcla, el tener fronteras claras para el uso de cada idioma les enseñará a los niños a mantenerlos separados.

La buena noticia para los padres es que casi todos los niños bilingües (de cualquier país) adquieren el comportamiento lingüístico y las normas lingüísticas de la comunidad. Reflejan enseguida la forma en que otros usan los dos idiomas en su familia y entorno. Aprenden los modos aceptados y socialmente apropiados de hablar cada idioma, incluso las transferencias o cambios de código. Interactúan siguiendo los patrones que escuchan. Entre ellos, separar dos (o más idiomas) o usar ambos cuando sea aceptable.

C3 C3: Mi hija se niega a hablar en uno de sus idiomas. ¿Qué debo hacer?

En general, las personas bilingües evolucionan en su uso de los idiomas. Estos no se mantienen estáticos ni iguales. En los adolescentes y jóvenes, con frecuencia se da una tendencia a usar solo el idioma de más prestigio. A los padres les resulta muy difícil aceptar que, después de haberse esforzado tanto para que su hijo fuera bilingüe, él quiera usar solo un idioma. Lo que suele ocurrir entre los hablantes de un idioma de minorías, como el español en los Estados Unidos, es que los niños quieren hablar solo en el idioma de la mayoría, en este caso el inglés.

Aun los más pequeños se dan cuenta muy pronto si un idioma goza de mayor respeto que otro. Es frecuente ver que un niño, a una temprana edad, se niega a hablar en una lengua. Algunas veces, porque se siente más seguro y puede expresarse mejor una que en otra. Si una lengua está poco desarrollada, entonces el niño, simplemente, es pragmático: si le falta práctica en una, prefiere usar aquella en la que se siente más competente. Otras veces, esta actitud indica también algo acerca de sus relaciones. Hay ocasiones en las que un idioma está asociado con una persona muy querida, por ejemplo, la madre, de manera que el niño tiende a apegarse a esa lengua.

Cuando un niño se niega a hablar en una de las lenguas, desencadena una reacción en el hogar. Si el padre, por un acto amoroso, también la abandona y cambia a la que ha elegido el niño, esa lengua puede caer en el olvido. La consecuencia será que el bilingüismo en ese hogar se habrá perdido, aunque quizá con esfuerzo pueda recuperarse luego.

Esta ha sido una preocupación constante en las sesiones de preguntas y respuestas que los autores han mantenido con distintos grupos de padres. Un niño que entiende, pero no habla uno de sus dos idiomas, parece ser algo más frecuente de lo que han reconocido los estudios de casos específicos. Incluso a los padres más amorosos se les caen las lágrimas cuando los hijos no les contestan en su idioma. La peor elección es abandonar una lengua. Eso no le hace ningún favor al niño, ni a corto ni a largo plazo. En el peor de los casos, se renuncia a la posibilidad del bilingüismo en el futuro. La mejor opción es que los padres continúen usando su idioma, incluso si el niño no usa el mismo para contestar.

Aunque no es la situación ideal, es preferible que el niño al menos entienda el idioma, sea bilingüe pasivo, a que no lo entienda en absoluto.

A menudo en la misma sesión de preguntas y respuestas, hay padres que cuentan historias de cómo su hijo, que había dejado de usar el español, volvió a usarlo en cuestión de dos o tres días, cuando fue a visitar a la familia a México, Puerto Rico o El Salvador. El niño había almacenado el vocabulario, la estructura de las frases y la pronunciación. Todo lo que se necesitaba era una necesidad o una motivación para activar ese potencial.

Sin embargo, el hecho de no hablar una de las dos lenguas no siempre es solo por falta de práctica. Puede haber razones que se relacionan con la personalidad, la motivación y las actitudes. El prestigio y estatus que se percibe localmente tiene un peso significativo en la aceptación o el rechazo de una lengua. Los jóvenes se dan cuenta muy pronto del orden de importancia de las lenguas en la familia y en la comunidad. Un niño, incluso a muy temprana edad, puede decidir usar o no un idioma porque reconoce que tiene asociaciones negativas. En el colegio, durante los recreos, los niños pueden mostrar desprecio hacia las lenguas de las minorías inmigrantes. Cuando una lengua se asocia con una relativa pobreza material, una etnia o una religión, entonces hay ocasiones en que los jóvenes reproducen el prejuicio, el temor y los estereotipos de los adultos y de los medios de comunicación. Por eso, cuando un niño latino se encuentra en un ambiente donde el español es el idioma predominante, el idioma de prestigio, su actitud puede cambiar por completo.

A veces el rechazo es a corto plazo. Igual que los adolescentes pasan por modas y preferencias respecto de la ropa, los hábitos de comida y el sueño, así también hay modas respecto de las lenguas. El cambio de una lengua a otra podría ser temporal, como reflejo de la cultura de los amigos. Los jóvenes, a menudo, no quieren que se los vea diferentes. Quieren adecuarse al comportamiento y al estatus de su grupo de amigos. Esto podría implicar dejar de usar una de sus lenguas. Los adolescentes también muestran sensibilidad hacia quienes son excluidos de las conversaciones. Cuando está presente alguien que no habla la lengua del grupo, quieren incluirlo en la conversación.

Mientras que los jóvenes quieren asociarse y parecerse a sus amigos, también quieren, en contraste, distinguirse de sus padres y de otros familiares, y el abandono del idioma del hogar puede ser un símbolo de crecimiento de la independencia emocional y social respecto de los padres y de la vida familiar. En ambos casos es importante que adviertan que, si mantienen los dos idiomas, pueden usar uno para acercarse a sus amigos y que no es necesario perder el otro para desarrollar la identidad individual.

Una situación muy distinta es la que puede darse entre jóvenes activistas al rechazar el idioma mayoritario. Esto ocurre, en cierta medida, en el País de Gales, donde los jóvenes activistas ven el bilingüismo como un camino hacia la supremacía del inglés en detrimento del galés, y en Cataluña, donde se ve el bilingüismo como un punto intermedio entre la valoración del catalán y el dominio del castellano.

Para comprender bien este fenómeno desde la perspectiva del español en los Estados Unidos, hay que considerar las circunstancias particulares de cada idioma. Si una persona deja de hablar en español en los Estados Unidos, la persona sufre una pérdida, pero el español, una lengua internacional hablada en veinte países, no está en peligro. Si en los Estados Unidos gran parte de los hablantes de español dejan de hablarlo, el español de los Estados Unidos sufrirá y se perderán muchas de las oportunidades y servicios ganados, pero el español en sí, como idioma, no estará amenazado. Pero en el mundo hay muchos idiomas hablados solo por grupos pequeños. Esos idiomas sí están en peligro de desaparecer, de ser absorbidos totalmente por otros. Ese es el caso de los idiomas que se hablan en España, además del español, como el catalán, el gallego y el euskera. También es lo que ocurre con los idiomas de los pueblos indígenas de todas las Américas.

Este deseo de asegurarse de que el propio idioma no sea destruido puede llevar a un movimiento para su protección y a decisiones individuales de usar con preferencia el idioma minoritario. Es muy interesante ver cómo los catalanes han conseguido reivindicar su idioma y hoy en Cataluña se puede estudiar en catalán, se publica ampliamente en catalán y se puede vivir en catalán. Existe todo un mosaico de posibilidades abiertas a cada persona sobre el papel que desea que desempeñe su idioma, y las decisiones que se toman reflejan profundas convicciones personales.

Algunas veces el rechazo de un idioma por parte de los jóvenes es solo una actitud transitoria. Lamentablemente, en lugares donde hay racismo y discriminación establecidos, como en los Estados Unidos, el rechazo al idioma del hogar puede estar inspirado por haber internalizado el mensaje erróneo de que el idioma y la cultura propios no son válidos o, al menos, no son tan válidos como los del grupo dominante. Cuando esto ocurre, el rechazo puede traer consigo el abochornarse de los padres, la familia y el propio origen. Y esto puede ser muy destructivo para la relación familiar, así como para la propia autoestima. Cuando los jóvenes dejan de sentir admiración y respeto por sus padres, quedan limitados a sus propios recursos o buscan otras personas que actúan como líderes y guías en su vida, y esta elección es muchas veces perjudicial. El que un niño o un joven deje de hablar el idioma de su hogar implica mucho más que un capricho y, por eso, exige reflexión y cuidado de parte de sus padres.

C4: Mi hijo adolescente habla más y más solo en inglés. ¿Qué puedo hacer?

Durante los años de **adolescencia** y primera juventud, los padres empiezan a perder el control sobre los idiomas que hablan sus hijos. Si los jóvenes siguen manteniendo los dos idiomas, es más por su propia convicción que por obediencia a sus padres. Los padres deben tener en cuenta que, a veces, obligar a los jóvenes a algo provoca que se rebelen en su contra. Entonces, quizás sea preferible actuar con una **persuasión amable**. Pueden estimular, ofrecer oportunidades y posibilidades, y mantener su postura de hablar el idioma del hogar en forma constante y coherente.

En algunos casos, los jóvenes que rechazan un idioma regresan a él más adelante. A veces, porque se les presentan oportunidades de viajar, de empleo o de amistades; otras, porque quieren saber más sobre sus raíces y sobre su historia familiar. Lo que durante la adolescencia se veía como una carga pesada, más tarde se ve como algo que ofrece nuevas oportunidades. Muchas personas que abandonan un idioma durante su adolescencia lo recuperan años después.

Para que la pérdida sea menor y las posibilidades de recuperar luego el idioma sean mayores, los padres pueden proponerse hablarles siempre a sus hijos en el idioma que están rechazando. Aun cuando los hijos respondan en otro idioma, les quedará un bilingüismo *pasivo* o *receptivo* [véase el Glosario] si **oyen el idioma constantemente**. Y eso les permitirá recuperarlo con más facilidad en el futuro.

La siguiente cita es de alguien que expresó que no es raro que en los años de la adolescencia se sientan dudas sobre ser bilingüe y bicultural, pero que luego se comprende que ser bilingüe vale la pena:

> Todos los días siento admiración por mis padres por criarme como bilingüe. Es el mejor regalo que me hubieran podido hacer. Y siento admiración por todos los padres que han conseguido lo mismo o que intentan conseguirlo. Personas bilingües, no se preocupen si el resto del mundo las ve un poco diferentes. Siéntanse orgullosas de ustedes mismas. No siempre lo parece, ¡pero somos personas especiales! (*Bilingual Family Newsletter*, v. 14, n.° 2, 1997, p. 6. La traducción es nuestra).

Así que en los momentos de desesperación, los padres tienen que tener fe, esperanza y amor. Todo lo que pueden hacer es **proporcionar las condiciones** en las cuales los hijos puedan tomar sus propias decisiones sobre el futuro de sus idiomas. Los jardineros pueden preparar el suelo, sembrar las semillas, crear un ambiente óptimo para el crecimiento del idioma. Pero no pueden forzar el crecimiento ni el cambio de color de las flores, ni determinar cómo florecerán.

C5: Mi hijo parece estar perdiendo habilidad en el uso del uno de sus idiomas. ¿Cómo puedo asegurarme de que no la pierda del todo?

`C5`

Muy a menudo, la habilidad lingüística de una persona bilingüe tiende a **variar.** Según haya más o menos interacción en uno de los idiomas, por ejemplo, porque nace un hermano o porque en la escuela se usa más uno de los idiomas, la capacidad de un niño para hablar un idioma puede aumentar o disminuir. Le puede resultar más fácil hablar inglés en ciertas ocasiones y español en otras. Y esto variará a medida que varíen las experiencias.

Algunas veces, el cambio es grande. El niño puede **dejar de hablar** en uno de los idiomas aunque todavía lo entienda. Entre los niños hispanos que viven en los Estados Unidos, cada vez hay una mayor tendencia a querer hablar solo en inglés. Esto les causa inquietud a muchos padres.

Si un niño latino deja de hablar español, se detendrá su desarrollo en el idioma. Puede ocurrir que siga siendo capaz de entenderlo, pero no de hablarlo, o que hable a media lengua, como los más pequeños. En consecuencia, pierde una habilidad que más tarde lo podría beneficiar. Resultaría una lamentable ironía si ese niño que podría haber sido bilingüe perdiera en el futuro oportunidades de trabajo por no hablar bien en español, cuando sus padres perdieron oportunidades por no hablar bien en inglés.

Muchos padres han conseguido que los hijos continúen hablando español en la casa mostrando una actitud de firme convicción, pero no de una manera autoritaria ni amenazante. No se trata de imponer un idioma de forma autoritaria. Pero si los padres pueden fijar otras normas que esperan que los hijos cumplan y saben establecerlas con sensatez, cariño y respeto, también pueden fijar normas en cuanto a qué idioma se habla en la casa. No es posible ni aconsejable obligar a una persona a hablar en un idioma, pero sí se pueden establecer reglas claras. Muchas de las personas que han logrado ser bilingües en los Estados Unidos hoy agradecen a sus padres por haber insistido en mantener el español como lengua del hogar.

Si el interés por el español está disminuyendo, una posibilidad para afianzarlo es **extender el ámbito de la experiencia lingüística.** Por ejemplo, dando a los niños la oportunidad de pasar una temporada con los abuelos u otros familiares que hablan solo en español, tratando de que participen en festividades típicas de la cultura, renovando y aumentando los materiales en español que haya en el hogar (libros, CD, DVD), leyéndoles cada noche, cantando con ellos, enseñándoles rimas y juegos. Todos estos son modos de crear un equilibrio en los dos idiomas.

Es necesario tener principios y sentido práctico. Un **principio** fundamental es proponerse la difícil meta de crear un medio ambiente donde los niños puedan desarrollar un bilingüismo balanceado, tomando en consideración los distintos contextos, personas y ocasiones en que se usan los dos idiomas. Si los niños usan cada vez menos el español, es necesario tomar decisiones para asegurarse de que tengan oportunidades para desarrollarlo; si no hacen avances en el inglés, hay que ver cómo se estimula su progreso, pero sin sacrificar el español. El **sentido práctico** contribuye a que el ambiente lingüístico familiar se desarrolle de manera amable, agradable, alegre y armoniosa.

Hay momentos en la vida de los jóvenes bilingües en que los padres parecen poder hacer poco. Si los **jóvenes** se niegan a hablar el idioma del hogar y los padres los fuerzan, pueden reaccionar con rebeldía. En lugar de eso, los padres pueden analizar con ellos las actitudes que los llevan a rechazar el idioma. A veces, los jóvenes despiertan cuando se dan cuenta de que están cumpliendo deseos de otros. Lo que ellos consideraban libertad y rebeldía (el rechazo del idioma del hogar) resulta ser fracaso y sumisión porque, en realidad, aceptaron el deseo de los monolingües de que dejen de hablar su idioma. Cuando se los ayuda a ver esta situación en estos términos, muchos jóvenes optan por querer afianzar su identidad y evolucionan para seguir hablando español, aunque sea con variantes propias, para así lograr una identidad independiente de la de sus padres.·

Como en cualquier otro aspecto de la educación de los hijos (las enseñanzas morales, los valores, las creencias), los padres tienen que ir soltando las riendas poco a poco y confiar en lo que han sembrado en sus hijos. Llega un momento en que los niños se vuelven adultos independientes.*

*Véase la página 92

Si un hijo abandona el uso del idioma del hogar, los padres pueden mantener un bilingüismo pasivo si le siguen hablando en ese idioma. Así queda abierta la posibilidad de que en otra etapa de la vida **reaprenda** su idioma. Es importante tener en cuenta, sin embargo, que el motivo del abandono tendrá influencia en la facilidad para retomar el idioma. Si bien es muy común que personas que dejan de hablar un idioma durante diez o, incluso, veinte años pueden reaprenderlo con facilidad, es igualmente cierto que, si las razones para abandonarlo estaban conectadas con el dolor de haber sentido rechazo o de haberse sentido a disgusto consigo mismas por proceder de una cultura minoritaria, el retorno no es tan fácil, al contrario: puede resultar casi imposible.

Por eso es importante analizar qué hay detrás del abandono y tratar de resolver las causas: mientras más pronto se consiga que los niños conozcan a fondo su origen y su cultura para proporcionarles razones para sentirse orgullosos y argumentos para defenderla, mientras más sepan de la historia de su propia familia y de sus esfuerzos y sacrificios, más posibilidad habrá de que no abandonen su idioma o de que lo hagan solo de modo superficial y transitorio.

Los padres han sembrado las semillas. No todas florecen temprano. Las que florecen al final del verano y hasta en el otoño también mantienen toda la belleza que prometían al sembrarlas.

C6: ¿Aprenderán mis hijos sus idiomas solo a medias y no tan bien como si hablaran uno solo?

C6

La respuesta a esta pregunta es "¡No tiene que ser así!". No hay límite conocido para la capacidad de aprendizaje de un niño. No se trata de que el monolingüe tiene un globo lleno de lenguaje y el bilingüe dos globos a medio llenar.* Los niños tienen capacidad en su cerebro para aprender dos o más idiomas. Dos terceras partes de todas las personas del mundo son bilingües, y esto demuestra que el bilingüismo y el trilingüismo son perfectamente posibles.

*Véase la página 49

Es posible que el niño bilingüe no tenga un **vocabulario** tan extenso en cada idioma como el niño monolingüe. Generalmente, sin embargo, el vocabulario combinado en los dos idiomas es mucho mayor que el del niño monolingüe. Los niños bilingües suelen alcanzar la capacidad de expresarse con fluidez en ambos idiomas. Puede haber momentos en que parezcan estar más atrasados que los monolingües en la adquisición del lenguaje, pero este atraso, por regla general, es temporal. Si se les habla lo suficiente en un idioma en la casa y en otro en la escuela, pasarán por las mismas etapas de desarrollo que los monolingües. Es posible que su camino sea un poco más lento, pero cubrirán las mismas etapas.

El mayor peligro para un niño bilingüe es que deje de aprender el idioma del hogar al comenzar a incorporar otro. En este caso, sí es posible que no logre un buen desarrollo en ninguno de los dos, lo cual podría ser muy perjudicial.

C7: ¿Se verá afectada la inteligencia de mis hijos por ser bilingües?

La respuesta es que sí, en una forma positiva. La presencia de dos idiomas en el sistema de operación del cerebro producirá una mejor máquina de pensamiento. Hay varias razones para ello.

Primero, los niños bilingües se centran menos en el sonido y la forma de las palabras. Suelen tener más conciencia de que los idiomas son arbitrarios. Por ejemplo, el concepto de luna no es lo mismo que la palabra *luna*. Tener dos idiomas **libera** de los límites que le impone un solo idioma al pensamiento. El niño puede entender que las ideas, los conceptos, el significado y el pensamiento son independientes del lenguaje.

Segundo, un niño bilingüe puede observar un problema desde distintas perspectivas. Esto le da mayor amplitud de comprensión. Piense en el niño que tiene dos palabras para el mismo concepto, por ejemplo, *canción* y *song*. La asociación con las canciones será diferente y evocará imágenes distintas en inglés y en español. Mientras más asociaciones haga, mayor será su visión y su comprensión.

Tercero, un niño bilingüe puede ser más sensible a la hora de comunicarse. Ya que los niños bilingües necesitan saber cuándo es apropiado usar cada uno de sus idiomas, son más sensibles a los requerimientos de quienes los escuchan que los niños monolingües. La necesidad de elegir cuidadosamente el idioma que usan puede influir en que sean más eficientes en una comunicación **empática**, es decir, la que tiene en cuenta los sentimientos del interlocutor. Como las personas bilingües son más conscientes de las estructuras que apoyan el lenguaje, comprenden mejor las necesidades de quien las escucha y se expresan con sensibilidad.

Cuarto, se ha comprobado que los niños bilingües son más **creativos** y más imaginativos que los monolingües. Tener dos o más palabras para cada objeto o idea implica mayor flexibilidad y creatividad en el pensamiento, y más capacidad para imaginar soluciones alternativas. Parece que los niños bilingües son más capaces de trascender las fronteras de las palabras y de establecer mayor variedad de conexiones y significados. Para que esto ocurra, es necesario que ambos idiomas estén relativamente bien desarrollados.*

*Véase la página 56

Quinto, las investigaciones sobre la educación bilingüe en Canadá, en el País Vasco, en Cataluña y en el País de Gales revelan que muchos niños que participan en clases en uno y en otro idioma tienen un **rendimiento** superior. Posiblemente, la causa es la flexibilidad de pensamiento que se acaba de describir.*

*Véase la página 198

Solo surgen efectos negativos cuando no se llega a desarrollar bien ninguno de los dos idiomas. En ese caso, si el niño no puede participar bien en las clases en ninguno de los idiomas y no puede cumplir con el **currículo escolar,** estará en desventaja. Pero si tiene por lo menos un idioma bien desarrollado, no habrá diferencia en su proceso de pensamiento en comparación con los monolingües.* De aquí se deriva la importancia de que los padres se aseguren de que el idioma del hogar esté bien afianzado. El único riesgo es que el niño deje de aprender el idioma del hogar al comenzar a incorporar el segundo idioma. El cortar las raíces del idioma del hogar a una edad demasiado temprana puede impactar negativamente el desarrollo.

*Véase la página 57

La buena noticia para los padres de niños bilingües es que, si el niño desarrolla bien los dos idiomas, tendrá **ventajas,** en lugar de desventajas, en su pensamiento. En una época, algunos temían que el bilingüismo causara confusión mental. Las investigaciones recientes demuestran todo lo contrario: el bilingüismo ayuda y enriquece los procesos mentales.

C8: ¿Afecta el bilingüismo al funcionamiento del cerebro?

Se han realizado muchas investigaciones sobre el cerebro de las personas bilingües. Sabemos gracias a estudios recientes que, por ejemplo, los dos idiomas siempre están activos. Aun cuando se hable un idioma continuamente, el otro está disponible de inmediato.

Una pregunta que se plantea con frecuencia es si el cerebro de una persona bilingüe funciona de forma distinta al de una monolingüe. ¿Cómo se organiza y se procesa el lenguaje en el cerebro de una persona bilingüe y en el de una monolingüe? Las investigaciones en este campo están en una etapa temprana y, por eso, hay **pocas conclusiones.** Por ejemplo, en un estudio, se consiguió que un adulto retrocediera, por medio de la hipnosis, a la edad de siete años. Durante la hipnosis, habló en japonés sin dificultad. Pero cuando despertó y regresó a la edad adulta, no sabía hablar japonés. Esto indica que, cuando un idioma se aprende a temprana edad, pero no se lo practica, queda dormido en el cerebro. Sin embargo, se han hecho otros estudios para tratar de repetir estos resultados y no han dado lo mismo. Por lo tanto, en la actualidad no es posible llegar a ninguna conclusión definitiva.*

*Véase la página 42

En la mayoría de los adultos diestros, el hemisferio izquierdo del cerebro controla los procesos del habla. Algunos autores han sugerido que, para procesar los idiomas, los bilingües utilizan el hemisferio derecho más que los monolingües. La idea es que, en el hemisferio derecho, los bilingües procesan el segundo idioma. Pero, a medida que aumenta el conocimiento de este segundo idioma, aumenta el uso del hemisferio izquierdo. Esto supone que el hemisferio derecho se ocupa de los aspectos más inmediatos, prácticos y emocionales del lenguaje. En cambio, se asume que los aspectos más sistemáticos y profundos residen más en el hemisferio izquierdo.

Sin embargo, algunas investigaciones recientes tienden a sugerir que no hay mucha diferencia entre bilingües y monolingües en el uso de los hemisferios cerebrales. El hemisferio izquierdo tiende a dominar los procesos del lenguaje tanto en unos como en otros. Las diferencias entre bilingües y monolingües tienden a ser la excepción en lugar de la regla.

En el momento presente, no hay ninguna evidencia de que el bilingüismo tenga efectos negativos en el funcionamiento del cerebro. Y en cuanto al uso eficiente del cerebro, al almacenamiento de la información y a su procesamiento, los bilingües no parecen diferenciarse de los monolingües.

C9: ¿Tendrán mis hijos bilingües un problema de identidad por tener dos culturas?

Si hay ansiedades y luchas, es muy raro que el bilingüismo sea la causa. No es el idioma *per se* lo que ocasiona una. **crisis de identidad.** Generalmente, son las condiciones sociales, económicas y políticas que rodean al desarrollo del bilingüismo. Tales condiciones tienden a ser necesidades económicas insatisfechas (pobreza material), opresión política, racismo, exclusión social, discriminación, hostilidad e impotencia. Cuando los niños bilingües hallan diferencias entre ellos y sus compañeros, las diferencias suelen ser más acerca de etnia, religión, inmigración, cultura y clase, y mucho menos acerca del idioma. Todos los niños quieren encajar, ser aceptados y mantener su autoestima, y, por tanto, pueden inclinarse por el idioma mayoritario, que posee estatus. En ambientes de idioma sustractivos, se ejerce presión sobre los niños para que se identifiquen con la cultura y el idioma mayoritarios (por ejemplo, el inglés en los Estados Unidos). En ambientes de idioma aditivos, como los de las escuelas internacionales, ser bilingüe o multilingüe da prestigio. El multilingüismo es la norma, parte de la inclusión en lugar de la exclusión. Los niños monolingües pueden sentirse celosos de los niños bilingües y multilingües, y esto es halagador, aunque la experiencia puede ser desagradable si resulta transitoria.

Los problemas de identidad están presentes en los niños y en los adolescentes. La identidad étnica, por ejemplo, comienza entre los tres y los cinco años de edad. A los siete u ocho, está bien establecida y continúa desarrollándose. En la adolescencia, las diferencias étnicas pueden cobrar gran importancia. La discriminación racial, abierta o encubierta, el abuso y acoso racial, el color, la religión, el modo de vestir y de comer se ponen de manifiesto de manera creciente para destacar la conciencia étnica, y los temas de identidad y de falta de igualdad. El bilingüismo no es la causa de la discriminación.

Generalmente, la identidad no es estática, sino **siempre cambiante.** Por ejemplo, los inmigrantes producen a menudo nuevas identidades étnicas y no se pueden clasificar con facilidad en grupos lingüísticos, étnicos o culturales ya existentes. A los jóvenes que viven en zonas urbanas multilingües (por ejemplo, en Utrecht, en Londres, en Nueva York) se los considera de manera muy simplista turco-holandeses, británico-somalíes o cubano-americanos. Es posible que otros los vean como holandeses, británicos o americanos, pero su autopercepción de la identidad puede ser de una naturaleza nueva, dinámica, múltiple, superpuesta y cambiante del contexto. En comunidades multilingües de los Estados Unidos y de Inglaterra, se escuchan nuevas variedades de inglés, en especial, en las múltiples identidades de la cultura juvenil. Se diferencian de la identidad de su familia y permiten que las compartan miembros de diferentes grupos. Así las lealtades culturales no se dividen, sino que se multiplican. La identidad lingüística entre quienes se mudan de país en país puede cambiar con el tiempo. En Europa, la identidad étnica y lingüística está cambiando este siglo. La inmigración en masa, la tecnología (por ejemplo, viajes aéreos, satélites, Internet), la religión, el poscolonialismo, el crear mitos del pasado, el crecimiento de la Unión Europea, el feminismo, los matrimonios interculturales son algunas de las tendencias modernas que crean **identidades lingüísticas híbridas y siempre cambiantes** (por ejemplo, en Alemania, los alemanes quieren sonar como alemanes cuando hablan inglés, no como norteamericanos ni británicos).

Para un niño o un adulto es natural tener **identidad distinta en contextos diferentes,** que cambiarán con el tiempo. Las identidades son un proceso de llegar a ser más que de ser. No se trata tanto de *quién soy* ni *de dónde vengo,* sino de *cómo me represento, qué voy a ser* y *qué no podré ser nunca.* Las identidades culturales, étnicas y lingüísticas no tratan de cómo volver a las raíces, sino de cómo hacer que nuestro pasado, presente y futuro tengan sentido.

Todos somos como actores y actrices en un escenario. A medida que cambia el guión, cambia el papel que representamos. Padres y madres encarnan identidades diferentes en situaciones diferentes con gente diferente. Existen variadas identidades, y las desplegamos en el hogar, en el trabajo, en la iglesia o mezquita, en el café o en el bar, como padre o madre, o cuando actuamos en público. La misma persona que es un hijo en una escena puede ser un padre en la siguiente. Algunas veces estamos en un lugar donde hablamos en nuestro primer idioma con autoridad; otras, en uno donde hablamos en nuestro segundo idioma con cierta inseguridad.

Al ir cambiando los **distintos papeles,** también asumimos naturalmente distintas identidades. Un niño asume distintas identidades y las actúa en la escuela con los maestros, en el patio de juegos con los amigos, en la calle por las tardes y los fines de semana, en la iglesia o la mezquita, cuando es la niñita o el niñito de la abuela, cuando llega a ser una joven sofisticada en una fiesta o el bailarín sorprendente en una discoteca. El niño —y en particular el adolescente— aprende a asumir distintos papeles, a usar distintos *disfraces* y a estar en armonía con otro conjunto de actores. Es importante que estos papeles y las **subidentidades** resultantes puedan integrarse en una totalidad armónica. Todos necesitamos coherencia en nuestras subidentidades. Y en cuanto a la relación entre el bilingüismo y la identidad personal, debemos mencionar algo importante.

La discusión sobre las subidentidades y sobre asumir **distintos papeles** sugiere dos cosas. Primero, que un niño necesita experimentar distintos papeles con éxito. Para todos es difícil actuar en un escenario nuevo con gente diferente, con utilería que nos es desconocida. Mientras más experiencia tengamos en el cambio de escena, de actores y actrices, y de guión, más fácil nos resultará armonizar con el papel. Por lo tanto, los niños necesitan las **experiencias culturales que acompañan a los dos idiomas.**

Segundo, para que el niño pueda retener el idioma minoritario es importante que tenga **constante participación a través de ese lenguaje.** Si no, en particular en los años de adolescencia y juventud, es posible que se distancie de esa lengua y cultura. La exposición al idioma mayoritario es automática y no necesita refuerzo. El cine y la televisión, los periódicos y las revistas, los deportes y las tiendas, la Internet y la música popular, todos ejercen una constante, poderosa y persuasiva influencia, que asegura que los niños experimenten la cultura y el lenguaje mayoritarios.

 ### C10: ¿Sufrirá cambios mi identidad si educo a mis hijos como bilingües y multiculturales?

Nuestra identidad individual **no es fija.** Cambia con las experiencias de la vida y a través de convenios diarios de significados y entendimientos. De manera que se debe contar con que retenga mucho del pasado, pero que siempre esté cambiando. Tales cambios son a veces producto del matrimonio, la educación de los hijos, el empleo, una nueva red de amistades y también del cambio de experiencias en cuanto a los idiomas.

Hablamos uno o más idiomas, y a menudo identifican nuestro origen, historia y cultura. Pero esa identidad se reinventa, se reimagina, se reconstruye y se proyecta a diario. El idioma es un símbolo de nuestra identidad, que transmite lo que preferimos que nos distinga y nos haga aliados (por ejemplo, la palabra *puertorriqueños*). Sin embargo, la lengua por sí misma no nos define. Es una característica o marca entre las muchas que componen nuestra identidad.

En lugar de poseer una identidad, tenemos **múltiples identidades,** que cambian. Nuestros idiomas son solamente un aspecto de nuestras identidades. La propia visión de nuestro género, edad, etnia, costumbres, nacionalidad, región (por ejemplo, condado, estado), localidad, pertenencia a un grupo (por ejemplo, religioso, político) y clase socioeconómica nos proporciona una multitud de identidades complementarias, diversas, interactivas, siempre cambiantes. Una madre puede hablar inglés y español, ser musulmana, demócrata y verse a sí misma como americana, californiana y mexicana, con una identidad de maestra y de trombonista. A medida que cambian nuestras situaciones (crece la familia, viajamos, nos mudamos a otro lugar...) nuestras identidades se reencuadran, se desarrollan, a veces sufren retos y otras veces entran en conflicto. Por tanto, educar a nuestros hijos para que sean bilingües será un efecto más, entre muchos, para nuestra identidad.

En este siglo, la identidad étnica y lingüística es dinámica, dado que la inmigración masiva, la globalización, la tecnología (por ejemplo, los viajes aéreos, los satélites, la Internet), la religión, el poscolonialismo, el feminismo y el matrimonio intercultural son algunas de las tendencias modernas que crean identidades lingüísticas híbridas siempre cambiantes. Aun así, los políticos y miembros del público a veces presentan el bilingüismo como si estuviera atrapado en medio de dos idiomas, con el **conflicto de identidad** resultante, desorientación social y hasta aislamiento y personalidad fragmentada.

Sin embargo, si usted experimenta ansiedades y luchas, es probable que el bilingüismo no sea la causa. Como se expresó anteriormente, no es el idioma el que provoca una crisis de identidad; más bien son las condiciones sociales, familiares, económicas y políticas que rodean el desarrollo del bilingüismo. Los idiomas tienden a crear puentes en lugar de muros.

C11: ¿Cómo afectará a nuestra identidad el irnos a vivir a otro país?

C11

Al mudarse a otro país, se produce a menudo un proceso de **reconstrucción de identidad,** particularmente en los niños. Después de las preocupaciones iniciales de adaptación y aclimatación (incluso de la preocupación de perder la antigua identidad), viene un período de recuperación y transformación que pasa por estados de imitación de las voces de otros, surgimiento de una nueva identidad, reconstrucción del pasado para fundirlo con el presente y crecimiento continuo hacia nuevas perspectivas e identidades.

Las reacciones de los inmigrantes son variadas. Tienden a ocurrir en este orden:

- Un breve período de luna de miel donde hay gran **optimismo,** alegría de estar en un lugar nuevo y grandes esperanzas para el futuro.
- Un período de **confusión, frustración y tirantez** cuando se toma conciencia de que los antiguos amigos, el ambiente familiar y los roles sociales se han perdido. Bajan las expectativas, los sueños cambian ante la realidad y hasta se hacen evidentes las barreras para la integración. Empiezan a tomar forma nuevos papeles y comportamientos.
- Un período de **miedo, hasta de rechazo,** cuando se cree que se han tomado decisiones equivocadas (cólera interna) o cuando se siente que otras personas

están impidiendo el acceso al trabajo, a la integración, a la amistad y al éxito (cólera externa).

- Un período de **aislamiento** donde predomina el pesimismo y el desánimo, o, en cambio, un deseo de **identificarse** con un nuevo idioma y una nueva cultura. La persona puede llegar a suprimir el idioma nativo para poner todo su esfuerzo en ser un ciudadano del nuevo país.
- Un período de **adaptación e integración,** que implica mantener todo lo mejor del pasado y añadir lo valioso del nuevo estilo de vida, o, en cambio, **conformarse, pero sin convicción,** con el nuevo país y su cultura.

Los que se van a vivir a otro país se adaptan de muchas formas distintas: integración feliz, asimilación incómoda [véase el Glosario], aislamiento, rechazo y anomia [véase el Glosario]. Estos distintos modos de adaptarse tendrán un efecto sobre el tipo de bilingüismo que se produzca.

Para el creciente número de personas que se mudan a distintos países por razón de su empleo, la adaptación es relativamente rápida y exitosa, debido en parte al optimismo, al prestigio y a la fuerte convicción de que el bilingüismo y el multilingüismo (así como las destrezas muy valoradas, el entrenamiento y la experiencia) son insignias de éxito y ayudan a aclimatarse y a ajustarse.

En ese ajuste, hay una tarea doble. Existe la necesidad de mantener la **continuidad de la experiencia cultural** con el pasado. Para la familia que se ha mudado recientemente a otro país, la dislocación radical de la lengua y cultura del niño puede provocar una crisis de identidad.

A la vez, es necesario hacer una **transición gradual** a la nueva cultura. Para acceder a oportunidades económicas, de empleo y de igualdad, la familia inmigrante necesita aprender un nuevo papel en una nueva obra y sentirse cómoda con un nuevo guión, con actores y actrices diferentes en un nuevo escenario. Esto no es siempre fácil. Algunas veces los actores y actrices del país no quieren que ingresen nuevos actores en su obra. No importa cuánto deseen asimilarse e integrarse los recién llegados, a menudo se los excluye de los círculos privilegiados.

En la situación que se acaba de describir, pueden surgir **conflictos de identidad.** Cuando se usa ropa diferente (por ejemplo, el sari indio), se habla un idioma diferente, se evidencia otra identidad étnica o se practica una religión diferente, puede ser muy difícil establecer una nueva identidad. En esta obra teatral no hay ensayos, solamente un escenario y espectadores que pueden ser escépticos y hostiles. Para contrarrestar este peligro, lo más importante es validar el idioma y la cultura del hogar al mismo tiempo que se le comunica al niño la confianza de que él será capaz de aprender a manejar y dominar el idioma y la cultura nuevos.

Para ayudarlos, los padres pueden buscar ocasiones en las que los niños **se integren** en la cultura del nuevo país y sigan reteniendo la cultura del hogar. Deben promoverse actividades en las que los niños puedan participar y en las cuales se mantenga la cultura del hogar. Visitas a amigos y familiares, actividades en centros culturales y servicios religiosos contribuirán a que la cultura del hogar se mantenga viva. A la vez, pueden buscarse actividades en las cuales los niños tengan la oportunidad de ver lo mejor que puede ofrecerles el nuevo país, como visitas a bibliotecas, museos y parques. La **escuela** tiene un papel muy importante. Un buen programa bilingüe asegurará que los niños sigan manteniendo viva la cultura del hogar al mismo tiempo que se empiezan a familiarizar con la cultura del nuevo país. La escuela tiene la responsabilidad de ver que los niños añadan una nueva lengua y cultura sin perder la que ya traen de su hogar. Como, lamentablemente, no todas las escuelas asumen esa responsabilidad, los padres necesitan reclamar que así sea.

La identidad bilingüe es, en general, un problema occidental. En muchas regiones de África y de Asia lo usual es que las personas sean bilingües y multilingües. Lo extraño es que alguien sea monolingüe y monocultural, impedido de cruzar las fronteras lingüísticas y culturales entre diferentes comunidades. En muchos países, la diversidad lingüística dentro de la sociedad y en los individuos se ve como natural, normal y deseable. La buena noticia es que el mundo occidental se está poniendo al día, de modo tal que hablar múltiples idiomas y fomentar identidades más complejas no solo se acepta cada vez más, sino que comienza a resultar incluso atractivo.

C12: ¿Podrá el bilingüismo perjudicar a la personalidad de mis hijos?

C12

En el pasado, muchas investigaciones trataron de identificar **diferencias de personalidad** entre los bilingües y los monolingües. En líneas generales, no encontraron diferencias. Usualmente, las personas bilingües y las monolingües no se diferencian por la extroversión, la introversión, la ansiedad, la autosuficiencia, la autoestima, la timidez, la sociabilidad, el deseo de poder, el deseo de triunfar, la conciencia social ni la alegría.

Sin embargo, hay ciertos rasgos y perfiles de la personalidad que parecen estar ligados al bilingüismo y al multilingüismo. Según las investigaciones del profesor Jean-Marc Dewaele, del Birkbeck College, en la Universidad de Londres, las personas bilingües y multilingües parecen tener mayor **apertura mental** (son más receptivas a las ideas nuevas y diferentes, más abiertas a las opiniones de otros) y **empatía cognitiva** (son capaces de comprender las experiencias y sentimientos de los otros, y de ver el mundo exterior desde la perspectiva de los otros). El hecho de moverse entre idiomas y mezclarse con personas de diferentes idiomas y culturas puede contribuir a que se vuelvan más flexibles y comprensivas. El bilingüismo y el multilingüismo pueden ayudar a ser más tolerante hacia las diferencias y a apreciar la diversidad gracias a la experiencia más amplia de los idiomas y culturas propios.

Un rasgo de personalidad relacionado con el bilingüismo es la **tolerancia hacia la ambigüedad.** La tolerancia hacia la ambigüedad se ha representado en un cuestionario que incluye los dos puntos siguientes: "Puedo sentirme cómodo(a) con casi toda clase de personas" y "Aquello a lo que estoy acostumbrado(a) es preferible a lo desconocido" (puntaje inverso). En estudios recientes con más de 2,000 participantes de todo el mundo, el profesor Dewaele encontró que los bilingües y, más aún, los multilingües obtuvieron una puntuación significativamente más alta que los monolingües en el cuestionario sobre la tolerancia hacia la ambigüedad. Esto da lugar a interpretar que las personas bilingües y multilingües aceptan y valoran la diversidad, el cambio, los retos y la falta de familiaridad más que las monolingües. Resulta interesante que el hecho de haber crecido en una familia bilingüe o trilingüe no aumentó la tolerancia hacia la ambigüedad, como expresaron los que llegaron a ser bilingües y multilingües por otras vías (por ejemplo, la escuela, los viajes y los estudios en el extranjero). Lo que sí aumentó la puntuación fue vivir o estudiar fuera por más de tres meses y hasta un año. Aunque es posible que quienes tienen una mentalidad más abierta, mayor empatía y más tolerancia hacia ambigüedad tienen mayor probabilidad de convertirse en bilingües y multilingües (es decir, efecto causal opuesto), los análisis sugieren que la dirección más fuerte del efecto en la personalidad es el multilingüismo.

Algunos bilingües aducen que su personalidad cambia cuando cambian de un idioma al otro. Por ejemplo, son más corteses y relajados en un idioma, y más formales y enérgicos en otro. Llevado al extremo esto podría implicar que los bilingües tienen doble personalidad o desdoblamiento de personalidad. Definitivamente, no es así.

Si se produce un cambio al pasar de un idioma al otro, no es a causa del idioma en sí. Más bien es porque ha variado el papel en la actuación o el contexto. El cambio es de conducta y no de personalidad. En diferentes escenas de nuestra vida, cambian el escenario, los actores y la utilería, y esto afecta la conducta a través de un idioma particular, sea cual fuere. Los monolingües hacen lo mismo en un solo idioma. Puede parecer que cambian de personalidad si están en casa con la familia, descansando con los amigos, practicando un deporte, con colegas del trabajo, en la iglesia, la mezquita o el templo. Aun en medio de situaciones sociales o familiares, las diferentes culturas tienen expectativas diferentes y los niños aprenden esas normas culturales mientras absorben el idioma. Nos adaptamos a cambiar de situaciones más que a cambiar de idiomas.

Cuando sí hay diferencias de personalidad entre los bilingües y los monolingües, estas se deben a otros factores más allá del idioma. Por ejemplo, si los bilingües son inmigrantes y se los trata con hostilidad o sufren discriminaciones, la causa posible de las diferencias no es el idioma, sino el prejuicio y el racismo.

Hay situaciones en las que pudiera parecer que el bilingüismo y el biculturismo tienen un efecto en detrimento de la **personalidad,** pero, en realidad, la causa no es el bilingüismo. Es decir, el idioma no es el que ocasiona problemas de personalidad. Más bien son las condiciones sociales, económicas y políticas que rodean a las personas bilingües las que generan tales problemas. Si la comunidad bicultural está estigmatizada, considerada socialmente inferior, desfavorecida en lo económico y si sufre violencia física o simbólica, pueden surgir problemas de personalidad entre los niños. La causa del problema no es el bilingüismo, sino las condiciones en que vive esa comunidad. En la medida en que las comunidades de idioma se ven oprimidas y menospreciadas, son los prejuicios y la discriminación de parte de otros grupos y no el bilingüismo los que pueden afectar la identidad y la personalidad.

Hay una gran diferencia entre la experiencia social del niño que se vuelve bilingüe por opción y la del niño que se vuelve bilingüe por necesidad, porque es inmigrante o miembro de un grupo minoritario. En ambos casos, es valioso saber dos idiomas, pero las circunstancias y presiones son muy distintas. Poniéndolo de otro modo, piense en la identidad de un niño mexicano que nace y estudia en México en una escuela bilingüe y allí aprende inglés. A este niño se lo considera un mexicano que tiene la riqueza adicional que da el saber otro idioma. De algún modo su bilingüismo lo pone en contacto con la otra cultura y tiene recursos distintos de los que tiene el niño mexicano que no habla inglés. Su identidad cultural podrá ser enriquecida y hasta influida por su contacto con el inglés, pero no necesita ser erosionada. En cambio, es muy distinta la situación de un niño mexicano que emigra a los Estados Unidos. En este caso, no son solo niños mexicanos que saben inglés porque viven en los Estados Unidos: de ellos se espera que sean mexicano-americanos.

Siempre que hablamos del bilingüismo es necesario hacer estas aclaraciones. Es muy distinto ser bilingüe por elección que por necesidad. Y, por ejemplo, los padres que crían a sus hijos en un contexto bilingüe dentro de los Estados Unidos tienen que plantearse cuán mexicanos, o puertorriqueños, o cubanos, o salvadoreños, o dominicanos, o españoles quieren que sean sus hijos.

Si los niños pueden enriquecerse gracias a un contexto bilingüe y bicultural, deben poder elegir y crear una síntesis constructiva y rica de lo mejor que les ofrezcan las dos culturas. El peligro es que sientan que la cultura propia, la del hogar, es inferior y no de igual valor que la mayoritaria.

Para ayudarlos, los padres pueden buscar ocasiones en las que los niños se integren en la cultura del nuevo país y sigan reteniendo la cultura del hogar (véase la sección C11).

Los niños que se sienten más seguros de su identidad aprenden a cambiar entre dos culturas con la misma facilidad con que cambian de idioma. Por ejemplo, una niña que se siente española en España e inglesa en Inglaterra; un niño que se siente judío y habla hebreo en Israel, *yiddish* en su casa en Nueva York e inglés en la escuela. El biculturalismo de estos dos niños y de otros como ellos ha florecido del todo y quienes los rodean los admiran.

También están los que aseguran su identidad en su cultura de minoría lingüística. Los hablantes de galés pertenecen, en primer lugar, a su grupo lingüístico y, luego, a un grupo mayor (por ejemplo, británico o europeo), a veces con resistencia y otras veces marginalmente. Estas personas tienen poca crisis de identidad y tienen fuertes raíces en una cultura de minoría lingüística.

Al otro extremo, están los que sienten la falta de arraigo o la dislocación entre las dos culturas. Por ejemplo, muchas veces, quienes inmigraron hace algún tiempo pueden sentir una reacción pasiva, de aislamiento, entumecimiento y pérdida de identidad. Los inmigrantes más recientes pueden tener reacciones agresivas, habiendo perdido la identidad del hogar y la herencia, y les puede resultar difícil penetrar las murallas de su nueva cultura. Algunos inmigrantes sienten el vacío de haberse quedado sin raíces, de no poder afirmarse, de percibir que no son parte de ningún grupo cultural. Esto puede llevar a la desesperación o a sufrir una ambigüedad con relación a su existencia.

Cuando las personas bilingües parecen tener más confianza en sí mismas y ser mejor aceptadas, no se debe, generalmente, a la ventaja que proporcionan los idiomas. Más bien esos bilingües tienden a provenir de las clases privilegiadas (por ejemplo, son hijos de padres de la clase media con movilidad social) o de hogares donde los padres saben muy bien lo que es beneficioso para sus hijos y saben cómo educarlos. El **bilingüismo** en sí mismo **no** parece ser **causa de diferencias en la personalidad.**

Lo que sí afecta a la personalidad de un niño queda expresado por las sabias palabras de Dorothy Nolte:

- Si los niños viven con crítica, aprenden a condenar.
- Si los niños viven con hostilidad, aprenden a pelear.
- Si los niños viven viendo que se ridiculiza a otros, aprenden a ser tímidos.
- Si los niños viven con vergüenza, aprenden a sentirse culpables.
- Si los niños viven con tolerancia, aprenden a ser pacientes.
- Si los niños viven con estímulo, aprenden a tener confianza en sí mismos.
- Si los niños viven con alabanza, aprenden a apreciar.
- Si los niños viven con justicia, aprenden a ser justos.
- Si los niños viven con seguridad, aprenden a tener fe.
- Si los niños viven con aprobación, aprenden a amarse a sí mismos.
- Si los niños viven con aceptación y amistad, aprenden a encontrar amor en el mundo.

C13: ¿Podrá el bilingüismo perjudicar al desarrollo social de mi hija y su capacidad para hacer amigos?

En general, el bilingüismo tiende a ser una **ventaja** en las relaciones sociales. Los niños bilingües tienen la oportunidad de aumentar la variedad de sus amigos y de crear puentes con niños que pertenecen a otros grupos lingüísticos. Una de las satisfacciones de los padres bilingües es ver a sus hijos conversar con niños usando ambos idiomas para hacer amigos entre ambos grupos.

Una de las mayores alegrías para los niños bilingües es ir a visitar a sus abuelos, tíos o primos, o participar en reuniones familiares, y poder **comunicarse con facilidad.** Se sienten verdaderamente como en su casa. Y si viajan al país de origen de la familia o a otro país donde se hable el idioma de la familia, es una experiencia magnífica que no tengan barreras idiomáticas. Para un niño que mantiene el español, esto significa poder comunicarse sin dificultad en veinte países, diecinueve países hispanoamericanos y España, además, por supuesto, de amplias zonas de los Estados Unidos.

El bilingüismo ayuda a eliminar las barreras sociales, facilita la amistad con niños de dos o más comunidades lingüísticas, y amplía los horizontes sociales, culturales y educativos.

Puede presentarse un tipo de problema cuando un niño que habla un idioma minoritario se enfrenta a niños que hablan el idioma mayoritario. Si el niño todavía no ha alcanzado un desarrollo suficiente en la lengua mayoritaria, los otros niños pueden burlarse de él y hasta ser **agresivos.** Sin embargo, las diferencias de idioma no suelen impedir la amistad entre los niños pequeños. Como usan mucho los gestos para jugar, suelen comunicarse aun cuando uno de ellos no haya alcanzado todavía gran desarrollo lingüístico. Los gestos y el lenguaje corporal sustituyen en mucho al lenguaje. Pero cuando los niños han crecido un poco más y, sobre todo, en la escuela intermedia y en la secundaria, la rivalidad, la competencia y los prejuicios pueden ser mayores.

Cuando el lenguaje se convierte en una barrera para la amistad o cuando el **prejuicio** aparece debido a dificultades de comunicación, los padres y los maestros tienen que lograr un equilibrio delicado entre proteger al niño, facilitar la transición a un nuevo grupo de amigos y mantener la dignidad y la autoestima del niño. El maestro y los padres no querrán proteger al niño en exceso, pero tampoco pueden permitir que sufra experiencias negativas.

Los educadores, maestros y diseñadores del currículo deben velar por que a todos los niños, ya sea que hablen lenguas minoritarias o mayoritarias, se los eduque en el aprecio de las diferencias lingüísticas. En realidad, lo necesario es que todos, empezando por maestros y administradores, reciban **educación antirracista** y aprendan a reconocer los prejuicios que todos hemos adquirido alguna vez y de los que necesitamos liberarnos. A su vez, los educadores podrán pasar esa enseñanza a sus alumnos y estar siempre vigilantes y dispuestos a interrumpir toda expresión de prejuicio. Usualmente, no se trata de un problema de diferencia lingüística, sino de racismo. La responsabilidad de que todo alumno sea respetado y apreciado es de la escuela. Y el currículo puede asumir un papel muy importante en el reconocimiento de las diferencias como verdadera norma: en este planeta, la única norma es la diversidad. Las escuelas tienen que incorporar en los temas de estudio la diversidad lingüística y cultural

del mundo, los aportes de las distintas culturas a la humanidad y los valores
humanos de respeto a cada individuo. Esta enseñanza se hará más viva por medio
de dramatizaciones, actividades para reducir el prejuicio y diálogo en la clase. Y
cobrarán vida cuando la escuela misma sea un modelo de inclusión y aprecio por
la diversidad.

Para ayudar a un niño a lidiar con los problemas de amistad, los padres
deben escuchar con cariño, sugerir posibilidades y estar dispuestos a intervenir
y a proteger. Al mismo tiempo, los padres necesitan **comunicarles** a los maestros
los problemas cuando surjan y organizar un grupo de apoyo con otros padres
cuyos hijos sufren problemas similares. Cuando un problema se comparte, está
en camino de resolverse.

C14: Mi hija parece tener dificultades con el aprendizaje. ¿Es a causa del bilingüismo?

Véase la página 110

Si un niño o una niña tarda en aprender a leer o se retrasa en matemáticas, la gente
tiende a creer que el bilingüismo es el culpable. Las investigaciones científicas
sugieren algo muy distinto. **En muy pocas ocasiones puede culparse al bilingüismo
de dificultades en el aprendizaje.** A veces, los niños bilingües tienen dificultades en
el aprendizaje. Esto es algo muy distinto que creer que el bilingüismo es la causa
de las dificultades de aprendizaje.*

Casi la única situación en que la dificultad de aprendizaje de un niño bilingüe
se debe al bilingüismo se presenta cuando el niño entra en el aula **sin tener ninguno
de los dos idiomas suficientemente desarrollado** para poder seguir el currículo.
En este caso, el problema no es del bilingüismo, sino de la falta de desarrollo del
idioma del hogar, en la casa, en el centro de educación preescolar, en la escuela
o en la comunidad. No se trata de que haya falta de desarrollo bilingüe, sino que
falta el desarrollo en cualquier lenguaje.

Si un niño no progresa bien en la escuela, los amigos, maestros y terapistas del
lenguaje a menudo sugieren, con las mejores intenciones, que el niño debe usar
solo un idioma. Sin embargo, en Canadá se han llevado a cabo investigaciones
científicas que tienden a demostrar que aun los niños menos dotados pueden
adquirir dos idiomas a una edad temprana. Así como esos niños aprenderán más
lentamente las matemáticas, la lectura o las ciencias, su desarrollo de los dos
idiomas será también más lento. La extensión de su vocabulario y su precisión
gramatical quizá serán menores en ambos idiomas que las de un niño bilingüe
típico. Sin embargo, al aprender dos idiomas, los niños menos dotados (por
ejemplo, con síndrome de Down), probablemente, puedan comunicarse en ambos
idiomas, a menudo tan bien como se hubieran comunicado en uno solo.

C15: Mi hijo parece tener un problema emocional o de conducta. ¿Es a causa del bilingüismo?

No hay ninguna prueba de que el bilingüismo por sí mismo ocasione problemas emocionales o de conducta. Sin embargo, a veces se lo acusa erróneamente porque está asociado a grupos marginados, víctimas del racismo y de escasos recursos económicos.

Si los niños de estos grupos sociales sufren problemas emocionales y de conducta, **la causa no es el idioma.** Las causas de estos problemas emocionales hay que buscarlas, por ejemplo, en las circunstancias económicas, políticas y financieras del grupo minoritario, o en la calidad de las experiencias de crecimiento que ofrezcan el hogar, la comunidad y la escuela. No hay nada emocionalmente dañino o restrictivo en poseer dos idiomas. Por el contrario, el bilingüismo abre las puertas a experiencias emocionales más amplias de las distintas culturas.

Las dificultades de aprendizaje pueden tener muchas causas, rara vez alguna de ellas depende del bilingüismo. Seis ejemplos de causas posibles:

(1) El nivel de educación: métodos de enseñanza inadecuados, un ambiente de clase que no motiva al niño o que, incluso, es hostil, falta de materiales apropiados o choque con los valores y creencias del maestro.

(2) Situaciones de "nadar o hundirse". Si el idioma del hogar es ignorado por la escuela y al niño se le enseña solo en su segundo idioma, es de esperar que aparezcan dificultades en el aprendizaje. Esto les ocurre con frecuencia a muchos niños hispanohablantes en los Estados Unidos a los que se les enseña solo en inglés. Algunos logran "nadar" (tener éxito), mientras que otros se "hunden" (sienten fracaso). Y entonces se piensa que los que se hundieron son deficientes, cuando, en realidad, se los colocó en una situación que los llevó al fracaso.

(3) A muchos niños se los tilda de deficientes y se considera que necesitan educación especial porque se los examina en su segundo idioma, que todavía no han desarrollado suficientemente.

(4) Poca confianza en sí mismos, poca autoestima, miedo a equivocarse y ansiedad en el aula.

(5) Fracaso causado, en parte, por la relación con niños de la clase. Por ejemplo, puede ser perturbador que haya un grupo de niños que se apoyan mutuamente para perder tiempo en la clase, que no haya motivación para triunfar, que haya niños que atacan a otros y que haya hostilidad y división social en lugar de apoyo entre los niños de la clase.

(6) Desacuerdos entre lo que se espera que el niño aprenda y su nivel de habilidad. Algunos niños aprenden a leer más despacio que otros. Llegan

a leer bien, pero tardan más tiempo. Los niños menos dotados pueden aprender a leer dos idiomas dentro de los límites de su capacidad, límites que nadie puede determinar. Otros niños tienen dificultades de aprendizaje específicas (por ejemplo, dislexia [véase el Glosario], mal funcionamiento neurológico, problemas de memoria y retención, poca coordinación física, problemas de atención y motivación). Ninguna de estas dificultades de aprendizaje específicas ni otros desórdenes del lenguaje tienen como causa el bilingüismo. Por otra parte, los niños bilingües también pueden estar incluidos en este grupo. Las familias bilingües tienen las mismas probabilidades que cualquier otra familia de tener un niño que sufra estas limitaciones.

C16: A mi hija le han diagnosticado un problema específico (por ejemplo, graves dificultades en el aprendizaje, dificultades del lenguaje, problemas emocionales). ¿Debemos cambiar a hablar solo un idioma en lugar de dos? ¿En qué idioma debemos hablar?

El bilingüismo en la familia no aumenta ni disminuye las posibilidades de que uno de los hijos sufra desórdenes del lenguaje o dificultades en el habla. Un niño bilingüe, por ejemplo, puede sufrir de dislexia, afasia [véase el Glosario], sordera parcial o tener un cociente bajo en las pruebas de inteligencia (IQ). Es de desear que el **especialista** que ha hecho el diagnóstico tenga experiencia con niños bilingües y haya estudiado el bilingüismo profesionalmente. De ser así, el diagnóstico incluirá la afirmación de que el bilingüismo no es típicamente la causa de este problema.*

*Véase la página 108

Las **diferencias** comunicativas entre los niños que hablan un idioma minoritario y los monolingües que hablan el idioma de la mayoría no deben confundirse con **desórdenes** del lenguaje. Por ejemplo, cuando un niño está aprendiendo un segundo idioma, es de esperar que cometa errores. Son errores temporales esperables. No son un síntoma de desorden del lenguaje. Los desórdenes del lenguaje implican puntos específicos independientes de las vacilaciones temporales y las faltas de precisión que a veces se observan en los niños bilingües. Algunos ejemplos de síntomas de desorden del lenguaje son gran dificultad para producir algunos sonidos; no poder comprender algunas palabras comunes; dificultad para aprender palabras nuevas a pesar de que se las presente repetidas veces; gran dificultad para expresar deseos y necesidades sin usar gestos.

De estos problemas se culpa con mucha frecuencia al bilingüismo, en parte porque los bilingües son *diferentes*. La investigación científica dice algo muy distinto. Las personas bilingües pueden sufrir de estos problemas, pero el bilingüismo **no es la causa.**

Un problema que ejemplifica cómo se le atribuyen al bilingüismo problemas de desarrollo es **el retraso lingüístico.** El retraso lingüístico ocurre cuando un niño tarda mucho en empezar a hablar o su lenguaje no se desarrolla al mismo nivel que el de los niños de su edad. Las estimaciones de los niños que experimentan retraso varían de 1 cada 20 a 1 cada 5 de la población infantil. Estas variaciones significan que, en algunos casos, el retraso es breve y no se nota mucho. Otros son más graves. El retraso en el lenguaje tiene una variedad de causas (por ejemplo, sordera parcial o total, autismo, parálisis cerebral, diferencias físicas como el paladar hendido, problemas psicológicos, dificultades emocionales, alto nivel de privación social o emocional). Sin embargo, en aproximadamente dos terceras partes de los casos, no se sabe la causa por la cual se ha retrasado el habla. Hay niños que tienen una salud normal, sin pérdida auditiva, con cociente de inteligencia y memoria normales, que no han sufrido de privaciones sociales ni de disturbios emocionales y, sin embargo, su lenguaje se desarrolla lentamente y con dificultad. Estos casos necesitan ayuda profesional de especialistas. Los terapistas del habla y del lenguaje son los más indicados, pero también un psicólogo clínico o un psicólogo educativo pueden dar consejo y tratamiento.

Los padres de niños bilingües que muestran retraso en el habla no deben pensar que el bilingüismo es la causa. Algunas veces, profesionales bien intencionados hacen ese diagnóstico. Basta que un niño sea bilingüe para que se crea que eso puede traerle dificultades. Pero las investigaciones científicas no coinciden con esta opinión.

Los padres tienen que plantearse si el eliminar uno de los idiomas va a mejorar la situación, la va a empeorar o no va a tener ningún efecto. Puesto que las causas de estos problemas, en parte, se desconocen, lo que se sigue muchas veces es la intuición. Las investigaciones científicas en este terreno están en la infancia.

Un punto que hay que considerar si hay un problema significativo de habla o emocional es en cuál de los dos idiomas centrarse. El peligro es que padres, maestros y administradores educativos quieran acentuar la importancia del idioma de la mayoría. En los Estados Unidos, el consejo tiende a ser que al niño se le hable solo en inglés, que es el idioma de la escuela y del mundo del trabajo. Con frecuencia se recomienda que se deje a un lado el idioma del hogar, el **idioma minoritario,** y que se lo reemplace con el inglés. Este cambio brusco puede traer consecuencias dolorosas para el niño. Se le niega la lengua materna, se entierra el idioma familiar y el niño puede sentirse como si lo hubieran tirado desde un barco seguro a las aguas extrañas del mar. La solución puede agravar el problema, en lugar de mejorarlo.

Es mucho **más importante que el idioma del hogar se mantenga como ancla.** El idioma del hogar da confianza y seguridad cuando hay mares tormentosos. Aun si el niño navega lentamente por ese idioma, es el idioma que mejor conoce y en el cual sus padres le pueden dar el mayor apoyo. Obligarlo a cambiar al idioma mayoritario no hará que el viaje sea menos lento ni menos problemático. Especialmente, si el niño está afrontando dificultades, es incluso de mayor importancia aprender a navegar en un bote familiar (el idioma del hogar).

Aun cuando los padres y los profesionales reconocen que el bilingüismo no es la causa de las dificultades, muchas personas insisten en pasar del bilingüismo al **monolingüismo** como modo de mejorar el problema. El razonamiento es que, si se eliminan las *exigencias adicionales* que plantea el bilingüismo, el niño verá aligerada su carga. La causa del problema no se enfrenta (a menudo porque no se conoce cuál es), sin embargo, se cambian algunas de las circunstancias (por ejemplo, el bilingüismo) para intentar encontrar una solución. ¿Es esto correcto?

Hay muchas situaciones en las cuales cambiar del bilingüismo al monolingüismo no tendrá **ningún efecto** en el problema. Por ejemplo, si el niño tiene pataletas, si está desarrollando sus habilidades verbales muy lentamente sin motivo aparente o si tiene poca autoestima, es probable que eliminar una de sus lenguas no tenga ningún efecto. Por el contrario, el cambio repentino de la situación familiar puede exacerbar el problema. La mayoría de las veces es inapropiado cambiar del bilingüismo al monolingüismo. Sin embargo, sería peligroso dar este consejo para todos los casos, porque cada caso es una situación individual distinta.

El consejo sigan con el bilingüismo sería demasiado simplista. Cuando el desarrollo del lenguaje se demora, a veces es mejor usar al máximo un solo idioma. Si una lengua está más desarrollada que otra, puede ser útil concentrarse en desarrollar la que el niño domina mejor, siempre que sea la lengua de los padres. Cuando un niño tiene graves necesidades educacionales o presenta serias deficiencias cognitivas, es muy importante asegurar primero una base sólida en un idioma. Esto no quiere decir que la posibilidad de que el niño sea bilingüe se haya perdido para siempre. Una vez que haya desaparecido el retraso en el lenguaje, puede introducirse el otro idioma. Si un niño con **problemas emocionales** detesta verdaderamente usar uno de los idiomas, la familia puede decidir aceptar la preferencia del niño. Una vez que el problema se haya resuelto, el idioma que se ha *abandonado* puede reintroducirse, siempre y cuando se lo asocie con experiencias agradables. La tartamudez es un ejemplo en el cual, a veces, puede ayudar el abandonar la lengua más débil durante un período transitorio.

No se debe pensar que cualquier **cambio temporal** del bilingüismo al monolingüismo será la única solución a un problema. Esto sería ingenuo y peligroso. Por ejemplo, los problemas emocionales pueden requerir cambios en la familia y en los patrones de relaciones. El retraso en el habla puede requerir consultar a un terapista sobre la interacción entre el niño y los padres. El **monolingüismo temporal** debe verse como una solución parcial en un conjunto mayor de cambios destinados a enfrentar el problema de lenguaje o el problema emocional del niño.

Hay otras ocasiones en las cuales cambiar del bilingüismo al monolingüismo es innecesario y erróneo. Si alguien que ha amado y cuidado al niño y jugado con él en un idioma de pronto empieza a usar solo el otro idioma, el bienestar emocional del niño puede sufrir. También sufre el niño si los padres, que no se sienten cómodos hablando en inglés, dejan de hablarle en español. El idioma que hasta entonces ha representado el amor y el cariño desaparece. El niño puede pensar por asociación que ya no lo quieren tanto como antes. La eliminación o reducción del uso del idioma del hogar a menudo resulta perjudicial y tiene lamentables consecuencias.

Para concluir, cuando surgen problemas lingüísticos o emocionales graves:

(1) **No** se apresure a **culpar** al bilingüismo. Es poco probable que el bilingüismo sea la causa. No corra a buscar el monolingüismo como una solución. Puede empeorarlo todo.
(2) **Converse** sobre el problema con amigos de confianza, en especial los que han experimentado problemas similares. Esto ayuda a aclarar los propios pensamientos.
(3) **Consulte** a un profesional, pero asegúrese primero de que tiene experiencia y entrenamiento para tratar a niños bilingües.
(4) Si adopta el monolingüismo como solución, generalmente debe ser en el idioma del hogar. Considérelo una **solución** temporal. Puede reintroducir el bilingüismo más adelante.
(5) Tenga **especial cuidado** en que el idioma no quede asociado en la mente del niño con ansiedad, complicaciones y tristeza.

C17: Mi hijo tartamudea. ¿Es a causa del bilingüismo?

Muchos niños, hasta un 5%, tartamudean por breve tiempo. La tartamudez ocurre cuando una persona sabe exactamente lo que quiere decir, pero el ritmo del habla se ve afectado a causa de una repetición o pausa de los sonidos al hablar.

La tartamudez es tres o cuatro veces más común en los niños que en las niñas y tiende a repetirse en la familia. Eso da a entender que la causa principal puede ser, en parte, genética. El bilingüismo, normalmente, no aumenta las posibilidades de tartamudez. Un estudio de cerca de 800 tartamudos que hablaban 52 idiomas nativos demostró que no había diferencia entre monolingües y bilingües en las posibilidades de experimentar tartamudeo. Tanto los bilingües como los monolingües pueden ser tartamudos.

La tartamudez puede incluir repetir sonidos o palabras (por ejemplo, *p-p-p-para él t-t-t-también; tengo que-que-que irme*), alargar los sonidos (por ejemplo, *ffffamoso*), hacer pausas entre palabras (por ejemplo, *me voy... a casa*) y dejar palabras y frases inconclusas. Este tipo de tartamudeo es común a los tres o cuatro años. Muchos niños mayores y muchos adultos pierden la fluidez del habla si están bajo presión. Al dirigirse a un público, muchas veces los hablantes se ponen nerviosos y tartamudean.

No se conocen muy bien las causas de la tartamudez y parecen ser múltiples y variadas. Algunas teorías **neurofisiológicas** localizan el problema en la actividad cerebral, mientras que otras lo consideran un problema de retroalimentación entre el oído y el cerebro. Las investigaciones recientes se han concentrado en causas neurológicas. Ya que el desarrollo del tartamudeo comienza, a menudo, entre los dos y los cuatro años de edad y que este es el período en el cual los niños experimentan un rápido desarrollo neurológico gracias al que establecen redes neurales que hacen posible un significativo desarrollo motor y rápidos cambios en la capacidad lingüística, una explicación neurológica parece cada vez más fuerte y probable, pero hacen falta más investigaciones.

Otras teorías intentan una explicación **psicológica** y se centran en las características de la personalidad, en especial, en la ansiedad (por ejemplo, causada por padres impacientes o que corrigen a los niños en exceso). Ninguna de estas teorías puede explicar todos los casos de tartamudez. Una teoría **lingüística** ve la causa como una diferencia entre el lenguaje disponible (potencial) y el control sobre el aparato del habla (producción). Otra teoría lingüística se enfoca en la *sobrecarga cognoscitiva* (por ejemplo, la capacidad de fluidez del niño excede a las demandas). Algunos científicos opinan que lidiar con dos idiomas entre los dos y los cuatro años puede causar en algunos pocos niños una sobrecarga cognoscitiva.

Los estudios de casos individuales sugieren que cualquier problema debido a la sobrecarga cognoscitiva es **temporal** en los niños bilingües. A medida que la competencia lingüística aumenta en los dos idiomas, el tartamudeo tiende a desaparecer. Tampoco queda claro, sobre la base de esas investigaciones, si las causas son, en realidad, puramente cognoscitivas. Los problemas emocionales (por ejemplo, la ansiedad) pueden haber sido la causa primaria; y esa ansiedad puede derivarse de otras causas que no son el bilingüismo.

Los padres de niños bilingües suelen atribuir al bilingüismo la causa de la tartamudez en lugar de buscar otras explicaciones mejores. La evidencia tiende a sugerir que el bilingüismo rara vez es causa de tartamudez. Por ejemplo, las investigaciones demuestran que la tartamudez ocurre con la misma frecuencia en los países monolingües que en los bilingües.

Los métodos de tratamiento de la tartamudez sugieren también que no es causada por el bilingüismo. Algunos de los ejemplos de tratamiento son desarrollar el control de la respiración, aprender a hablar más despacio, reducir la tensión y practicar técnicas de relajación. Los padres no pueden hacer nada sobre algunas de las posibles causas de la tartamudez (por ejemplo, la actividad cerebral). Pero sí pueden ayudar si las causas posibles son más bien la ansiedad, el nerviosismo, las preocupaciones al hablar u otros temores y miedos del niño.

Los padres que critican al niño que tartamudea o demuestran ansiedad solo consiguen aumentar su nerviosismo y la frecuencia con que tartamudea. Cuando el tartamudeo ocurre por primera vez, no es necesario buscar ayuda psicológica ni clínica. El mostrar ansiedad, señalar que existe un problema, corregir al niño o mostrar impaciencia pueden empeorar la situación. Es frecuente que muchos niños pequeños tartamudeen, sean bilingües o no. Es un fenómeno casi siempre temporal y reaparece cuando el niño (o el adulto) está sobreexcitado o nervioso. Si el niño continúa tartamudeando durante un período largo de tiempo, es aconsejable buscar el **consejo** de expertos en el desarrollo de los niños o psicólogos clínicos.

Para ayudar a un niño que tartamudea los padres pueden:

(1) Reducir sus preguntas y lo que esperan lingüísticamente del niño.
(2) Asegurarse de que las expectativas no sean irreales en ninguno de los dos idiomas.
(3) Dar apoyo extra y tener paciencia extra al escuchar al niño.
(4) En casos extremos, si parece ser lo deseable, pasar al monolingüismo por una temporada (utilizando siempre el idioma del hogar).

Al inicio del problema es importante que los padres rodeen al niño de amor, de cuidado y de atención. Sean muy pacientes. Consideren lo que el niño quiere decir y no cómo lo dice. Concéntrense en el propósito de la conversación y no en la forma. Si es posible localizar las fuentes de tensión y de ansiedad del niño, si pueden reducirlas o eliminarlas, el tartamudeo puede ser solo un **problema temporal.** Para un número muy pequeño de niños, sin embargo, el tartamudeo será una característica constante.

Impedir que los niños continúen desarrollando uno de sus idiomas, generalmente, será contraproducente. No va a eliminar el tartamudeo. Más bien esta acción pondrá más atención en el lenguaje. Esto aumentará la ansiedad de los niños sobre su modo de hablar. Los niños bilingües que tartamudean lo harán en ambos idiomas. Es raro que un niño sea tartamudo en un idioma solamente, aunque puede ocurrir un poco más en uno de los idiomas (por ejemplo, en el menos desarrollado).

Si un niño tartamudea considerablemente en su primer idioma, entonces hay que tener cautela al presentarle un segundo. Por ejemplo, ¿el aprendizaje de un segundo idioma le producirá más ansiedad al hablar? En ciertos casos, vale la pena demorar el comienzo de los estudios de un segundo idioma para no colocar al niño ante tantas demandas cognitivas, sociales y emocionales, como indican los investigadores Howell, Davis y Williams, del Colegio Universitario de Londres, en un estudio hecho en 2008:

Si un niño usa en la casa un idioma diferente del inglés, demorar el momento de aprender inglés reduce las posibilidades de empezar a tartamudear y ayuda en las posibilidades de recuperación más tarde en la niñez. Un importante factor final es que el resultado escolar no se vio afectado por el hecho de que el niño tartamudeara o no.

Estos comentarios sobre la tartamudez tienen un mensaje importante para los padres sobre cómo vigilar el desarrollo bilingüe de sus hijos. Si los padres están llenos de ansiedad, constantemente preocupados sobre el desarrollo bilingüe y el niño lo percibe, el niño puede internalizar estas ansiedades. El tartamudeo es una de las posibles consecuencias de internalizar las preocupaciones de los padres. Es, por lo tanto, necesario que el desarrollo bilingüe sea una experiencia grata para el niño. Si el desarrollo bilingüe se da en una atmósfera feliz y positiva, es muy difícil que el bilingüismo ocasione tartamudeo.

C18: Mi hijo es autista o tiene síndrome de Asperger. ¿Debemos usar un solo idioma en este caso?

Los niños que sufren un trastorno específico del espectro autista tienen distintos grados de deficiencia en las destrezas del lenguaje y la comunicación, así como patrones repetitivos o restrictivos de pensamiento y conducta, y retraso en el desarrollo social y emocional. Tales niños usan el lenguaje de modo muy restringido, esperan gran estabilidad en el lenguaje y la comunicación, y tienen menos probabilidades de aprender a través del lenguaje. Sin embargo, pueden experimentar los beneficios sociales y culturales del bilingüismo cuando viven en un ambiente lingüístico dual. Por ejemplo, pueden entender y hablar dos idiomas de la comunidad según su propio nivel.

Muchos padres de niños con trastornos del lenguaje, maestros y otros profesionales culpan frecuentemente al bilingüismo ante las primeras señales del síndrome de Asperger y recurren al monolingüismo como un alivio esencial ante los retos.

Casi no hay investigaciones acerca del autismo y el bilingüismo, o acerca del síndrome de Asperger y el bilingüismo. Sin embargo, Susan Rubinyi ha realizado un estudio sobre su hijo, Ben, que tiene síndrome de Asperger, y ofrece sus puntos de vista. Alguien con el reto de Asperger tiene también dones y talentos excepcionales hasta en los idiomas.

Ben se hizo bilingüe en inglés y francés usando el método de una persona-un idioma.* Susan reconoce las ventajas que representa, para un niño que enfrenta retos con la flexibilidad y la comprensión, la existencia de diferentes perspectivas. Solamente el hecho de tener dos maneras distintas de describir el mismo objeto o concepto en cada idioma aumenta la percepción de lo posible. Ya que una persona bilingüe aprende la cultura tanto como el idioma, el niño ve modos alternativos de aproximarse a múltiples áreas de la vida (comida, recreo, transporte, etcétera).

*Véase la página 17

Susan aduce que, a causa del bilingüismo, el cerebro de su hijo tuvo la oportunidad de reconectarse antes de que los síntomas de Asperger fueran evidentes. También, la intensa concentración del Asperger hizo que Ben absorbiera el vocabulario a un ritmo rápido y con una entonación casi tan perfecta como la de un nativo.

C19: La gente se burla cuando nos oye hablar en nuestro idioma. ¿Cómo debo reaccionar?

A menudo, la gente que se burla de los que hablan dos o tres idiomas es la que no sabe hablar más que uno solo. El hacer bromas y burlarse puede deberse a su propio sentido de inferioridad, su envidia velada, su temor a ser **excluidos** de la conversación y el temor a relacionarse con personas distintas a ellos.

Para una persona bilingüe que se encuentra en esta situación, es un asunto de diplomacia, de construir puentes, de eliminar barreras, de mantener un sentido del humor y de tratar de ser tolerante. Los bilingües son, generalmente, quienes tienen que forjar relaciones y mejorarlas. Como las personas bilingües tienen el **papel de diplomáticos y no de divisores**, les toca demostrar que la división lingüística no representa necesariamente división social, que es posible mantener relaciones armoniosas aun si se habla otro idioma. Irónicamente, las víctimas

---

Diferencias culturales

- Los sentimientos de apego a su propio idioma que tienen las personas muchas veces no se ven hasta que se entra en contacto con otro idioma.
- La gente a menudo cree que su idioma es muy superior a otros idiomas.
- Es necesario conocer la lengua de otra cultura para comprender a esa cultura en su totalidad.
- Comprender una cultura es un proceso continuo no inmediato.
- Al estar en otra cultura, es común sentir aprehensión, soledad, falta de confianza en uno mismo.
- Cuando la gente habla de otra cultura, tiende a describir las diferencias y no las semejanzas.
- Las diferencias entre las culturas tienden a verse como amenazadoras y a describirse con términos negativos.
- Cuando no hay contacto con otros o conocimiento de ellos, es más fácil que se produzcan estereotipos.
- Lo que a una persona le parece lógico, sensato, importante y razonable dentro de su cultura, puede parecerle irracional, estúpido y sin importancia a alguien de afuera.

Adaptado de P. P. Harris y R. T. Moran: *Managing Cultural Differences* (Trabajar con diferencias culturales), Houston, TX: Gulf Publishing Co., 1991.

tienen que ser también las que sanen a los demás y a la sociedad. Como explica muy bien Paulo Freire, el gran educador brasileño, autor, entre otros muchos libros, de *La pedagogía del oprimido* y *La pedagogía de la esperanza*, los opresores nunca liberarán a los oprimidos. Los oprimidos tienen que liberarse a sí mismos y a los opresores. La ventaja moral, el valor de estas actitudes para la formación del carácter se encuentra en muchas religiones y brilla en los ejemplos dados en el siglo xx por Mahatma Gandhi, Martin Luther King y Nelson Mandela.

Para los hablantes de una lengua minoritaria es muy importante tener una firme autoestima. Los hablantes de lenguas minoritarias pueden formar fuertes redes de **apoyo** para animarse unos a otros y tener mayor confianza y aprecio por su propio idioma. El propósito no es volverse islas, sino llenarse de fuerza por ser parte de una comunidad lingüística. Algunas veces esas comunidades lingüísticas no están cercanas geográficamente. En esas situaciones, pueden comunicarse por teléfono, carta, correo electrónico, Skype. Hay que contrarrestar el aislamiento geográfico por medio de formas creativas de comunicación para crear una **comunidad lingüística**. Si hay dudas y si los de afuera se burlan, ser parte de una comunidad lingüística nos dará fuerza y valor.

C20: La gente que nos rodea tiene prejuicios y es racista. ¿Debe nuestra familia hablar solo en inglés?

En algunos casos, a la diferencia de idioma se unen las diferencias étnicas, de color o de religión. En muchos lugares del mundo el bilingüismo va aparejado con el ser víctimas del **racismo**, las carencias, la exclusión, la inequidad, la pobreza, el desempleo y las **desventajas**. Esto ocurre con muchos hispanohablantes en los Estados Unidos, los hablantes de bengalí en Inglaterra, los grupos de inmigrantes en Alemania. Todos ellos sufren por ser minorías de color, cultura, religión y condición socioeconómica diferentes.

Algunas personas que sufren discriminación quieren **cambiar** su idioma por el de la mayoría. No pueden cambiar el color de la piel y no quieren cambiar sus creencias, pero, naturalmente, quieren participar de las ventajas económicas del país en que viven. Muchas creen que el modo de conseguir esta participación es abandonando su lengua y su cultura.

El problema con esta postura es que presupone que hay que suprimir el idioma propio para dejar que florezca el idioma mayoritario, que hay que dejar de hablar español para poder hablar inglés. Es una postura monolingüe. La postura bilingüe es mucho más lógica. Sería difícil ser a la vez cristiano y musulmán, o budista e hindú, pero no es difícil hablar con fluidez en inglés y en bengalí. A veces existe la creencia equivocada de que retener el idioma hereditario significa no hablar con fluidez el mayoritario.

No hay razón para suprimir la cultura y el idioma del hogar, con las consecuencias negativas de perder las raíces; es posible tener dos idiomas y ser bilingüe y bicultural. Lamentablemente, el dejar de hablar la lengua propia no elimina el racismo, ni la discriminación, ni el prejuicio. Estas actitudes negativas del grupo mayoritario tienden a estar basadas en el **miedo** a un grupo étnico diferente, el miedo a perder su posición económica de privilegio, el miedo a una cultura desconocida y el miedo a perder fuerza política y económica. El volverse monolingüe en el idioma mayoritario no cambia el racismo ni elimina de por sí todas las dificultades económicas.

Si una persona bilingüe en los Estados Unidos sabe hablar bien inglés y sabe leerlo y escribirlo bien, tendrá acceso a buenos trabajos, pero sin necesidad de renunciar a su idioma ni a su cultura. Tiene mucho sentido aprender bien inglés, pero no tiene sentido alguno olvidar el español o dejarlo sin desarrollar.

C21: He inmigrado recientemente. ¿Debo seguir hablando mi idioma o cambiar al idioma mayoritario?

`C21`

No debe dejar de usar su idioma. Negar la existencia del idioma materno es **negar la existencia** propia, del propio pasado, la historia familiar y las tradiciones. Usted querrá aprender el idioma del país al que ha emigrado. Tiene el deseo y la esperanza de comunicarse en ese idioma con los vecinos, en las tiendas, con los maestros, en su lugar de trabajo y en otros ámbitos de la comunidad. También querrá que sus hijos dominen el idioma mayoritario del país. Esto puede ocurrir en el centro preescolar o en la escuela.

Sin embargo, no hay ninguna razón para dejar de usar su idioma, el español, por ejemplo, incluso una vez que usted y sus hijos hayan aprendido a hablar el idioma mayoritario, en el caso de los Estados Unidos, el inglés. Mantener el español para usted y para sus hijos significa mantener las raíces del pasado, preservar los valores y las creencias, las actitudes y la cultura, que han sido importantes para usted y su familia. Al enseñarles español a sus hijos, **les está transmitiendo algo de usted mismo,** su herencia y su familia. Les está dando a sus hijos más y no menos, dos idiomas y dos culturas en lugar de una sola. A medida que es más fácil desplazarse físicamente por el mundo, a medida que hay más comunicación y más relaciones entre los países, la necesidad de contar con personas que conozcan bien dos idiomas y dos culturas aumenta. Se necesitan personas que puedan moverse con facilidad de país en país, que puedan adaptarse a las diferencias culturales, que sepan crear puentes y romper las barreras sociales y económicas. Las personas bilingües son muy necesarias y lo serán más en el futuro.

C22: No hablo muy bien inglés. ¿Debo hablarlo con mis hijos?

`C22`

Una cosa es segura, si va a ser un mal **modelo,** no debe hablar inglés con sus hijos si todavía no lo han aprendido. Si un niño empieza a aprender estructuras lingüísticas incorrectas o expresiones inexactas de un padre que habla un idioma de forma muy imperfecta, el resultado es contraproducente. En cambio, háblele en su lengua materna, la que usted domina mejor, sabiendo que muchas de las habilidades que el niño adquiera en el primer idioma (por ejemplo, ideas, pensamientos y conceptos) pueden transferirse fácilmente al segundo idioma.

Si necesita hablar inglés con sus hijos, valdría la pena que tratara de asistir a clases para adultos. Si siente que tiene un problema con el inglés, no quiere pasarles el problema a sus hijos.

La riqueza de expresiones coloquiales, de cuentos familiares, de bromas, de adivinanzas y de refranes, todo esto solo puede compartirse auténticamente en el primer idioma. La trasmisión de la herencia cultural de los padres se logra mejor en la lengua materna. Esa riqueza de experiencias que se encierra en la lengua materna desde el nacimiento hasta la edad adulta no tiene el mismo valor si se la comparte en otro idioma.

El valor que tiene el hecho de que los padres hispanos les hablen en español a sus hijos se ve, por ejemplo, cuando los niños llegan a la adolescencia. Si los padres han decidido no hablar en español y han hablado en inglés, muchas veces lo hablarán con un acento distinto. Los jóvenes pueden juzgar que sus padres no hablan bien. Como resultado, pueden sentirse avergonzados, pueden perderles el respeto por su falta de conocimiento. Si, en cambio, los padres han hablado siempre en español, seguirán siendo los modelos, siempre hablarán mejor que sus hijos y ellos los mirarán con mayor confianza y admiración.

Los adultos que aprenden un segundo idioma y que, generalmente, no aprenden el lenguaje de los niños en ese idioma, no conocen las expresiones adecuadas para expresar intimidad. Por esa razón, es lógico que los padres usen con sus hijos su primer idioma.

Sin embargo, consideremos otro caso, el de un matrimonio mixto en que la madre pertenece a la cultura y el idioma mayoritarios y el padre a un grupo de lengua y cultura minoritarias. Si los niños tienen reticencia a hablar en el idioma minoritario porque sienten que tiene menos valor en la sociedad, el que la madre, que lo habla limitadamente, lo use con frecuencia y le demuestre con el ejemplo a sus hijos el deseo de aprenderlo y desarrollarlo puede tener una enorme importancia para la actitud de los niños hacia esa lengua minoritaria. En este caso, algún error lingüístico que la madre pase a los hijos queda compensado por el mensaje profundo de admiración y respeto por la lengua y cultura minoritarias que su actitud demuestra.

C23: Un profesional local (por ejemplo, un médico, un psicólogo, un terapista del lenguaje, un maestro) se ha expresado en contra del bilingüismo. ¿Tiene razón?

Desgraciadamente, este tipo de consejos negativos se dan con bastante frecuencia. Uno de los peores ejemplos lo dio un juez de Texas que le dijo a una madre que criar a su niña de cinco años en español era "abusivo" y la "condenaba a ser solo una sirvienta".

El periódico *New York Times* (30 de agosto de 1995) informó que el juez le había dicho a la madre: "Que quede claro. Empiece a hablarle inglés a esta niña porque, si no le va bien en la escuela, se la quitaré porque no es bueno para la niña ser ignorante".

El juez no tenía la capacidad para dar un veredicto lingüístico como este. Del mismo modo, los médicos y los maestros, por lo general, no tienen el entrenamiento necesario para tomar decisiones sobre el bilingüismo en los niños. Sin embargo, muchos padres esperan que cualquier profesional les dé opiniones expertas y bien informadas. Lamentablemente, muy a menudo, médicos y maestros bien intencionados, pero que no tienen formación profesional en el campo del bilingüismo, tienden a reflejar en sus respuestas los prejuicios y las creencias negativas de tiempos ya superados. Y los padres pueden creer que, por ser profesionales quienes hablan, sus juicios tienen validez, sin saber que estos temas están fuera del campo de su especialidad.

Los muchos estudios científicos realizados sobre el bilingüismo desmienten estas opiniones contrarias de personas del público general y de profesionales mal informados, para los que es más natural que un niño sea monolingüe.

A su parecer, aprender dos idiomas crea más problemas, causa más inquietudes y da más oportunidades de fracasar en el desarrollo del lenguaje, en el desarrollo educativo, en la formación de la identidad y en la integración en la comunidad. No importa cuán bien intencionadas ni cuán profesionales sean estas personas, no son las indicadas para hablar del bilingüismo porque no es su campo de conocimiento y experiencia.

Si se buscan **expertos** locales se los encontrará entre los maestros que han seguido cursos de bilingüismo y educación bilingüe; terapistas del lenguaje que han tomado cursos en educación bilingüe y tienen práctica con niños bilingües; entre psicólogos que tienen un interés especial en el lenguaje y en el bilingüismo; entre los educadores especializados en educación bilingüe y educación especial bilingüe; y entre los profesores universitarios de lingüística especializados en bilingüismo o profesores universitarios de educación especializados en la enseñanza de lenguas y bilingüismo.

C24: ¿Sufren o se benefician los jóvenes cuando los padres provienen de distintas culturas y hablan distintos idiomas, como en un matrimonio mixto?

C24

En Canadá se llevó a cabo un estudio científico que vale la pena compartir para contestar a esta pregunta. Dos investigadores analizaron el efecto que tienen en los jóvenes los matrimonios mixtos. Evaluaron aspectos como la identidad étnica, la identificación con uno de los grupos étnicos o el rechazo hacia uno de ellos, la autoestima y la estabilidad, la percepción de sus padres, la relación con amigos de la misma edad y las actitudes y valores.

En comparación con jóvenes de hogares monolingües, los jóvenes bilingües hijos de matrimonios mixtos no tenían ninguna dificultad en identificarse tanto con el padre como con la madre y no sufrían en su autoestima ni en su estabilidad. Mostraron una actitud positiva hacia ambas culturas. En cambio, los jóvenes de hogares monolingües tendían a favorecer a su propio grupo étnico.

Los investigadores concluyen que los matrimonios entre personas de dos grupos lingüísticos distintos son valiosos social y emocionalmente para los jóvenes. Los jóvenes del estudio no mostraron ningún tipo de desajuste en su personalidad, ni desorientación social, ni ansiedad. El concepto de sí mismos era positivo y opinaban que sus padres les daban más atención en comparación con lo que opinaban los monolingües de los suyos. Los valores de los jóvenes bilingües reflejaban la influencia de los dos grupos étnicos. En lugar de negar una de sus dos culturas, habían desarrollado una alianza doble hacia ambas. Es mucho más probable que los niños de matrimonios mixtos tengan una doble herencia cultural que una lealtad a medias.

Estos estudios se hicieron con jóvenes canadienses de clase media cuyos padres hablaban inglés o francés. En ese lugar, ambas lenguas tienen prestigio y poder. Sin embargo, en los casos de matrimonios mixtos que incluyen a una persona inmigrante, en los Estados Unidos o en Inglaterra, los resultados son a veces menos felices. Si una de las lenguas del niño es minoritaria, es probable que para llegar a una integración entre las dos sea necesario darle más atención y apoyo a la lengua y la cultura minoritaria que a la mayoritaria, en especial, en los primeros años. Para balancear los efectos de la cultura mayoritaria, es necesario lograr dos propósitos. Primero, hay que lograr que el niño se sienta seguro y a gusto con la cultura y la lengua minoritarias. Segundo, hay que lograr que el niño aprenda las ventajas de ser bicultural y el valor de la armonía entre dos culturas y dos idiomas, en lugar de pensar que entre dos lenguas y dos culturas en contacto tiene que haber una competencia conflictiva.

C25: ¿Cuáles son las razones más frecuentes por las que niños que han crecido en un ambiente multicultural no llegan a alcanzar un multilingüismo funcional?

La mayoría de las personas bilingües no tienen la misma fluidez en sus dos idiomas; casi todos los multilingües no son igualmente competentes en sus tres o más idiomas. Algunos niños aprenden a entender una lengua, pero la hablan poco o nunca. Muchos multilingües varían tanto en la frecuencia del uso como en la fluidez de sus idiomas con el paso del tiempo. Los idiomas experimentan altibajos al cambiar el ambiente, los actores y el guión. Por tanto, no todos los multilingües funcionan en todos sus idiomas. Uno o más idiomas pueden permanecer **pasivos**

o hasta inactivos. Los niños que se han vuelto multilingües en la casa y en la escuela varían desde los que usan a diario todos sus idiomas hasta quienes usan uno solo y rara vez otro.

Esta pregunta tiene que ver con los niños educados como multilingües que tienden a hablar a diario uno o dos idiomas, pero el tercero permanece inactivo, más bien oculto.

Esos niños que no funcionan en forma multilingüe (por ejemplo, entienden, pero no hablan uno o dos de sus idiomas) aunque reciban mucha ayuda de la casa y la escuela, usualmente, tienen una o más de estas circunstancias:

- Un idioma es mucho más débil que los otros, les permite una comprensión básica, pero con **insuficiente desarrollo, competencia y confianza** para hablarlo.
- Pocas **oportunidades** de practicar uno de los idiomas.
- Conciencia del **bajo estatus** y poco prestigio del idioma, hasta del menosprecio por parte de la comunidad local y el país, por lo cual les produce disgusto usarlo.
- Ningún o muy poco apoyo de parte de la **escuela,** además de no ver ese idioma valorado en la enseñanza superior.
- El **modelo** del idioma no es lo bastante competente (por ejemplo, un adulto que acaba de aprender el idioma).
- Disminución de las muestras de **apoyo, estímulo y motivación** por parte de padres, abuelos, familiares y maestros.
- **Presión de grupo** porque los amigos enfatizan el uso de un idioma de estatus más alto y conceden poca estimación a otros idiomas.
- Poco o ningún uso del lenguaje en los **medios de comunicación** (TV, redes sociales, Internet).
- Ninguna oportunidad de usar el idioma en **visitas** a la familia, en los días feriados y en vacaciones.
- Pocas o imperceptibles **ventajas económicas o de empleo** por hablar el idioma.

SECCIÓN D

Preguntas sobre la lectura y la escritura

Libros divertidos,
libros fascinantes,
muy entretenidos,
muy emocionantes.

Libros de aventuras,
páginas amadas,
con mil travesuras
y cuentos de hadas.

Libros de piratas
que cruzan los mares
y arriban a islas
de hermosos palmares.

Sentada en mi casa
cruzo la llanura,
trepo las montañas
y viajo a la Luna.

Ninguna jornada
me resulta dura
porque abrir un libro
ya es una aventura.

Y en todas tus páginas,
libro, me regalas
con cada palabra
las mejores alas.

Alma Flor ADA
Mis libros

 D1: ¿Deben mis hijos aprender a leer primero en un idioma?

Saber leer es cada día más necesario para sobrevivir y tener éxito en la sociedad. El no saber leer o leer con dificultad se ha ido convirtiendo en un estigma y un símbolo de fracaso personal, social y económico. Las consecuencias del analfabetismo son desastrosas tanto para el individuo como para la comunidad o el país. Los niños y los adultos que saben leer en dos idiomas tienen más posibilidades de tener éxito. Por las características de la sociedad actual y de la economía mundial, que exige comunicarse internacionalmente, las personas que saben moverse entre dos culturas y leer en dos o más idiomas tienen mejores posibilidades de empleo.

Lo más común es que el niño o la niña aprenda a leer primero en un idioma y luego aplique lo aprendido al segundo idioma. Nadie necesita aprender a leer dos veces, ya que las habilidades adquiridas en un idioma se transfieren al otro. Este modo de aprender a leer primero en un idioma tiende a ser lo usual. Cuando los niños hablan en un idioma mejor que en el otro, es recomendable que aprendan a leer primero en el idioma que dominan más. El idioma más débil puede estar tan poco desarrollado que resulte más fácil aprender a leer primero en el más fuerte. Esto también puede favorecer la motivación del niño y desarrollar actitudes más positivas hacia la escritura.

Para los niños que hablan español en los Estados Unidos, es mejor aprender a leer en español porque, como entienden lo que leen, se sienten más motivados. Su seguridad en el lenguaje les permite hacer predicciones y adivinar lo que sigue a continuación; todo esto contribuye al placer por la lectura. En cambio, les resulta más difícil aprender a leer en inglés. En este caso, el proceso de aprendizaje se hace, por lo general, más lento, más arduo y menos eficaz. Los niños no están seguros del sentido de lo que leen y, a veces, no saben si lo están haciendo bien o mal porque no conocen el significado de las palabras.

La regularidad de las sílabas del español hace que, para los niños que hablan español, sea mucho más fácil aprender a leer en español que en inglés. Para los padres que deseen enseñarles a leer a sus hijos o ayudarlos a leer mejor, ofrecemos sugerencias en una de las secciones finales (véase la sección J).

Algunas veces, los niños que hablan el **idioma mayoritario** aprenden a leer en un segundo idioma. Por ejemplo, en Canadá hay niños de familias anglohablantes que estudian en francés en la escuela primaria. Y es posible que aprendan a leer en francés antes que en inglés. Como están en un ambiente que refuerza el inglés y como se les da mucho apoyo por estar aprendiendo en otro idioma, su situación es distinta. Generalmente, no tienen dificultad en aprender a leer en francés y luego transfieren sus habilidades de lectura al inglés. Y se convierten en personas que leen bien los dos idiomas. En este ejemplo canadiense, el segundo idioma deber estar muy desarrollado para poder hablarlo y comprenderlo antes de comenzar a leer y a escribir. También el primer idioma debe estar muy desarrollado en el hogar y la comunidad, de manera que sea un bilingüismo completo, aditivo y no sustractivo. Así hay muchas probabilidades de que la lectura y escritura alcancen el mismo nivel en inglés y en francés.

El aprendizaje de la lectura empieza el día del nacimiento. Escuchar y hablar es la **preparación para aprender a leer**. El vocabulario y las estructuras del lenguaje que se adquieren al aprender a hablar son los cimientos necesarios para aprender a leer. No bien el niño reconozca los juguetes, se le deben proporcionar libros sencillos con los que jugar, para que se familiarice con ellos desde muy temprano y sepa cuánto se valoran en su hogar. Los niños pequeños pueden entender que los libros tienen ilustraciones y reproducciones de objetos —los que más tarde reconocerán como palabras—. Durante el primer año de vida, disfrutan oyendo canciones de cuna y rimas infantiles. En cuanto cumplen un año, es conveniente empezar a leerles libros sencillos, si no se ha empezado antes. En esta etapa, no comprenden cada una de las palabras, pero sí entienden la idea general, a la vez que aprenden que los libros son divertidos y que leer es un placer.

Los **padres** pueden estimular al hijo a leer desde antes que conozca ni siquiera una letra. Mientras se le lee a un niño pequeño, se puede ir señalando a cada palabra y seguir con el dedo la dirección de las palabras en la página (de izquierda a derecha o de derecha a izquierda, según el idioma) en una secuencia rítmica. A medida que se le leen sus libros preferidos noche tras noche, empezará a reconocer ciertas palabras y el significado de las palabras con su forma. ¿Cuántos padres no se han reído al ver a un niño pequeño tomar un libro y simular que está leyendo, porque ha memorizado algunas de las palabras escritas en las páginas? El niño está aprendiendo a amar los libros, a disfrutar los cuentos y a reconocer la letra escrita con éxito y con placer.

Cuando en el hogar se hablan dos idiomas, puede resultar fácil y natural el presentarles a los niños libros en ambos idiomas. En la India, muchos niños aprenden a leer y escribir sin problemas en tres idiomas y tres sistemas diferentes de escritura antes de los ocho años. La lectura y escritura en tres idiomas es tan posible como en dos.

El aprendizaje simultáneo de la lectura en dos idiomas funciona mejor cuando los dos idiomas están bien desarrollados. Al igual que para el desarrollo del lenguaje oral, es bueno definir las fronteras con claridad. Si el padre lee en su idioma y la madre en el suyo, el niño comprende la separación de los dos idiomas.

Una de las cosas más admirables sobre la lectura en dos idiomas es que **la lectura en el segundo idioma se apoya grandemente en la lectura en el primer idioma**. Dicho de manera sencilla, en la lectura hay una gran transferencia entre el primer idioma y el segundo. Por ejemplo, si un niño aprende a leer primero en español y luego aprende a hablar inglés, no necesita volver a aprender a leer para leer en inglés. Muchas de las habilidades y las actitudes se **transfieren** de un idioma al otro. Por ejemplo, el reconocer que las letras representan sonidos, el descifrar las palabras en todo o en partes, el adivinar el sentido de las palabras según el cuento, el comprender el sentido de una oración y el dirigirse de izquierda a derecha y de arriba abajo (en algunos idiomas) en la página.

Para aprender a leer en un segundo idioma, no hace falta aprender a leer de nuevo. Nada de eso. Por el contrario, se entiende inmediatamente que, en el segundo idioma, el texto se compone de palabras separadas; las palabras tienen significados individuales; se puede adivinar el significado, a veces, con exactitud, según el resto de la oración y también gracias a que hay pistas en oraciones anteriores o en ilustraciones, y gracias a la experiencia previa.

Los autores de este libro han visto todo esto en sus propios hijos. Uno de los hijos de Colin Baker, por decisión de los padres, aprendió a leer primero en la lengua minoritaria, el galés. Casi todos sus libros estaban escritos en ese idioma y nunca le leían en otro. A los siete años, y sin ser un niño excepcional, una noche tomó un libro escrito en inglés y empezó a leerlo sin dificultad. La madre, asombradísima, llamó a toda la familia para que lo vieran leer. La habilidad del niño para leer en galés (que tiene muchas letras con sonidos distintos de los del inglés) y el hecho de que hablara bastante bien en inglés lo prepararon para leer en inglés. Un año después, no había casi ninguna diferencia entre cómo leía en inglés y en galés. **Saber leer en un idioma facilita la lectura en el segundo idioma.**

La hija de Alma Flor Ada llegó a Massachusetts a los cuatro años, sabiendo leer en español. Estaban a mediados del ciclo lectivo y la pusieron en un programa preescolar privado donde no había ningún otro niño que hablara español. Rosalma sentía que sus compañeros se burlaban de ella y se mantenía siempre callada. Se expresaba por medio del arte. Las maestras celebraban sus trabajos artísticos, que encontraban muy avanzados para su edad, pero les preocupaba que no hablara. En su casa, leía ávidamente en español, resolvía problemas de matemáticas y miraba revistas infantiles y libros en inglés. Después del verano, la aceptaron en la escuela pública en kindergarten. La madre le advirtió a la maestra que la niña no hablaba inglés. Al final del primer día, cuando fue a recogerla, la maestra la increpó duramente preguntándole por qué la había engañado. Resultaba que la niña no solo hablaba inglés, sino que leía en inglés tan bien que habían decidido ponerla en primer grado.

El caso de su hermano Alfonso, aunque menos sorprendente, también demuestra que las habilidades de lectura se transfieren. El niño aprendió a leer en el Perú. Le encantaba leer y lo hacía con muy buena entonación. Cuando llegó a los Estados Unidos, no sabía hablar inglés. Una vez que aprendió, leía en inglés mucho mejor que los niños de su grado. No hay que aprender a leer dos veces. Si se sabe leer en un idioma, se pueden transferir las habilidades al segundo idioma.

Aprender a leer bien, con soltura y de modo crítico, lleva **tiempo.** Las habilidades de lectura no se adquieren de un día para el otro, sino que se desarrollan lenta y constantemente durante la infancia y la edad adulta. Aprender a leer bien en un idioma o en dos es un proceso **gradual** que continúa hasta la adolescencia y la juventud.

Aprender a leer en el segundo idioma es valioso para el desarrollo de ese idioma porque, por ejemplo, se amplía el vocabulario y se mejoran las estructuras gramaticales de ese idioma. **Leer** en la segunda lengua **ayuda** a aprender y a **hablar mejor** esa lengua, en especial cuando no hay muchas oportunidades de practicarla. También ayuda a escribir mejor en ese idioma.

La necesidad de leer con facilidad ha aumentado en las últimas décadas. Se ha vuelto esencial para la educación y para la mayoría de las profesiones. La lectura es un modo de adquirir nuevo vocabulario y diferentes estructuras lingüísticas. Aumenta los modos de comunicación dentro de la familia y en la escuela. Es un medio de adquirir información, de expandir los horizontes, de manipular y asimilar las experiencias. Ayuda a desarrollar nuevas ideas, nuevos conceptos, estimula la compasión y la comprensión hacia los demás, ayuda a conocer mejor la cultura propia y a desarrollar la identidad. La lectura también puede contribuir a mantener vivo un idioma cuando no hay muchas oportunidades para hablarlo.

D2: Aprender a leer en un segundo idioma, ¿interfiere con la lectura en el primer idioma?

Generalmente, aprender a leer en un idioma no interfiere con la lectura en un segundo idioma, sino todo lo contrario, es preparar el terreno para aprender a leer en el otro. Sin embargo, así como al aprender a hablar dos idiomas a veces se mezclan algunas palabras, algo similar puede ocurrir con la lectura. Un niño puede leer una palabra en francés con pronunciación inglesa o decir una palabra en alemán como si estuviera escrita en inglés. Las irregularidades del idioma inglés pueden ofrecer dificultades al comienzo a quienes han aprendido a leer en un idioma fonético, como es el español, en el cual cada sílaba tiene un sonido invariable. Como sucede cuando los niños aprenden a hablar y se van alejando de la mezcla hasta llegar a separar bien los dos idiomas, al aprender a leer llegan a darse cuenta de que las mismas letras se pronuncian de manera distinta en cada uno.

La lectura no consiste únicamente en descifrar los sonidos que están en la página impresa, es decir, en pronunciar de manera correcta las letras y las combinaciones de letras. Estas habilidades de desciframiento son solo un comienzo, no el fin. El propósito de la lectura es extraer significado del texto. Aprender a leer es aprender a **comprender** el mensaje. Leer es **extraer sentido** de las palabras, frases, oraciones, capítulos y libros.

Extraer sentido de una página es una destreza. Es necesario aprender a anticipar lo que el texto dice, aprender a comprender un cuento, y los adultos deben estimular a los niños en este proceso. Cuando un niño aprende esta estrategia de *encontrarle el sentido* a lo escrito, la puede **transferir** a la lectura en otro idioma, puede aplicar al segundo idioma la habilidad que aprendió en el primero.

D3: Si los dos idiomas tienen distinto sistema de escritura, ¿creará esto un problema al aprender a leer y escribir?

Muchos padres se preguntan si los niños tendrán dificultades para aprender a leer y escribir cuando los dos idiomas tienen distinto sistema de escritura. Por ejemplo, el inglés y el árabe tienen muy distinta caligrafía, como lo tienen el chino y el español. Los niños **pueden aprender** a leer y escribir con éxito en dos idiomas con caligrafías completamente distintas. La diferencia principal es que habrá menor transferencia en lo que se refiere a la caligrafía.

Aprender a leer en otro sistema de caligrafía sigue siendo más fácil cuando ya se sabe leer en otro idioma. Son muchas las habilidades que se transfieren: el acto de reconocer letras o símbolos, el asociar los símbolos en el papel con los sonidos y con el significado, y la estrategia para hacer predicciones acertadas. Sin embargo, hay **menor transferencia** en aquellas destrezas que se relacionan específicamente con dos sistemas de escritura diferentes. El niño tendrá que aprender a moverse en la página en sentidos distintos, reconocer símbolos diferentes y acostumbrarse a una presentación distinta en los libros.

Aprender a leer dos sistemas de escritura puede ser algo entretenido. Si los niños comprenden que están adquiriendo algo muy útil, su motivación puede aumentar y su actitud será más positiva.

D4: ¿Pueden los niños llegar a leer y a escribir en tres idiomas?

D4

Muchos niños trilingües o multilingües también aprenden a leer y a escribir en tres o más idiomas. Hay una transferencia de los dos primeros idiomas al tercero, del mismo modo que hay una transferencia entre el primero y el segundo. Algunos niños son trilingües, pero solo saben leer y escribir en dos idiomas; otros pueden leer y escribir en los tres.

Como indican los conceptos modernos de lectoescritura y multilectoescritura, una persona puede, por ejemplo, hablar tagalo (uno de los idiomas de las Filipinas), leer y escribir en español y también en inglés y chino. Puede mostrar varias habilidades de lectura y escritura que tienen diferentes usos, diferentes niveles de dominio, diferentes oportunidades de ser aplicadas (por ejemplo, según el género), que cambian con el paso del tiempo de acuerdo con la experiencia y la oportunidad, y que a veces no se usan aisladamente, sino en combinaciones innovadoras (sincretismo).

Esos niños multilingües no permanecen en mundos de lenguaje y lectoescritura separados, sino que adquieren simultáneamente multilingüismo y multilecto-escritura. Sin embargo, puede ser que los maestros no estén conscientes de la lecto-escritura en el hogar, por lo que se pierden muchas posibilidades de integración.

D5: ¿Cuándo debe un niño aprender a leer un segundo idioma?

D5

La lectura no comienza a la edad de cinco, seis o siete años. La lectura comienza en el primer año de vida. Si el niño tiene a su alcance libros y materiales de lectura para mirar y tocar, y si se le lee desde pequeño, se está estimulando la lectura, aunque aún no reconozca las letras o no sepa descifrarlas. El disfrute de los libros puede comenzar desde el primer año de vida. A medida que el niño va creciendo, el placer por los libros aumenta, despiertan su **curiosidad** y desea mirarlos más y más. Si en el hogar se habla un solo idioma y los libros están en ese idioma, ponerlos al alcance de los niños estimulará su interés por la lectura. Si en el hogar se hablan dos idiomas y los materiales disponibles están en los dos idiomas, estimularán la lectura en dos idiomas.

Los niños aprenden a leer, usualmente, entre los cuatro y los siete años, en uno o en dos idiomas, según cuántos sepan hablar bien. En algunas regiones, se acostumbra a que los niños comiencen a leer y a escribir cuando van a la escuela por primera vez. En otras regiones, tienen muchos libros en la lengua materna. Por eso, aprender a leer y a escribir se ve afectado por la cultura y el contexto, por la disponibilidad y la costumbre.

Si en el hogar se hablan dos idiomas, ya sea porque ambos padres los hablan bien, o porque la madre habla un idioma y el padre otro, es posible que el niño empiece la lectura en dos idiomas, por lo general, entre los cuatro y los seis años. Si, en cambio, los padres solo dominan un idioma, es mejor que el niño aprenda a leer primero en el idioma del hogar. Una vez que sepa leer bien en el primer idioma y haya aprendido a hablar lo suficiente en el segundo, también podrá leer en este último sin dificultad.

Esta estrategia de aprender a leer en dos idiomas **consecutivamente** consiste en animar a la niña o el niño a que aprenda a leer primero en un idioma hasta que lo haga con soltura y precisión. Una vez que domine la lectura en ese idioma, le será muy natural leer en el segundo. Lo más importante es este proceso sea placentero para los niños para que les cobren amor a la lectura y a los libros desde el comienzo.

Los niños que hablan español tienen la ventaja de que es mucho más fácil aprender a leer en español que en inglés. Una vez que saben leer en español, estarán bien preparados para leer bien en inglés. La sección J ofrece sugerencias prácticas para facilitar o aumentar este desarrollo.

D6: ¿Cómo puedo ayudar a mis hijos a aprender a leer y a escribir en los dos idiomas?

La lectura y la escritura deben ser experiencias agradables. Esto ocurre cuando la lectura y la escritura se refieren a situaciones naturales y reales, o a la lectura de hermosos cuentos. Cuando la lectura se enseña sobre la base de textos artificiales, sin mayor sentido para los niños, o sobre la base de reglas fonéticas, es difícil que sea agradable y divertida. La lectura y la escritura deben ser interesantes para ellos, deben estar relacionadas con **sus experiencias,** deben darles oportunidades de comprender mejor su propio mundo. Aprender a leer en forma mecánica y artificial no es divertido. Los ejercicios fonéticos rara vez pueden ser interesantes o significativos para los niños.

Los niños aprenden a leer y a escribir cuando tienen necesidad de comprender el **significado** de un cuento, de aprender una rima, de compartir la originalidad o el humor de un libro. Escribir es divertido cuando es un medio de **comunicación.** Cuando la lectura y la escritura carecen de contenido, cuando se le da más importancia a la forma de las palabras que a su significado, los niños no se sienten motivados para leer o escribir. La lectura y la escritura tienen que ofrecer oportunidades de compartir el lenguaje y compartir significados. En principio, puede parecer lógico y sensato que los libros de lectura tengan un número limitado de palabras, que la dificultad aumente poco a poco, que pasen de un nivel al otro lentamente. Sin embargo, los libros creados de ese modo suelen tener textos artificiosos, con cuentos sin interés, y no comparten ni cultivan las experiencias auténticas de los niños.

Los niños necesitan libros imaginativos, vívidos, interesantes, libros que recojan sus experiencias y que las expandan. Necesitan libros que los hagan reír y que estimulen su **imaginación,** que pertenezcan a su mundo y a su modo de pensar. Además de los libros, hay otros materiales útiles para la lectoescritura: periódicos y revistas, señales y anuncios que ven en las calles, paquetes y etiquetas. También es una valiosa actividad escribir cartas, mensajes de texto, correos electrónicos a otros niños o a familiares.

Es posible llenar la casa de materiales para leer. Es posible poner letreros en la cocina, carteles en las habitaciones de los niños y colgar en la pared muestras de las cosas que ellos escriben. Todo esto les indicará que valoramos la letra escrita. Los niños pueden disfrutar mucho creando sus propios libros, primero solo con dibujos o con dibujos y alguna palabra, y, poco a poco, con más palabras. Es importante proporcionarles los materiales con los que puedan hacerlos. Los anuncios de los autobuses o del metro, los letreros de las calles, los titulares de los periódicos son todos modos en los que los niños pueden ir aprendiendo a leer naturalmente.

Los niños aprenden a leer **construyendo el significado** de los libros. Utilizan sus experiencias y conocimientos previos para descubrir el sentido de los textos. Los lectores predicen, seleccionan y se autocorrigen en el proceso de encontrarle sentido al texto. Adivinan, a veces aciertan y a veces no. Van controlando su lectura a medida que van entendiendo lo que leen. Cuando todo lo que hacen es pronunciar los sonidos o escribir palabras sueltas, tiene muy poco valor intrínseco, muy poca motivación para ellos. La lectura y la escritura son procesos de comunicación con sentido.

Los niños aprenden a escribir para dirigirse a alguien, con un **propósito** y un mensaje. Para que la escritura sea eficaz, debe ser comprensible para el lector. Es muy aburrido para el niño que le señalen constantemente sus errores de gramática y de ortografía, porque esas correcciones se concentran en la forma, no en el fondo; en el medio, no en el mensaje. Para escribir bien, es importante trasmitir significado. Aprender a leer es también aprender a escribir. Los niños aprenden ortografía leyendo. Mientras más leen, más mejora su escritura.

En la **escuela,** en especial cuando se trata de niños de inteligencia normal o más alta que la normal, algunas explicaciones sobre la gramática y la ortografía pueden acelerar el proceso del desarrollo del lenguaje. Pero estas explicaciones no debieran nunca destruir el propósito de la lectura y la escritura, que es el significado. En la escuela, caben ciertas correcciones, ciertas consideraciones sobre la forma del lenguaje oral y escrito. Pero en el hogar, hay menos necesidad de estas correcciones. En el hogar, el lenguaje es, por lo general, un medio, no un fin; un vehículo, no una meta.

Se puede hacer aquí una analogía con un músico. Lo que importa es el conjunto total de la música. A veces es necesario practicar las escalas o los arpegios como destrezas aisladas para mejorar la ejecución. Pero tocar escalas no es tocar música. Lo verdaderamente importante es la combinación general, que incluye tocar las notas correctas, interpretar la pieza, crear un ambiente con la obra musical y comunicarse con el oyente. Algo parecido ocurre con la lectura y la escritura. Algunas veces el maestro o la maestra se concentra en habilidades específicas (por ejemplo, verbos irregulares, puntuación, ortografía o gramática). Pero estas habilidades específicas no son lectura y escritura. Es necesario enfocarse en la actividad completa.

La lectura y la escritura implican participar con placer y tomar ciertos riesgos. Es importante utilizar la motivación inicial de los niños que quieren aprender a leer y escribir. Los castigos y las **correcciones** constantes no ayudan. En cambio, los padres pueden conversar con los niños sobre la lectura. Hacerles preguntas interesantes y creativas sobre lo que leen los ayuda a volverse mejores lectores y a desarrollar más el lenguaje.

El proceso de aprender a **escribir** es un proceso **más lento** que el de aprender a leer. Al principio, quizá todo lo que el niño o la niña pueda hacer es dictar una carta para que los padres la escriban y luego se la lean. Si en la casa hay una computadora, puede aprender a usarla y así lo que escribe se verá más terminado. Al aprender a escribir (al igual que al aprender a leer) es esencial animar a los niños a que se atrevan a inventar, a adivinar. Es mucho más importante que expresen sus ideas que el saber escribir correctamente las palabras. Es normal que al empezar a escribir cometan muchos errores u omitan letras. A veces, ellos mismos no pueden leer lo que han escrito. Esto es perfectamente natural. Antes de empezar a caminar, los niños aprenden a gatear. Sin embargo, pronto se dan cuenta de que la **ortografía** es necesaria para la comprensión. Mientras más leen y escriben, menos errores cometen. Las investigaciones sugieren que, con muy pocas excepciones, los niños suelen escribir mal las palabras que han escrito o leído muy pocas veces. Mientras más leen y escriben, sus errores van desapareciendo, aunque es posible que siempre cometan algunos, como les pasa a los adultos.

Cuando los niños empiezan a leer y a escribir, empiezan también a desarrollar un sentido de la **puntuación.** Cuando cometen errores es valioso que se **autocorrijan.** Por ejemplo, puede pedirle al niño que vuelva a leer la palabra o que la vuelva a escribir. Si el error persiste, puede mostrarle la forma correcta. Sin embargo, si se lo corrige demasiado, será como aprender las notas, pero no la canción. Hay que asegurarse de mantener un equilibrio adecuado entre reconocer las notas y cantar la canción.

Los padres pueden ayudar a que sus hijos **disfruten de la escritura,** ya sea en uno o en dos idiomas. La escritura es, en esencia, una forma de comunicarse. Nos permite trasmitir mensajes, convencer a otros de nuestras ideas, hacer amistades, expresar nuestra individualidad, preguntar, explorar, ejercitar la imaginación, entretener, relatar hechos ocurridos, y mucho más. Al escribir reflexionamos más profundamente, aprendemos a organizar nuestras ideas y pensamientos y a compartir nuestra comprensión del mundo con los demás.

Compare estos propósitos con los ejercicios de escritura en que todo lo que los niños hacen es completar una palabra o escribir una oración que no tiene relación con sus experiencias o sentimientos. O cuando el énfasis del adulto, padre o maestro, está en corregir los errores, más que en estimular la expresión. La ortografía y la corrección son importantes, pero no son la esencia de la escritura, y, usualmente, se llega mejor a ellas cuando lo que se estimula es el deseo de los niños de expresarse y de comunicarse.

Para ayudar a los niños a escribir en uno o en dos idiomas

Los padres pueden ayudar a que sus hijos aprendan a escribir en uno o en dos idiomas antes de que vayan a la escuela o mientras asisten a la escuela primaria o secundaria. Esta lista ofrece algunas ideas y sugerencias. La cooperación con los maestros es también muy importante.

(1) Al principio, los niños pequeños escriben garabatos en las páginas. Es posible que haya alguna letra, pero, en su mayoría, sus trazos no se parecen a la escritura adulta. Acepte y celebre sus esfuerzos porque demuestran que ha descubierto que existe la escritura y que los trazos en el papel tienen significado. El proceso de la escritura ha comenzado.

(2) Más adelante, los niños trazan letras y, poco a poco, escriben palabras enteras. Sin embargo, en la mayoría de los casos, no saben leer lo que han escrito. Ellos esperan que los padres lo lean y lo comprendan. Trate de entender lo que el niño o la niña ha querido decir. Conversen sobre lo que ha escrito para que el acto de escritura sea un momento de compartir ideas. Celebre los esfuerzos. En este punto, los niños comprenden que la escritura es un modo de compartir un mensaje con significado.

(3) A medida que la escritura de los niños se va acercando a la de los adultos, empiezan a reflexionar, a escribir en forma comprensible y a expresarse cada vez con mayor claridad. Aprenden a escribir en distintos estilos, para distintos lectores. Todavía pueden cometer muchos errores de ortografía, de gramática y de composición del texto. Trate de no enfocarse en los errores, sino en el contenido. Pocos adultos tienen una ortografía perfecta, y, sin embargo, quieren que los niños la tengan desde pequeños. Muchos buenos lectores tienen dificultades con la ortografía. Estos lectores se concentran más en el contenido que en la forma de las palabras. Como regla general, si va a corregir errores, concéntrese solo en uno o dos a la

vez. Seleccione algo que le parezca apropiado para las necesidades del niño. Concéntrese en lo que el niño o la niña casi ha logrado, y en palabras o estructuras que volverá a usar. Estas correcciones serán más perdurables.

(4) Dele al niño o a la niña un cuaderno para que pueda escribir libremente. Varíe lo que escribe en casa, por ejemplo, puede ayudar a crear una lista para la compra, escribir o reescribir juntos un cuento de la familia, copiar una receta de cocina que luego prepararán, escribir un diario, frases para las fotos de un álbum de la familia, poesías, cuentos imaginarios, relatos personales, bromas o chistes.

(5) Asegúrese de que la niña o el niño tenga oportunidades de leer y escribir en el idioma de la familia. Los padres pueden escribir para sus hijos refranes y dichos, cuentos tradicionales, rimas, adivinanzas, trabalenguas, canciones e historias de la familia, así como anécdotas que han oído de sus antepasados o de amigos cercanos a la familia. Pueden crear con los niños un libro de tesoros familiares. El pasado se celebra en el presente; lo contemporáneo queda guardado como la historia de la niña o el niño.

D7: ¿Cuál es el mejor método para enseñar a leer: el método global, la conciencia fonémica, el método fonético o el método de lenguaje integrado?

El método **global** (llamado en inglés *look and say*) sugiere que los niños deben aprender a leer palabras completas. Se los anima a observar y recordar la forma completa de una palabra (por ejemplo, *casa*). Se insiste en las palabras que ellos encuentran en la vida diaria (*Salida, Empuje, Tire, Parada de autobús*). También se enseñan palabras comunes que se repiten con frecuencia (*es, son, el, por, entre*). Algunas palabras se les presentan en tarjetas, para que las memoricen. Este método se usa más en inglés que en español, porque en inglés hay muchas palabras irregulares que los niños necesitan aprender a leer de memoria, cosa que no ocurre en español. En general, este método no se usa aislado. Aunque puede ser muy eficaz para enseñar a leer unas cuantas palabras, no prepara a los niños para leer textos más largos.

Últimamente, en la enseñanza de la lectura en inglés se hace énfasis en la **conciencia fonémica,** es decir, la conciencia que se desarrolla desde muy temprano sobre algunos aspectos del lenguaje. Por ejemplo, en español, los niños reconocen que las palabras en plural suelen terminar en –*s;* que las palabras están formadas por sílabas —y las advierten con facilidad en canciones como *Bate, bate cho-co-la-te*—; que algunas palabras riman, como *camión, botón, montón, ratón.* Todo este reconocimiento oral puede ser útil a la hora de reconocer semejanzas en las palabras escritas.

El **método fonético** anima a los niños a dividir la palabra *hablada* en los sonidos representados por cada letra. En los Estados Unidos, este método había sido superado por otros métodos más enriquecedores, pero en los últimos años ha vuelto a cobrar fuerza. Por ejemplo, la palabra *shop* tiene tres sonidos: *sh* forma un sonido, la letra *o* otro y la *p* el tercero. El método fonético les enseña a los niños los sonidos que están asociados a las distintas letras y a las combinaciones de letras (por ejemplo, *sh* o *shr*). Luego a ellos les toca reconstruir cada palabra para crear el sonido completo. En la enseñanza fonética se deben evitar ejercicios mecánicos repetitivos. Como no tienen gran sentido, muchas veces destruyen el interés de los niños por la lectura. Como resultado, puede ser que aprendan los sonidos, pero no quieran leer. En cambio, este método puede aplicarse de forma divertida, por medio de rimas y canciones, por ejemplo. Algunos niños aprenden a leer muy bien, sin que nunca les hayan enseñado con el método fonético. Otros niños dependen tanto de distinguir cuáles son los sonidos y de pronunciarlos que pierden el sentido del cuento y, en consecuencia, la lectura no tiene valor. A muchos se les enseña algo de los sonidos fonéticos, pero solo como parte de un proceso más amplio. Quienes aprenden a leer bien de pequeños saben descifrar lo que leen y también comprenderlo. Las habilidades de descifrar un idioma se transfieren a otro.

En español, el equivalente apropiado al método fonético sería el **método silábico**. En español no tiene sentido separar las palabras en sonidos, puesto los sonidos se pronuncian siempre articulados en sílabas. Cada sílaba representa siempre el mismo sonido, y no hay excepciones. Por ejemplo, la letra *c* representa dos sonidos: /k/ antes de *a*, de *o* y de *u*, y /s/ antes de *e* y de *i*. Pero si al niño se le presentan las sílabas *ca, co, cu* (/ka/, /ko/, /ku/) y *ce, ci* (/se/, /si/), nunca tendrá que preocuparse de cómo se pronuncia la *c* aisladamente. Hay muchas instancias en que la división en sílabas es algo natural, por ejemplo, en rimas y juegos infantiles. También lo es la sustitución de las vocales, como en *Una mosca parada en la pared*, que se canta *Ana masca parada an la parad, Ene mesque…*. Por lo tanto, cuando se les enseñan a los niños las sílabas, se debe hacer de un modo alegre y divertido, con canciones y juegos. Hay que evitar que el aprendizaje de la lectura se convierta en ejercicios sin sentido y sin interés.

Si un niño está altamente motivado para aprender a leer, aprenderá con naturalidad y sin mayor esfuerzo, sobre todo en español. La razón por la cual es mucho más fácil aprender a leer en español que en inglés es por la correspondencia casi perfecta entre la representación por medio de las letras y los sonidos. Por ejemplo, en español la *a* siempre suena /a/, no importa si está al principio (*amor*), en el medio (*tomate*) o al final de la palabra *(sofá)*. En inglés, en cambio, una vocal tiene sonido distinto si está al principio, en el medio o al final de la palabra, o según las letras que la rodean: la *i* se pronuncia /i/ en *pin*, pero se pronuncia /ai/ en *pine*. Y, a veces, ni siquiera se pronuncian. Las mismas letras se pronuncian en forma distinta en palabras diferentes. Por ejemplo, en español hay una letra muda, la *h*. Siempre es muda. Y la *u* es muda en las combinaciones *gue, gui* y *que*, *qui*. Pero en inglés, una letra puede pronunciarse en unas palabras y ser muda en otras. Por ejemplo, la *k* tiene sonido en *kilo*, pero es muda en *knot*. La *w* tiene sonido en *how*, pero es muda en *know*.

Las personas que solo saben inglés no comprenden con cuánta mayor facilidad se puede aprender a leer en español. Y no se dan cuenta del enorme beneficio para un niño si primero aprende a leer en español. Lidiar con las complejidades del inglés le será más fácil si ya ha comprendido todos los procesos de la lectura y es un lector capaz.

Si en inglés se usa el método fonético de manera exclusiva como método de desciframiento, el resultado puede ser que los niños lean sin comprender ni disfrutar lo que leen. Pueden llegar a descifrar las palabras y a pronunciarlas bien, pero sin captar su significado. Este resultado puede ser muy perjudicial, por eso, es necesario que el desciframiento sea parte del aprendizaje de la lectura, pero no su totalidad.

El método de **lenguaje integrado** [véase el Glosario] se centra en aprender a leer y a escribir de forma natural, con gusto y con un propósito real, para lograr una comunicación eficaz y por placer. En general, propone un modo integrado

---

Secuencia típica de la enseñanza de lectura fonética en inglés

(1) Aprender a reconocer las letras del alfabeto, mayúsculas y minúsculas, sus nombres, sus sonidos, sonido inicial (al principio de una palabra), sonido final (al final de una palabra).

(2) Consonantes licuadas iniciales que ocurren al principio de una palabra, por ejemplo: *plod, split*.
Dos letras: *pl, fr, dr, pr, tr, sk, cr, br, sn, el, gr, gl, sp, fl, bl, sw, sm, se, st, qu, si, tw*
Tres letras: *spl, squ, spr, str, ser, shr*

(3) Consonantes licuadas finales que ocurren al final de una palabra, por ejemplo: *ramp*
mp, st, nk, lt, nd, sp, nt, ng, sk, lp, ld

(4) Palabras con *e* muda, por ejemplo: *rude, fate, eve*
u_e, a_e, i_e, o_e, e_e

(5) Digrafías vocálicas, por ejemplo: *cow*
ow, oe, ar, ew, ou, aw, ue, oo, er, ay, ie, ea, ee, ur, oa, au, ai, oy, ir, or, oi

(6) Digrafías consonánticas, por ejemplo: *whip*
wh, chy, th, sh, ph, tch, shr, thr, sch

(7) Letras mudas, por ejemplo: *gnat, knot, know*
g, k, w, u, h, b, gh, 1, t

(8) Terminaciones de palabras, por ejemplo: *picture, vogue, mission*
ure, ue, ion, ble, ele, fie, pie, sle, y, ge, tion, sion, ed, ous, re

---

Secuencia típica de la enseñanza de lectura silábica en español

(1) Aprender a reconocer las cinco vocales: *a, e, i, o, u,* que tienen sonido constante.
(2) Aprender las combinaciones silábicas directas regulares (consonante + vocal) más frecuentes y leerlas en palabras sencillas de 2 o 3 sílabas, como *oso, pato, luna, mesita, pepino.*
   pa, pe, pi, po, pu; sa, se, si, so, su; da…, ta…, ma…, la…, na…, ba…, fa…, ja…, ña…, va…, lla…, cha…
(3) Aprender las combinaciones silábicas inversas regulares (vocal + consonante) más frecuentes y leerlas en palabras sencillas de 1 o 2 sílabas, como *un mono, es mi mano, él me lo dijo.*
   as, es, is, os, us; an, en, in, on, un; al, el…
(4) Combinaciones silábicas vocal + consonante + vocal
   con, dan, den, pan, pon, sin, son, ten…
(5) Las sílabas directas con los dos sonidos de la *g*: suave, *ga, go, gu (gato, gota, gusano)*, y fuerte, *ge, gi (genio, girasol)*
   Con los dos sonidos de la *c*: fuerte, *ca, co, cu (casa, cola, cuna)*, y suave, *ce, ci (cena, cine)*
(6) Las cuatro sílabas con *u* muda: *gue, gui, que, qui*
   Las cinco sílabas con *h* muda: *ha, he, hi, ho, hu*
(7) Las sílabas con los distintos sonidos de la *r-, -rr-* y *-r: rosa, corre, arena*
(8) Las sílabas licuadas: *bra…, cra…, dra…, fra…, gra…, pra…* y *bla…, cla…, fla…, gla…, pla…*
(9) Las sílabas formadas con las letras *w, k, x*
(10) Palabras con diptongos: *ai, au; ia, ua; ei, eu; ie, ue; oi, ou; io, uo*

---

de aprender a leer, escribir, hablar y escuchar. El lenguaje usado tiene que tener sentido y ser significativo para los niños. El método de **lenguaje integrado** está en contra de los libros de lectura básicos (libros que tienen un vocabulario simplificado) y de la enseñanza por fonética (véase el cuadro) como único método para aprender a leer. En los libros de lectura básicos, típicamente, hay un orden que va de lo más fácil a lo más complejo. Pero el problema fundamental es que el lenguaje que usan es artificial y, muchas veces, sin mucho sentido ni interés para el niño o la niña que se inicia en la lectura.

En el método de lenguaje integrado, el texto que se lee debe tener mucho sentido e interés. La escritura debe tener un propósito real, auténtico. Los niños le escriben a alguien para comunicarle algo, en una situación específica y con un motivo claro. Escribir significa reflexionar sobre las ideas propias y compartir su sentido con otros. La escritura puede llevarse a cabo con otros y requiere hacer borradores y revisiones.

Una posibilidad para los padres es **combinar** los dos métodos de acercamiento a la lectura, el del lenguaje integrado y el fonético. Muchos maestros evitan ceñirse a un único método y tienen un procedimiento ecléctico. Algunas veces se desvían del método de lenguaje integrado y ofrecen a sus alumnos explicaciones directas en la lectura y escritura de ciertas palabras, la construcción de

---

Tres ejemplos de estrategias que pueden usar los padres para iniciar a un niño o una niña en la lectura

(1) Desarrolle un vocabulario de palabras que el niño conozca para que las lea. Pueden ser palabras que aparecen en los productos que se compran en el hogar, etiquetas de latas o paquetes de alimentos, por ejemplo. Anímelo a leerlos. Y hágalo sentirse orgulloso de poder hacerlo. Cree un álbum con fotos de miembros de la familia, juguetes y objetos favoritos, animales queridos. Escriba debajo de cada uno el nombre. Anime al niño a leer estas palabras. Cuando las conozca bien, escríbaselas en un papel, para que las identifique. Use trazos claros y letras muy grandes. Si al niño le van a enseñar en la escuela con el método fonético, le irá mejor si ya reconoce algunas palabras completas. Es preferible iniciar a los niños en el análisis fonético después de que sepan reconocer algunas palabras, mientras más, mejor. De este modo, ya comprenden el propósito de la lectura, están acostumbrados a leer palabras y no sonidos aislados, y saben que las palabras que se leen tienen significado.

(2) Invite al niño a hablar sobre una experiencia: algo que ha hecho, que ha visto, que le ha gustado. Escriba lo que le va contando en oraciones no demasiado largas, en una hoja de papel o una tarjeta. Léale lo que ha escrito. Anímelo a repetirlo con usted. Luego escriba cada palabra de la oración en una tarjeta o ficha de cartulina, o en un pedazo de papel. Pídale que vuelva a armar la oración, como si se tratara de un rompecabezas. Puede dejarle ver la oración completa, para que compare su reconstrucción con el original. Lean juntos una vez más la oración reconstruida.

(3) Escriba un cuento sencillo de algo que tenga que ver con la vida del niño. Léanlo juntos. Luego, vuélvalo a escribir, pero omita algunas de las palabras, por ejemplo una palabra cada 5 o 6. Pida al niño que diga o escriba las palabras que faltan. Este procedimiento se conoce como *cloze* o *claves del contexto* [véase el Glosario] y estimula el razonamiento y la lectura independiente. Asegúrese de escribir con letras grandes y de hacer que estas actividades sean divertidas, como un juego.

(4) Cree un libro de abecedario en blanco, con una página para cada letra. Luego invite al niño a elegir fotos de familiares, amigos, animales domésticos, juguetes, cosas que le interesen cuyos nombres comiencen con las distintas letras y péguenlas en la página correspondiente.

oraciones y otros puntos gramaticales. De hecho, muchos defensores del método de lenguaje integrado proponen que esta enseñanza directa, en los momentos apropiados, debe ser parte del método. La combinación de lenguaje integrado, algo de lectura fonética y algunos elementos gramaticales puede ser el modo más eficaz de acelerar el aprendizaje.

Enseñar a leer en español en la casa no es difícil. Y si los padres saben leer, deben proponerse darles a sus hijos la enorme ventaja que significa llegar a la escuela siendo ya lectores.

Una de las actividades más valiosas que los padres pueden realizar con sus hijos es invitarlos a leer en voz alta y escucharlos. Antes de que los niños comiencen a ir a la escuela y durante toda su educación primaria, el leer juntos cada noche es uno de los mejores modos de garantizar que triunfarán en la escuela. Deben reservarse veinte minutos "sagrados" para dedicarlos a la lectura sin interrupciones. Si son los padres los que les leen a sus hijos, pueden promover que los niños escuchen atentamente y obtengan aun mayor beneficio de la lectura siguiendo estos tres pasos: (1) Comenten el cuento que hayan leído. Aprovechen para compartir experiencias personales de su propia vida o de la vida de sus padres y abuelos que puedan relacionarse con el cuento leído. (2) Personalicen el cuento, relacionándolo con la vida del propio niño. (3) Conversen con el niño. Háganle preguntas sobre el cuento, sobre lo que más le gustó y por qué. ¿Hubiera actuado él de la misma manera? ¿Por qué?

La meta de los padres debe ser que los niños lleguen a ser **lectores independientes** en ambos idiomas. Un lector independiente puede guiarse y corregir sus propios errores, y encontrar las claves necesarias en el texto para entender palabras nuevas y conceptos nuevos.

A los niños les encanta hacer esto. Trate de que lean un texto después de modificarlo como se ha hecho en el texto que aparece a continuación. El ejercicio demuestra que son unos detectives de lectura muy listos:

> Sgeún un etsduio de una uivenrsdiad ignlsea, Cmabrigde Uinervtisy, no ipmotra el odren en el que las lteras etsán ersciats, la úicna csoa ipormtnate es que la pmrirea y la útlima ltera estén ecsritas en la psioción cocrrtea. Etso sceude prqoue no lemeos cada ltera por sí msima, snio la paalbra cmoo un tdoo.

La lectura es un instrumento de gran poder para una vida más rica y completa.

D8: ¿Debo comprarles a mis hijos libros que están escritos en ambos idiomas o en uno solo?

D8

Esta pregunta no tiene una respuesta directa porque hay que considerar varios puntos distintos. La mayoría de los libros en un hogar bilingüe están escritos en un solo idioma. Sin embargo, hay algunos publicados en dos idiomas, con el texto en inglés en una página, por ejemplo, y en español en la página de al lado.

Estos libros pueden ser de interés para los padres que escuchan al hijo leer en un idioma que ellos no dominan, porque pueden enterarse de lo que lee mirando la página contigua. Algunos padres hasta los usan para ampliar o enriquecer su conocimiento del otro idioma.

Cuando a los niños se les da un libro bilingüe, por lo general, lo leen solo en uno de los idiomas, el que más saben. Por eso, si el objetivo es que su hijo lea más en uno de los idiomas, tendrá que asegurarse de que los libros estén escritos solo en ese idioma. Por otra parte, por razones económicas, en los Estados Unidos hay algunos libros que se publican solo en forma bilingüe. En estos casos, lo importante es determinar la calidad. Si el contenido es tan valioso que desea poner el libro en manos del niño, no importa que esté escrito en dos idiomas.

Los libros de enseñanza dual contienen un cuento infantil o folclórico y leyendas o información en dos idiomas. Los idiomas pueden tener escrituras similares (como francés e inglés, o español e inglés) o diferentes (como chino e inglés, urdu e inglés, bengalí e inglés). Qué idioma aparece primero crea problemas de estatus y hasta políticos, y puede afectar las actitudes de los niños hacia los idiomas.

Algunos libros bilingües o de lenguaje dual se producen y publican profesionalmente. Hay varias editoriales y tiendas que los venden. Puede buscar en la Internet "libros bilingües" para encontrar una lista de proveedores. Por otra parte, padres y maestros, grupos comunitarios y religiosos pueden trabajar con los niños para producir este tipo de textos, que contribuyen a que los niños bilingües y monolingües tengan conciencia del valor y la función de otros idiomas.

Para niños cuyo primer idioma no es el mayoritario del país, los libros bilingües pueden servir como puente para la lectura en ese idioma, por ejemplo, el inglés. Primero pueden leer el cuento en su lengua materna, para comprenderlo. Seguidamente pueden leerlo en el otro idioma (inglés) y, como ya entendieron el argumento, les encuentran sentido a las palabras. Los libros bilingües en el aula y en la casa también enseñan a respetar y hasta a promover y celebrar otras culturas e idiomas, en particular los minoritarios.

Pero no falta la controversia sobre estos libros. En primer lugar, los niños suelen leer solo una de las versiones e ignorar la otra. Después de entender el cuento en un idioma, puede resultar aburrido leerlo en otro. En segundo lugar, el estatus de los idiomas puede hacer que a los niños les interese solo el de más prestigio. Por estos motivos, es común que terminen leyendo apenas la mitad del libro.

D9: ¿Cómo puedo conseguir libros para mis hijos publicados en cada uno de los dos idiomas?

Esta es una pregunta de importancia especial para los padres que viven en regiones en las que no se habla su idioma, por ejemplo, el español. Algunos de ellos, piden libros y materiales a familiares o amigos que viven en países o comunidades de habla hispana. En los Estados Unidos, afortunadamente, hay facilidad para encargar libros en español por catálogo, por teléfono o por Internet.

Aunque sea sencillo conseguir los libros, es importante hacer uso de las bibliotecas públicas. Este es un valioso servicio gratuito, pero solo tendrá utilidad si lo usamos. No hay que sentir vergüenza por utilizar las bibliotecas. De hecho, las bibliotecas necesitan lectores para poder sobrevivir. A mayor número de lectores, más fuerza y presupuesto tendrá la biblioteca. Si la biblioteca no tiene libros en español, no hay que desesperarse. Si no los tienen, es porque no los han solicitado. Si un padre o una madre explica con cortesía que le gustaría utilizar la biblioteca con regularidad, pero que desea libros en español, lo más probable es que la bibliotecaria consiga algunos. Si ve que usted y sus niños muestran interés en ellos, conseguirá más.

Es valioso ponerse en contacto con otros padres que estén buscando el mismo tipo de libros y materiales educativos. Podrán compartir experiencias, materiales y recursos, ya sea que vivan cerca, o que pueda comunicarse con ellos por carta, teléfono o correo electrónico. La solidaridad y el apoyo emocional dan fuerza.

No debe desperdiciarse la oportunidad de que los padres escriban libros para los niños en el idioma del hogar. Estos libros tendrán un doble valor. Por una parte, porque usarán el lenguaje familiar al cual el niño está acostumbrado y le facilitarán la lectura. Por otra parte, servirán para rescatar anécdotas y experiencias de la familia, y la herencia de la sabiduría familiar. Estos libros serán tesoros inestimables. Para ver muestras de libros escritos en inglés y en español por niños, padres y maestros puede visitar www.authorsintheclassroom.com.

D10: ¿Les será difícil a mis hijos escribir en dos idiomas?   **D10**

La facilidad para escribir tiende a desarrollarse después de la lectura. Si a los niños se les da suficiente estímulo, apoyo y práctica, no hay ninguna razón para que no aprendan a escribir bien en los dos idiomas. Sin embargo, hay que recordar que escribir bien exige más práctica que leer bien y que llevará algo más de tiempo. Es una destreza más avanzada.

Los niños pueden aprender en la casa a hablar y a leer en el idioma familiar. Para que aprendan a escribir bien, casi siempre es necesario que vayan a un programa bilingüe. Si no existe un programa bilingüe al cual puedan asistir, pueden ayudarlos los padres. Aun si los padres no han tenido muchos años de educación formal, hay muchas cosas que pueden hacer:

- Aliente a los niños a tener un diario. Si les proporciona un cuaderno bonito, posiblemente se animarán más. Pídales que escriban en el lenguaje del hogar unos minutos cada día.
- La actividad de copiar, en sí misma, no tiene encanto. Pero si anima a los niños a crear su propio libro de poesías y canciones, copiando cada día una que les guste, los estará ayudando a aprender a escribir.

- Pídales a sus niños que traduzcan por escrito un cuento que les haya gustado mucho en inglés, para que usted pueda leerlo en español. Así aprenderán no solo a escribir, sino a traducir, que es una habilidad muy provechosa.
- Anímelos a crear sus propios libros sobre temas de interés en su vida: *El libro de mi nombre, El día en que nací, Una persona de quien he aprendido mucho, Las cosas que me gusta hacer.* Estimúlelos a ilustrar sus libros y a guardarlos en su propia biblioteca. Hágales sentir que tienen mucho que decir. Celébrelos por ser autores.
- Recuerde que a escribir se aprende escribiendo, pero también leyendo. Fomente que sus hijos lean mucho en español y algún día podrán escribir sin dificultad.

D11: Mi hijo parece estar aprendiendo a leer muy lentamente. ¿Es a causa del bilingüismo?

La respuesta es no. Algunos niños aprenden a leer más rápido que otros. Si su niño es lento para aprender a leer, posiblemente, no tenga nada que ver con el bilingüismo. Hay muchas cosas que son importantes para que un niño empiece a leer pronto y bien: que se le hayan leído muchos libros para que esté familiarizado con el lenguaje y para que quiera aprender, su disponibilidad para leer, su interés en leer las señales que ve en la calle y a su alrededor, que en el hogar se lo estimule y en la escuela se lo apoye. Todas estas cosas son importantes para la lectura de un niño, pero el bilingüismo no tiene nada que ver con ellas.

El único caso en que puede haber una conexión entre la lentitud para aprender a leer y el bilingüismo es si ha habido una **actitud** negativa hacia el idioma o una **falta de progreso** en **ambos idiomas.** Esto no es frecuente, pero puede ocurrir cuando los padres no reconocen la importancia de desarrollar el lenguaje del hogar porque piensan que basta con que el hijo hable el idioma mayoritario. Por ejemplo, en los Estados Unidos, un niño pequeño aprende inglés de sus hermanos mayores, pero ellos no tienen bien desarrollado el idioma todavía (o sea, el modelo que se le presenta al niño es muy limitado). Luego asiste a clases de inglés solamente. Parece que habla inglés, porque ha aprendido a comunicarse sobre las cosas sencillas de cada día, pero le falta vocabulario y conocimiento de las estructuras del idioma para poder seguir la clase. El desarrollo se hace muy lento, puesto que no hay una base en qué apoyarlo. Y es posible que el niño termine en ese estado penoso de no tener bien desarrollado ningún idioma. Por lo tanto, la lectura le resulta muy difícil, ya que no comprende lo que lee.

Por eso, es muy importante que haya una buena base en el idioma del hogar. Y la mejor forma de que un niño que habla español aprenda a leer bien en inglés es que aprenda primero a leer bien en español. No solo es más fácil aprender a leer en español que en inglés, sino que, además, los padres pueden ayudar a los hijos aunque sea escuchándolos leer y haciéndoles preguntas sobre lo que leen. Una vez que lean bien en español, estarán preparados para leer bien en inglés.

Enseñarles a hablar su idioma es uno de los dones más grandes que los padres pueden darles a sus hijos. Ayudarlos a aprender a leer es otro enorme regalo. Estos regalos que no pueden comprarse en una tienda, que son fruto de la constancia y la paciencia duran toda la vida y pueden contribuir enormemente al éxito personal, social y profesional de los hijos.

D12: Mi hija tiene problemas de ortografía. ¿Es a causa del bilingüismo?

D12

Muchos padres se preguntan si el hecho de que sus hijos aprendan a escribir en un idioma interferirá en que escriban bien en el otro. En un primer momento, es posible que parezca que **imitan** la ortografía del primer idioma que aprendieron. Pero esto es una situación pasajera y, no bien adquieren suficiente práctica en la lectura y la escritura, estas interferencias tienden a desaparecer. Si hay **errores ortográficos** frecuentes (con excepción de los casos de dislexia), las causas principales, probablemente, sean la ansiedad, la falta de práctica de la lectura y la escritura, y la falta de motivación y estímulo. Nada de esto tiene relación con el bilingüismo.

Durante el período inicial, el niño suele imitar la ortografía de un idioma en el otro. Desde su perspectiva, esto significa usar creativamente su conocimiento y experiencia para avanzar en la escritura del idioma nuevo. Es un intento imaginativo y creador para escribir en el otro idioma. Esto es una prueba de **adaptabilidad.** A medida que el niño lee y escribe más en el segundo idioma, aprende a separar la ortografía de los dos. Hay muy pocos adultos que tienen una perfecta ortografía. Y las personas bilingües no son una excepción. Las personas bilingües no tienen ni mejor ni peor ortografía que las monolingües.

D13: A mi hijo le han diagnosticado dislexia. ¿Debemos tratar de que desarrolle la lectura y la escritura en un solo idioma o en los dos?

D13

El bilingüismo, definitivamente, no ocasiona dislexia. No hay pruebas que conecten la dislexia con el hecho de haber sido criado como bilingüe ni que conecten el hecho de hablar dos idiomas desde el nacimiento con el aumento de la dislexia. Esto se afirma con independencia de que la dislexia del niño sea leve, moderada o grave. Cualquiera que sea el grado de dislexia, entender y hablar dos o más idiomas no desencadena ese trastorno.

Aun así, ante problemas de dislexia hay que tomar decisiones sobre qué idioma **deberá** usarse para comenzar a aprender a leer y a escribir. ¿En un idioma o en dos? ¿En el idioma de la escuela o en el del hogar? ¿En un idioma mayoritario como el inglés o en un idioma minoritario? Al contestar estas preguntas, hay que tener presente que entre los disléxicos hay diferentes tipos y grados de problemas que afectarán la lectura y la escritura hasta cierto punto. No puede darse una recomendación universal.

Primero, a los padres de un niño disléxico a veces se les aconseja que se concentren en el idioma de la escuela, en especial para que aprenda a leer y escribir. En algunos casos (por ejemplo en el País de Gales), se aconseja hacer esto mediante un idioma de fonética estable (como el galés) en lugar del inglés (que es irregular y tiene fonética inestable). Para un niño disléxico, aprender a leer mediante un idioma de fonética estable tiene ventajas en cuanto a facilidad y rapidez en el aprendizaje.

En una lengua en la cual la misma letra o combinación de letras siempre tiene el mismo sonido, como el español, el niño disléxico aprende la *regla del sonido* con más rapidez que en un idioma como el inglés, que es muy irregular. En inglés una letra se puede pronunciar de diferentes maneras (por ejemplo, la *a* en *cave* y en *have;* la *e* en *her* y en *here;* la *i* en *pint* y en *mint*). En inglés, un grupo de letras puede cambiar, aparentemente de manera arbitraria, de sonido (por ejemplo, *-ough* en *tough, through, though, bough*). Para los disléxicos, el inglés es un idioma complejo y muy difícil a la hora de aprender a leer y a escribir. Esto significa que, si el niño habla dos idiomas de los cuales uno tiene fonética inestable, en igualdad de otras condiciones, *el mejor para aprender a leer* es el de más estabilidad fonética. Si los idiomas son español e inglés, el más estable es el español y, por lo tanto, es el que debe elegirse.

Segundo, si el único idioma de la escuela es el inglés (u otra lengua irregular), entonces vale la pena concentrarse en la lectura y escritura en inglés, para asegurar el desarrollo lingüístico e intelectual. La lectura es crucial para aprender y para estudiar en la escuela, de manera que la lectura y escritura de la escuela tendrá gran influencia en el *primer idioma para aprender a leer*.

Tercero, una vez que el niño haya alcanzado un número razonable de destrezas de lectoescritura en un idioma, se producirán dos efectos: (a) el niño ganará confianza en la lectura. Para un disléxico, tal confianza sobre lo que logró es importante para generar la expectativa de más logros (por ejemplo, aprender a leer en un segundo idioma). Cuando se repiten los fracasos en el aprendizaje de la lectura, el niño se desencanta y aumentan los problemas con la alfabetización. (b) Al haber adquirido destrezas de lectura y escritura en un idioma, se transferirán algunas al segundo: reconocer que las letras representan sonidos, decodificar palabras como partes y todo, tratar de adivinar palabras, distinguir el significado de una palabra en una oración por la oración completa y reconocer que hay pistas acerca de las palabras en oraciones e ilustraciones anteriores.

Esto no quiere decir que a un niño disléxico se lo deba excluir del aprendizaje de la lectura y escritura en dos idiomas. Quiere decir que, una vez que se logra una base sólida de lectura y escritura en un idioma, se puede presentar el otro, en especial cuando hay suficiente interés, autoconfianza y apoyo educacional. A menudo, a la misma niña o niño se le despierta el interés por aprender a leer y a escribir en un segundo idioma.

Cuarto, ¿debe un niño disléxico empezar a aprender a leer en dos idiomas simultáneamente? La respuesta más habitual es "no". Para un disléxico, aprender las destrezas necesarias para leer y escribir en un idioma es, con frecuencia, un proceso lento y difícil. Aprender al mismo tiempo dos sistemas diferentes acarreará, por lo general, dificultades para adquirir las destrezas de la lectura en cada idioma con la rapidez necesaria como para apoyar el currículo y desarrollar su confianza en sus habilidades de lectura y escritura.

Sin embargo, si el ambiente es bilingüe (por ejemplo, hay señales en las calles y envases de productos en dos idiomas), muchos niños curiosos querrán involucrarse en el estudio de los dos idiomas que ven. Ayudarlos a recordar de manera visual palabras claves, sin conocer al principio necesariamente todo el sistema fonético [véase el Glosario] de la lengua más compleja, puede ser para ellos edificante y divertido, y puede sentar las bases para un ulterior desarrollo de destrezas más avanzadas de lectura y escritura, incluso, en los dos idiomas.

SECCIÓN E

Preguntas sobre pedagogía

En inglés me gusta decir:
Do you want to
be my friend?

Y en español digo:
Ven y seremos amigos.

Dos idiomas
y una misma amistad.

Alma Flor ADA
Inglés y español

PREGUNTAS BÁSICAS SOBRE PEDAGOGÍA

E1: ¿Puede ayudar un centro preescolar a desarrollar el bilingüismo?

La respuesta a esta pregunta se centra en los aspectos de desarrollo del lenguaje en los centros preescolares. No se discuten aquí los posibles beneficios de la educación preescolar en general. En primer lugar, es importante destacar que hay algunos casos en que enviar a los niños a un centro preescolar puede no ser beneficioso. Por ejemplo, si la familia quiere educar al niño o a la niña en español y el centro preescolar utiliza solamente inglés, hay que analizar con cuidado lo que esto puede representar. Muchos padres que quieren desarrollar **el idioma minoritario,** por ejemplo, el español, prefieren enviar a los niños a centros preescolares donde se les hable en español. Si el idioma del hogar es un idioma que está en riesgo de desaparecer y necesita que en la comunidad se lo afiance y mantenga, es probable que los padres quieran que sus hijos desarrollen bien el idioma minoritario antes de enseñarles el mayoritario. En estas situaciones en que un idioma tiene menor fuerza o prestigio, es preferible esperar a que los niños tengan seis o siete años antes de enseñarles el idioma mayoritario. Los niños tardarán luego entre dos a cinco años para adquirir fluidez en el segundo idioma.

La mayoría de los niños que hablan **español** u otro **idioma minoritario** en la casa tienen poca dificultad en adquirir el inglés o el idioma mayoritario. Este último los rodea por todas partes: en la televisión, la radio y otros medios de comunicación; en la calle, y en el patio de la escuela. Además, es el que imitan los jóvenes. Por esta razón, muchos padres de todo el mundo que hablan un idioma distinto al mayoritario del país en el que viven prefieren enviar a sus hijos a **centros preescolares donde les hablen solo en el idioma del hogar.** De ese modo, el centro preescolar refuerza y extiende el desarrollo del lenguaje iniciado en el hogar.

Si no es posible encontrar educación preescolar en el idioma del hogar, el enviarlo a un centro educativo donde le hablen un idioma distinto es peligroso. Por ejemplo, si los niños que hablan español en la casa empiezan a aprender inglés desde muy pequeños, existe el riesgo de que nunca lleguen a desarrollar bien el español y que este pierda la importancia que puede tener en su vida. Hay que considerar las alternativas posibles: cuidar al niño o a la niña en la casa, conseguir una persona que lo cuide y le hable solo en el idioma del hogar, formar grupos con otras madres o padres para reunirse a jugar con los niños pequeños, turnarse en el cuidado de los niños con otras madres o padres, y organizarse para solicitar que el centro preescolar ofrezca un programa en español.

Si un niño latino, que habla español en la casa, tuviera que ir a una guardería donde solo hablan en inglés, habría que asegurarse de que allí se respeta y valora el español y otros idiomas. Esto se puede reconocer por los letreros o afiches en distintos idiomas colocados en la escuela, así como a través de conversaciones con el personal, folletos y publicaciones.

La situación es completamente distinta cuando se trata de hogares donde los padres, o al menos uno de ellos, hablan la **lengua mayoritaria** y quieren que el centro preescolar ayude al niño a adquirir un **segundo idioma.** Por ejemplo, si los padres que hablan inglés en los Estados Unidos quieren que sus hijos aprendan español, pueden enviarlos a un centro preescolar donde les hablen en español. En Gales, Gran Bretaña, hay padres de lengua inglesa que envían a sus niños de edad preescolar a centros donde aprenden en galés junto con niños que hablan este idioma en la casa. Refuerzan el aprendizaje del galés, que para sus hijos es una segunda lengua, reuniéndose con otras madres para que los niños jueguen juntos.

El método de lenguaje dual Montessori ofrece inmersión en un segundo idioma para niños pequeños (por ejemplo, inglés y español en los Estados Unidos). Por medio de juegos organizados con otros niños, los preescolares pueden adquirir una buena base para el aprendizaje del segundo idioma, cuando su primer idioma está asegurado por ser el de la mayoría. Cuán amplia y firme sea esta base dependerá del número de horas que el niño pase en estas actividades preescolares. Los niños primero serán capaces de entender el segundo idioma y luego podrán hablarlo.

Desarrollar la habilidad para **comprender** un segundo idioma en el centro preescolar será una magnífica base para luego desarrollar la capacidad de hablarlo durante los años de la escuela primaria. Algunas veces los padres sienten que en la época preescolar los niños han aprendido muy poco del segundo idioma. Esperan que sean capaces de hablar demasiado pronto. Si el centro preescolar logra que los niños entiendan el segundo idioma, esa comprensión pasiva se tornará en producción activa muy poco después. Los niños progresarán casi sin esfuerzo y pasarán de solo comprender a hablar.

Si los niños pasan la mayor parte del día en un centro preescolar verdaderamente eficaz, donde las actividades de lenguaje están bien planeadas y bien llevadas a cabo, es posible que también lleguen a aprender a hablar, no solo a comprender, el segundo idioma. Este tipo de situación de inmersión es ventajosa para conseguir que el niño sea bilingüe. Pero recuérdese que estamos hablando de situaciones en las cuales el idioma del hogar es el **idioma mayoritario** y, por lo tanto, **no hay riesgo** de que los niños dejen de hablarlo. Estos niños tienen suficiente oportunidad de desarrollar el idioma mayoritario en la casa, en el mundo que los rodea y, más adelante, en la escuela. En estos casos, aprender un segundo idioma en el centro preescolar es algo que no ofrece dificultad y que los niños disfrutan. Es una base temprana y útil para el bilingüismo. Los lugares para juegos y los centros educativos bien organizados, pero, a la vez, sin tensión brindan a los niños la oportunidad de adquirir otro idioma de forma natural.

Pero debemos insistir en que, si el lenguaje del hogar es el español, los niños solo se beneficiarán verdaderamente si en el centro preescolar continúan hablándole en español; si no es así y en el centro preescolar solo le hablan en inglés, en lugar de beneficiarlo lo perjudicarán.

E2: ¿Cuáles son las características de un programa eficaz que apoye el aprendizaje bilingüe de los niños en el ciclo preescolar o de guardería?

La educación preescolar bilingüe enseña a los niños a hablar confiada y claramente en dos idiomas usando esas destrezas para interactuar con adultos y con otros niños. Los ayuda a comunicarles sus pensamientos, ideas y sentimientos a sus maestros y a otros niños. Dedica abundante tiempo y ofrece oportunidades de aprendizaje para desarrollar el lenguaje hablado mediante conversaciones entre niños y adultos tanto individuales como en grupos pequeños.

Un programa preescolar eficaz enfatiza la comunicación, el idioma y la lectoescritura, que se integran con todos los demás aspectos importantes del aprendizaje (por ejemplo, desarrollo personal, social y emocional; desarrollo matemático; conocimiento y comprensión del mundo; desarrollo físico, y desarrollo creativo). Estimula el desarrollo de los dos idiomas mediante todas las actividades preescolares (por ejemplo, el juego, las dramatizaciones, la comida, la llegada, la salida).

Un programa preescolar eficaz es sensible al nivel lingüístico de todos los niños en sus dos idiomas y procura estimular el **desarrollo individual.** Es aconsejable que también sea sensible a las necesidades individuales y ofrezca planes para desarrollar lingüísticamente a cada niño. Por ejemplo, es importante el dar instrucciones que pueda comprender cada uno y usar un nivel de lenguaje que realce progresivamente la importancia de sus destrezas lingüísticas.

Resulta igualmente valioso darle al niño muchas **oportunidades y estímulo** para practicar sus destrezas en los dos idiomas. Cada uno necesita la oportunidad de ser un hablante activo y no un oyente pasivo. Puede tratarse de conversaciones individuales, pero también las canciones, rimas, juegos cooperativos, juegos grupales y tareas creativas, por ejemplo, permiten el desarrollo del lenguaje a través de situaciones y actividades en ambos idiomas. A los niños pequeños les gustan las historias, los cuentos y los poemas cortos, y esas experiencias orales se relacionan pronto con la lectura y la escritura.

Una biblioteca con libros en ambos idiomas, así como DVD, CD y programas computarizados, servirán de apoyo al aprendizaje de los primeros años. Los murales y temas para cada semana o mes pueden incluir dos o más idiomas.

Un programa preescolar efectivo es el que posee un ambiente enriquecedor para los idiomas en cuanto a la comunicación con los maestros y las actividades planificadas, recursos materiales y el estímulo del uso de dos idiomas, que ofrecen una base bilingüe no solo para la escuela, sino para toda la vida.

E3: ¿Deben asistir mis hijos a un programa bilingüe?

E3

Si los padres pueden **optar** por el tipo de programa al que pueden asistir sus hijos, es **necesario considerar muchos factores** para elegir el mejor. Un factor muy importante para esa decisión es el idioma o los idiomas que se van a usar con los niños. Pero el idioma no debe ser el único factor. Hay programas bilingües excelentes, buenos, regulares y hasta deficientes. No basta con que un programa sea bilingüe. También es importante el compromiso de los maestros, el éxito del programa en la enseñanza de la lectura y las matemáticas, la creatividad en el arte, la enseñanza de las ciencias, la formación moral y espiritual, una relación armoniosa entre los alumnos, la interrelación entre la escuela y el hogar, y la colaboración de los padres.

Al preguntar sobre la **utilización de los idiomas** es fundamental descubrir cuáles son las verdaderas **metas de la escuela.** No alcanza con lo que dice la escuela. Es necesario **visitar las clases** y hacerles preguntas al director o directora y a los maestros. Así podrá saberse cuál es la realidad en el uso de los idiomas y cómo es de verdad la escuela, no cómo dice ser. No basta lo que propone por escrito, sino lo que logra realizar. Las acciones hablan más claro que las palabras; los resultados son más importantes que las promesas.

Algunas escuelas tienen una **ideología lingüística** que apoya el desarrollo del bilingüismo. Sin embargo, en la realidad, solo emplean el segundo idioma en la clase. Otras escuelas, en cambio, crean una verdadera diversidad lingüística y cultural.

Otro caso es el de los establecimientos que ofrecen **apoyo bilingüe temporal.** Por ejemplo, en algunas escuelas de Inglaterra, una asistenta de maestra les da apoyo a los niños asiáticos en su idioma durante uno o dos años. En muchas escuelas de los Estados Unidos, el programa bilingüe es similar. Los maestros o asistentes facilitan la transición de los niños de su idioma materno al inglés. Pero, en realidad, no ayudan a que se desarrolle un verdadero bilingüismo. Tal vez expresen principios sobre el bilingüismo y digan que lo promueven, pero lo que ocurre en realidad es que el bilingüismo solo recibe apoyo en los primeros momentos, hasta que los niños son capaces de estudiar solo en inglés. Muy pronto abandonan el uso de la lengua del hogar y dejan de progresar en ella. Este modelo se llama *programa de educación bilingüe transicional.**

*Véase la página 178

En situaciones en que los padres **quieren mantener el idioma del hogar,** buscarán que ese idioma esté presente en la escuela en todo lo posible tanto en la educación primaria como en la intermedia. Estos se llaman *programas de mantenimiento o de desarrollo de las lenguas hereditarias.* En los Estados Unidos, estos principios están representados en las escuelas de doble inmersión. En estos programas se propone que los niños aprendan a leer primero en la lengua minoritaria, por ejemplo, el español. La lengua mayoritaria, el inglés, se comienza a presentar en primer grado, pero solo por un tiempo breve cada día. Una vez que los niños pueden leer bien en español, no les resulta difícil leer en inglés. Generalmente, para un niño que habla un idioma minoritario, la mejor enseñanza es en el idioma de su hogar. Por eso, para los niños que viven en Estados Unidos en hogares en los que se habla español, la mejor educación será en español. Una vez que el español esté bien desarrollado, el inglés tendrá una base sobre la que sustentarse. Y los niños no habrán perdido la oportunidad de seguir aprendiendo de sus padres y de comunicarse con ellos.

Cuando la escuela apoya el idioma de un niño, apoya al niño mismo, a su hogar, su familia y su herencia. Por lo tanto, contribuye a mantener su autoestima y su confianza en sí mismo. Imponerle a un niño que estudie exclusivamente en el idioma mayoritario significa un rechazo de su hogar, sus padres y su autoimagen. Las investigaciones realizadas en distintas partes del mundo muestran que los niños que hablan lenguas minoritarias tienen más éxito en la escuela cuando estudian en el idioma del hogar. Estos niños llegan a ser bilingües y aprenden a leer bien en dos idiomas. Una escuela con un buen programa de doble inmersión, o de mantenimiento del idioma materno, se asegurará de que los niños lleguen a dominar bien los dos idiomas y puedan desempeñarse académicamente en ambos. Si las escuelas no consiguen esto, no les están dando a los niños iguales oportunidades de empleo, de desarrollo económico y de éxito en economías que están dominadas por las lenguas mayoritarias.

Para los niños que se educan en el sistema de un persona-un idioma, una escuela bilingüe, si tienen esa opción, puede resultar muy útil para continuar recibiendo aportes en ambos idiomas en lugar de un cambio súbito a uno solo.

Cuando se trata de niños que **hablan en casa el idioma mayoritario,** la perspectiva frente a la educación bilingüe puede ser diferente. Por ejemplo, en muchos lugares de Canadá, los niños que hablan inglés en el hogar asisten a escuelas (empezando en kindergarten) que les enseñan en francés. Este método se llama **educación bilingüe de inmersión.*** Los niños de hogares donde se habla el idioma mayoritario suelen tener éxito cuando **se les empieza a enseñar por medio de otra lengua mayoritaria distinta.** Después de un tiempo, se les enseña en los dos idiomas. Por medio de una inmersión cuidadosa en un segundo idioma mayoritario a edad temprana, se vuelven bilingües y capaces de leer en dos idiomas, sin sufrir en su rendimiento académico. El punto esencial sobre estas escuelas es que no se sustituye el idioma del hogar, sino que se le añade otro, es decir, se gana otro idioma. Los niños que asisten a estas escuelas tienden a estar todos en el mismo nivel: todos son principiantes en el aprendizaje del francés.

*Véase la página 179

En los Estados Unidos, ha habido una confusión con el uso del término *inmersión.* Algunas personas, que no defienden el bilingüismo, lo utilizan para referirse a programas en que a los niños que hablan en el hogar un idioma que no es el inglés se los sumerge en la escuela a aprender solo en inglés. Estos programas debieran llamarse, mejor, de **sumersión** [véase el Glosario], ya que sabemos que tienden a sustituir el primer idioma por el inglés y dejar a los niños con un solo idioma. Sabemos también que pueden ser muy destructivos para el sentido de identidad del niño y su respeto por su hogar y cultura.

En los Estados Unidos, empiezan a haber cada vez más **programas de doble inmersión.** Estos programas se parecen a los de Canadá, pero se diferencian en la composición de los alumnos. Mientras que en Canadá todos los niños son anglo-hablantes que quieren aprender francés, en los Estados Unidos hay dos grupos de niños. Un grupo está formado por niños anglohablantes que quieren aprender español, pero el otro grupo está formado por niños que hablan español en la casa y que quieren desarrollar su español y aprender inglés. Entre todas las opciones para la educación de niños hispanohablantes, los programas de doble inmersión parecen ofrecer las mayores ventajas y los mejores resultados.

En distintas partes del mundo, hay niños hablantes de una lengua mayoritaria que están aprendiendo en lenguas minoritarias. Un ejemplo es la región de Gales, en Gran Bretaña. Allí un número cada vez mayor de padres de familias que hablan inglés eligen enviar a sus hijos a escuelas donde se enseña en galés. Sobre todo cuando esos niños empiezan a educarse en galés a los cuatro o cinco años, su capacidad de hablar en inglés y su desarrollo académico no sufren. Al contrario, añaden un nuevo idioma y una nueva cultura sin que sufra su lengua materna ni su éxito académico en todas las asignaturas.

Aquí hemos querido destacar que, aunque una escuela diga que apoya el bilingüismo, los padres deben evaluar cuidadosamente sus verdaderas intenciones y su eficacia para que los niños se vuelvan bilingües y capaces de leer y escribir dos idiomas. Algunos programas bilingües son, en realidad, un camino de transición hacia el monolingüismo. Las escuelas que enseñan por medio de una lengua minoritaria, los programas bilingües de mantenimiento o duales y los programas de doble inmersión son los que mejor desarrollan el bilingüismo y la lectoescritura en dos idiomas. Las escuelas bilingües solo son eficaces si tienen un verdadero compromiso con el desarrollo de los dos idiomas. Si los padres comprenden con claridad lo que se puede esperar de la escuela, comprenderán cuánto necesitan complementar en la casa.

E4: ¿Qué debo tener en cuenta al elegir una escuela para mis hijos bilingües?

Si la escuela es bilingüe o tiene un programa bilingüe, es importante averiguar **cuándo y cómo se usan los idiomas en la enseñanza.** ¿Se usa uno de los idiomas solo media hora al día o solo en la clase de arte o de música? ¿Cómo se divide el uso de los dos idiomas en el currículo? ¿Cómo se usan y respetan los dos idiomas en la escuela? Un buen programa bilingüe debe tener reglas muy claras sobre el uso de los dos idiomas y debe tener como objetivo que los niños aprendan a leer y escribir bien en ambos idiomas. Tiene que haberse planteado cómo se van a usar los dos idiomas durante la clase y durante los períodos de juego y actividades. ¿Apoyan los maestros verdaderamente el desarrollo de dos idiomas o uno de los idiomas tiene mucho menos prestigio que el otro?

Otra consideración necesaria es el equilibrio de los **idiomas hablados entre los niños** en la escuela. Parte del proceso de adquirir un idioma en la clase y en el patio de recreo se basa en la interacción entre los niños. En la escuela primaria, el aprendizaje en grupos cooperativos, los proyectos de equipo, la cooperación y el diálogo tienen gran importancia y, por lo tanto, se debe tener en cuenta el **lenguaje informal de la clase.** ¿Usan los niños constantemente entre ellos solo uno de los idiomas, de modo que no usan el otro con frecuencia?

Antes de elegir una escuela bilingüe, observe **los trabajos de los niños que se exponen** en las distintas aulas. ¿Se ven sus idiomas representados adecuadamente en las paredes? Los trabajos de los niños, los carteles, las indicaciones, las señales que hay en la escuela, ¿son monolingües?, ¿bilingües?, ¿multilingües? Observe los libros, los CD, los cuadernos de actividades. ¿Hay una cantidad suficiente para estimular el **aprendizaje del lenguaje** [véase el Glosario] y asegurar que los niños podrán leer y escribir en ambos idiomas?

Al elegir una escuela siempre existe el peligro de fijarse demasiado en los resultados de los exámenes y el rango que ocupa la escuela en una tabla de categorías. Estos resultados son una medida muy superficial. Muchos de los aspectos valiosos de una escuela no están representados por los exámenes y las pruebas simples.

Investigue sobre las **actividades extracurriculares,** (como coro, bailes folclóricos, deportes, festivales culturales). ¿Ayudarán esas actividades a mantener el bilingüismo de los niños, a que conozcan mejor su cultura?

Trate de averiguar qué tipo de **colaboración** existe **entre los maestros y los padres.** En una buena escuela debe haber una colaboración estrecha entre padres y maestros, y tiempo para discutir con los padres cómo prolongar la educación de los niños en el hogar. Tratan de lograr una integración de actividades y propósitos entre el hogar y la escuela. Esto es importante para un matrimonio intercultural (por ejemplo, una familia peruano-estadounidense). Si la escuela entiende la naturaleza de una **familia intercultural,** la autoestima de los niños aumentará, se afirmará y celebrará su doble identidad. Las escuelas que no tienen un programa de apoyo al idioma de los niños (por ejemplo, porque asiste solo un niño que habla ese idioma) pueden, sin embargo, tener una actitud positiva hacia el idioma diferente del niño. Para ser buena, la escuela tiene que saber aceptar, animar, apoyar y celebrar la condición bilingüe y establecer una adecuada interacción con el hogar. Sobre este tema, encontrará sugerencias prácticas en las secciones H e I.

Las escuelas bilingües no manifiestan su apoyo al bilingüismo solo porque quieren apoyar un idioma. **Apoyan el bilingüismo porque les importan los niños.** Están a favor del bilingüismo porque están a favor de los niños y, por lo tanto, quieren que tengan la mejor educación posible. El interés primordial de la escuela deben ser los niños, no el lenguaje ni su destino. La atención debe estar centrada en ellos. Una maestra le dijo una vez a Colin Baker que enseñaba en galés no porque le preocupara el futuro del galés como idioma, sino porque le interesaban los niños. El interés por un idioma y la educación pueden ir, a veces, en direcciones opuestas. Todos los padres quieren que el nivel educativo de sus hijos sea lo más alto posible. Entre las escuelas bilingües, monolingües y multilingües, hay mejores y peores. El idioma es solo uno de los factores que determinan la calidad de la escuela.

Al elegir una escuela es importante enterarse de su reputación y del rendimiento de los niños en general. Sería raro encontrar a un padre que no quisiera que sus hijos fueran a una escuela feliz, donde los estimularan a aprender, en lugar de ir a una escuela que no tuviera estas cualidades, pero sí un mejor uso de los idiomas. Si tiene opciones para elegir la escuela a la que van a ir sus hijos, debe visitarlas personalmente e informarse. Si no tiene más opción que enviarlos a la escuela cercana, debe visitarla también, reunirse con otros padres y enterarse muy bien de su funcionamiento para poder colaborar en su mejora. Los padres hispanos en los Estados Unidos deben saber que tienen derecho a reclamar que la escuela pública les dé a sus hijos la mejor educación posible.

E5: ¿Debe mi hijo asistir a un programa bilingüe en la escuela primaria, pero no en la escuela secundaria?

E5

Es bastante común que la escuela primaria se centre en los niños y la escuela secundaria en las asignaturas. Por eso, se dice que la escuela primaria enseña a los niños, y la secundaria enseña las materias. Aunque esto es una generalización y puede ser exagerada, algo tiene de verdad. Y es importante tenerlo en cuenta al tomar decisiones con respecto a la educación bilingüe. Algunos padres consideran que es muy natural que los niños vayan a programas bilingües en la **escuela primaria,** porque esta **se centra en los niños.** Hay suficiente tiempo y una atmósfera informal que permite la adquisición de idiomas. En la escuela primaria, la adquisición de un nuevo idioma tiene prioridad si se la compara con las necesidades de cubrir un número de asignaturas para obtener el diploma de la secundaria. Por eso, los padres que consideran el bilingüismo como enriquecimiento para los niños, no como necesidad, tratan de que sus hijos asistan a escuelas primarias bilingües y luego se conforman con que estudien el segundo idioma como una asignatura más.

Para los padres que hablan español o cualquier otro idioma distinto al de la mayoría del país, el bilingüismo, además de un enriquecimiento, es una necesidad. Estos padres, generalmente, no tienen la opción de una escuela secundaria bilingüe porque rara vez la tienen a su disposición.

En muchos países donde la educación bilingüe se desarrolla muy bien en la escuela primaria, los administradores, los políticos, el público en general y hasta los padres piensan que la educación bilingüe no es prioritaria en la escuela secundaria. Esto es un grave error. Los niños que llegan a la escuela secundaria hablando, leyendo y escribiendo en dos idiomas merecen la oportunidad de continuar desarrollándolos, es decir, de que haya **continuidad lingüística.** Las investigaciones científicas sugieren que, si los niños continúan estudiando dos idiomas, es posible que el rendimiento sea mayor en todas las materias. Y, con toda certeza, tendrán alto rendimiento en el segundo idioma como asignatura. Los programas bilingües en la escuela secundaria pueden graduar a alumnos bien capacitados en dos idiomas. Para lograrlo, es importante que lleguen a la escuela secundaria con suficiente conocimiento de ambos como para seguir las explicaciones y los textos.

Muchas veces, los programas de educación bilingüe que se ofrecen en la secundaria no están a la par de los programas monolingües. Hay una carencia de materiales en las lenguas minoritarias, que se sustituye por traducciones de la lengua mayoritaria hechas con poco cuidado y pobremente impresas. En contraste con los hermosos materiales profesionales que existen para el idioma mayoritario, el idioma de la minoría se ve descalificado y reducido de estatus. Este es un problema que ocurre en todo el mundo.

Una barrera con la que los padres monolingües se encuentran al enviar a sus hijos a escuelas secundarias bilingües es la de no poder ayudarlos con las tareas. Los jóvenes que tienen los dos idiomas bien desarrollados, usualmente, no tienen dificultad para traducir los problemas a sus padres. Y, de hecho, muchas veces el traducir los ayuda a aclarar su pensamiento y encontrar la respuesta. Aunque traducir lleve algo de tiempo, sirve de práctica para adquirir una habilidad muy útil y permite que los padres ofrezcan opiniones e ideas. Además, si se trata de dos idiomas en los que hay libros publicados, es probable que los niños los tengan. Si tienen textos paralelos de matemáticas o de ciencias en español y en inglés, los chicos podrán ver explicaciones e ilustraciones en ambos idiomas, y esto puede contribuir a incrementar su comprensión.

Una situación muy distinta, claro, es la del joven que llega a los Estados Unidos de un país hispano, con edad de asistir a la escuela secundaria, pero sin saber inglés. Es necesario que le busquen ayuda para que el joven pueda seguir desarrollándose académicamente mientras aprende inglés. Si estudió en su país de origen y lee y escribe bien en español, tendrá menos dificultades. Los padres deben averiguar si existen cursos de español avanzados en los que el joven o la joven pueda participar y que otorguen créditos adicionales. Si no hay un programa bilingüe como tal, deben averiguar si le pueden conseguir los textos en español para que prepare el contenido de la materia antes de oírlo en inglés.

Los padres que no han tenido la oportunidad de recibir educación escolar formal no deben sentirse impotentes frente a la necesidad de ayudar a sus hijos, todo lo contrario. Más que con la ayuda para las tareas escolares, los hijos se beneficiarán con el apoyo e interés. Pregúntele a su hijo qué estudia, cómo son las clases y los profesores, en qué se diferencia la escuela actual de la anterior, qué le gusta más o menos. Interésese en saber cuándo tiene exámenes o tareas especiales que entregar. Muéstrele que le importan y que está pendiente de cuáles fueron los resultados. Dele mucho apoyo asegurándole que sabe que está haciendo su mejor esfuerzo. Procure que se vaya a la cama temprano y descanse, que se alimente bien, con muchas frutas y verduras, que tenga un espacio para los libros y materiales de la escuela, que en la casa haya silencio a la hora de hacer las tareas. Todas estas son cosas que los padres pueden hacer, hayan tenido o no la oportunidad y la facilidad de ir ellos mismos a la escuela. Y todas estas sugerencias ayudarán a los hijos a triunfar en un ambiente difícil, en el momento difícil de un cambio de país y circunstancias.

E6: No hablo el idioma de la escuela. ¿Cómo puedo ayudar a mis hijos con sus tareas?

E6

Esta es una de las preguntas que hacen con más frecuencia los padres que apoyan la educación bilingüe, pero no hablan el idioma del currículo escolar. Temen que sus hijos salgan perdiendo. Piensan, equivocadamente, que no pueden apoyar a los hijos con sus tareas ni van a poder monitorear su progreso. Les preocupa que el niño sufra al no recibir ayuda de la casa.

Este es nuestro consejo. Pídale al niño que le explique su tarea en el idioma preferido del padre o de la madre, según sea el caso. Si fuera diferente del idioma de la escuela, aun mejor. Al traducir, el niño vuelve a pensar en lo que aprendió en la escuela, y lo vuelve a conceptualizar y a asimilar. Reprocesa o casi piensa en voz alta. Si el niño lo ha comprendido en dos idiomas, realmente lo entendió. Sin embargo, para algunas palabras especializadas (por ejemplo, de matemáticas y ciencias), podrá necesitar la ayuda de un diccionario.

Al tener que reconsiderar y reprocesar las explicaciones, el niño puede adquirir un conocimiento más profundo. Se está ayudando a sí mismo, y el padre tiene la oportunidad de aconsejar, explicar, corregir y estimular. Los resultados pueden favorecer notablemente el aprendizaje. Así, en lugar de que los padres pongan a su hijo en desventaja, el acto de cambiar de un idioma al otro le dará ventaja al niño, y esto puede suceder a cualquier nivel: elemental, de escuela primaria o de secundaria.

Los alumnos de secundaria cuyos dos idiomas están bien desarrollados, por lo general, tienen poca dificultad en traducir temas relacionados con sus tareas. Aunque esto puede llevarles un poco de tiempo, podrán interactuar con sus padres y pensar juntos gracias a una tarea de la escuela. Además, si existen libros publicados en los dos idiomas, pueden usar las explicaciones y las ilustraciones para incrementar la comprensión.

Sin embargo, hay excepciones. Por ejemplo, si la tarea se relaciona casi exclusivamente con el idioma de la clase, como una tarea de gramática o de comprensión textual, el niño puede necesitar ayuda para asegurarse de que la ortografía y la gramática estén correctas. El padre que no tenga fluidez en ese idioma, requerirá apoyo. Entonces, se debe recurrir a un hermano mayor, un vecino o un amigo que tenga dominio del idioma de la escuela.

Otra excepción se da cuando los sistemas para realizar cálculos y operaciones matemáticas son diferentes en el idioma escolar y el idioma de la casa. Los padres tienen que advertir la diferencia y ajustarse al cambio. En una situación así, se le puede pedir al niño que explique cómo le enseñaron en la escuela o que trate de encontrar un ejemplo en el libro de texto o de ejercicios para mostrarle al padre cómo lo hicieron. (Para los niños más hábiles, puede ser una ventaja el ser capaces de realizar cálculos matemáticos usando dos sistemas diferentes porque pueden comprobar que llegan al mismo resultado).

E7: El idioma de la universidad es diferente del usado en la escuela secundaria. ¿Sufrirán mis hijos por no haber sido educados en el idioma de la universidad?

Otra objeción de algunos padres bilingües a la educación bilingüe en la escuela secundaria es que la educación universitaria, por regla general, tiene que hacerse en un idioma mayoritario. A la edad de 16, 17 o 18 años, los jóvenes educados en dos idiomas desde la infancia son tan bilingües que pueden adaptarse fácilmente a la universidad en cualquiera de sus dos idiomas.

Un número creciente de estudiantes bilingües, incluso los de la familia del autor Colin Baker, han hecho sus estudios universitarios en un idioma diferente al de la secundaria. Una vez que han adquirido el lenguaje técnico (por ejemplo, de matemáticas y de ciencias) en el idioma de la universidad, no suelen tener problemas en salir airosos en sus estudios universitarios. La comprensión está al alcance del alumno mediante cualquier idioma que hable bien.* Los conceptos, el conocimiento y la comprensión no están disponibles solo en el idioma que se usa para aprender. Se transfieren al otro idioma. La comprensión está disponible en todos y cada uno de los idiomas suficientemente desarrollados. Si los estudiantes bilingües obtienen el ingreso a la universidad, significa que son competentes para los estudios académicos, es decir, que están preparados intelectualmente para los estudios universitarios.

*Véase la página 96

Los estudiantes competentes en ambos idiomas pueden cursar el nivel universitario en cualquiera de los idiomas o en ambos. A quienes van a realizar los estudios en un idioma y están por debajo del estándar requerido (con excepción del vocabulario técnico) para comprender y aprender en el nivel universitario, les será valioso y, a veces, esencial tomar cursos avanzados o de redacción de ese idioma.

E8: ¿Qué hacer cuando no hay opciones de programas bilingües para los niños?

E8

Cuando una familia va de un país a otro o se traslada de una región a otra, pueden presentarse dificultades con el idioma de la escuela si no es el mismo que el del hogar. Por ejemplo, si los niños tienen entre 7 y 16 años y todavía no han desarrollado suficientemente el idioma que se usa en la escuela, ¿cuáles son las alternativas?

Si se trata de un niño en cuya casa se habla, por ejemplo, español y hay la opción de ponerlo en un programa bilingüe, esa será la solución más acertada. Si no existe un programa bilingüe, hay que tratar de evitar la situación de "nade o húndase" que sufren tantos niños, en la cual la escuela ignora el idioma materno del estudiante y no lo apoya en el proceso de aprender el idioma de instrucción.

Es importante preguntar en la escuela qué alternativas tienen: ¿Ofrecen clases del otro idioma (por ejemplo, inglés)? ¿Pueden facilitarle al niño un tutor que lo ayude con el inglés? ¿Qué plan pueden desarrollar juntos? Una vez que quede claro cuáles son las opciones que ofrece la escuela, todavía hay muchas cosas que los padres pueden hacer.

En primer lugar, recuerde que, aun si su hijo o hija está estudiando solo en inglés, el seguir desarrollando el español le será útil, precisamente, para apoyar el aprendizaje del inglés. Propóngase hablar con sus hijos todos los días: reláteles historias de la familia; cuénteles cuentos, leyendas o tradiciones; anímelos a leer en voz alta cada noche para luego conversar sobre lo que ha leído. Los padres son los mejores maestros a la hora de desarrollar el idioma del hogar: no pierda la oportunidad de hacerlo. Mientras más español hablen sus hijos, mejor aprenderán el inglés.

E9: ¿Hay una *edad crítica* después de la cual no debe ponerse a un niño en una escuela con un idioma diferente?

La expresión *edad crítica* se refiere a una única etapa de la vida en que un aspecto determinado del desarrollo tiene posibilidad de producirse. Durante los años sesenta se discutió mucho sobre la flexibilidad del cerebro. Se pensaba que los niños pequeños tienen una edad crítica para aprender un idioma y que, pasado ese momento, no es tan fácil aprenderlo. Las investigaciones científicas más recientes sugieren que no hay un período crítico en el desarrollo del lenguaje. Los adultos pueden aprender idiomas. Los idiomas pueden aprenderse desde el nacimiento hasta la vejez.

Sin embargo, sí hay **períodos más propicios.** Cuando se aprende un segundo idioma de pequeño, es más fácil adquirir una pronunciación como la de los hablantes nativos. Cuando se empieza a aprender un idioma en la escuela primaria, se gana una base sobre la cual el idioma puede madurar luego. En esa edad temprana, el idioma se adquiere, más que se aprende, de un modo similar al que se ha adquirido el primer idioma. Estos períodos propicios se producen cuando hay una mayor probabilidad de adquirir el idioma gracias a las circunstancias, el tiempo de que se dispone, los maestros o modelos disponibles y la motivación personal.

Esta pregunta se refiere a la decisión importante que tienen que tomar los padres que **se mudan de un lugar a otro.** La capacidad de adaptación de los niños a un nuevo idioma varía mucho, y también varían sus actitudes y su motivación para aprenderlo. Cambia, además, la calidad y cantidad de práctica en el nuevo idioma dentro y fuera de la escuela. Sin embargo, puede pensarse que hasta **la edad de seis años** parece haber menos problema en la adaptación al ambiente lingüístico de una escuela. El lenguaje de la clase tiende a ser relativamente simple y directo, y hay muchos proyectos manuales y mucha interacción con otros niños.

Se deben tener en cuenta tres cosas muy importantes. **Primero,** si los niños (por ejemplo, hispanohablantes) van a recibir solo otro idioma en la escuela — supongamos, inglés—, es más importante que nunca el esforzarse en desarrollar el español en la casa. Por una parte, para que no interrumpan su progreso y no pierdan lo que saben y, por otra, para que les sirva de base sobre la cual apoyar el aprendizaje del inglés.

Segundo, si es posible, debe enseñárseles a leer en español en la casa. Eso los ayudará enormemente cuando tengan que aprender a leer en inglés en la escuela. El inglés no es un idioma fácil para aprender a leer porque las mismas letras representan sonidos diferentes. No es fácil ni siquiera para muchos niños anglohablantes y puede ser frustrante para los que saben poco. Cuando un niño no aprende a leer al paso de sus compañeros, todo el proceso de la escuela se le dificulta. Pero, si un niño que habla español aprende a leer bien en español, hacerlo en inglés le será más sencillo. La realidad de la relación entre las letras y sonidos cambia, pero si ya ha dominado todos los demás aspectos de la lectura y, sobre todo, si ha ganado confianza como lector, se siente seguro con el proceso y ha aprendido a disfrutarlo, la lectura en inglés se le hará mucho más fácil y tendrá grandes posibilidades de éxito.

Tercero, es importante tener en cuenta que si un niño pequeño recibe las enseñanzas solo en inglés, no podrá enriquecerse con la historia y la cultura que le proporcionaría el idioma del hogar y empezará a separarse de la familia y de su herencia cultural antes de que se hayan formado los vínculos necesarios para que sepa que tiene raíces y una historia familiar.

E10: Mis hijos pueden conversar en su segundo idioma. ¿Es eso suficiente para que reciban clases solo en ese idioma?

E10

Hay diferencias importantes entre **el lenguaje coloquial y el lenguaje de la clase.** Para mantener una conversación en las tiendas, en la calles y en el hogar, se requiere un determinado nivel de habilidades lingüísticas. Para tener éxito en la clase, se necesita un nivel de lengua distinto. El lenguaje de la clase es más tácito, más complejo y más abstracto.

En la calle, en las tiendas, en la televisión y en el hogar, el lenguaje es relativamente simple. Se usan muchas claves y sugerencias en el contexto, y gestos y lenguaje corporal para transmitir mensajes e información. La comunicación es simple, no requiere habilidades lingüísticas complejas. En la **clase,** a medida que los niños crecen, hay menos claves y apoyos contextuales. El lenguaje de los conceptos se vuelve más complejo y exige un nivel más alto de eficacia lingüística para desentrañar los mensajes.

Los investigadores están de acuerdo en que uno de los riesgos que corren los niños bilingües es que su nivel de competencia lingüística no sea suficiente para desenvolverse en el contexto lingüístico de la clase, que es más difícil. Es posible que los niños que acaban de empezar a aprender un idioma no tengan la **suficiente competencia lingüística para comprender las instrucciones del maestro,** el contenido de los libros de texto y el diálogo de la clase. Por lo tanto, el niño que todavía no ha desarrollado el segundo idioma tanto como el primero necesita un seguimiento para comprobar si su nivel en el segundo idioma es lo bastante avanzado para permitirle beneficiarse de las enseñanzas en la clase.

El lenguaje coloquial y el lenguaje académico presentan características propias, aunque nadie conoce en profundidad cuál es la naturaleza exacta del lenguaje requerido para el aprendizaje en la clase. Sin embargo, la diferenciación es importante, porque les hace advertir a padres y a maestros la necesidad de estar atentos. No se puede esperar que los niños sigan las enseñanzas sin tener suficiente desarrollo lingüístico. Si los padres y los maestros reconocen tal distinción, podrán tratar de ayudar a que el niño adquiera el nivel de competencia necesario en el segundo idioma antes de pedirle que entienda temas más complejos.

E11: Mi hijo está aprendiendo en la escuela solo en inglés. ¿Debemos dejar de hablar español en casa?

La respuesta es no. El mejor modo de ayudar al niño que no está en un programa bilingüe no es que los padres dejen de hablar el idioma de la casa; aunque parezca sorprendente, mientras mejor desarrolle el niño su primer idioma, el español, mejor le irá en el segundo, el inglés. Muchas personas creen que los niños aprenderán inglés más rápidamente si es el único idioma que oyen. Pero eso solo es cierto en el caso de un niño monolingüe en un ambiente monolingüe. Aun si el segundo idioma de los padres es el inglés y lo hablan bastante bien, es probable que no sean el mejor modelo de lengua para el niño. Por una parte, tendrán un acento extranjero y, por otra, no podrán ofrecerle las referencias de una persona nativa, ya que, generalmente, quien aprende de adulto no tiene la misma intimidad con el lenguaje, las expresiones coloquiales, los refranes, los juegos.

Los niños que dejan de hablar español pierden la oportunidad de ganar un idioma y una riqueza cultural, pero, peor todavía, no ganarán la provechosa experiencia lingüística que les servirá de apoyo para aprender su nuevo idioma, el inglés.

E12: Si mis hijos son bilingües, ¿esto los ayudará a la hora de buscar trabajo o los perjudicará?

*Véase la página 6

La necesidad de personas bilingües en todos los sectores del mercado de trabajo aumenta a diario.* El bilingüismo y la educación bilingüe no son una garantía para conseguir trabajo, porque esto requiere otras cualidades personales. Pero, en el mundo de hoy, que una persona sepa hablar, leer y escribir bien en español y en inglés le brinda enormes posibilidades. Saber traducir bien de inglés a español, o viceversa, es, en sí misma, una fuente de trabajo. Y a la hora de elegir a un profesional o a un trabajador, no cabe duda de que, entre dos personas igualmente calificadas, una bilingüe y la otra no, la bilingüe tiene más que aportar al puesto.

Debido al número creciente de personas hispanohablantes en los Estados Unidos, que se calcula en más de 40 millones, la necesidad de trabajadores y profesionales bilingües seguirá aumentando. A medida que se incrementa el intercambio económico con Hispanoamérica, la demanda de verdaderos bilingües será mayor.

En una encuesta realizada en julio de 2000, los europeos reconocieron el español como uno de los idiomas más útiles en la Comunidad Europea. En Francia ocupa el segundo lugar entre las lenguas preferidas.

Muchos jóvenes universitarios de los países del este de Europa, como Hungría y la República Checa, deseosos de buscar trabajo fuera de su país, estudian español con ahínco, porque saben que hay 20 países en los que pueden aspirar a trabajar como profesionales. Brasil ha decidido que todos los niños brasileños estudien español desde la escuela primaria.

Internacionalmente, hay una conciencia de que los idiomas son una ventaja en la vida. Por eso, los mejores colegios, en casi cualquier parte del mundo, enseñan idiomas. Y los padres de los niños que asisten a estas escuelas privadas y selectas buscan, además, oportunidades para que sus hijos viajen a países donde se hablan otros idiomas —incluso, que pasen temporadas y estudien allí—, para que los perfeccionen.

Es una triste ironía que los niños que podrían ser bilingües sin gran esfuerzo pierdan el idioma del hogar y se encuentren luego con que han vuelto a ser monolingües —solo que en el otro idioma—, y que algún día, frente al mercado de trabajo, sufran por no saber el idioma de sus padres y abuelos.

E13: A mi hijo en la escuela le ofrecen lecciones de español para principiantes, cuando ya sabe hablar en español. ¿Qué debo hacer?

En muchas escuelas intermedias y secundarias, es posible que su hijo deba asistir a las clases de español para principiantes, cuando ya sabe hablar el idioma. Es muy distinto haber adquirido un idioma en la casa que aprender un idioma como lengua extranjera. Quizá su hijo hable bien, pero no sepa reconocer las estructuras que el maestro está enseñando, sobre todo si el maestro sigue un método tradicional que no se basa en la comunicación.

Al niño o joven hispanohablante pueden resultarle incomprensibles y absurdas las reglas que tiene que aprender. Y tal vez las variantes del español que haya aprendido en la casa no sean las mismas del vocabulario impuesto por el maestro. Lo más grave no es solo la pérdida de tiempo, sino el que se vea ridiculizado frente a sus compañeros que, sin hablar el idioma tan bien como él, han memorizado las reglas presentadas, que, para quien no sabe el idioma, pueden tener sentido.

En los Estados Unidos muchos niños y jóvenes han pasado por esta desagradable situación; por eso se han instituido cursos de *español para hispano-hablantes,* en los que los alumnos pueden enriquecer su vocabulario y aprender a escribir con corrección el idioma. Si en la escuela a la que asiste su hijo hay varios otros alumnos que hablan español en casa, un buen camino sería pedir que se les ofrezca este tipo de cursos.

Si esta solución no es posible mucho dependerá de la actitud del maestro. Un maestro consciente sabrá aprovechar la presencia de un alumno con habilidades ya adquiridas en el idioma y logrará darle el lugar apropiado en la clase, utilizándolo como modelo en algunas ocasiones, reconociendo lo que el alumno ya sabe y haciéndole comprender que todavía hay mucho que puede aprender. Con un maestro inteligente y comprensivo, el alumno puede volverse **más analítico y consciente de su idioma** (conciencia del lenguaje; análisis metalingüístico), en especial si se estimula su introspección acerca del idioma. Lamentablemente, muchos maestros no están preparados para tratar esta situación.

Aquí se hace necesaria la intervención de los padres. Es importante hablar con el maestro y hacerle ver que desearían que al niño se le reconozca lo que ya sabe mientras se lo estimula a aprender más. Y, sobre todo, es necesario hablar con el niño, hacerle ver que, aunque a veces la situación en clase puede resultarle desagradable, tiene una ventaja que aprovechar y que, si aprende a leer y escribir bien el idioma que ya habla, tendrá grandes beneficios en el futuro.

E14: ¿Es una buena opción para una familia multilingüe que los niños no vayan a la escuela, sino que se los eduque en la casa?

La **educación en el hogar** o *homeschooling* consiste en que la educación completa o casi completa del niño tenga lugar fuera de la escuela durante todos los cursos. Los educadores serán los padres o tutores desde los primeros años hasta la etapa secundaria y, posiblemente, durante toda la educación. Se estima que alrededor del 1% de los padres en países occidentales optan por esto, pero la cifra varía entre los países, y, hasta en el mismo país, los cálculos pueden ser muy diferentes.

Las razones de los padres en favor de la educación en el hogar varían, pero se centran, sobre todo, alrededor de los *estándares académicos,* un punto de vista religioso o preocupaciones morales acerca de la enseñanza local. Cada día hay más ejemplos de padres que escogen la educación en el hogar por **motivos del idioma,** como ocurre en Londres.

Un padre a quien le entusiasma que su hijo aprenda el idioma con fluidez puede considerar la enseñanza en el hogar como parte de su estilo de vida. Este método se vale del lenguaje del hogar como medio de aprendizaje y también se empeña en su desarrollo (y el desarrollo bilingüe).

Este sistema propone que la educación se lleve a cabo por completo en el hogar. También puede *complementarse* con cierto grado de escolaridad formal (por ejemplo, tres días en la escuela, dos días en la casa) o, en parte, con enseñanza electrónica y enseñanza a distancia [véase el Glosario] (por ejemplo, uso de la Internet y programas electrónicos). En los Estados Unidos, es frecuente entre los padres que eligen este tipo de educación formar grupos que comparten los mismos principios y contratar entre ellos a tutores, en especial, para cursos avanzados de matemáticas y ciencias. O, en algunos casos, uno de los padres se ofrece para educar a los niños de varias familias. Además, este tipo de educación está regulado, los padres deben demostrar que tienen la capacidad para llevarla a cabo y los alumnos deben completar un currículo y tomar los exámenes correspondientes.

La ventaja que tiene para el bilingüismo es que la educación en el hogar se propone lograr que la lengua hereditaria o preferida se desarrolle más profundamente al incorporar la variedad, amplitud y complejidad de un lenguaje académico al idioma cotidiano. También puede darle a ese idioma una **aculturación** profunda [véase el Glosario] basada en las tradiciones del idioma y su evolución contemporánea. Otro aspecto importante es que puede conducir a empleos y mejores oportunidades económicas que requieren ese idioma (y solicitan bilingües y multilingües). Se asume que la educación en el hogar también se va a preocupar de asegurar el aprendizaje de la lengua de la escuela (por ejemplo, el inglés en los Estados Unidos). O, para decirlo de otra forma, la educación en el hogar que *no* incluya el idioma de las escuelas locales puede que no conduzca al bilingüismo y multilingüismo. Por eso, es posible que la educación en el hogar necesite evitar el enfoque *monolingüe* y *separatista*, que dé la idea de segregación o aislacionismo.

Hay opiniones muy polémicas acerca de las ventajas y desventajas de la educación en el hogar, incluso, de que se lleve a cabo mediante *el uso de la lengua que se habla en la casa*. Particularmente, cuando un padre o una madre puede asegurar que el niño alcance estándares comparables a los de la escuela local, desarrolle múltiples puntos de vista y pueda socializar con otros niños y adultos, la educación en el hogar es una opción para algunas familias en muchos países y puede promover el bilingüismo.

TIPOS DE EDUCACIÓN BILINGÜE

E15: ¿Qué tipos de educación bilingüe existen?

E15

Hay muchos tipos de escuelas o programas bilingües. Aquí se describen los más comunes y, en las preguntas siguientes de esta sección, se los considerará con más detalle.

Si bien es cierto que en los Estados Unidos hay algunas escuelas que son bilingües, es decir, que toda la escuela ha adoptado un tipo de educación bilingüe, hay muchas otras que solo dictan un programa bilingüe en el cual participan solo algunos niños. Esto significa que puede haber niños que asistan desde kindergarten al programa bilingüe y otros al programa regular. Por lo tanto, la educación que reciben en la misma escuela es muy distinta.

Programas o escuelas de educación dual: Este tipo de programa o escuela aumenta cada día en los Estados Unidos. Se los describe con distintos **términos:** *escuelas en dos idiomas o duales (Two-Way Schools o Dual Language), inmersión dual (Two-Way Immersion), educación bilingüe de mantenimiento (Developmental Bilingual Education).*

Escuelas internacionales: Estas escuelas enseñan utilizando un idioma mayoritario (el inglés o el francés) y pueden incorporar o no lenguas locales en el currículo. El **Movimiento de Escuelas Europeas** es un ejemplo de este tipo de centros. Tienden a celebrar el multilingüismo usando dos o tres idiomas para enseñar el contenido del currículo.

Escuelas binacionales: En casi todos los países hispanoamericanos y en España, donde hay colonias de distintas nacionalidades que quieren enseñar a sus hijos su idioma, se han desarrollado escuelas binacionales. Por regla general, son privadas y elitistas. Más o menos la mitad de los niños que estudian en ellas son descendientes de personas que representan la segunda nacionalidad, la otra mitad son niños del país cuyos padres han decidido que aprendan otro idioma. Algunas de estas escuelas son religiosas, otras laicas. Muchas enseñan en tres idiomas, por ejemplo, alemán-español-inglés, francés-español-inglés, italiano-español-inglés, chino-español-inglés, hebreo-español-inglés.

Escuelas de lenguas hereditarias: Estas escuelas, que existen en distintas partes del mundo con distintos nombres, tienen como objetivo enseñar gran parte del currículo en el idioma del niño, ya sea este una lengua indígena, ya sea una lengua extranjera. Generalmente, al final de la escuela primaria, los niños son bilingües y pueden leer y escribir en ambos idiomas.

En Canadá hay **escuelas de inmersión***, en las que niños angloparlantes aprenden casi todo el contenido del currículo en francés. Este tipo de escuelas, en las que los alumnos aprenden a hablar a leer y a escribir en dos idiomas mayoritarios, empiezan a ser cada vez más frecuentes en Europa y en Asia.

Las escuelas de inmersión, las escuelas de idiomas hereditarios, las escuelas internacionales y binacionales y las escuelas en dos lenguas, generalmente, son formas de **educación bilingüe** *fuerte*, en las que se intenta facilitar la adquisición de dos o más idiomas, y el biculturalismo o multiculturalismo inherente a ellos. Las escuelas de educación bilingüe fuerte buscan enriquecer a los niños, especialmente, asegurándose de que no solo sepan hablar, sino también leer y escribir en los distintos idiomas. También hay **formas de educación bilingüe** *débil*, entre ellas están las de sumersión, las de sumersión con clases suprimidas, las de inmersión estructurada, las de inglés protegido *(Sheltered English)* y las de educación bilingüe de transición. Estos programas están destinados a facilitar que los niños de una minoría lingüística puedan operar en el idioma mayoritario del país.* El propósito final de las formas de educación bilingüe débil es, a menudo, el monolingüismo en el idioma mayoritario del país (o un bilingüismo limitado) y la asimilación a los valores y las actitudes de la cultura mayoritaria.

En los Estados Unidos, las formas de la educación bilingüe débil tratan de sumergir a los hispanohablantes, por ejemplo, en el idioma inglés, o proporcionar una rápida transición del español como idioma dominante al inglés como idioma dominante. En Inglaterra, la meta es asegurarse de que los hablantes de los distintos idiomas asiáticos (así como griegos y turcos) puedan estudiar en inglés, hablar el inglés normativo y volverse ciudadanos patrióticos. La justificación, la política y los problemas de las formas de educación bilingüe débil se discuten en las secciones siguientes.

*Véase la página 179

*Véase la página 178

E16: ¿Qué son las escuelas en dos idiomas o duales?

A las **escuelas en dos idiomas** o **duales** asiste, generalmente, el mismo número de niños que hablan el idioma mayoritario (por ejemplo, el inglés) y que hablan el minoritario (por ejemplo, el español). El uso de los dos idiomas en las clases está equilibrado, de modo que los niños llegan a ser verdaderamente bilingües y aprenden a leer y escribir bien en ambos. Estas escuelas son, casi siempre, solo de educación primaria y se encuentran, en su mayor parte, en los Estados Unidos. Cuando están bien dirigidas, se asemejan o imitan a las prestigiosas **escuelas bilingües binacionales,** anteriormente descritas. Aspiran a mantener separados los dos idiomas. Quizás su mayor diferencia sea que en las escuelas duales, muchas veces, la misma maestra bilingüe enseña en ambos idiomas, aunque trate de mantenerlos separados. En cambio, las binacionales tienen, por lo general, dos grupos de maestros, que pueden, incluso, ser monolingües. Cada maestro enseña en un solo idioma, el que mejor domina. Y esto motiva a los estudiantes para que desarrollen al máximo cada uno de los idiomas.

Las clases de los programas en dos idiomas o duales incluyen una mezcla de alumnos, hablantes del idioma del grupo social dominante y de una minoría. Por ejemplo, la mitad de los niños puede proceder de hogares donde se habla español y la otra mitad de hogares donde se habla inglés. Se busca un **equilibrio lingüístico,** aunque no siempre se consigue. Si un idioma se vuelve dominante (por ejemplo, porque hay muchos más alumnos de un grupo que de otro), pueden correr peligro la meta del bilingüismo y la lectoescritura en dos idiomas.

Cuando hay un **desequilibrio** entre los idiomas de los alumnos, uno puede cobrar preponderancia frente al otro (por ejemplo, si hay un grupo menor de hispanohablantes, tendrán que usar el inglés para trabajar de manera cooperativa). Un grupo puede quedar marginado (por ejemplo, los hispanohablantes podrían quedar excluidos de los grupos dominantes de anglohablantes). Puede suceder que, en lugar de integración, haya segregación. En consecuencia, no se cumpliría uno de los objetivos importantes de las escuelas duales: **el equilibrio lingüístico.**

En caso de un **desequilibrio,** es preferible que haya más hablantes del idioma minoritario. Si hay más niños que hablan inglés que los que hablan español, se tenderá a hablar solo en inglés, que es el idioma de mayor estatus. Este idioma se halla representado fuera de la escuela en la mayoría de los contextos. Por eso, puede valer la pena equilibrar esta influencia externa con un refuerzo extra al idioma minoritario. Sin embargo, si el número de niños minoritarios es muy alto, desafortunadamente, el prestigio de la escuela puede sufrir (tanto entre los padres mayoritarios como entre los minoritarios).

Hay situaciones en las que es difícil **atraer estudiantes que hablen el idioma dominante** a una escuela dual. Si la escuela monolingüe ofrece mejores condiciones de enseñanza, es difícil convencer a los padres del idioma dominante que envíen a sus hijos a la escuela dual, puesto que, para ellos, enviarlos a este tipo de programa es una decisión voluntaria. Por lo tanto, para garantizar la continuidad de un programa en dos idiomas, es muy importante que tenga buena **reputación** y, para su éxito a largo plazo, es fundamental el apoyo de la comunidad y la participación de los padres.

El **desarrollo** de una escuela en dos idiomas o dual empieza, generalmente, con la creación de una clase de kindergarten. A medida que los alumnos pasan de grado, se va creando una clase dual cada año. Existen algunas escuelas duales secundarias, pero la mayoría son primarias.

El **propósito** de la escuela en dos idiomas no es solo producir niños bilingües que lean y escriban bien en ambos idiomas. Para ganar aceptación y tener éxito, necesita demostrar también que los alumnos aprenden las asignaturas. Una escuela dual debe esforzarse por demostrar que tiene éxito. El enfocarse solamente en el dominio de dos idiomas no es suficiente.

Las **metas** de las escuelas en dos lenguas se describen de la siguiente manera: "igualdad de oportunidades educativas para niños de distintos orígenes lingüísticos", "educación centrada en el niño que avanza desde sus conocimientos lingüísticos ya adquiridos", "comunidad dedicada a la integración de todos los niños", "educación enriquecedora, no compensatoria" [véase el Glosario], "experiencia familiar para formar niños multiculturales" y "apoyo a la eficacia bilingüe y no a la limitación al inglés". Estas escuelas, por lo tanto, tienen una diversidad de metas. Esencialmente, incluyen el aprendizaje a través del currículo, la integración social de los niños en la escuela y la comunidad [véase el Glosario], el desarrollo de una imagen personal positiva en cada niño y la búsqueda de la igualdad de oportunidades para todos los alumnos. Esta igualdad de oportunidades se les ofrece tanto a los inmigrantes recientes como a los ya establecidos y a quienes viven en hogares de idiomas minoritarios o de idiomas dominantes.

Una de las metas especiales de las escuelas en dos idiomas (en comparación con las monolingües) es formar niños que sean completamente **bilingües, que dominen la lectura** y **la escritura en dos idiomas** y **que sean multiculturales.** Los alumnos minoritarios deben poder leer y escribir en su propio idioma, además de hacerlo en inglés. Los anglohablantes deben desarrollar destrezas orales y escritas en un segundo idioma, por ejemplo, el español, al mismo tiempo que deben seguir progresando en el primero. Para conseguir estas metas, se utiliza una variedad de prácticas:

(1) Los dos **idiomas** de la escuela (por ejemplo, español e inglés, chino e inglés, *creole* haitiano e inglés) tienen el **mismo reconocimiento.** Ambos se usan como vehículo de instrucción. Las matemáticas, las ciencias y los estudios sociales, por ejemplo, se enseñan en las dos lenguas.

(2) La **cultura de la escuela** es bilingüe. Esta cultura se crea cuando los textos exhibidos en las paredes del aula y de la escuela, las carteleras de avisos, los materiales educativos, los eventos culturales y las actividades extracurriculares son bilingües y usan los dos idiomas de forma equitativa. Las cartas a los padres se envían también en ambas lenguas. Y, si bien es difícil controlar las conversaciones entre los estudiantes en el patio de juegos, el ambiente de la escuela aspira a ser totalmente bilingüe, sin cuestionamientos.

(3) En algunas escuelas en dos lenguas, se **enseñan** los dos **idiomas** como materia (es decir, atendiendo a la ortografía, la gramática, las metáforas, las habilidades de comunicación, las llamadas, en ocasiones, artes del lenguaje [véase el Glosario]). En otras escuelas duales, se considera que el uso de dos idiomas como medio de comunicación es suficiente para asegurar el desarrollo bilingüe. Se espera que los niños **adquieran fluidez** en el lenguaje de una manera informal por medio del currículo. En ambos casos, la lectura y escritura en dos idiomas recibe atención en el currículo y se la fomenta en los dos idiomas simultáneamente o con un énfasis inicial en la lectura en la lengua materna. El poder leer y escribir bien en dos idiomas es una meta tan clara como la del bilingüismo.

(4) Los **maestros y maestras** en la clase dual generalmente son bilingües. Usan los idiomas con sus alumnos en ocasiones distintas. Aunque es difícil (porque no hay suficientes maestros bilingües), los maestros pueden trabajar en equipos de dos y enseñar cada uno en un idioma distinto. Además, en la clase pueden colaborar otras personas bilingües: auxiliares de maestros, paraprofesionales, secretarios, empleados de la escuela y padres. Los **padres** que hablan español pueden ser una valiosa ayuda. Por ejemplo, los padres y los abuelos pueden contar relatos auténticos, compartir recetas, enseñar bailes y compartir las tradiciones y la sabiduría de las generaciones anteriores. Todo esto pone de relieve la importancia de la cultura heredada y contribuye a crear un **bilingüismo aditivo** y un ambiente multicultural.

(5) Es necesario que la **duración del programa en dos idiomas** sea prolongada y no breve. Este tipo de educación no puede durar solo dos o tres años porque ese tiempo es insuficiente para desarrollar bien ambos idiomas y la lectura y escritura en las dos lenguas. La duración mínima debiera ser de cuatro años y, preferiblemente, más, para asegurar un verdadero desarrollo de todas las habilidades lingüísticas y, sobre todo, de la lectura y escritura en ambos idiomas. En los Estados Unidos, cuando el programa en dos idiomas dura más años, hay una tendencia a enseñar la mayor parte del contenido curricular en inglés. La desventaja de esto es que los alumnos no llegan a desarrollar un español académico en el resto de las asignaturas.

Se puede encontrar información adicional sobre escuelas en dos idiomas en la Internet, en http://www.cal.org/cal/db/2way.

Una idea básica en las escuelas en dos lenguas es **la separación y la compartamentalización** de los dos idiomas. En cada período de clase, se utiliza solo un idioma. Se establecen **fronteras lingüísticas** en cuanto al tiempo, al contenido del currículo y a la enseñanza, que se analizan a continuación.

Primero, se toma la decisión de **cuándo** se va a enseñar en cada uno de los idiomas. A veces se prefiere **alternar los días** en los que se usa cada uno. Se pone en la puerta de la clase un cartel que indica qué idioma se va a hablar ese día. Otra posibilidad es usar un **idioma diferente** en una **lección diferente**, con cambios regulares, de modo que se usen ambos idiomas en todas las áreas del currículo.

Existen otras alternativas. Pueden alternarse los idiomas cada mitad del día o cada semana. El elemento esencial es tratar de dedicarle a cada uno un 50% del tiempo, con la clara finalidad de que los alumnos lleguen a ser bilingües.

La proporción de tiempo puede variar de escuela a escuela. A menudo, se trata de conseguir un equilibrio del 50% en el uso de las dos lenguas en los primeros y en los últimos grados. No es de extrañar que en otros casos se le dé preferencia al idioma minoritario en una proporción del 75% y hasta del 80%, en especial en los dos o tres primeros años. En la escuela intermedia y en la secundaria es más común el equilibrio del 50% o darle preferencia al idioma mayoritario (inglés 70%, español 30%).

Sea cual sea la división del tiempo, los maestros de estas escuelas mantienen claras **fronteras** entre los idiomas. Se considera inaceptable alternar los idiomas en la misma lección porque se piensa que si el maestro así lo hiciera, los alumnos esperarían a que hablara en el idioma dominante de ellos para prestar atención y se desentenderían mientras hablara en el otro idioma. Cuando los idiomas se mantienen separados, los hispanohablantes pueden ayudar a los anglohablantes el día de español y los anglohablantes pueden ayudar a los hispanohablantes el día de inglés. La interdependencia puede estimular la cooperación y la amistad, así como el aprendizaje y el rendimiento. Y esto puede contribuir a reducir significativamente los posibles problemas de segregación y hostilidad social.

Sin embargo, puede haber ocasiones en las que los idiomas se alternen y mezclen en la clase (por ejemplo, en las conversaciones personales, en explicaciones adicionales del maestro). A los niños, sobre todo de pequeños, que no tienen conciencia de estar mezclando los idiomas, les puede parecer tan natural como el sonreír.*

*Véase la página 72

Hay una **paradoja** importante en las escuelas en dos idiomas. Se mantienen fronteras entre los idiomas, pero no entre los niños. Los anglohablantes y los hispanohablantes están integrados en todas las lecciones.

Segundo, los **maestros** bilingües se proponen que no va haya mezcla de lenguas. Hablan un idioma en el período señalado y esperan que los niños contesten en ese idioma. Un modelo muy eficaz es el de tener dos maestros que trabajen en equipo y se alternen en las clases. Uno enseña solo en inglés, el otro solo en español. Este modelo, que es característico de las escuelas binacionales privadas, tiene varias ventajas:

(a) No es tan fácil que un maestro pueda tener un bilingüismo balanceado y la misma intimidad con dos idiomas; en este modelo, cada maestro enseña en el idioma que mejor conoce y con el que mayor familiaridad tiene.

(b) La separación de idiomas es más natural a los ojos de los niños; no hablan un idioma porque es martes o porque la maestra lo exige, sino que crean una relación lingüística en un idioma con una persona, como ocurre en la vida real.

(c) Ofrece una posibilidad de incorporar a los maestros monolingües que estén dispuestos a apoyar el multiculturalismo y a comprender las necesidades de los niños bilingües y facilitar su progreso. Esto puede ser un puente importante para la aceptación y evolución del programa.

Este trabajo en equipo exige mucha planificación y cooperación. La responsabilidad del maestro aumenta, porque trabaja con el doble de niños. Su esfuerzo de preparación se aligera, porque solo tiene que enseñar en un idioma.

Tercero, las barreras lingüísticas se establecen de modo que se enseñen distintas partes del currículo en idiomas distintos. Por ejemplo, se puede enseñar estudios sociales en español y matemáticas en inglés. Esto plantea un posible peligro: que la lengua mayoritaria se equipare a las ciencias y la tecnología, y la lengua minoritaria a la tradición y la cultura. Esta segregación puede tener un efecto negativo sobre la importancia relativa de los idiomas a los ojos de los niños, de los padres y de la sociedad. Debe considerarse la asociación de los idiomas a las posibilidades de empleo, desarrollo económico y poder. No debe forzarse ni permitirse una **diglosia** [véase el Glosario], en la que cada idioma tenga funciones diferentes. Es importante que los niños aprendan toda la terminología del currículo de su curso en ambos idiomas y que sepan que se puede trabajar en matemáticas y en ciencias en todos los idiomas.

Las escuelas de enseñanza en dos idiomas son diferentes de la **educación bilingüe transicional*** y de las prácticas de **sumersión-clase regular/inglés como segundo idioma** porque enseñan a través de dos idiomas a lo largo de cuatro grados o más, y, de este modo, permiten que los alumnos dominen dos idiomas.

*Véase la página 178

Las escuelas de enseñanza en dos idiomas son diferentes de la **educación bilingüe de inmersión*** en el origen de los alumnos. Las escuelas de inmersión fueron diseñadas inicialmente para alumnos del grupo mayoritario que aprenden la totalidad o una parte del currículo en una segunda lengua, mientras que las escuelas de enseñanza en dos idiomas tienen una mezcla equilibrada de alumnos de dos orígenes lingüísticos distintos.

*Véase la página 179

En los Estados Unidos, se han cambiado los conceptos de escuela de inmersión y escuela de enseñanza en dos idiomas. No es extraño ver programas que se describen como *Immersion Dual Language Program* (escuelas de inmersión en dos idiomas).

Estas escuelas se distinguen por los siguientes elementos:

- **La distribución del tiempo.** En lugar de dedicar el 50% del tiempo a cada lengua, estas escuelas tienden a empezar con un 100% o un 90% en el idioma minoritario. Van aumentando un 10% del tiempo en inglés en cada grado hasta llegar al 50%.

- Los **maestros** son **modelos exclusivos de un idioma** y lo cumplen cabalmente. El maestro simula no hablar el segundo idioma. Aunque los niños puedan usar el otro idioma alguna vez, el maestro jamás permite que sus alumnos lo oigan usarlo. Por ejemplo, mientras Alma Flor Ada visitaba a una alumna suya, maestra de chino en un programa de doble inmersión en San Francisco, tuvo que comunicarse con ella por escrito porque delante de sus alumnos la maestra solo hablaba en chino. En algunos casos, los niños sirvieron de intérpretes, pero la docente no dijo ni una sola palabra en inglés en todo el día, aunque la mitad de los niños eran, originalmente, anglohablantes.
- Los **alumnos** pertenecen a los **dos grupos lingüísticos,** en la forma descrita por los programas de enseñanza en dos idiomas.

Con frecuencia, cuando en estas escuelas los idiomas son el español y el inglés, el nivel socioeconómico de los niños es muy dispar. Es común que los niños hispanohablantes provengan de la clase trabajadora y que los padres anglohablantes interesados en este tipo de escuelas sean profesionales con alto nivel educativo.

En principio, parecería que los niños hispanohablantes tienen una ventaja frente a sus compañeros porque ya hablan español y este es el idioma que se va a hablar la mayor parte del tiempo. Pero lo cierto es que, muchas veces, los anglohablantes tienen otras ventajas: se les ha leído mucho, están muy familiarizados con los libros, se los ha ayudado a desarrollar en la casa conceptos como los números, los colores, las formas y figuras, los días de la semana. Como tienen conceptos bien desarrollados, todo lo que necesitan es saber cómo nombrarlos en otro idioma. Si los niños hispanohablantes deben hacer el esfuerzo de aprender el concepto y, además, en muchos casos, no saben el nombre tampoco, no pasa mucho tiempo antes de que los anglohablantes empiecen a tener un rendimiento superior. Aunque así sea, estos programas son los que tienden a favorecer más el rendimiento de los niños hispanohablantes.

Lo que aprendemos de estos programas de inmersión en dos idiomas es la enorme importancia del desarrollo del niño fuera de la escuela y cuánto pueden hacer los padres por enviarlo bien equipado; acostumbrado a escuchar y a contestar, a hacer y responder preguntas, a expresarse con seguridad; y familiarizado con conceptos y con vocabulario, para poder rendir al máximo.

E17: ¿Qué son las escuelas duales para la paz?

En Israel y en Macedonia, hay ejemplos de educación bilingüe para promover el cambio social y cultural, especialmente, para fortalecer al débil, dar fuerza al desvalido y trabajar por la paz y la humanidad en medio de la guerra y el terror. A esas escuelas les interesan especialmente las **iniciativas de paz.** El papel que desempeñan para lograr la paz queda muy bien ilustrado por Dawn Tankersley en un artículo titulado "¿Bombas o programas bilingües?". La autora, que estudió el doctorado bajo la dirección de Alma Flor Ada, examina un programa dual macedonio-albanés en medio del conflicto en los Balcanes. El programa ayudó a la reconstrucción de una comunidad después de la guerra y al crecimiento de la amistad entre diferentes etnias. El estudio muestra el potencial de la educación bilingüe para generar el respeto de los estudiantes por distintos idiomas y culturas, y para colaborar en la resolución de conflictos étnicos.

Un programa bilingüe similar (hebreo-árabe) se desarrolla en una aldea (Neve Shalom/Wahat al-Salam) en Israel, con el objetivo de romper las barreras de desconfianza y edificar la paz. En esta comunidad, **judíos y palestinos** intentan vivir juntos en armonía y cooperación, manteniendo el respeto por la cultura, identidad e idioma de cada grupo. Este proyecto de ingeniería social está a cargo de dos escuelas: una escuela elemental y una escuela para la paz, que forma estudiantes bilingües en hebreo y árabe; biculturales; sensibles a las tradiciones, religiones y costumbres de cada uno. Los niños judíos aprenden en árabe y los niños palestinos aprenden en hebreo y, así, aumentan el respeto y la sensibilidad hacia el otro grupo y la integración.

Estas escuelas no pueden ser islas, y las iniciativas, que empiezan *desde abajo hacia arriba* en lugar de empezar *desde arriba hacia abajo*, no son siempre fáciles de mantener. Las escuelas para la paz forman parte de una sociedad más amplia, de manera que la igualdad de los idiomas puede ser difícil de sostener. Los padres tienen también otras aspiraciones para sus hijos, como la fluidez en el inglés, un alto rendimiento educativo y la movilidad social, por lo cual el idioma y los sueños políticos son solo un componente más de un todo muy complejo. Sin embargo, estas iniciativas simbolizan que la educación bilingüe puede incluir una visión que va más allá de las lenguas, una visión de paz sobre la tierra y buena voluntad hacia toda la humanidad, a partir de nuestros hijos.

Lectura adicional: Dawn Tankersley (2001): "Bombs or bilingual programmes? Dual language immersion, transformative education and community building in Macedonia". *International Journal of Bilingual Education and Bilingualism*, v. 4, n.º 2, pp. 107–124.

E18: ¿Qué son las escuelas internacionales?

Las escuelas internacionales son un conjunto de más de 650 escuelas, repartidas por todo el mundo, en unos 90 países, localizadas, sobre todo, en grandes ciudades. En general, estas escuelas son **privadas, selectas e independientes,** y su matrícula es costosa. Los padres de algunos de los niños son diplomáticos, trabajan en organizaciones internacionales o pertenecen al ámbito de las finanzas internacionales, y tienen que mudarse de país con frecuencia. Otros viven en la ciudad donde funciona la escuela y quieren que sus hijos aprendan otro idioma y tengan una experiencia internacional.

Usualmente, estas escuelas enseñan en **inglés,** aunque estén localizadas en un país donde el inglés no es un idioma dominante. Algunas son bilingües, las que incorporan otro idioma mayoritario en la enseñanza del currículo. A veces, el segundo idioma solo se enseña en clases de lengua. En otras, los alumnos pueden estudiar un tercer y hasta un cuarto idioma. Por lo general, los idiomas de estas escuelas son internacionales y de gran prestigio (inglés, francés, alemán). Rara vez se encuentran idiomas minoritarios.

Es interesante hacer una referencia en relación al español. Aunque en los Estados Unidos se considere muchas veces el español un idioma de segunda clase, este es uno de los idiomas más hablados en el mundo. Se habla en 20 países y, por lo tanto, en el ámbito internacional, el español es una lengua de importancia.

Una de las escuelas internacionales que enseñan español es el **Liceo Español Cervantes,** en Roma, subvencionado por el gobierno de España. Como en Roma hay un cuerpo diplomático doble, dado que los países tienen embajadas separadas en Roma y en el Vaticano, en este instituto se educan los hijos de la mayoría de ambos cuerpos diplomáticos de 20 países. Es interesante ver una escuela donde coinciden niños de toda Hispanoamérica y España en las mismas aulas. El segundo idioma es el italiano. La mitad de los niños provienen de familias donde se habla español, y la otra mitad de familias italianas que desean que sus hijos aprendan el español, un idioma de prestigio.

Las escuelas internacionales preparan a los alumnos para los exámenes de los Estados Unidos o de Inglaterra, o para el Bachillerato Internacional (Baccalaureate Internacional). Este último es un programa internacional en el que hoy participan cerca de 900,000 estudiantes en todo el mundo y es reconocido por universidades internacionalmente. La meta es ayudar a los alumnos a desarrollar sus habilidades intelectuales, personales, lingüísticas, emocionales y sociales, y a convertirse en ciudadanos del mundo.

Alemania (y otras naciones) mantiene escuelas en distintos países para educar a los hijos de alemanes que viven en el extranjero. Estos establecimientos (*Deutsche Schole für Aufsländer*) siguen el currículo alemán. Todos los años, los exámenes de los alumnos que terminan el bachillerato alemán (*Abitur*) se envían a Alemania para su corrección. Luego, un jurado de profesores alemanes viaja a estas escuelas para examinar oralmente a los alumnos, que quedan así capacitados para asistir a la universidad en Alemania.

Un ejemplo excelente de una escuela internacional con una educación bilingüe muy eficaz es la Escuela Internacional de Ginebra (http: //wwwecolint.ch/home). Fundada en 1924, esta escuela facilitó la creación del Bachillerato Internacional.

El currículo elemental y secundario de las escuelas internacionales tiende a reflejar el **currículo** de Gran Bretaña o de los Estados Unidos, así como el local.

Los maestros son oriundos de distintos países, usualmente, muchos de ellos entrenados en los Estados Unidos o el Reino Unido. La mayoría de estas escuelas prepara a sus alumnos para estudiar en universidades europeas, canadienses o estadounidenses.

E19: ¿Qué son las escuelas europeas?

El **Movimiento de Escuelas Europeas** aspira a formar niños multilingües en idiomas de la Comunidad Europea. Las escuelas se localizan en varios lugares de Europa. Los estudiantes aprenden usando el idioma del hogar y un segundo idioma. También aprenden una tercera lengua. En las clases, se destina tiempo para realizar actividades que integren a los alumnos de diversos contextos lingüísticos.

El Movimiento de Escuelas Europeas se inició en la década de 1950 y hay 14 escuelas en Bélgica, Alemania, Italia, Holanda, Luxemburgo, España e Inglaterra (se puede encontrar información en http://www.eursc.eu/). Estas escuelas fueron creadas, originalmente, para educar a los hijos de los trabajadores de la Comunidad Europea. Los hijos e hijas de los diplomáticos, empleados civiles, traductores, técnicos y empleados domésticos de la Comunidad Europea tienen prioridad para el ingreso. Uno de los propósitos iniciales de este movimiento era también permitir el ingreso de niños de distintas nacionalidades que no fueran necesariamente familiares de miembros o empleados del gobierno de la Comunidad Europea. Así, se abrieron plazas para niños de la localidad, en parte para equilibrar la mezcla de idiomas en la escuela.

Las escuelas son verdaderamente multilingües y a ellas asisten unos 22,000 niños de una amplia variedad de naciones de la Comunidad Europea. Los idiomas oficiales de la Comunidad tienen **igual estatus** en estas escuelas. Cada escuela puede tener una serie de secciones que reflejan la **lengua materna** de los alumnos.

Una meta central de las escuelas es apoyar y desarrollar la lengua materna de cada niño. En la escuela primaria, gran parte de la instrucción de los niños tiene lugar en su lengua materna. Llegan a leer y a escribir bien en su propio idioma y aprenden su cultura. Las escuelas también se preocupan de planear la integración de los niños procedentes de distintas regiones.

Todos los alumnos aprenden un segundo idioma desde el inicio de la escuela primaria. Este segundo idioma se llama **idioma de trabajo o vehículo.** Lo enseñan profesores nativos, no el maestro del primer idioma, para asegurarse de que sean modelos excelentes. Es posible que en la escuela haya niños que hablen la lengua de vehículo de instrucción o idioma de trabajo.

En el primer y el segundo grado, la segunda lengua solo se enseña en clases específicas. No se usa para ninguna asignatura del currículo. En el tercero, el cuarto y el quinto grado, se sigue enseñando el segundo idioma del mismo modo, pero puede empezar a usarse en educación física. Al final de la educación primaria, un 25% del currículo se presenta a través del segundo idioma. La proporción aumenta en la escuela secundaria. Desde el sexto grado al octavo, el segundo idioma se enseña como materia, pero también se usa en las asignaturas de Diseño Tecnológico, Música y Educación Física, y en las actividades complementarias. Del noveno al duodécimo grado, en la segunda lengua se enseña Historia, Geografía y las asignaturas optativas, como Economía y Ciencias Sociales. Si algún niño empieza en la escuela después del primer grado, se le brindan *clases de nivelación* y *clases de apoyo* para aumentar el dominio del segundo idioma.

Las escuelas europeas aseguran el desarrollo de la lengua materna y de la identidad de los niños, pero también aspiran a promover un sentido de **identidad europea.** Muchos siglos de conflicto han dado lugar en Europa a ciertas diferencias nacionales que todavía prevalecen por encima de la identidad europea. Las escuelas europeas que tienen una mezcla considerable de nacionalidades se han convertido en laboratorios donde los maestros están pendientes de los prejuicios y las rivalidades para tratar de lograr, dentro de un ambiente educativo, la integración y la armonía de Europa.

Un modo de integración es por medio de las **lecciones comunales.** A medida que el niño avanza en los distintos cursos, aumenta el número de lecciones que se enseñan a grupos mixtos. En la escuela primaria, estas lecciones reciben el nombre de **horas europeas.** A partir del tercer grado, se imparten tres lecciones comunales a la semana, de una duración de dos horas y quince minutos cada una.

La meta principal es que niños de distintas secciones lingüísticas trabajen y jueguen juntos. A medida que se desarrollan las lecciones, los niños se vuelven más conscientes de las semejanzas, antes que de las diferencias, de su **herencia europea común** y de la importancia de aprender a vivir juntos en paz y armonía. En las clases, destinadas a propiciar la integración, de 20 a 25 estudiantes realizan actividades cooperativas, como cocinar. Se deja a los maestros libertad para elegir las actividades, siempre y cuando requieran la cooperación entre los niños. Todos los maestros de la escuela primaria participan en las horas europeas. Sin embargo, cambian de clase durante el año escolar para reforzar el aspecto multicultural y multilingüe de las clases.

El ambiente y el **carácter distintivo** de las horas europeas se consideran esenciales. Se usan preguntas interesantes y motivadoras, con metas satisfactorias y posibles de alcanzar. Cada grupo multilingüe pequeño trabaja en conjunto para lograr una meta. La cooperación es esencial si se quiere obtener resultados satisfactorios. Ya que pueden coexistir cinco o seis idiomas entre los alumnos, los niños actúan de traductores para el maestro. Por ejemplo, si la instrucción se da en francés y el maestro no sabe alemán, los estudiantes que saben francés y alemán actúan de traductores informales.

Dos de las **horas europeas** semanales tienen lugar en el salón de clase. La tercera consiste en un juego con los mismos objetivos y procesos. En ninguna de ellas se obliga a ningún niño a usar un idioma en particular. Las circunstancias crean un currículo oculto. El mensaje que llega a los niños es la importancia de la colaboración entre los idiomas y la aceptación del multilingüismo como natural y posible.

La naturaleza del **proyecto de las horas europeas** hace que sean menos exigentes que otras asignaturas. También tienden a estar más **apoyadas por el contexto,** es decir, las actividades no se centran solo en el lenguaje, sino también en las acciones, que transmiten mucha información a los niños. Esto les enseña que la armonía y la cooperación pueden darse con relativa facilidad y que los idiomas no representan barreras de comunicación. ¿Funciona bien? En una investigación se descubrió que, en los últimos años de la escuela secundaria, la mayoría de los alumnos tenía como mejor amigo o amiga a alguien perteneciente a una sección lingüística distinta de la suya.

Los **maestros** provienen de distintos sistemas educativos europeos y todos son **hablantes nativos** de uno de los idiomas de la escuela. También tienen que ser **bilingües** o multilingües. No se requiere ningún certificado especial para trabajar en una escuela europea, pero sí una titulación nacional de maestro del país de origen. En la actualidad, no hay ninguna formación profesional en Europa para trabajar en una escuela multicultural de este tipo. Por lo tanto, los maestros se entrenan mientras están *en ejercicio* de su cargo. Los maestros nuevos, por lo general, observan durante dos o tres semanas antes de empezar a enseñar y, cuando empiezan, tienen el apoyo de un maestro mentor.

La **comunicación con los padres** es multilingüe y las reuniones se realizan, usualmente, con padres de un mismo grupo lingüístico. Cuando hace falta una reunión general, se ofrecen traductores. Los padres que envían a sus hijos a estas escuelas tienden a ser ellos mismos bilingües o multilingües. Por lo tanto, los niños empiezan con un interés adicional y cierta familiaridad con los ambientes bilingües o multilingües. Muchos estudiantes provienen de hogares de clase media, con una tradición de leer y escribir, y con una visión positiva del bilingüismo.

Las investigaciones científicas sobre la **eficacia de las escuelas europeas** sugieren que los alumnos que participan de estas prácticas bilingües y multilingües no sufren en su rendimiento académico. Suelen completar con éxito sus exámenes del Bachillerato Europeo y muchos van a la universidad. Si bien estas escuelas ofrecen un modelo de formación de niños bilingües bien educados en dos idiomas, se trata de niños europeos relativamente privilegiados, seguros de su cultura nacional y con una identidad europea que supera la nacional. Sin embargo, hay que plantearse si estas escuelas crean una élite educativa y cultural. Quizá están reproduciendo familias que ya poseen una ventaja bilingüe considerable.

Las escuelas europeas presentan ciertas similitudes con la **educación bilingüe de inmersión.** En ambos casos, los alumnos tienden a proceder de la clase media y se les ofrece la instrucción en dos idiomas mayoritarios. Una **diferencia** fundamental entre el Movimiento de las Escuelas Europeas y los programas de inmersión de Canadá* es que, en las primeras, el segundo idioma se enseña como

*Véase la página 179

asignatura *antes* de usarlo como vehículo de instrucción. En los programas de inmersión de Canadá, en cambio, el segundo idioma se emplea como medio de instrucción desde los comienzos. En el Movimiento de las Escuelas Europeas hay también mucho más énfasis en enseñar el segundo idioma como asignatura.

E20: ¿Qué son las escuelas bilingües de mantenimiento de las lenguas hereditarias?

En la educación bilingüe de lenguas hereditarias, los **niños que hablan un idioma minoritario** utilizan el idioma del hogar —llamado también nativo, étnico o lengua hereditaria— como medio de instrucción, y la meta es el bilingüismo total. Algunos ejemplos incluyen la educación por medio del navajo y el español (idiomas minoritarios) en los Estados Unidos; del gallego, el euskera y el catalán en España; del ucraniano en Canadá; del gaélico en Escocia; del francés en Suecia, y del galés en el País de Gales. Se protege y se desarrolla la lengua materna del niño a la vez que se enseña el idioma mayoritario. En Nueva Zelanda, se ha ido promoviendo cada vez más la enseñanza del maorí en la escuela. En Irlanda, a menudo, los niños de origen irlandés pueden recibir las enseñanzas en ese idioma. Los estudiantes aprenden inglés, irlandés y, posiblemente, otros idiomas europeos. La **meta** lingüística es **proteger las lenguas nativas** en la escuela para impedir que se marchiten y mueran invadidas por el crecimiento prevalente de los idiomas mayoritarios.

La **educación en lenguas hereditarias** (también llamada *educación en lenguas indígenas*) se enseña también en clases para grupos inmigrantes, ya sea que estén establecidos o hayan inmigrado recientemente. Por ejemplo, en los primeros años de la década de 1980 en los Estados Unidos, Joshua Fishman localizó 6,553 escuelas de lenguas hereditarias (en su mayoría privadas) y le quedó la impresión de que había más o menos otras 1,000 que no había podido localizar. Estas escuelas enseñaban 145 lenguas maternas de varias comunidades: árabe, africana, asiática, francesa, alemana, griega, haitiana, italiana, judía, polaca, japonesa, latinoamericana, armenia, holandesa, búlgara, irlandesa, rusa, rumana, serbia, turca, ucraniana, y la de idioma *yiddish*. Esas escuelas habían recibido el apoyo de instituciones gubernamentales y religiosas (iglesias, mezquitas, templos, sinagogas). Algunas organizaciones de base comunitaria también promovían programas para después del horario escolar, para los sábados, para los fines de semana y programas de base religiosa. Estas escuelas comunitarias o suplementarias han crecido mucho, en especial entre las comunidades chinas y coreanas.

Las **escuelas privadas externas** (*day schools*) son, por lo general, como su nombre lo indica, establecimientos privados. De aquí que los estudiantes provengan de la clase media o de la clase trabajadora más pudiente. Por ejemplo, en Nueva York, había más de 130 escuelas de estas que enseñaban con éxito a leer y escribir en inglés, hebreo y *yiddish*. Pero la cantidad de estas escuelas, en las que participan miembros de la comunidad judía ortodoxa jasídica, ha aumentado en los últimos años y han creado su propia asociación de maestros y escuelas. En contraste, las escuelas privadas no religiosas organizadas por otros grupos étnicos han variado su enfoque para promover más el inglés. Por ejemplo, en Nueva York, muchas escuelas griegas ahora enseñan en inglés y enseñan griego diariamente como segundo idioma.

Rasgos típicos de un programa de desarrollo y mantenimiento de las lenguas hereditarias

(1) Muchas clases tienden a presentar una mezcla variada de alumnos mayoritarios y minoritarios. Al mismo tiempo, la lengua mayoritaria puede ser la misma que la de la comunidad local. En ciertas áreas de los Estados Unidos, los hispanohablantes son la mayoría en su barrio o comunidad.

(2) A menudo los padres tienen la opción de enviar a sus hijos a escuelas mayoritarias o a escuelas de lenguas hereditarias. Por ejemplo, en Canadá, pueden elegir entre programas ucranianos o de la cultura mohawk.

(3) El idioma del hogar de los niños minoritarios se utiliza, por lo general, durante la mitad del tiempo de enseñanza. Los programas ucranianos de Alberta y de Manitoba destinan la mitad del tiempo al ucraniano y la otra mitad al inglés. Las Matemáticas y las Ciencias se enseñan en inglés. Música, Arte y Estudios Sociales se imparten en ucraniano. Hay una tendencia a enseñar las asignaturas de Tecnología y Ciencias en el idioma mayoritario.

(4) Cuando un idioma minoritario se usa durante la mayor parte del tiempo de clase (como por ejemplo, entre el 80% y el 100% en Gales), la justificación es que los niños transfieren con facilidad las ideas, conceptos, habilidades y conocimientos al idioma mayoritario. Por ejemplo, si un niño aprende a multiplicar en español, no necesita reaprender los conceptos en inglés, sino solo el nombre de los números.

(5) También se da la justificación de que las lenguas minoritarias se pierden con facilidad y las mayoritarias se ganan con facilidad. Los niños suelen estar rodeados del idioma mayoritario en su vida diaria. Por lo tanto, el bilingüismo se logra concentrando la educación escolar en el idioma minoritario.

(6) Las escuelas de idiomas hereditarios son, en su mayoría, escuelas primarias, aunque no es necesario que sea así. En Gales, por ejemplo, operan hasta el final de la secundaria e, incluso, se puede estudiar en la universidad en el idioma minoritario.

En los Estados Unidos, la versión de la escuela pública de educación bilingüe en lenguas hereditarias se llama **educación bilingüe de mantenimiento o educación bilingüe de desarrollo y mantenimiento.** Hay muy pocos de estos programas. En Canadá, sin embargo, se distingue entre lecciones de **lengua hereditaria** y **educación bilingüe de lenguas hereditarias.** En esencia, la educación bilingüe de lenguas hereditarias se enfoca en la educación de los niños de **minorías lingüísticas,** a quienes se les presenta el currículo en su lengua materna dentro de una sociedad que tiene un idioma mayoritario. En la mayoría de los países, la lengua mayoritaria también forma parte del currículo, ya sea como segunda lengua o como vehículo de instrucción en algunas materias.

Las lenguas hereditarias pueden ser lenguas indígenas o no. En los Estados Unidos, se pueden considerar lenguas hereditarias tanto el navajo como el español, dependiendo de cómo se defina el concepto de lengua hereditaria. En los distintos lugares, se usan términos distintos. A la *lengua hereditaria* también se le dice *idioma nativo, lengua minoritaria, idioma ancestral;* en francés prefieren hablar de *lengua de origen.* El **peligro** del término *hereditario* es que apunta hacia el pasado y no hacia el futuro, a la tradición más que a lo contemporáneo. Por esta razón, se está empezando a usar el término *idioma comunitario.* Otro peligro es que en este tipo de educación se enseña solamente la lengua hereditaria y no el currículo mediante esta lengua, por tanto, no es realmente una educación bilingüe.

E21: ¿Qué es la educación bilingüe de transición?

En los Estados Unidos, por ejemplo, a los niños de hogares donde se habla español se les asigna con frecuencia un programa de educación bilingüe de transición. En lugar de sumergirlos directamente en una clase monolingüe donde solo se habla inglés, se les permite chapotear en la lengua materna durante un año o dos. El propósito es hacer una **transición rápida,** y lo menos penosa posible, **del idioma del hogar al de la escuela,** el inglés. El valor de estas clases es que ofrecen un año o dos para mitigar los efectos del proceso de sumersión "nada o húndete". Un período breve de empleo de la lengua materna es mejor que nada.

Estos programas, después de un año o dos, a lo sumo tres, rechazan los recursos lingüísticos del niño en su lengua materna. Los niños pasan a un programa 'regular' y se espera que se comporten lingüística, cultural y académicamente igual que sus compañeros monolingües. Las investigaciones hechas en los Estados Unidos sugieren que mientras más tiempo pase el niño en el programa bilingüe de transición (por ejemplo, cuatro o cinco años) mejor será su progreso académico. **Mientras más usen los niños su lengua materna en la escuela, mayor será su rendimiento académico.** Estos niños aprenderán bien el inglés. Un niño que crece en los Estados Unidos aprenderá inglés, porque todos los elementos en el ambiente lo invitan a hacerlo y apoyan el que lo haga. Lo probable es que no llegue a desarrollar bien y que no pueda leer ni escribir bien el propio idioma de la familia. Cuando al niño se le ofrecen apenas dos años de instrucción en su idioma y se apresura su tránsito al inglés, se pierde la ocasión de desarrollar un verdadero bilingüismo. Demasiados niños pasan de ser monolingües en español a ser monolingües en inglés.

La verdadera paradoja en los Estados Unidos, y también en Inglaterra, es que, mientras que en la escuela elemental se trata de borrar o erradicar la lengua del hogar, más tarde en la escuela secundaria se espera que los alumnos aprendan un segundo idioma, muchas veces, el mismo que tuvieron y perdieron. También es una contradicción que, mientras que se desprecian los idiomas adquiridos en el hogar, se celebre al angloparlante cuando aprende esos mismos idiomas, en algunos casos con gran costo.

E22: ¿Qué son los programas de educación bilingüe de inmersión?

Los **programas de educación bilingüe de inmersión** se derivan de un experimento canadiense llevado a cabo en St. Lambert, Montreal, en 1965. Un grupo de padres **anglohablantes**, de clase media, insatisfechos con la educación que recibían sus hijos, persuadieron a los administradores escolares de que iniciaran un programa experimental con una clase de kindergarten de 26 niños. Las metas para los estudiantes eran: 1) que llegaran a dominar el **francés**, lo leyeran y lo escribieran bien; 2) que tuvieran un rendimiento académico normal en las distintas áreas del currículo, incluidas las clases de inglés; 3) que aprendieran a apreciar la cultura y las tradiciones de los canadienses, tanto de los anglófonos como de los francófonos. En suma, la meta era que los niños llegaran a ser bilingües y biculturales sin sufrir ningún retraso académico.

La expectativa ulterior era que estos niños llegaran a estar, algún día, muy solicitados en el mercado de trabajo. Las personas bilingües capaces de desenvolverse con facilidad tanto en las comunidades francófonas como en las anglófonas de Canadá tendrían grandes oportunidades de empleo.

La educación bilingüe de inmersión tiene distintas variables:

(1) La **edad** a la que un niño inicia dicha experiencia. Puede ser en kindergarten o en la educación preescolar (inmersión **temprana**), a los nueve o diez años (inmersión **intermedia** o retrasada) o a la edad de la escuela secundaria (inmersión **tardía**).

(2) La cantidad diaria de **tiempo** invertida en la inmersión. La inmersión **total**, generalmente, comienza con una proporción del 100% en el segundo idioma y, después de dos o tres años, dicha cantidad se reduce al 80%, hasta llegar al 50% en la escuela intermedia. La inmersión **parcial** ofrece cerca del 50% en el segundo idioma durante la escuela primaria e intermedia. Los programas más generalizados son los de **inmersión total temprana** y les siguen los programas

de inmersión tardía e inmersión intermedia. Este histograma ilustra el proceso de inmersión total temprana.

En el experimento de St. Lambert se cumplieron los objetivos señalados.

(1) La competencia para escuchar, hablar, escribir y leer de los alumnos de inmersión es semejante y, en ocasiones, superior a la de los alumnos anglo-hablantes educados solo en inglés.

(2) Los resultados en matemáticas y en ciencias de los alumnos de inmersión es semejante y, en ocasiones, superior a las de los alumnos anglohablantes educados solo en inglés.

(3) Los alumnos de inmersión obtuvieron altos niveles de conocimiento del francés, especialmente en la comprensión y en la lectura, en comparación con los alumnos que estudiaron el francés como asignatura y no lo tuvieron como medio de instrucción.

(4) Los alumnos de inmersión retuvieron una fuerte identidad con la cultura anglo-canadiense y, a la vez, adquirieron un mayor conocimiento y aprecio por la cultura franco-canadiense, especialmente en comparación con los que estudian en escuelas monolingües en las que solo se utiliza el inglés.

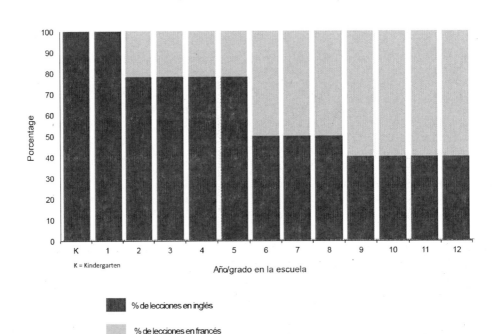

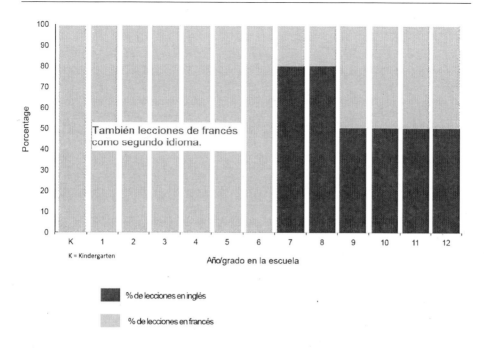

La figura incluye el texto "También lecciones de francés como segundo idioma." y las leyendas:
% de lecciones en inglés
% de lecciones en francés

Eje vertical: Porcentage. Eje horizontal: Año/grado en la escuela. K = Kindergarten

Los alumnos de inmersión temprana llegan a leer, escribir, hablar y comprender **inglés** tan bien como los niños que asisten a escuelas monolingües donde solo se utiliza este idioma. Durante los cuatro primeros años de **inmersión temprana total,** los alumnos no progresan en inglés tanto como los de habla inglesa que reciben la instrucción únicamente en inglés. La lectura, la ortografía y la puntuación no se desarrollan a la par. Dado que los niños en el programa de inmersión no reciben clases en inglés durante los dos o tres primeros años, estos resultados no sorprenden. Sin embargo, este patrón inicial no se mantiene. Después de seis años, aproximadamente, de participar en el programa de inmersión, los alumnos alcanzan a los monolingües de su misma edad en el dominio del inglés. **Al final de la educación primaria,** la inmersión total temprana, por lo general, no afecta a las habilidades para hablar y escribir en el primer idioma. Los padres de los niños corroboraron los resultados de las pruebas y exámenes.

De hecho, cuando los investigadores constataron alguna diferencia en los logros académicos de los alumnos de inmersión y los alumnos de clases monolingües, la diferencia, por lo general, estaba a favor de los alumnos de inmersión. Estos hallazgos coinciden con las ventajas en el proceso de pensamiento (cognoscitivo) que resultan del bilingüismo. Si el bilingüismo ocasiona un aumento de la conciencia lingüística, más flexibilidad en el pensamiento, mayor introspección en el lenguaje, estas ventajas cognoscitivas ayudan a explicar **el progreso en inglés** de los alumnos de **inmersión total temprana.***

*Véase la página 184

Una ventaja adicional es que los alumnos de inmersión también pueden leer, escribir, hablar y comprender **francés** mejor que los alumnos de habla inglesa a quienes se les enseña francés como segundo idioma. La mayoría de los alumnos de **los programas de inmersión temprana total** llegan a dominar las habilidades receptivas del francés (escuchar y leer) casi como un hablante nativo de unos once años de edad.

Los **alumnos de inmersión parcial temprana** tienden a estar tres o cuatro años retrasados en el inglés. Su rendimiento en inglés es equiparable al de los **alumnos de inmersión total temprana,** lo cual sorprende puesto que los de inmersión parcial han recibido más inglés. Al final de la escuela primaria, los niños de inmersión parcial están a la par de los monolingües en inglés. Del mismo modo, la **inmersión tardía** (como muestra el gráfico) no tiene ningún efecto negativo en el rendimiento en inglés.

La educación por inmersión tiene como resultado que los alumnos lleguen a ser bilingües en inglés y en francés. Pero ¿tiene esto algún efecto negativo en el **rendimiento académico en otras áreas del currículo?** Las investigaciones científicas muestran que los alumnos de **inmersión temprana total,** generalmente, tienen un rendimiento académico igual al de los alumnos monolingües.

Las evaluaciones de la **inmersión temprana parcial** no son tan positivas. Si los niños en un programa de inmersión parcial aprenden matemáticas o ciencias en francés, suelen quedar retrasados en comparación con los monolingües, al menos en un principio. Esto puede deberse a que su dominio del francés no es suficiente para que puedan pensar de forma matemática y científica en su segundo idioma. Los resultados de la **inmersión tardía** son semejantes. Un factor importante parece ser que los niños hayan desarrollado lo bastante las habilidades en el segundo idioma, el francés en este caso, para poder estudiar en ese idioma.

En general, los resultados sugieren que la inmersión no acarrea desventajas para el desarrollo académico y, en cambio, ofrece la ventaja de que los niños adquieren un segundo idioma. Sin embargo, no debe olvidarse el factor clave: **los alumnos necesitan adquirir un dominio suficiente del segundo idioma para poder estudiar en ese idioma.**

¿Cuáles son los factores esenciales de la educación de inmersión canadiense?

Primero, la inmersión en Canadá está orientada a conseguir el bilingüismo en **dos idiomas mayoritarios prestigiosos** (el francés y el inglés).

Segundo, la inmersión en Canadá es **optativa, no obligatoria.** Los padres eligen enviar a sus hijos a estos programas con la convicción de que son los mejores para ellos. La seguridad de los padres, la capacidad de los niños y la dedicación de los maestros son todos factores que pueden ayudar a crear un alto interés en los alumnos. Estas escuelas respetan el idioma y la cultura del hogar de los alumnos. Esto crea una situación de bilingüismo **aditivo.** En el momento de crear escuelas de inmersión, los padres casi siempre han colaborado y ha habido diálogo y acuerdo entre ellos, los administradores, los maestros y los investigadores.

Tercero, a los niños que inician la inmersión temprana **se les permite usar el idioma del hogar durante el primer año y medio para comunicarse en la clase.** No hay ninguna restricción en el uso de su idioma en el patio o en la cafetería. El idioma de los niños es respetado por todos y nadie lo desprecia.

Esto se basa en una realidad de muchos niños bilingües que, cuando comienzan a ir a una escuela que usa un idioma que ellos no dominan, sea una de inmersión o una monolingüe en otro idioma experimentan, típicamente, un **período silente.** Se dan cuenta de que no dominan el idioma que el maestro usa y, por lo tanto, se quedan callados. Esta fase puede durar algunas semanas o varios meses. Es un proceso temporario normal durante el cual el niño absorbe suficiente de la lengua de la clase para poder empezar a hablar delante de la maestra y de los compañeros.

Cuarto, los maestros de inmersión son bilingües competentes. Al principio les dan la impresión a los niños de que hablan solamente francés para estimularlos a hablar en el nuevo idioma, pero los niños saben que los maestros comprenden inglés y que siempre pueden darse a entender hablando su idioma con el maestro.

Quinto, el uso del lenguaje se centra en transmitir y explicar el **contenido** del currículo. Se evita corregir a los niños con frecuencia o exigirles un uso gramaticalmente perfecto del lenguaje. El francés se adquiere de un modo natural, inconsciente, de forma semejante a como se adquiere el primer idioma. Se enfatiza el aprender primero a comprender y luego a hablar.

Sexto, todos los alumnos **empiezan el proceso de inmersión** con un nivel semejante. Ninguno sabe francés. La mayoría son monolingües, hablan solo inglés. El hecho de que los alumnos comiencen con un nivel homogéneo tiene dos efectos: simplifica la labor del maestro y ninguno de los alumnos se siente menoscabado porque sus compañeros hablen el idioma de la clase y ellos no. Por lo tanto, la autoestima de los alumnos no sufre. No hay algunos que saben y otros que no. Ninguno sabe, todos están aprendiendo.

Séptimo, los alumnos del programa de inmersión siguen el mismo currículo académico que los alumnos de las clases regulares.

Una de las **limitaciones de la inmersión** es que, para muchos alumnos, el francés es un idioma que solo practican en la escuela. Fuera de ella, no suelen usarlo más tiempo que los alumnos que lo han estudiado apenas treinta minutos al día. Los alumnos de inmersión dominan el francés, pero no tienden a usarlo en la comunidad. Esto puede deberse, en parte, a la falta de oportunidades para emplearlo en eventos culturales u otras actividades de interés para los jóvenes. A los programas de inmersión se los ha criticado por ser muy buenos en desarrollar el idioma, pero pobres en expandir los horizontes culturales de los alumnos.

También pueden mencionarse otras **limitaciones** en la educación de inmersión.

Primero, los alumnos no siempre llegan a hablar un francés gramaticalmente perfecto y, a veces, les falta el sentido estilístico y social del uso lingüístico apropiado que poseen los hablantes nativos.

Segundo, es difícil estipular cuáles son los factores que hacen que la inmersión sea efectiva. ¿Se debe su eficacia a la inmersión como sistema o a la motivación de los alumnos, la preparación de los maestros, la actitud de los padres, la vitalidad de la comunidad o el tiempo dedicado a estudiar un currículo distinto? **La intensidad con que se estudia un segundo idioma,** por ejemplo, el número de horas al día, es, probablemente, más importante que el número de años durante los cuales se estudia un segundo idioma.

Tercero, los programas de inmersión pueden **afectar a las escuelas regulares.** Los efectos pueden ser redistribución de los maestros y líderes, cambio del perfil de la clase en cuanto al idioma que hablan sus alumnos y sus destrezas académicas, y discrepancia en el número de alumnos que asisten a la escuela y a cada clase.

Cuarto, es importante no analizar los programas de inmersión en Canadá solo desde la perspectiva educativa. Estos programas se sustentan en posiciones políticas y sociales, y en creencias y valores culturales que están tratando de crear una nueva sociedad. Al promover el bilingüismo de los anglohablantes, la educación por inmersión del Canadá está apoyando a las comunidades que hablan francés, está dándoles oportunidades a los francófonos para que vivan fuera de Quebec y está ayudando a promover el bilingüismo en el sector público (y, en cierto modo, en el privado).

Algunos francófonos ven los programas de inmersión como un caballo de Troya para la asimilación inglesa. Estas personas se preguntan hasta qué punto el aumentar el número de anglohablantes bilingües va a terminar privándolos a ellos de la ventaja histórica de ser quienes ocupen los puestos bilingües. Esto está ligado al hecho de que un alto porcentaje de los alumnos que asisten a programas de inmersión son niños de niveles socioeconómicos altos. La educación de inmersión tiende a reproducir los grupos de poder, sumando a las ventajas que ya tienen los niños anglohablantes, la de ser bilingües.

Quinto, es peligroso hacer generalizaciones de las experiencias de Canadá y aplicarlas a otros lugares del mundo. En Canadá, la inmersión tiene lugar entre **dos idiomas mayoritarios internacionales con alto estatus:** el francés y el inglés. En muchos otros países, la situación es muy distinta. A menudo el contexto incluye una lengua mayoritaria y una o varias minoritarias que coexisten con estatus y fuerza diferentes.

La educación por inmersión de Canadá ha sido un experimento educativo de un éxito y un crecimiento sorprendentes. Ha tenido una gran influencia en la educación bilingüe de Europa y de otros lugares.

Por ejemplo, los **catalanes** y los **vascos** en España, y los **galeses** y los **irlandeses** en el Reino Unido han emulado el experimento, con ciertas variantes para responder a contextos regionales y nacionales, con un éxito similar.

E23: ¿Cuáles son las características de las clases en los buenos programas de inmersión?

Primero, el **tiempo mínimo** durante el cual hay que usar el segundo idioma como medio de instrucción para asegurar su dominio *receptivo* (escuchar y leer) es de cuatro a seis o siete años.

Segundo, el **currículo** tiende a ser el mismo para los niños del programa de inmersión que para los niños monolingües de la misma edad. De este modo, es posible comparar el rendimiento académico de ambos grupos. La inmersión tiene que tratar de crear interés y simpatía por la cultura del nuevo idioma (por ejemplo, la cultura francesa en Canadá). El currículo de inmersión tiene que contemplar **la participación** en la cultura representada por el idioma. El peligro es que el francés se convierta en el idioma de la escuela solamente y el inglés en el idioma del parque, la calle y el trabajo. La influencia de la cultura del inglés es, a menudo, tan fuerte y persuasiva que existe el peligro de que los niños que aprenden francés se conviertan fuera de la escuela en bilingües pasivos.

Tercero, los estudios sobre la educación bilingüe sugieren que es preferible **separar los idiomas en que se enseña** en lugar de mezclarlos en una misma lección.* Los períodos prolongados de enseñanza en un solo idioma exigen a los estudiantes que presten atención a la lengua de instrucción, con lo que mejoran sus habilidades en el idioma y adquieren al mismo tiempo los conocimientos.

*Véase la página 167

Cuarto, ¿cuánto **tiempo** debe concederse a los dos idiomas en el currículo? La recomendación típica es que el segundo idioma debe recibir al menos un 50% del tiempo. Las escuelas bilingües necesitan asegurarse de que los alumnos lleguen a leer y escribir en el idioma mayoritario. El tiempo de instrucción en el segundo idioma puede variar desde un 10% en los primeros años hasta un 70% al final de la escuela secundaria.

Quinto, la educación de inmersión ha prosperado gracias a haberse construido sobre dos pilares hermanados, el entusiasmo de los maestros y el compromiso de cooperación de los **padres.** En Canadá, los padres de los programas de inmersión suelen pertenecer a la clase media, colaborar en comités de padres y maestros, y preocuparse sistemáticamente por la educación de sus hijos. Ellos han sido promotores de estos programas desde los inicios. La organización Padres Canadienses a favor del Francés (Canadian Parents for French) ha sido un grupo de presión importante para la evolución, el reconocimiento y la difusión de la educación por inmersión. En otros países también hay padres que han apoyado desde comunidades de base formas fuertes de educación bilingüe (por ejemplo, en el País de Gales). Gracias a grupos de presión localizados, se han desarrollado escuelas que enseñan en el primer idioma. En los Estados Unidos, la organización Advocates for Language Learning (ALL) ha promovido la implantación de escuelas de inmersión que siguen el modelo canadiense, pero con la diferencia de que, con mucha frecuencia, en estas participan también niños que hablan en la casa el idioma que se quiere desarrollar.

En las clases de inmersión de Canadá, los **maestros** tienen, por lo general, un dominio tanto del francés como del inglés igual o semejante al de un hablante nativo. Entienden lo que los niños dicen en su propio idioma, pero tienden a hablarles casi exclusivamente en francés. Por su poder y su estatus, son modelos importantes de la lengua, por lo que los niños la identifican como algo valioso. Los maestros les ofrecen un modelo de francés adecuado en cuanto a pronunciación y estilo.

La mayoría de los **maestros de inmersión** tienen un entusiasmo especial y apoyan con firmeza la educación bilingüe y el bilingüismo en la sociedad. Actúan como misioneros del lenguaje. En el País de Gales, se han hecho investigaciones que muestran la importancia que tiene la seriedad con que el maestro lleva a cabo su labor en los programas de inmersión. Este entusiasmo es un factor importante y, a menudo, subestimado en la ecuación que representa el éxito de un programa bilingüe. Se corre el peligro de pensar que el éxito del proceso depende del uso de los idiomas. El compromiso, el entusiasmo y las habilidades del maestro, que tienen que sobrepasar los de un maestro monolingüe, no deben ser olvidados.

Sexto, el programa de inmersión de Canadá permite agrupar a los niños de acuerdo con sus destrezas en el idioma y crear así una **clase lingüísticamente homogénea.** Por ejemplo, en la inmersión total, todos los niños empiezan sin hablar francés. Esto hace que la tarea del maestro sea relativamente fácil. Los niños aprenden francés en una experiencia compartida. En cambio, en el País de Gales, en Irlanda o en los Estados Unidos, el término *inmersión* se refiere a programas en los que, por lo general, hay una **mezcla** de alumnos que hablan el idioma y otros que no lo hablan. Allí, los niños cuyo idioma materno es el inglés tienden a tener éxito en las clases de **inmersión en lenguas minoritarias.** Para ellos el proceso es aditivo, no sustractivo. El peligro es que el inglés, como es el idioma mayoritario, se convierta en la lengua que los alumnos prefieran usar en el patio de recreo, entre sí en la clase y, sin duda, fuera de la escuela. Si se consigue que los alumnos minoritarios estén representados en mayor número, quizá sea posible que la lengua mayoritaria no domine siempre.

Séptimo, la inmersión ofrece un **ambiente bilingüe aditivo.** Los alumnos adquieren francés sin que su idioma y cultura propios sufran en modo alguno. Esto es muy distinto de lo que ocurre en los ambientes bilingües sustractivos, en los que el idioma del hogar es reemplazado por el segundo idioma y se producen efectos negativos, en lugar de positivos, en el rendimiento académico y la autoestima. Por estas razones, la denominación de educación por inmersión debe reservarse para aludir a las situaciones aditivas y no a las sustractivas. El término *educación por inmersión* solo es apropiado cuando el idioma del hogar es un idioma mayoritario y la escuela añade un segundo idioma, ya sea este mayoritario o minoritario.

E24: ¿Qué estrategias aplican los programas de inmersión con respecto al uso de los idiomas?

La educación por inmersión se basa en la idea de que los niños adquieren su primer idioma en la casa de forma natural, inconscientemente. La inmersión trata de simular este proceso en los primeros años de la escuela. **El proceso se centra en el contenido, no en la forma (por ejemplo, la gramática) del idioma.** Se pone atención en la tarea por realizar y en el contenido por impartir, no en el lenguaje. En los primeros grados, no hay **clases** formales de idioma, aunque se enseñen algunos aspectos gramaticales de manera informal, como las terminaciones verbales. En los últimos grados de la escuela primaria, se les concede importancia a las reglas del idioma (por ejemplo, a la morfología y a la sintaxis).

La inmersión también tiende a asumir que **mientras más pronto se enseñe un idioma, mejores serán los resultados.** Si bien los adolescentes y los adultos pueden aprender un segundo idioma y llegar a hablarlo con fluidez, las investigaciones sugieren que los niños pequeños adquieren mejor pronunciación que los adultos porque son más permeables y flexibles.

En las primeras etapas de las clases de inmersión temprana en francés en Canadá, los maestros se concentran en desarrollar en sus alumnos las **habilidades de escuchar y comprender.** De kindergarten a tercer grado, se les da más importancia a las habilidades orales; en primer grado (a los seis años), se inician la lectura y la escritura, pero reciben mayor atención de cuarto a sexto. En las primeras etapas, no se espera que los niños hablen francés ni con el maestro ni con sus compañeros. Al principio, hablan inglés entre sí y con los maestros, y no se los reprende por hacerlo. Los maestros no fuerzan a los niños a hablar en francés hasta que no están listos para hacerlo. Si se les insistiera demasiado en que hablen en francés, podrían desarrollar actitudes negativas hacia esa lengua y hacia la educación en general. Durante los dos primeros años de inmersión, los niños aprenden a comprender el francés y, luego, empiezan a hablarlo, en especial con los maestros.

El **inglés** comienza a usarse en el currículo de los programas de inmersión total en francés, por lo general, en el tercer grado, aunque, ocasionalmente, algunos programas empiezan en cuarto y otros antes de tercer grado, incluso en kindergarten.

Es crucial que en las etapas iniciales de la inmersión los niños puedan **comprender al maestro.** El maestro necesita saber cuál es el nivel de comprensión de sus alumnos y expresarse con un vocabulario y un lenguaje apropiados para ellos, a la vez que trata de aumentar de manera gradual su capacidad para comprender el francés. Esto requiere ir aumentando el vocabulario y el lenguaje de forma progresiva, pero asegurándose de que el contenido ha sido asimilado.

Durante los dos primeros años, el **vocabulario** será deliberadamente **sencillo.** La gramática y la sintaxis empleadas serán simples. El maestro repetirá las ideas y explicará el concepto varias veces de maneras distintas. Hablará con lentitud para darles tiempo a los alumnos para entender el contenido y el lenguaje. Usará la lengua de modo parecido al de las **madres** que interactúan con los niños pequeños o al que se emplea para hablarle a un **extranjero**. Y, durante este período, les hará preguntas constantemente a los niños para asegurarse de que han entendido bien sus palabras.

A veces, los maestros presentan de antemano las palabras que van a usar en la lección. Si en una lección va a usar vocabulario nuevo y van a presentar conceptos nuevos, se aseguran de que estos queden bien entendidos. Están atentos a las **señales no verbales** de los alumnos, a los gestos faciales y corporales, que pueden darles la clave de que no han entendido bien (como una mirada interrogante o perdida, o muestras de no estar prestando atención). A la vez, anima a los niños a que pregunten y pidan aclaraciones cada vez que no han comprendido algo.

Así se cubren dos áreas distintas: la importancia de que la **instrucción sea comprendida** y la importancia de **negociar el significado**. El peor de los casos es que ni el maestro ni los alumnos se den cuenta de que no ha habido comprensión. En una clase eficiente, los maestros y los niños intercambian información de modo que ambos saben que los alumnos han comprendido bien lo que se enseñó. La negociación de significado es importante no solo para desarrollar el lenguaje y asegurar al máximo el rendimiento a lo largo del currículo, sino también para aumentar la motivación de los niños. El peligro que se corre es simplificar demasiado y que los niños no aprendan nada. Es necesario siempre llevar a los alumnos un paso más allá.

En las clases de inmersión, los **errores de lenguaje** no se ven como fallas, sino como parte natural e importante del desarrollo de un idioma. Con tiempo y práctica, los errores desaparecen y el lenguaje se vuelve más correcto. Por lo tanto, los maestros de inmersión no corrigen con frecuencia a los niños que están empezando a hablar un segundo idioma, para evitar que se descorazonen y que se interrumpa la comunicación. Si varios niños cometen el mismo error, o si un niño repite un error varias veces, el maestro da una explicación.

En las etapas iniciales, habrá una **interlengua** o lenguaje mezclado, que usarán los alumnos entre sí. Puede ocurrir que un niño cambie el orden habitual de las palabras en la oración o coloque las preposiciones en un lugar equivocado. Pero esta **interlengua** no debe considerarse un error, sino fruto de la creatividad lingüística de los alumnos para darse a entender. Se trata de un punto intermedio en el que se halla alguien que está empezando a usar otro idioma.

Los maestros de inmersión asumen que mientras mejor dominen los niños su lengua materna mejor aprenderán el segundo idioma. Los conceptos aprendidos en el primer idioma se **transferirán** al segundo. Si un niño sabe leer en un idioma, esto contribuirá al aprendizaje de la lectura en el segundo. Sin embargo, otros aspectos del idioma (como la ortografía y la gramática) no se transmiten. Mientras más parecido sea un idioma a otro, con mayor facilidad se producirá la transferencia. Del español al inglés será mayor que del árabe al inglés, porque el español y el inglés usan abecedarios muy semejantes y su gramática es, en parte, similar.

Sin embargo, hay conocimientos que se transfieren entre todos los idiomas, incluso entre los más distantes, por ejemplo, la capacidad de expresarse con claridad, de formular y responder preguntas, de usar ejemplos, de enumerar, de sintetizar, de expandir y aclarar; la sensibilidad hacia el oyente; y su interés y atención, entre otros. Todas ellas son habilidades del lenguaje que, una vez adquiridas en un idioma, se transfieren rápidamente a otro.*

*Véase la página 50

Diez técnicas específicas usadas por maestros de inmersión

(1) Ofrecer amplio apoyo contextual al idioma que se está usando (por ejemplo, por medio del lenguaje corporal, los gestos, las expresiones faciales, las representaciones y el apoyo visual).

(2) Dar más indicaciones sobre los procedimientos en la clase y la organización del trabajo. Por ejemplo, indicar con signos el comienzo y el final de las rutinas, dar instrucciones más explícitas sobre las tareas para el hogar.

(3) Comprender el nivel de conocimiento de cada niño y establecer relaciones entre lo conocido y lo desconocido. Relacionar directa y explícitamente los materiales e información nuevos con lo que el niño ya sabe.

(4) Usar ampliamente el material visual. Usar objetos concretos para ilustrar las lecciones. Usar dibujos y ayudas audiovisuales, como mapas, gráficos, etcétera. Dar a los niños numerosas actividades manuales para asegurarse de que usan todos los sentidos en el proceso educativo.

(5) Obtener retroalimentación constante para saber cuál es el nivel de comprensión de los alumnos. Diagnosticar el nivel de lengua de cada alumno.

(6) Usar muchas repeticiones, resúmenes y reiteraciones para asegurarse de que los alumnos comprenden las indicaciones.

(7) Ser constantemente un modelo de uso del lenguaje y estimular a los alumnos a emularlo.

(8) Corregir los errores de modo indirecto y evitar señalar las faltas de los alumnos a cada momento. Asegurarse de incorporar las correcciones en las respuestas y comentarios, de modo que tengan un impacto rápido e inmediato en los alumnos.

(9) Usar una gran variedad de formas de enseñanza y de aprendizaje.

(10) Usar métodos frecuentes y variados para determinar que los alumnos han alcanzado una buena comprensión.

Adaptado de M. A. Snow (1990): *Instructional Methodology in Immersion Foreign Language Education* (Metodología de instrucción en la enseñanza de idiomas extranjeros por inmersión). En A. M. Padilla, H. H. Fairchild y C. M. Valadez (eds.): *Foreign Language Education: Issues and Strategies* (Enseñanza de lenguas extranjeras: temas y estrategias), Londres: Sage.

A través de la inmersión, los niños no solo adquieren un segundo idioma de forma subconsciente y natural, sino que también adquieren una comprensión de las formas de lenguaje. Una vez adquirida esta base, se anima a los niños a **analizar su vocabulario y su gramática,** y se les ofrece algunas lecciones centradas en la lengua misma para desarrollarla de forma sistemática.

E25: ¿En qué consiste el aprendizaje integrado de contenido y lengua extranjera (CLIL)?

El **aprendizaje integrado de contenido y lengua extranjera** (en inglés, Content and Language Integrated Learning, CLIL) [véase el Glosario] es una forma europea de educación por inmersión que derivó de métodos de investigación y enseñanza de la educación por inmersión de Canadá a partir de1970 y se convirtió en un movimiento europeo desde mediados de la década de los noventa. En el CLIL, el contenido y el idioma se enseñan simultáneamente. El idioma se convierte en el medio para el aprendizaje, al tiempo que se desarrolla el idioma nuevo. Por ejemplo, un niño aprende historia o ciencias a la vez que aprende un idioma nuevo.

Mientras que la inmersión es un procedimiento bastante bien definido en la educación bilingüe, el CLIL es como una sombrilla que abarca una gran variedad de formas de enseñanza: algunas veces, ofrece lecciones adicionales del idioma, otras no; la cantidad del contenido que se enseña a través de otro idioma oscila entre el 10% y el 50%; la edad para comenzar, la duración y la cantidad de la enseñanza del idioma también varían. Quizás la característica integradora del CLIL es el ser un vehículo nuevo que aboga por la educación bilingüe en Europa, sin admitir que ha sido importado de Norteamérica, lo que podría significar menos estatus e impacto. El CLIL tiene su base política en la visión de la Unión Europea de una Europa multilingüe, en la cual todos serían capaces de actuar en dos, tres o más lenguas europeas. Lo que se propone es ayudar a crear la europeización, empleados multilingües y trabajadores transnacionales.

Las razones para enseñar y aprender contenido a través de un segundo idioma son (1) el idioma se aprende más rápido cuando existe integración de lengua y contenido, y más despacio si solo se aprende como materia específica; (2) el estudiante adquiere competencia lingüística en sus estudios académicos y no solamente en la comunicación cotidiana; (3) pueden obtenerse dos resultados al mismo tiempo: aprender un idioma y el contenido de una materia.

E26: ¿En qué consiste la inmersión intensiva en un segundo idioma al final de la enseñanza elemental?

Recientemente, se ha establecido en Canadá otra forma de educación por inmersión. Se llama **francés intensivo** y comenzó a aplicarse en Terranova y Labrador entre 1998 y 2001. Desde entonces se ha extendido a otras provincias y territorios canadienses (y al País de Gales). En contraste con las 1,000 horas de enseñanza de francés "gota a gota" en las lecciones de los programas normales desde el cuarto hasta el duodécimo grado y en contraste con las 6,000 a 7,000 horas de instrucción en francés en programas de inmersión temprana, el francés intensivo opera en el quinto o el sexto grado durante un período de 5 meses de aprendizaje intensivo del idioma.

Los cinco primeros meses del año escolar pueden dedicarse al aprendizaje intensivo del francés; los cinco meses siguientes se dedican a lograr los resultados necesarios en el currículo regular. A veces, son los cinco últimos meses los que se dedican al francés intensivo. De cualquier manera, la meta es obtener hablantes eficientes que puedan comunicarse espontáneamente en francés al final del curso escolar y que estén listos para la educación bilingüe en una escuela secundaria.

En este programa, entre el 50% y el 80% del día se dedica a aprender francés. Aunque las asignaturas no se enseñan en francés (como en los programas de inmersión), el tiempo destinado a otras materias (por ejemplo, Estudios Sociales, Educación para la Salud y, en especial, Inglés) es reducido. Normalmente, no se reduce el tiempo para Matemáticas. Los primeros resultados muestran un notable éxito académico y lingüístico, y grandes expectativas de expansión para el futuro.

E27: ¿Qué es una clase de pull-out para dar apoyo especial al lenguaje?   **E27**

En las escuelas donde no hay programas bilingües, una de las opciones es la de ofrecer **clases especiales** de inglés a los niños que todavía no han desarrollado lo suficiente sus destrezas en ese idioma. Para ello, se los saca de las clases regulares durante ciertos períodos del día o de la semana. Estas clases reciben el nombre *pull out* en inglés.

No hay nada malo en ofrecer ayuda a un niño que la necesita. Sin embargo, este método puede ocasionar problemas de índole **no necesariamente lingüística.** Algunos educadores consideran que los niños que asisten a estas clases pueden sentirse segregados, pueden interpretar que tienen una deficiencia y se les puede dificultar hacer amistades. Piensan que es mejor ofrecer ayuda **dentro** de la clase, ya sea de parte del maestro, ya de un ayudante de maestro o de los padres.

Como en muchas otras circunstancias, no pueden darse normas generales porque depende mucho de cómo se trate la situación. Algunos maestros de inglés como segundo idioma, que se ven obligados a sacar a los niños de la clase, crean para ellos un refugio, un lugar donde su cultura se celebra, donde el multicultura- lismo es la norma deseable. Y, verdaderamente, les brindan la atención individual que necesitan en el momento en que han sido arrancados de raíz de todo lo que hasta entonces había sido su mundo o que se encuentran inmersos en un mundo muy distinto al del hogar.

El problema fundamental que se debe contemplar es cómo puede proponerse la escuela desarrollar en todos los niños la capacidad de respetar, comprender y apreciar a los demás. Si los niños que participan en este programa pertenecen a etnias y culturas minoritarias, existe el riesgo de que estas clases se conviertan en un motivo más que agrave la separación y el estigma. Se hace necesario que los maestros diseñen actividades en las cuales los niños de las minorías lingüísticas tengan la oportunidad de enriquecer al resto de la clase. Por ejemplo, será más fácil que los niños mayoritarios respeten a los de la minoría si comprenden el esfuerzo necesario para aprender un idioma. Si a los niños minoritarios se les da la oportunidad de enseñar algo de su idioma a los que hablan inglés, se habrán invertido los papeles y el niño que, aparentemente, no sabe nada se convertirá en el maestro.

Las clases especiales separadas pueden tener mayor sentido cuando se trata de niños que hablan un idioma mayoritario en una escuela donde el idioma es minoritario. No es extraño que la presencia de niños que hablan un idioma mayoritario influya en que el maestro y los alumnos dejen de hablar el idioma propio. Esto fue lo que sucedió en la isla de Guam, Islas Marianas, como consecuencia de inmigrantes llegados de las Filipinas. El idioma de Guam, el chamorro, se habla solo en las Islas Marianas y, por eso, no tiene una fuerza internacional enorme, pero es la lengua de todo un pueblo y representa su historia y su cultura. Aunque en Guam el idioma oficial de la escuela pública es el inglés, los maestros nativos usaban el chamorro con naturalidad en la clase con sus alumnos, hasta que muchas familias filipinas se establecieron en la región y reclamaron que los maestros no usaran chamorro: una pequeña minoría de alumnos consiguió cambiar el idioma de la mayoría debido al estatus y fuerza de la lengua que hablaban.

E28

E28: ¿Qué significa el andamiaje (apoyo académico decreciente) y por qué es importante durante el aprendizaje de idiomas en la escuela?

Muchos niños que provienen de hogares donde se hablan idiomas hereditarios asisten a escuelas *monolingües* locales y usan, lo más pronto posible, un **segundo idioma** (por ejemplo, el inglés). Se espera de ellos que, al mismo tiempo, aprendan un idioma nuevo, se dediquen a estudiar las asignaturas y desarrollen destrezas de pensamiento. Tanto la enseñanza como el aprendizaje se harán en ese idioma nuevo, que será cada vez más complejo y abstracto, y requerirá un registro diferente al de la conversación informal.

Cuando los niños son algo mayores (en los últimos años de la escuela primaria o en la secundaria), no aprenden un idioma nuevo únicamente a través de la instrucción de contenidos porque el dominio de su segundo idioma, a veces, puede estar poco desarrollado y no le permite entender bien las matemáticas o los estudios sociales por ejemplo. De ahí que necesiten **ayuda con el idioma** para tener éxito en la clase. La clave está en cómo apoya el maestro a esos niños con el uso cuidadoso de un idioma comprensible. Esto se llama *andamiaje* o *apoyo académico decreciente*.

En lugar de simplificar una tarea, el maestro les ofrece apoyo estructural para que los niños mejoren sucesivamente su conocimiento, sus destrezas y sus competencias. El **andamiaje** académico decreciente [véase el Glosario] resulta así un recurso temporario para posibilitar la comprensión del contenido. Cuando el aprendizaje es exitoso, se quita el apoyo, ya que los alumnos pueden completar esa misma tarea independientemente.

El apoyo académico decreciente se activa cuando un maestro se asegura de que (1) el niño tiene suficiente experiencia o conocimiento anterior para que la tarea resulte comprensible; (2) el niño está familiarizado con el propósito, la estructura y las características lingüísticas de la tarea; (3) maestro y alumno trabajan juntos en el proceso, el contenido y la forma del aprendizaje; y (4) al final, el niño será capaz de realizar la tarea sin ayuda, y el *andamiaje* de apoyo académico se retira de manera gradual, ya que ha pasado de lo familiar a lo más complejo y **de la guía a la independencia.**

Cuando los niños bilingües necesitan apoyo académico, también son importantes las siguientes características de la escuela:

- Los maestros enseñan a partir de las experiencias y los conocimientos previos de los niños y usando el lenguaje minoritario, no solamente el mayoritario.
- Se promueve el apoyo de los pares en el aula, para lograr que la ayuda lingüística provenga también de los amigos.
- Los niños que hablan un idioma minoritario están bien integrados en las actividades de la escuela e, incluso, conversan con estudiantes nativos de la lengua mayoritaria.
- Se celebra y valora la diversidad cultural y lingüística.
- A los niños que hablan un idioma minoritario se les comunican las altas expectativas puestas en ellos.
- El ritmo del currículo se ajusta cuidadosamente para que los niños entiendan, pero es enriquecedor y exigente, no compensatorio ni correctivo.
- No se confunde la competencia lingüística con la comprensión conceptual. Por ejemplo, el dominio del inglés como segundo idioma no se toma como medida de la calidad de pensamiento.
- Los maestros relacionan la instrucción con experiencias que resulten significativas para los estudiantes, incluso experiencias de los hogares y comunidades de la lengua minoritaria.

E29: ¿Qué clase de educación debo darles a mis hijos si nos mudamos de país con frecuencia?

Este tipo de pregunta suelen hacerla los padres que, debido a su profesión, tienen que mudarse a menudo de un país a otro, como los diplomáticos o quienes trabajan en compañías internacionales. Una realidad de muchos padres hispanos es que se mudan siguiendo las cosechas o las estaciones en las que hay, o deja de haber, trabajo en la construcción, por ejemplo. No es extraño que algunos niños de familias puertorriqueñas o mexicanas hayan vivido algunas temporadas en los Estados Unidos y otras en el país de sus padres.

Los niños difieren en su capacidad para acostumbrarse a situaciones nuevas. Por una parte, están los que se adaptan con facilidad y disfrutan con los estímulos nuevos. Les gustan los cambios y se benefician de ellos. Por otra parte, hay niños a quienes les falta confianza en sí mismos para aceptar las circunstancias cambiantes. Se vuelven aprehensivos frente a las variaciones y necesitan mucho apoyo y ayuda en el hogar y en la escuela. Estas diferencias no se deben solo al modo en que se los ha educado, sino también a la personalidad de cada uno, a la edad y a las experiencias previas.

Para los padres que se encuentran en esta situación, hay diversas **opciones:**

(1) Enviar al niño a un internado donde se hable el idioma del hogar. Puede ser en el país de origen.

(2) Enviar al niño a una escuela que enseñe en un idioma internacional. Este tipo de escuelas suelen hallarse en algunas ciudades grandes y casi siempre son privadas.

(3) Dejar al niño con familiares o buenos amigos en el país de origen. Esto establecerá continuidad en la educación y el niño podrá reunirse con la familia en las vacaciones.

(4) Llevar al niño al lugar de permanencia temporaria y enviarlo a una escuela local. Esto implica un cambio de idioma. Cuando los niños son muy pequeños, de siete años o menos, por lo general, no es difícil cambiar de escuela, aun si se cambia de idioma. Pero a medida que crecen, adaptarse a un ambiente lingüístico completamente distinto presenta más dificultades en cuanto a la velocidad con que se aprende un idioma nuevo, a la adquisición de suficientes conocimientos para manejarse en la clase a la par de alumnos nativos y a la comprensión de un currículo relativamente complejo. Esta adaptación puede ser mucho más llevadera si tanto los padres como los maestros están de acuerdo en no exigirles rendimientos académicos y dejarlos, en cambio, que se beneficien de la experiencia de un país, una lengua y una cultura nuevos. Muchos padres consideran que los hijos podrán luego, con un poco de esfuerzo, recuperar los contenidos académicos, pero que la experiencia de un nuevo país puede ser inestimable. Quizá hasta es probable que el niño realice

en la casa algunas de las tareas propias de su grado en su lengua materna y en la escuela sea un *visitante extranjero*, recibido, acogido y tratado como tal.

(5) Impartir al niño **educación en el hogar.** En este caso, como se explicó con anterioridad [véase la sección E14], la totalidad o la mayor parte de la educación del niño no tiene lugar en la escuela. Los educadores son los padres o tutores, a menudo, desde los primeros años hasta la enseñanza secundaria o durante todo el ciclo educativo. Un número creciente de padres, motivados por preocupaciones religiosas o morales sobre la escolaridad local, o por razones lingüísticas, escogen educar a sus hijos en el hogar.

Por lo tanto, en la **ecuación para la decisión** intervendrán varios factores:

- la edad del niño (los niños más pequeños se adaptan lingüística y educativamente más rápido que los niños mayores);
- la posibilidad de que el niño viva con la familia o lejos de ella (en un internado o con familiares o amigos);
- la personalidad y adaptabilidad del niño a la nueva situación;
- la eficacia de la nueva escuela a la hora de facilitarle al niño un período de transición sensible y responder a su realidad lingüística;
- la posibilidad de que la escuela ofrezca o no apoyo individual al niño;
- la duración de la estancia en el país y el destino posterior (regreso al país de origen o mudanza a otro país (con otro idioma nuevo);
- la cantidad de tiempo y esfuerzo que los padres están dispuestos a dedicar para facilitar la transición del niño a la nueva cultura y al nuevo idioma;
- el tipo de apoyo que los padres y otras personas puedan ofrecer en el nuevo idioma;
- las metas y los propósitos de los padres en relación con el desarrollo académico, lingüístico y social del niño.

E30: ¿Qué son las escuelas de los sábados y las escuelas voluntarias que funcionan fuera del horario escolar, y qué valor pueden tener en el desarrollo de un idioma minoritario o un segundo idioma?

Algunos padres que quieren que sus hijos **desarrollen más el idioma del hogar** y aprendan sobre su cultura optan por crear escuelas de lengua y cultura. Estas suelen ofrecer sus clases los sábados, aunque podrían funcionar en otro momento, siempre fuera del sistema educativo regular.

Estas escuelas son una respuesta de la comunidad cuando a) no hay educación bilingüe disponible y b) cuando los padres quieren que los hijos se integren por completo al sistema regular, pero no quieren que pierdan el idioma del hogar.

Es importante que estas escuelas funcionen bien, con métodos actualizados y materiales interesantes, y que usen la música, la danza, el arte y otras actividades para que los niños no desarrollen una actitud negativa hacia la lengua y la cultura.

Los padres que desean educar a sus hijos en dos idiomas deben considerar seriamente la posibilidad de unir sus fuerzas para conseguir que las escuelas a las que asisten, ya sean públicas o privadas, ofrezcan educación bilingüe como parte integral del plan de estudios.

Los padres hispanos tienen que saber que hay padres anglohablantes que no tienen herencia ni tradición latinas, pero que, sin embargo, buscan que sus hijos aprendan español porque saben el valor que tendrá para su futuro. Esto debe alegrarnos porque, en primer lugar, el bilingüismo es bueno para los niños y queremos lo mejor para todos los niños, sean quienes sean; en segundo lugar, el bilingüismo ayuda a la comprensión entre los pueblos; y, por último, el bilingüismo es un reconocimiento del valor y la importancia de nuestra lengua y cultura.

Sin embargo, es motivo de preocupación el hecho de que los niños no lleguen a tener el mismo desarrollo en los dos idiomas y que, cuando crezcan, estén en desventaja a la hora de buscar trabajo o ejercer una profesión por saber un solo idioma, aun si ese es el inglés.

En algunas de las zonas del norte de California, donde viven familias de altos recursos económicos, existen programas especiales para enseñar español a los niños. Estas clases son privadas, pero se ofrecen en el local de la escuela pública, después de que la enseñanza regular ha terminado. Es un programa opcional, por el que los padres interesados en que sus hijos aprendan español pagan una matrícula mensual bastante alta. La escuela pública presta el local y facilita el proceso.

En los Estados Unidos, los hispanos no han llevado a cabo, en lo absoluto, la creación de escuelas privadas en las que se enseñe español o en las que se enseñe en español, excepto en Miami, donde, además de haber un programa bilingüe fuerte en las escuelas públicas, existen excelentes escuelas privadas que enseñan en español y en inglés.

PREGUNTAS SOBRE EL RENDIMIENTO

E31: ¿Afectará el bilingüismo de mis hijos a su rendimiento escolar?

Tomemos el ejemplo de los hispanohablantes en los Estados Unidos. Si un niño hispanohablante aprende y desarrolla el español en la casa, pero también habla bien inglés (quizá porque uno de los padres es anglófono y siempre se dirigió a él en ese idioma), no tendrá dificultades de aprendizaje. Al contrario, tendrá ventajas, dado que el bilingüismo lo ayudará a tener más flexibilidad y creatividad **en su pensamiento**. Pero es distinto el caso del niño que llega a la escuela sin hablar inglés o hablándolo solo superficialmente.

Investigaciones hechas en los Estados Unidos tienden a indicar que el rendimiento de los niños hispanohablantes puede sufrir cuando estudian en la escuela solo en inglés y junto a niños que hablan inglés como lengua materna. Sus derechos y sus destrezas lingüísticas les son, a menudo, negados. La escuela no reconoce ni aprovecha su capacidad de expresarse en español, sus habilidades de razonamiento ni lo que pueda ya saber de lectura y escritura. Se espera que estos niños estudien utilizando el idioma que menos dominan. Ellos pueden sentir que la escuela rechaza su idioma, su cultura, su hogar y a sus padres y su familia. Todo esto puede tener efectos negativos en su autoestima, su identidad personal y su confianza en su capacidad para aprender.

Al enseñarles solo en inglés, la escuela fracasa por no aprovechar el nivel de **desarrollo intelectual** que los niños ya tienen, pero que solo pueden manifestar por completo en su lengua materna. La educación debe ser como una construcción: debe apoyarse en cimientos firmes y edificarse a partir de lo ya adquirido.

Por el contrario, **los niños que son parte de la mayoría no sufren cuando estudian otro idioma** porque el suyo es reconocido como un idioma importante y se lo apoya. Ellos se enriquecen en un ambiente de **bilingüismo aditivo.** Puede haber, eso sí, un **retraso temporal.** Los estudios hechos en Canadá sobre niños anglohablantes que estudian en francés muestran que, entre los seis y los diez años, pueden estar más retrasados que los niños que estudian solo en inglés, pero que luego los alcanzan y hasta los sobrepasan, probablemente, porque hablar, leer y escribir en dos idiomas crea grandes ventajas en el modo de pensar y en la autoestima.*

Si hay un **principio básico** para tener en cuenta, este es el de asegurarse de que los niños tienen un nivel de lenguaje lo suficientemente desarrollado **para aprender los conceptos del plan de estudios, que van siendo cada vez más difíciles.** En los primeros grados, pueden aprender aunque no tengan destrezas lingüísticas tan desarrolladas porque hay muchas ilustraciones, actividades, objetos que ver y tocar, gestos y expresiones. Pero, cada año, el plan de estudios se refiere más y más a cosas que no están presentes, a hechos que ocurrieron en otras épocas y lugares, a conceptos abstractos que no se pueden mirar ni dibujar. Por lo tanto, **el nivel de desarrollo de las destrezas del lenguaje tiene que corresponder a la complejidad del plan de estudios.** Esto significa que el maestro sabe cómo enseñar adaptándose al nivel del niño y ofreciéndole todo el apoyo necesario para que pueda comprender, o que el niño ha alcanzado el nivel de las destrezas necesario. Ello requiere un entrenamiento especial que no todos los maestros tienen.

Cuando un niño tiene que estudiar sin poseer las destrezas lingüísticas que requiere el plan de estudios, puede sufrir y atrasarse. En este punto, se hace muy necesario que los **padres** muestren **determinación** para apoyar al niño. Este apoyo e interés lo puede ayudar a salir adelante. Para brindarlo, resulta útil todo refuerzo del idioma del hogar, leer junto con los niños y estar bien informados de su progreso.

*Véase la página 52

E32: ¿Hay consecuencias positivas si se aprende en dos idiomas?

*Véase la página 1

Una persona bilingüe, comparada con una monolingüe, tiene la **ventaja** de poder funcionar en dos idiomas.* El enriquecimiento que ofrecen dos idiomas tendrá valiosas consecuencias futuras: mejores oportunidades de empleo, conocimiento de dos mundos y posibilidad de funcionar bien en ellos. Por otra parte, las personas bilingües tienden a ser más respetuosas hacia las personas de otras culturas, desarrollan una mayor sensibilidad hacia la diversidad del mundo y son más comprensivas.

Las investigaciones hechas en Canadá también demuestran que los niños que llegan a desarrollar bien dos idiomas y **que pueden estudiar en dos idiomas con facilidad**, con frecuencia, tienen un rendimiento escolar mayor que el de los monolingües. Este rendimiento puede ser producto de los beneficios cognoscitivos de los niños bilingües.* Al estar en contacto con dos culturas, pueden mostrar mayor comprensión y aprecio, que redundará en asignaturas como Historia, Geografía, Estudios Sociales, Arte y Artes del Lenguaje.

*Véase la página 52

E33

E33: Mi hijo está aprendiendo en un idioma que es nuevo para él. ¿Afectará esto a su rendimiento?

Si el niño ha pasado **de estudiar en español a estudiar en inglés y el inglés no es su primer idioma**, existe la posibilidad de que el cambio sea difícil y de que su rendimiento académico sufra. Si los niños perciben que su idioma, sus padres, su hogar y su herencia cultural han sido rechazados, pueden sentirse desajustados, su autoestima puede sufrir y pueden perder la confianza en sus habilidades para aprender. Cuando la lengua del hogar es una lengua minoritaria y se la reemplaza por otra, el rendimiento en la escuela puede verse amenazado.

Este es el patrón que se observa en muchos programas de sumersión y en algunos de los programas de transición en los Estados Unidos. En estas escuelas, los niños hispanohablantes encuentran que se suprime su idioma o que se permite por un período breve (de un año o dos). Desde el primer momento, se les hace sentir que el objetivo es que aprendan inglés, que salgan lo antes posible de la clase bilingüe o que dejen de necesitar ayuda. Cuando se los pasa a la clase regular, junto a niños para quienes el inglés es el primer idioma, su rendimiento puede resultar perjudicado en gran medida. En muchos casos, se ven segregados y se los considera deficientes o limitados en su expresión. El propio término que se usa a menudo, *estudiantes de inglés limitado (Limited English Proficiency Students)* es peyorativo. Cuando un niño de habla inglesa estudia español, nadie le dice que su español es *limitado*. Todos piensan que es muy listo por estar aprendiendo otro idioma. Pero muchos niños hispanohablantes u otros niños que no hablan inglés tienen que soportar ese término denigrante.

A veces, los padres aceptan estos programas pensando que, después de todo, a sus hijos les va más o menos bien. No excelentemente, pero van aprobando. Lo cual significa que esos niños están tan bien capacitados que, si tuvieran el programa adecuado, tendrían un rendimiento académico excepcional.

Siempre que haya opciones, los niños que hablan un idioma **minoritario** deben ver su idioma reflejado en la escuela y deben poder estudiar en ese idioma durante todo el tiempo posible. Según las investigaciones, este es el modo de asegurar el máximo rendimiento.

Cuando se trata de un niño de la **mayoría,** el aprender en otro idioma, sobre todo si empieza de pequeño, no lo perjudicará, como demuestran los ejemplos de Canadá ya descritos.* Si un niño ha desarrollado bien ambos idiomas, hay muchas ventajas de ser bilingüe.

*Véase la página 179

Para que el bilingüismo sea positivo, debe ser **aditivo:** el niño pasa de tener un idioma a tener dos. Y, en todo momento, la lengua y la cultura del niño deben ser respetadas y valoradas.

E34: El programa al que asiste mi hija se dicta en español. ¿Tendrá luego dificultades para desarrollar el inglés?

Cuando los niños aprenden en el idioma del hogar, les resulta luego muy fácil aprender el idioma mayoritario. **Primero,** porque lo que se aprende en un idioma puede **transferirse** a un segundo idioma con facilidad, no necesita reaprenderse, solo saber cómo se dicen las palabras. Siempre y cuando el niño adquiera el vocabulario necesario en el segundo idioma, lo aprendido en el idioma del hogar puede ser transferido.

Segundo, el niño está rodeado de la lengua mayoritaria y esta le ofrece **multitud de experiencias.** La televisión y la Internet, los anuncios y las señales en las calles, los periódicos y las revistas, el cine y la radio, las caricaturas y los dibujos animados, los catálogos, las instrucciones de juegos y juguetes, todos reflejan el idioma mayoritario. También es el idioma que oyen en la calle, en el patio de recreo y en el parque. De hecho, muchas veces el idioma mayoritario pesa en tal medida que cuando hay un grupo de personas que hablan en español, por ejemplo, y aparece una que solo habla inglés, se siente la necesidad de cambiar de idioma.

Las actividades extraescolares también ayudan a desarrollar el idioma mayoritario. Por eso, es importante asegurarse de que los niños van a poder progresar en ambos idiomas de forma equilibrada, que van a llegar a leer y escribir bien ambos, y que van a desarrollar un vocabulario que refleje actividades diversas y variadas.

E35: Muchas de las personas que hablan nuestro idioma son pobres y no siempre tienen trabajo. ¿Será mejor educar a nuestros hijos en el idioma mayoritario para garantizar que puedan conseguir empleo?

Es natural que a los padres nos preocupe el futuro de nuestros hijos y que queramos asegurarnos de que tendrán acceso a las mejores oportunidades. Muchos padres han sufrido por no saber inglés o ven que hay muchas personas que, por no saber inglés, no consiguen empleo o no reciben todo lo que merecen por sus esfuerzos. No es extraño, por lo tanto, que los padres hispanos tengan como primera meta el que sus hijos aprendan inglés.

Es frecuente también que los padres quieran asegurarse de que sus hijos tengan acceso a las mejores oportunidades. Y, a veces, piensan que el modo de lograrlo es separarlos de la comunidad latina para que se integren completamente en la cultura mayoritaria.

No cabe duda de que es necesario que todo niño en los Estados Unidos hable bien inglés para que pueda tener acceso a todas las oportunidades. Pero, para ello, no hace falta que se convierta en monolingüe ni que ignore o desconozca su cultura.

Una persona bilingüe estará en mejores condiciones de conseguir un buen empleo, de crear un buen futuro. Una persona bilingüe culta, bien educada, conocedora de su historia y su cultura, estará en posición no solo para triunfar individualmente, sino para contribuir a crear un mundo mejor. Un **bilingüismo auténtico,** con facilidad de expresión en ambos idiomas, y la capacidad de leerlos y escribirlos bien, es una multiplicación de destrezas y cultura.

E36: Mi hijo no está aprendiendo mucho en la escuela. ¿Es a causa del bilingüismo?

Muchos padres creen que sus hijos no están rindiendo bien en la escuela, por lo menos, en algún período del ciclo escolar. Si los niños latinos de primera, segunda o tercera generación no tienen un buen rendimiento en la escuela, ¿a qué se le echa la culpa?

Primero, se tiende a decir que la culpa la tiene el **bilingüismo** porque les causa confusión. Quienes sostienen esta idea se imaginan el cerebro de una persona bilingüe con dos motores, ambos a media marcha, y el de una persona monolingüe con un solo motor en excelente funcionamiento. Este tipo de explicación es falsa.*

*Véase la página 49

Una persona que ha desarrollado bien dos idiomas tiene más ventajas que desventajas en el terreno del pensamiento. Solamente cuando **ninguno** de los dos idiomas del niño ha llegado a desarrollarse bien puede el bilingüismo constituir un problema. En ese caso, hay que pensar que no es el bilingüismo, sino la falta de un verdadero progreso de, al menos, uno de los dos idiomas. Y no hay que culpar a la víctima, sino a las circunstancias sociales que no han permitido que las lenguas progresaran.

Segundo, cuando el rendimiento de los niños es pobre, muchas veces se culpa al hecho de que los niños **no tengan bastantes horas de enseñanza de inglés.** Lo que se pretende es eliminar la enseñanza del idioma materno. Pero las investigaciones nos demuestran que los niños que desarrollan bien el idioma materno y luego añaden el segundo idioma son los que tienen mayor **éxito.**

Enseñarles a los niños **todo en inglés** de repente puede hacer **más daño que beneficio.** Niega las destrezas que los niños han adquirido en su primer idioma y hasta niega la identidad y el respeto que los niños tienen por sí mismos. En lugar de aprovechar las habilidades adquiridas, se reemplazan por el proceso de "nadar o hundirse". El nivel de inglés que exige el plan de estudios también puede provocar que los niños no puedan alcanzar un buen rendimiento y que se piense, equivocadamente, que necesitan más de lo mismo (más lecciones en inglés).

Cuando los niños hispanos o los niños que hablan en la casa un idioma que no es el inglés no tienen un buen rendimiento en la escuela (en programas de sumersión o de educación bilingüe de transición) se les debe permitir que utilicen su idioma materno para conseguir que tengan éxito. Este éxito incluirá el llegar a dominar el inglés. Pensar que **la falta de suficientes clases de inglés** es la causa de un rendimiento escolar pobre es una explicación común, pero una **explicación incorrecta,** porque no tiene en cuenta el valor de desarrollar el aprendizaje en la lengua del hogar.

Tercero, cuando los niños bilingües no alcanzan el rendimiento adecuado en la escuela, muchas veces se culpa a **las diferencias entre la escuela y el hogar.** Estas diferencias pueden ser no solo de idioma, sino también de cultura, valores y creencias. Esto puede interpretarse desde dos posiciones que reflejan dos puntos de vista. Cuando la escuela no es sensible y representa los valores del grupo dominante, su posición puede ser imperialista, defender la asimilación y ser, incluso, opresiva. En ese caso, culpará a la familia por no asimilarse y no tener el mismo idioma, cultura y tendencia de la mayoría. En cambio, una escuela verdaderamente democrática creerá en el derecho de cada familia a tener su idioma, su cultura, sus creencias. Será sensible y flexible, y comprenderá las necesidades de los niños de ver su idioma, su cultura y su familia incorporados al currículo. Podrá incorporar ambos mundos por medio de un verdadero programa de educación bilingüe bien entendida, un programa de desarrollo y mantenimiento de ambos idiomas. Y los padres se involucrarán en las decisiones que afecten a la escuela y serán verdaderos participantes de la educación de sus hijos.

Cuarto, la falta de rendimiento escolar se puede atribuir a los **factores socioeconómicos** que acompañan muchas veces a los grupos minoritarios. Los refugiados e inmigrantes suelen empezar su vida en el país nuevo en condiciones de pobreza y aislamiento. La pobreza puede ir acompañada de situaciones de abuso o maltrato, malnutrición y problemas de salud, que muchas veces son exacerbadas por el racismo y la discriminación.

Es importante no culpar a las víctimas, sino analizar las características sociales que contribuyen a crear estas situaciones familiares. Estas circunstancias pueden ser la falta de recursos económicos, la **pobreza** causada por condiciones sociales injustas y también la discriminación, el prejuicio social, el pesimismo y la internalización de la opresión, es decir, de que no es posible superar esas circunstancias.

Es importante tener cautela. La falta de rendimiento escolar no tiene, por lo general, una sola causa, sino que es el resultado de **una combinación de factores.** Las **creencias, los valores y las actitudes** de los padres pueden ayudar a superar muchas de las dificultades económicas. Los padres no necesitan haber recibido educación formal para valorar la escuela.

Las condiciones del hogar y de la escuela **interactúan.** La receta para el éxito puede ser compleja. Sin embargo, los factores socioeconómicos y socioculturales son importantes, deben tenerse en cuenta y se debe luchar por conseguir los cambios sociales necesarios.

Quinto, parte del éxito o del fracaso de los niños dependerá del **tipo de escuela o programa** al que asistan. Un mismo niño tendrá mayor éxito en un programa que utilice el idioma de su hogar como medio de instrucción que en otro que reemplace rápidamente su primera lengua con la segunda. Por lo tanto, si un niño no rinde bien en la escuela, es necesario considerar la escuela como una causa posible. Una escuela que suprime el idioma del hogar es, tal vez, una de las razones principales por las que un niño fracasa.

Sexto, no es suficiente saber a qué **tipo de escuela o programa** asiste el niño. Dentro de cada tipo puede haber escuelas superiores e inferiores, excelentes y mediocres. Puede haber programas de sumersión pésimos o buenos; programas bilingües mediocres o magníficos. Si un niño no alcanza el rendimiento debido, hay que buscar las causas. Algunos de los factores que afectan la **calidad de la educación** incluyen el origen étnico de los maestros y su nivel de dominio de los dos idiomas, la proporción de niños que hablan cada uno de los idiomas, el esfuerzo de la escuela por respetar ambos idiomas y culturas, el respeto demostrado a los padres y su inclusión en el proceso.

*Véase la página 110

Séptimo, la falta de rendimiento de los niños puede deberse a **verdaderas dificultades de aprendizaje.*** En ese caso puede necesitarse algún tipo de educación especial. Es importante distinguir entre necesidades reales y aparentes. Muchas veces a los niños bilingües se les atribuyen dificultades de aprendizaje, cuando se trata solo de su bilingüismo.

Un sistema de educación sustractivo, que promueve la asimilación en lugar de la integración, que ignora o suprime el idioma y la cultura del hogar puede ocasionar en los niños una falta de interés, actitudes negativas o una disminución de su autoestima. En el sistema de sumersión, de "nadar o hundirse", si los niños se hunden, si sienten fracaso, es probable que sea a causa del sistema y no porque tengan dificultades de aprendizaje.

Además de los problemas de aprendizaje aparentes, generados por el sistema educativo o la escuela, habrá algunos niños bilingües que sufrirán de verdaderos problemas de aprendizaje. Lo esencial es, en primer lugar, distinguir si hay dificultades individuales reales que no estén causados por factores externos a la persona.*

*Véase la página 108

Esta distinción entre problemas reales y aparentes, problemas causados por el sistema o las dificultades individuales, que pueden tener remedio, marcará las alternativas que se pueden seguir. Cuando un niño fracasa no se debe culpar a la víctima. Preguntemos primero si la culpa es del maestro, de la escuela o del sistema. Si los exámenes muestran que un gran número de los niños bilingües no rinde bien, sabremos que no se trata de los niños, sino del sistema. Esta sección nos ha dejado ver que, con frecuencia, cuando los niños no tienen buen rendimiento se responsabiliza al bilingüismo o al grupo minoritario. Pero, en realidad, a menudo la responsabilidad no es del individuo.

E37: ¿Debe ir mi hijo a un programa de educación especial bilingüe?

E37

Las categorías de educación especial varían de país en país, pero, por lo general, incluyen ceguera o dificultades graves en la visión; sordera o limitaciones graves en la audición; dificultades graves en la comunicación; dificultades para el aprendizaje, por ejemplo, la dislexia (véase la sección D13) y la afasia; sub-normalidad grave en el desarrollo cognoscitivo; problemas graves de conducta; e impedimentos físicos.

La Oficina de Educación Especial de los Estados Unidos calcula que cerca de un millón de niños que hablan idiomas que no son el inglés necesitan educación especial. ¿Podemos estar seguros de que esto es cierto y justo? ¿Se beneficiarán estos niños de este tipo de educación?

El peligro es que a muchos niños que no hablan inglés se los categoriza como niños "deficientes" y se los sitúa incorrectamente en programas de educación especial. Hay que distinguir entre las dificultades de comunicación causadas por el desconocimiento de un idioma y las dificultades de comunicación debidas a una deficiencia.

El poner a los niños en programas de educación especial cuando no les corresponde se debe a varios **errores comunes.** El primero es hacerles evaluaciones en el segundo idioma, que no dominan todavía bien, y deducir de ellas el nivel de desarrollo lingüístico y cognoscitivo. Así, a los niños se los puede clasificar como si tuvieran una "deficiencia del lenguaje" e, incluso, una "deficiencia del conocimiento". En lugar de considerar que están desarrollando el bilingüismo (es decir, que tienen un buen dominio de su primer idioma y están adquiriendo un segundo idioma), se los ve como niños "limitados en inglés" o, peor aún, como niños con problemas de aprendizaje. El bajo rendimiento en pruebas hechas en inglés se ve como un *déficit* o un *defecto* que debe remediarse con educación especial.

Para evaluar a los niños bilingües es importante mantener claramente definidos tres aspectos de su desarrollo: 1) las destrezas en el primer idioma; 2) las destrezas en el segundo idioma; 3) la presencia o no de una dificultad física, de aprendizaje o de conducta. Esta distinción significa que habrá dos tipos distintos de niños bilingües con respecto a la educación especial.

El primer grupo incluye a los niños que son bilingües *y tienen* dificultades, ya sean físicas, neurológicas, emocionales, de aprendizaje, de conocimiento o de conducta. Estos niños necesitan algún tipo de educación especial. Se estima que, en los Estados Unidos, uno de cada ocho niños que hablan idiomas minoritarios (aproximadamente un 12%) cae en esta categoría. En otros países se manejan cifras parecidas. A la mayoría de estos niños **los beneficiaría considerablemente una educación especial bilingüe,** en lugar de una educación especial monolingüe.

Muchas veces, cuando se ha determinado de manera adecuada que un niño que habla español en la casa necesita educación especial, los educadores sugieren que es mejor dársela en inglés, ya que estos niños viven en los Estados Unidos. Cuando el **retraso mental es grave,** parece lógico educar al niño de forma monolingüe, puesto que desarrolla el lenguaje muy lentamente.

Para los niños que tienen otras necesidades distintas, **los beneficios de una educación especial bilingüe** son muchos. Si un niño con necesidades especiales acaba de llegar al país y se lo pone en una clase donde solo se habla en inglés, se le hará muy difícil la adaptación y será más probable que fracase y que su autoestima pueda verse muy afectada. Este tipo de niños necesita educación especial en su propio idioma, el que oyen en la casa y en el cual ya tienen alguna base, y, **más adelante,** podrán desarrollar poco a poco el segundo idioma. La mayoría de los niños con necesidades especiales llegan a hacerlo. No adquirirán un dominio tan alto del idioma como los niños de las clases de instrucción regulares, pero pueden adquirir la capacidad para comunicarse en los dos idiomas según sus habilidades. Y ser bilingüe no les resta el rendimiento en las demás asignaturas (por ejemplo, en Matemáticas o en Arte).

Los niños que reciben educación especial bilingüe comparten los mismos beneficios de quienes reciben otras formas de educación bilingüe: la adquisición de dos idiomas, el enriquecimiento cultural, el aumento en la autoestima, la seguridad en la identidad personal, la mayor flexibilidad para adquirir conocimientos nuevos y una mayor apertura hacia el mundo.

El segundo grupo incluye a los niños que son bilingües *y no tienen* dificultades físicas, de conocimiento o de conducta. A este grupo pertenece, por supuesto, la gran mayoría de los niños bilingües. Necesitan educación bilingüe, no educación especial. La educación óptima para ellos es la que utiliza como medio de instrucción su primer idioma. Al mismo tiempo, aprenden el segundo idioma, el inglés, hasta que llegan a dominar ambos. A partir de una buena base en el primer idioma, se va desarrollando el segundo. Solo cuando han adquirido conocimientos suficientes en el segundo idioma, el inglés, se les empieza a enseñar en este idioma el plan de estudios. De ese modo, hay menos posibilidades de que fracasen. Las destrezas de los niños en el **primer idioma** deben evaluarse (por observación, si no hay pruebas disponibles) y valorarse para mirar a los niños desde lo que ya tienen y no desde lo que les falta.

Un niño monolingüe solo debe ser situado en un programa monolingüe de educación especial cuando se ha llegado a la conclusión de que el programa regular no puede satisfacer sus necesidades. Lo mismo ocurre con un niño bilingüe. Solo si el programa bilingüe no puede cubrir sus necesidades, se considerará la educación especial y, en ese caso, será **preferible una educación especial bilingüe.**

Un caso que no se ha discutido todavía es el del niño que **fracasa** en la escuela regular porque todavía no ha adquirido las destrezas en inglés necesarias para seguir el plan de estudios. Esto es lo que ocurre en los Estados Unidos con un gran número de los niños de hogares donde se habla español. Como la escuela les ofrece solo enseñanza en inglés (sumersión), muchos de estos niños **fracasan** (es decir, abandonan la escuela, repiten un grado, dejan de estudiar antes de obtener el diploma de la escuela secundaria). No les falta inteligencia, sino que su nivel de inglés es insuficiente para estudiar un currículo o un plan de estudios cada vez más complejo.

Esta situación crea un dilema aparente. Si a un niño se lo coloca en un programa de **educación especial,** el niño sufre cierta estigmatización de ser *deficiente* o de tener un *déficit* en el lenguaje. El programa puede estar en una escuela separada (o en una unidad específica dentro de una escuela más grande) que provee educación especial (correctiva o de remedio) a niños bilingües. Es posible que ese programa de educación especial no apoye el bilingüismo, y, en cambio, enfatice el desarrollo de la lengua mayoritaria, por ejemplo, el inglés. La segregación de los niños contribuirá a que toda la atención se centre en el idioma mayoritario y que el idioma del hogar quede marginado. Así que, si bien el programa de educación especial ofrece alguna protección al niño que fracasa en el programa regular en inglés, la educación especial también puede resultar en una marginación del niño. ¿Llegarán los niños con necesidades especiales a desarrollar sus habilidades al máximo? ¿Tendrán oportunidades de empleo? ¿Qué efecto tendrá el participar en programas especiales? ¿Contribuirá a que se vea al niño como retrasado o deficiente?

El ideal para muchos de los niños que están en este dilema es una educación que les permita iniciar sus estudios, o continuarlos, según sea el caso, utilizando el idioma del hogar. El segundo idioma se desarrolla también, para así asegurar que, algún día, puedan participar en la sociedad dominante. Un programa de este tipo usará y desarrollará ambos idiomas. Estas escuelas evitan las asociaciones con la idea de *correctivo, remedio* o *compensación,* insisten en tener un carácter de desarrollo y celebran la diversidad cultural y lingüística de sus alumnos.

A veces se corre el peligro de que la educación bilingüe se perciba como un tipo de educación especial. Siempre que se vea la educación bilingüe como un correctivo, un remedio o una compensación a una falla, se le está dando un carácter negativo. No es extraño que algunos padres teman enviar a sus hijos a programas bilingües porque han percibido esta connotación negativa.

En los Estados Unidos, la Ley Pública 94-142 garantiza el **derecho** a la educación pública gratuita, el **derecho** a exámenes que no sean discriminatorios culturalmente, el **derecho** a exámenes en el idioma propio de los niños y a pruebas multidimensionales, en *todas las áreas,* para todos los alumnos *con limitaciones.* El diagnóstico equivocado a estudiantes minoritarios y la decisión de que debe ponérselos en programas de educación especial solo porque hablan otro idioma han llevado a juicios legales (por ejemplo, Diana contra la Junta de Educación Estatal de California). Estos juicios revelan que **se los había examinado erróneamente y se había** determinado que necesitaban educación especial. En algunos casos, los maestros no sabían qué hacer con un niño cuyo inglés era *débil* y, solo sobre esta base, querían enviarlo a programas de educación especial.

Los juicios mostraron la importancia de distinguir a los niños bilingües que tienen dificultades de aprendizaje de los que no sufren de esas dificultades, pero que todavía no saben inglés. También pusieron de manifiesto el daño enorme que se les puede hacer al enviarlos a clases de educación especial que no les corresponden.

Desgraciadamente, el temor a entrar en juicios legales ha llevado a algunos distritos a **no incluir** en los programas de educación especial a todos los niños bilingües que necesitarían este tipo de educación. En la década de 1980, había una tendencia (por ejemplo, en California) a asumir que demasiados niños que hablaban idiomas minoritarios necesitaban educación especial. Hacia el final de la década, la tendencia había cambiado a lo opuesto. Se empezó a dejar de identificar las necesidades especiales reales de los niños minoritarios. Es esencial que se hagan evaluaciones exactas.* Sin embargo, no basta con la evaluación adecuada. Es crucial el desarrollo de **métodos eficaces de instrucción** para los niños bilingües con necesidades especiales. Y también lo es la formación de maestros bilingües de educación especial.

*Véase la página 217

E38: Mi hija sufre en la escuela porque los niños se burlan de que hable otro idioma. ¿Qué puedo hacer?

Los niños muchas veces se burlan de otros. Es una tendencia lamentable que debe ser combatida. Se burlan del color de la piel, del modo de vestir (que muchas veces refleja el nivel socioeconómico de los padres), de las creencias religiosas o de la identidad étnica. Y también se burlan del acento o del modo de hablar de otros. Cuando un niño se burla de otro lo que demuestra es una falta de autoestima. Quien se siente bien consigo mismo por ser quien es no tiene deseo de burlarse de nadie. Al contrario, le resulta **fácil aceptar a los demás. Por eso, cuando hablamos de combatir la tendencia de los niños a burlarse de otros, implicamos,** en primer lugar, la necesidad de que cada niño se descubra a sí mismo, que se sienta aceptado, querido y apreciado, para que pueda, a su vez, apreciar a los demás. Tener una autoestima alta no significa ser arrogante ni creerse mejor que los demás, sino aceptar que cada uno es único y diferente, y respetar estas diferencias. Tener **miedo** a las diferencias es un modo de revelar el poco desarrollo de la propia valoración. Por supuesto, los niños, en gran medida, no hacen sino reflejar los prejuicios de los adultos. Para liberar a los niños de los prejuicios, hay que liberar de ellos a toda la sociedad.

Es importante que los padres y maestros de los niños bilingües les reiteren que quien está en el proceso de poseer dos idiomas es privilegiado. Quien tiene acento extranjero es porque ya sabe otro idioma. Debemos hacer todo el esfuerzo posible para que vean su bilingüismo como la riqueza que es. Por otra parte, sobre el bilingüe recae el peso de tratar de crear puentes de **amistad** con los monolingües. Generalmente, si se logra establecer amistad, las burlas cesan. Quien se burla de otro porque habla dos idiomas expresa, por lo general, su miedo a ser excluido, a ser dejado de lado por no poder entender. En ese caso, si la persona bilingüe actúa **con tacto,** puede utilizar sus dos idiomas para crear puentes de comunicación, en lugar de barreras.

Lamentablemente, en el caso de los hispanos en los Estados Unidos, las bromas y el desprecio hacia ellos puede tener su origen en el racismo, un problema que va más allá del miedo a quedar fuera de una conversación. El racismo, como la mayoría de las situaciones de opresión entre los seres humanos, nace del egoísmo de quienes, teniendo mucho, quieren tener más.

Uno de los mayores temores es que los niños hispanos dejen de hablar el idioma del hogar para escapar de las bromas. Es imprescindible lograr que adviertan que abandonar su idioma es permitir que sus burladores triunfen. Ayudar a los niños a comprender los motivos irracionales e injustos de quienes se burlan de ellos los ayudará en algo a crearse una barrera psicológica protectora. Pero la única solución verdadera es la de educar a quienes se burlan para que ellos también entiendan el origen de su conducta y la modifiquen.

Los **maestros** y el sistema educativo tienen una misión importante que cumplir en el desarrollo de un verdadero multiculturalismo, que implica respeto por la diversidad lingüística y una mejor comprensión hacia los distintos grupos humanos. Los programas de educación **antiprejuicio** o **antirracismo** han creado muchos ejercicios y proyectos que pueden ser útiles para generar este tipo de conciencia. Por ejemplo, un alumno monolingüe puede representar el papel de un bilingüe en una situación controversial. El hecho de explicar o defender la posición del bilingüe puede contribuir a que lo comprenda mejor. Cuando en la clase se enseña a sensibilizarse e identificarse con los demás, puede conseguirse mucho para eliminar los distanciamientos entre los diversos grupos lingüísticos, culturales y étnicos.

La solución no válida es la de contestar al insulto con insulto. No se consigue nada combatiendo a la lanza con la espada. Lo único que puede generarse es una batalla y un exacerbamiento del antagonismo. Por difícil que parezca, el odio hay que enfrentarlo con amor, la ofensa con información, el insulto con el sosiego para desintegrar una situación irracional. No hay respuestas fáciles a ciertos problemas. Lo único posible es ir limando las aristas de la envidia y la maldad.

La burla y la ofensa no se borran ni se acaban fácilmente. El progreso de la civilización reposa, por injusto que ello sea, en los hombros de quienes han sufrido. Con frecuencia, estos han sido las personas que hablan idiomas minoritarios. A ellas les toca salvarse y salvar a sus opresores.

Los padres y maestros interesados en recursos e información sobre educación antirracista pueden obtener materiales en las organizaciones que se citan a continuación. En su mayoría se publican solo en inglés, pero, si muchas personas escribieran para solicitarlos en español, es probable que las instituciones accedieran al pedido. Esa es otra conquista que los hispanohablantes necesitan lograr.

- Rethinking Schools. 1001 E. Keefe Ave., Milwaukee, WI 53212 (https://www.rethinkingschools.org/index.shtml).
- Network of Educators on the Americas (NECA). PO Box 73038. Washington, DC 20056. (800) 763-9131 (http://www.teachingforchange.org).
- Teaching Tolerance. 400 Washington Ave., Montgomery, AL 36104 (http://www.tolerance.org/).

Por otra parte, le recomendamos, al que le sea posible, visitar el **Museo de la Tolerancia,** en Los Ángeles, ya que tiene un valor inestimable. 9786 West Pico Boulevard, Los Ángeles, CA 90035. (310) 553-8403).

IDIOMAS EN LA CLASE

E39: ¿Puede mi hijo aprender bien un idioma en la escuela?

Hay muchos países en los que se reconoce la importancia de que los niños aprendan **un segundo idioma** o **un idioma extranjero.** En muchos casos, el sistema que se emplea no es el de la educación bilingüe, en la que se usa el idioma para enseñar otros temas, sino clases específicas de idiomas, usualmente de media hora diaria. Este tipo de **enseñanza de idiomas por goteo** da diversos resultados, según los distintos países del mundo. En países de habla inglesa, como los Estados Unidos e Inglaterra, estas clases no suelen dar muy buenos frutos: los niños aprenden algo del idioma, pero muy pocos llegan a hablarlo con fluidez. Una excepción es Miami, donde las clases de español de media hora o de una hora diaria tienen mucho éxito. Esto puede ser producto de una combinación de magníficos maestros, que dominan el idioma y la cultura, y que tienen una preparación pedagógica excelente, y de la presencia del español en la comunidad.

A diferencia de lo que ocurre por lo general en los Estados Unidos y en el Reino Unido, en algunos países europeos los niños parecen aprender con facilidad lenguas extranjeras en la escuela. Algunas veces, esto se debe a las necesidades futuras de empleo y al deseo de viajar. A menudo estos niños reciben bastante **apoyo lingüístico fuera de la escuela** (por ejemplo, por medio de programas de televisión en el segundo idioma). También tienen ocasión de practicar el idioma que están aprendiendo (el inglés o el francés) con inmigrantes, viajeros o trabajadores de otros países. Como estas oportunidades también existen en los Estados Unidos, la mayor diferencia es, posiblemente, el respeto que los europeos tienen hacia otras lenguas y el deseo de aprenderlas, que se transmite de padres a hijos. En Europa se considera que, para ser una persona bien educada, para tener buenas oportunidades de trabajo y para disfrutar de la vida haciendo amistades y viajando, es necesario saber otros idiomas. Un magnífico ejemplo de enseñanza de dos y tres idiomas es el **Movimiento de Escuelas Europeas.*** El conocimiento de otro idioma se considera casi una necesidad y algo sumamente deseable. En los países de habla inglesa, ha existido, por tradición, la arrogancia de pensar que solo el inglés era necesario en el mundo y, por lo tanto, desde un falso sentido de superioridad, un desprecio por otros idiomas. Esta actitud —positiva en un caso, negativa en el otro— hacia el aprendizaje de idiomas parece ser la mayor diferencia.

*Véase la página 173

Cuando el segundo idioma se emplea como **medio de instrucción,** los niños acceden a un número mayor de experiencias en esa lengua y tienen oportunidades de usarla para muchos temas y en múltiples situaciones. La mayor diferencia entre la educación bilingüe verdadera y los programas de enseñanza de idiomas es, precisamente, que en la educación bilingüe el segundo idioma no se enseña como una asignatura más, sino que es en sí mismo el medio para transmitir los contenidos del currículo. Y, como el programa bilingüe trata, a la vez, temas atrayentes, les ofrece a los niños muchas oportunidades para usar el idioma que están aprendiendo de un modo natural e interesante. El idioma se vuelve un instrumento de gran valor, no solo algo que se estudia.

Una pregunta importante es **¿cuándo debe empezar un niño a aprender idiomas en la escuela?** Se han hecho numerosas investigaciones sobre este tema y las respuestas no son concluyentes. Hay ventajas y desventajas en el hecho de que un niño empiece a aprender otro idioma desde muy pequeño (digamos, en edad preescolar o en el kindergarten) o en los grados más avanzados de la escuela primaria o de la escuela intermedia (sexto o séptimo grado). Los más pequeños tienden a aprender otro idioma más lentamente que los mayores, pero tienden a internalizar más la lengua, la pronunciación suele ser más correcta y tienen la posibilidad de estudiar el idioma durante más años, ya que empezaron más temprano.*

*Véase la página 40

En general, lo mejor es que el niño empiece a aprender un segundo idioma en la escuela lo más **temprano** posible. Al aprenderlo en la escuela primaria, lo hace de manera informal, inconsciente, casi accidental. La instrucción no se centra en enseñar el idioma, sino en enseñar contenidos académicos, y la lengua se adquiere de forma natural y por medio de juegos, proyectos, canciones, actuaciones y actividades divertidas. Si este tipo de actividades se mantiene durante la escuela primaria y a lo largo de la secundaria, siempre que sea posible, será de esperar que los niños lleguen a ser bilingües. Debemos recordar, sin embargo, que no hay límite de edad para aprender un idioma. Hay personas que lo aprenden a los cincuenta, sesenta o setenta años. Nunca es demasiado tarde para aprender.

E40 E40: ¿Cómo deben usarse los dos idiomas en una clase bilingüe?

Los educadores bilingües prefieren que, sobre todo en los primeros años de la escuela primaria, los dos idiomas se mantengan separados. Para conseguir mantener los **idiomas separados** en la escuela, es necesario tener fronteras muy claras. Por ejemplo, las **escuelas en dos idiomas** (*Dual Language Schools*) en los Estados Unidos, a menudo, emplean la técnica de usar *un idioma un día, el otro idioma al día siguiente*. Los maestros siguen un proceso de **alternar los idiomas** de día en día o de dedicar medio día a cada idioma, con el objetivo de conceder a cada uno el mismo tiempo de instrucción e igual estatus. Esto implica que todas las áreas del currículo o plan de estudios se enseñan en ambos idiomas. Por ejemplo, un día las matemáticas se enseñan en inglés, al día siguiente en español. Un día se cantan canciones en español y al siguiente en inglés. Muchas veces los maestros ponen un aviso en la puerta que indica el idioma que se hablará en la clase ese día.

Algunos maestros asignan áreas del salón de clase y paredes específicas a cada idioma para mantener clara la **separación de ambos**. En situaciones ideales, los niños participan de las clases en salones distintos, uno dedicado al inglés, otro al español. El objetivo es no solo mantener un estatus y reconocimiento equitativo de los dos idiomas, sino también transmitirles a los niños el mensaje de que estos deben mantenerse separados. Este es el mismo principio que se recomienda para el hogar cuando el padre y la madre hablan idiomas distintos.

La **realidad** de lo que ocurre en estas escuelas puede ser muy distinta de lo planeado. Los niños no hablan entre sí el idioma indicado para el día, y los maestros sienten que no deben interrumpir la espontaneidad de la comunicación y regañar a los niños constantemente. Del mismo modo, los propios maestros cambian de idioma, para reforzar un punto o asegurarse de que todos los niños han comprendido. Ellos tienden a usar, con frecuencia, el idioma que conocen mejor. Algunos saben muchas canciones en un idioma, pero no en el otro. Hay una tendencia a enseñar matemáticas y ciencias en inglés.

Las escuelas binacionales que existen en toda Hispanoamérica, en España y en algunos otros países de Europa, como el Liceo Español Cervantes en Roma, tienen el claro objetivo de que los alumnos sean capaces de utilizar perfectamente los dos o más idiomas que están aprendiendo. Para ello tratan de ofrecer las mejores condiciones: para cada idioma, un maestro que lo habla a la perfección y que puede ofrecer información cultural en ese idioma, en lugar de maestros bilingües, que rara vez pueden tener el mismo dominio, facilidad y riqueza cultural en dos idiomas. Los niños se benefician de tener razones lógicas y naturales de usar el idioma del maestro. Los maestros trabajan con el doble de niños, pero tienen que preparar clases solo en un idioma. Los resultados son excelentes. Este es un modelo que pudiera y debiera aplicarse en las escuelas duales de Estados Unidos y es de desear que así lo hagan en el futuro.

En las **escuelas de idiomas minoritarios** (como el catalán, el euskera, el galés), se insiste en la separación para asegurar que el idioma minoritario prevalezca, sobre todo en los primeros años. El objetivo es reforzar la planta más débil. En estas escuelas, los maestros aceptan que el niño que habla el idioma mayoritario se exprese en ese idioma, pero siempre le responden usando el minoritario. En los primeros años, lo usual es que se enseñe todo el currículo en el idioma minoritario. La lengua mayoritaria se introduce, a menudo, alrededor de los siete años, a veces a los ocho o a los nueve. El maestro puede enseñar alguna asignatura en el idioma mayoritario (español o inglés) o dar lecciones del idioma mayoritario, de inglés, por ejemplo. Poco a poco, los niños lo van usando más.

Por lo general, en estas escuelas se espera que, cuando los alumnos lleguen a los once o doce años, puedan aprender en **ambos idiomas del currículo.** A esa edad, pueden trabajar en matemáticas o leer libros de texto en cualquiera de los dos idiomas. Usualmente, al empezar la escuela, del 80% al 100% del currículo se enseña en el idioma minoritario. Esto va cambiando en forma gradual hasta llegar a enseñar la mitad del currículo en un idioma y la otra mitad en el otro. En algunas escuelas, la lengua minoritaria domina a lo largo de todo el currículo en todos los grados, es decir, dos tercios del plan de estudios se enseñan en la lengua minoritaria y un tercio en la mayoritaria.

En general, en los lugares donde existe **educación secundaria en idiomas minoritarios,** un 50% a un 80% del currículo se enseña en esos idiomas. El objetivo de estas escuelas es formar alumnos que sean totalmente bilingües y capaces de leer y escribir bien ambos idiomas. El énfasis que recibe la lengua minoritaria tiene como objetivo equilibrar la fuerza que tiene el idioma mayoritario en el resto de la sociedad.

En las escuelas de inmersión, destinadas a introducir un **idioma mayoritario,** como en los programas de francés para niños anglohablantes en Canadá, la mayoría del currículo se enseña en el segundo idioma. Se va pasando lentamente del 100% de instrucción en francés al 50%. El objetivo de estas escuelas es fortalecer el segundo idioma en los primeros grados.

Al final de la educación primaria, los niños deben tener más o menos las mismas destrezas para hablar, leer y escribir en ambos idiomas. Se ha hecho un esfuerzo para conseguir un equilibrio en los dos idiomas por medio de una

*Véase la página 173

inmersión total en el segundo idioma durante los primeros años. El **Movimiento de Escuelas Europeas** es una experiencia europea especial. En estas escuelas, los niños aprenden por medio del idioma del hogar y de otro idioma europeo.*

E41: ¿Qué es el *translingüismo*?

Imagine una lección en la que se usen a propósito dos idiomas. El maestro presenta un tema en alemán y hace el resumen en inglés. Al buscar en la Internet, los niños encuentran información importante en inglés, alemán y francés. El maestro interactúa con grupos pequeños y con estudiantes individuales en una mezcla de alemán e inglés. Una actividad en equipo se lleva a cabo en el idioma o los idiomas preferidos de los estudiantes. Los alumnos realizan en inglés una tarea escrita de *preguntas y respuestas*. Se presume que este tipo de situación desarrolle el alemán y el inglés y también la idea de que está permitido usar varios idiomas para progresar en el aula en términos de aprendizaje de contenido, conceptos y lenguaje. Esto se conoce como *translingüismo*.

La separación de idiomas en la clase por asuntos o temas, maestros o tiempo (medio día, día completo) ha sido lo usual, pero se está comenzando a considerar el uso de dos o más idiomas en la misma lección. Desde la década de 1990, el uso del translingüismo ha seguido ganando terreno, y se enfatiza la idea de que **los niños usan naturalmente ambos idiomas** para aprender al máximo. Los niños son prácticos y emplean sus dos lenguas para ampliar la comprensión y mejorar el rendimiento del idioma en la calle y en la escuela.

El translingüismo es el proceso de encontrar sentido y modelar experiencias, entendimiento y conocimiento mediante el uso de dos idiomas. Ambos idiomas se emplean de manera integrada y coherente para organizar, negociar e interceder en el aprendizaje. Así, el término *translingüismo* tiene una connotación positiva sobre el uso de dos idiomas por parte de una persona, y rechaza la connotación negativa de 'mezcla' o la noción lingüística de 'cambio de código'.

El método comenzó con un galés, Cen Williams, quien en 1990 formuló un sistema pedagógico llamado *translingüismo,* en el cual la **entrada** (leer o escuchar) sería en un idioma y la **salida** (hablar o escribir) en el otro idioma, y esto variaría sistemáticamente. Por ejemplo, los estudiantes leen una hoja de ejercicios de ciencias en inglés. El maestro inicia una discusión sobre el tema en galés y cambia al inglés para destacar términos científicos específicos. Luego los estudiantes completan en galés su tarea escrita. En la próxima lección se invierten los papeles de los idiomas. En este ejemplo, los estudiantes necesitan entender la tarea para usar la información en otro idioma con éxito.

Esta idea del translingüismo ha sido expandida y realzada por Ofelia García, una reconocida educadora de Nueva York que sugiere que los niños bilingües usen de manera regular sus dos idiomas, incluso fuera de la escuela. Ella ha trasladado la idea del translingüismo como estrategia planificada de la clase para describirlo como la práctica natural de los bilingües al usar sus dos idiomas. Enfatiza que el translingüismo ocurre de forma natural entre niños bilingües en una clase, de manera espontánea y pragmática. En situaciones multilingües, como las que se encuentran en Nueva York, niños y adultos se mueven regularmente entre sus idiomas para ser incluyentes, expansivos, comprensibles y comunicativos al máximo. Esto facilita las preferencias del lenguaje, la práctica en la vida real y el rendimiento académico de los estudiantes.

El translingüismo tiene **cuatro ventajas potenciales** en la clase, independientemente de si se trata de un método estratégico planeado por un maestro o de si ocurre en forma espontánea.

Primero, puede promover una **comprensión más completa y profunda** de la materia. Dado que (a) el conocimiento preexistente es la base para seguir aprendiendo y (b) hay facilidad de transferencia interlingüística, ya que los dos idiomas son interdependientes, por lo tanto, el translingüismo refuerza la comprensión de una manera más eficiente. Para leer y analizar un tema en un idioma y después escribir acerca de él en otro idioma, la materia de estudio tiene que ser procesada y "digerida".

Segundo, el translingüismo puede ayudar a que los niños **desarrollen la comunicación oral y la lectoescritura en su idioma más débil.** Por otra parte, los estudiantes pueden realizar la mayor parte del trabajo en su idioma más fuerte y luego dedicarse a tareas relacionadas, menos exigentes, en su idioma más débil. El translingüismo intenta desarrollar destrezas lingüísticas académicas en ambos idiomas, conducentes a un **bilingüismo y lectoescritura bilingüe más completos.**

Tercero, el uso dual de los idiomas puede facilitar la **cooperación entre la casa y la escuela.** Si un niño puede comunicarse con su padre en un idioma minoritario en su medio habitual, el padre puede ayudarlo con sus tareas. Esto coincide con la queja que presentan algunos padres cuando sus hijos actúan en la escuela como bilingües: que se educan en un idioma que ellos no comprenden. La queja se pone de manifiesto cuando los padres no pueden ayudarlos con la **tarea** ni discutir el trabajo escolar con ellos en un lenguaje que no entienden. La idea del translingüismo es que el movimiento de un idioma a otro implica mucho más que la traducción de palabras. El reprocesamiento de contenido puede conducir a un entendimiento y aprendizajes más profundos. De ser así, lo que el niño ha aprendido en la escuela a través de un idioma, puede ser expandido, extendido e intensificado mediante la conversación con los padres en el otro idioma. Lo que parece una debilidad potencial entre la escuela y el hogar puede convertirse en solidez en el aprendizaje.

Cuarto, el translingüismo ayuda a la integración entre angloparlantes y quienes aprenden inglés (como en las escuelas norteamericanas) en sus distintos niveles. Si los aprendices se integran con los nativos del idioma y si se logra un uso estratégico y sensible de ambas lenguas en la clase, los principiantes pueden desarrollar su segundo idioma mientras aprenden contenido. (En la teoría original de Cen Williams, el translingüismo es importante para desarrollar **ambos idiomas** en los estudiantes).

Una advertencia: el translingüismo puede no resultar valioso en una clase cuando el alumno está en las etapas tempranas del aprendizaje. Para que se dé la entrada y salida en ambos idiomas, se requiere que ambos estén razonablemente bien desarrollados o en etapa avanzada de afianzamiento. Esto varía de acuerdo a las diferentes áreas del currículo. Algunas áreas que requieren un lenguaje menos técnico y complejo son, por tanto, más apropiadas para un translingüismo temprano. Por el contrario, el translingüismo puede no resultar adecuado en un área del currículo donde hay más vocabulario técnico, más jerga, más lenguaje abstracto y mayor complejidad, en particular para quienes todavía están comenzando a desarrollar su segundo idioma. Sin embargo, para algunos, el translingüismo incluye el apoyo académico decreciente del primer idioma (por ejemplo el de un niño inmigrante) al idioma dominante de la escuela.

Un peligro es que el translingüismo no dé como resultado alumnos que puedan utilizar los idiomas independientemente con eficacia. El bilingüismo solo será práctico y tendrá beneficios de empleo, por ejemplo, cuando la persona bilingüe pueda comunicarse de manera eficiente con monolingües de ambos idiomas y no solo con otros bilingües.

 ### E42: ¿Deben enseñarse las ciencias y las matemáticas solo en inglés?

En muchas escuelas de idiomas minoritarios y escuelas bilingües de distintos tipos existe la tendencia a enseñar **ciencias, matemáticas y tecnología en inglés o en algún otro idioma internacional.** El razonamiento en que se apoya esta tendencia es que la mayor parte de los libros de texto, la información científica y los estudios universitarios en ciencias y tecnología (y también en otras áreas como sociología y geología) están en inglés. Por ejemplo, en la Universidad de Kuwait, los alumnos de filosofía y letras estudian en árabe, y los de ciencias estudian en inglés. En algunas escuelas de dos idiomas en Nueva York, a menudo las ciencias y las matemáticas se enseñan solo en inglés. En las escuelas del País de Gales, aunque casi todo el currículo se enseña en galés, es frecuente que las ciencias y las matemáticas se enseñen en inglés. Esto puede deberse a los libros de texto de los que se dispone, la preferencia de los maestros o el prejuicio de que las ciencias y las matemáticas deben enseñarse en inglés.

El **problema** es que se crea una asociación entre las ciencias y las matemáticas y el inglés. Mucha de la cultura científica y tecnológica es angloamericana y esto le otorga al inglés un mayor prestigio. En Francia, por ejemplo, hay una cruzada para evitar que el inglés domine el mundo de las ciencias.

Cuando se produce esta situación de identificar el mundo científico con el inglés, se transmite a los estudiantes un mensaje oculto: los **idiomas minoritarios** no están al día, no son válidos para el uso científico y matemático, y no tienen el vocabulario necesario para enseñar ciencias y matemáticas. ¿Debe reducirse entonces el idioma minoritario a la historia, la cultura, el folclore y la tradición? ¿Está el idioma mayoritario relacionado con lo moderno, el alto estatus y el poder de la ciencia y de la tecnología? ¿Le da esto mayor valor al idioma internacional y menor valor al minoritario?

En España y en el País de Gales, ha habido **movimientos** para tratar de asegurar la enseñanza de las ciencias en las lenguas minoritarias (catalán, euskera, galés). Se han hecho grandes esfuerzos para demostrar que una lengua minoritaria puede ser un idioma moderno. A veces, es necesario inventar vocabulario nuevo o darle un significado adicional a un concepto científico; otras veces, se toman palabras prestadas del inglés, del latín o del griego.

El idioma de las ciencias, la tecnología y las matemáticas es un **tema contro-vertido** entre padres y educadores. Tiende a crear divisiones entre quienes buscan fervorosamente la salvación de las lenguas minoritarias y los que argumentan que el inglés es, de hecho, el idioma internacional de las ciencias, las matemáticas, la tecnología y la informática. Parece separar a quienes defienden los derechos y el planeamiento lingüísticos básicos de quienes son pragmáticos del lenguaje y "economistas de la libre empresa" en relación con la lengua. Vale la pena recordar que la economía de la libre empresa no se preocupa de la pobreza ni de la injusticia, ni de cómo erradicarlas. También vale la pena recordar que el dominio que el inglés tiene hoy de la ciencia y la tecnología lo tenía, antes de la Segunda Guerra Mundial, el alemán.

E43: La escuela a la que asisten mis hijos no tiene programa bilingüe y no hay una escuela bilingüe cerca. ¿Qué debo hacer?

E43

Muchos padres latinos se encuentran con que la **escuela** local es **monolingüe** y no apoya el bilingüismo de sus hijos que, en el mejor de los casos, es ignorado y, en el peor, es motivo de estigma. En el hogar, los niños han aprendido un idioma con cariño y afecto, y descubren que la escuela considera que ese idioma es inútil. El estilo de vida, la cultura, los hábitos y hasta el nombre de los niños pueden ser ridiculizados. Y, a causa de todo esto, su autoestima y la confianza en sí mismos sufren. La **actitud** de la escuela **hacia los niños bilingües,** su lengua y su cultura es de gran importancia.

Muchos padres hispanos en los Estados Unidos se enfrentan a la situación de que la única escuela que pueden elegir para sus hijos es la escuela local, tenga o no programa bilingüe. En este caso, es importante que sepan que tienen derechos. En los Estados Unidos, la educación es local. Eso quiere decir que los padres tienen la responsabilidad de elegir las Mesas Directivas *(School Boards),* de hacer saber sus necesidades y deseos, y de ver que se les presta atención. De una manera muy cortés y respetuosa pero firme, los padres pueden ir a la escuela y expresar sus inquietudes y sus preguntas. Tienen derecho a que se los entreviste y conteste en su propio idioma y a que se les den respuestas satisfactorias. Si esto no ocurre, vale la pena contactar a otros padres, averiguar cuáles han sido sus experiencias y crear grupos de apoyo para intercambiar información e ideas. Así podrán pedir respuestas a la escuela, no solo de manera individual, sino también grupal.

Muchos de los programas bilingües que existen en los Estados Unidos han sido creados por iniciativa de los padres, tanto de grupos de padres latinos y chinos, por ejemplo, que han pedido que les ofrezcan programas bilingües a sus hijos, como de grupos de padres anglos, en muchos casos maestros, que han pedido que se creen programas de educación dual para que sus niños, que hablan solo inglés en la casa, tengan el beneficio de aprender otro idioma.

Las buenas escuelas valoran la **cooperación entre el hogar y la escuela.** Cuando una escuela es sensible a los deseos y necesidades de los padres, sabe tratar a los niños como las personas individuales que son. Estos establecimientos son vitales y receptivos. Aun si el maestro no es bilingüe ni sabe otros idiomas, hágale saber que para usted es importante que su hijo o hija mantenga el bilingüismo que se le ha enseñado en el hogar o el idioma del hogar. Pregúntele si el niño encontrará libros escritos en su lengua en la biblioteca de la escuela. Sugiérale que a usted le gustaría que el maestro reconociera el valor de que el niño hable dos idiomas poniendo en las paredes de la clase algo que refleje su lengua y su cultura, dejándole compartir un libro en el idioma del hogar. Si a usted le es posible donar tiempo, ofrézcase para ayudar en la clase o, al menos, para visitarla algunas veces. Los padres, no importa qué idioma hablen, pueden ir a la clase a escuchar a los niños leer o a colaborar con actividades escolares. Si no hay un programa bilingüe, la presencia de los padres en la clase se hace aún más valiosa. Si el maestro se muestra receptivo a su ayuda, procure encontrar otros padres que también se interesen.

Hay una gran diferencia entre enseñanza y educación. La educación no ocurre solo en la clase. Como dice el pensamiento, "la educación empieza en la cuna y termina en la tumba". Por eso, los **padres** deben utilizar el tiempo que tienen después de la escuela, los fines de semana y las vacaciones para enriquecer las experiencias educativas de los niños. En esas horas, los niños hablarán solo el idioma del hogar, el que la escuela no les enseña. Pueden cantar, leer y contar cuentos, decir adivinanzas y jugar en su lengua nativa. Si les van a permitir ver la televisión, deben buscar, dentro de lo posible, programas educativos en español. Si se transmiten en horarios en que los niños no pueden verlos, pueden grabarlos. En lugar de alquilar videos en inglés, pueden buscarlos en español. Y pueden celebrar en todo momento el hecho de que el niño hable dos idiomas diciéndole cuánto gusto les da que pueda comunicarse con sus amistades y familiares. También pueden animarlos a escribir a sus familiares y amigos en español. En los días de fiesta y durante las vacaciones, deben proponerse como meta que sus niños interactúen con otros niños que hablan español.

Conseguir que los niños desarrollen y mantengan el español sin la ayuda de un programa bilingüe es difícil, pero no imposible. Es solo cuestión de reconocer cuánto valor tiene para el niño hoy y cuánto valor tendrá para su futuro y proponerse darle ese regalo inigualable.

E44: ¿Qué idioma debe usarse para examinar, evaluar o aconsejar a un niño bilingüe? ¿Cómo debe ser la evaluación?

La respuesta a la pregunta sobre educación especial bilingüe insistía en la importancia de que, para conseguir una evaluación justa y válida, se examinara a los niños en el idioma que mejor dominan y de que se tuviera en cuenta su bilingüismo.* Con demasiada frecuencia las pruebas que se aplican a los niños bilingües solo consiguen mostrar sus *deficiencias* o su falta de dominio del segundo idioma. Esto puede implicar que los niños sean catalogados como niños con problemas, que los maestros esperen menos de ellos, que se les dé una educación menos rica de la que necesitan y merecen, que el propio niño se sienta menos. Las siguientes **pautas** explican cómo puede conseguirse que la evaluación de los niños bilingües sea justa:

*Véase la páginas 203–204

(1) Es necesario diferenciar entre las **dificultades temporales** que los niños bilingües afrontan y las dificultades más permanentes que impiden el aprendizaje y el funcionamiento de cada día. Entre las dificultades temporales, se incluyen cierta demora para hablar, problemas de adaptación pasajeros y tartamudeo transitorio. Algunos ejemplos de problemas de mayor duración que requieren tratamiento son la dislexia, la falta de audición y la neurosis.

(2) Para lograr un diagnóstico, no bastan pruebas simples, sino que es necesaria una combinación amplia de exámenes y observaciones. El diagnóstico debe realizarse durante un período prolongado y es necesario evitar llegar a conclusiones y remedios instantáneos. Es importante **observar** al niño en distintos contextos (el hogar, la calle, el patio de juegos) y no solo en la clase para llegar a tener un perfil más válido del dominio del lenguaje y de la conducta. Se necesita recopilar la historia familiar y educativa del niño. Los padres y maestros deben consultar a varios especialistas: médicos, terapeutas del lenguaje y asistentes sociales. Se deben grabar o recoger ejemplos de la comunicación normal del niño en circunstancias y papeles distintos.

(3) La elección de los **asesores** afectará al resultado. Si las personas que hacen la prueba son del mismo origen lingüístico que los niños, esto puede tener un efecto sobre cómo se manifieste el niño y, por ende, sobre el resultado. La edad, el sexo, la clase social y la personalidad de quien administra la prueba pueden influir en las respuestas del niño. Las pruebas no son procesos neutrales. Quién la administra y el modo y las condiciones en que lo hace contribuyen al resultado.

(4) En una situación ideal, si los niños son monolingües en un idioma minoritario, se los debe evaluar en su idioma. Si ya han empezado a aprender

dos idiomas, se los debe evaluar en ambos. Si a un niño se lo examina solo en el idioma que menos domina, el resultado puede ser falso y ofrecer una imagen muy parcial y negativa.

(5) Los padres y los educadores deben asegurarse de que el **idioma usado** en las pruebas es el **apropiado** para el niño. Por ejemplo, si la prueba ha sido traducida, la traducción puede presentar un estilo artificioso que el niño no comprenda. O, debido a la riqueza del español y los muchos lugares donde se habla, la prueba puede contener regionalismos que el niño no reconozca. En este último caso, eso es bastante fácil de remediar, sobre todo si la persona que administra la prueba conoce bien el español y sus modalidades. Ya que pueden presentarse inconvenientes con el vocabulario de las pruebas, hay que distinguir entre el perfil lingüístico y el **perfil comunicativo** del niño. El perfil comunicativo es más importante porque tiende a reflejar las habilidades del niño más que su conocimiento de términos específicos.

(6) En algunas ocasiones, no se le puede administrar a un niño una prueba en el idioma que más domina porque no hay quién lo haga o porque las pruebas no son apropiadas. En estos casos, pueden ser de mucho valor los **intérpretes.** Si los intérpretes han sido educados adecuadamente en el idioma, el profesionalismo y el modo de ganar la confianza del niño, pueden contribuir a que las pruebas sean más válidas y justas. Sin embargo, los intérpretes también pueden influir en el resultado, haciendo *ascender* o *descender* el nivel de las respuestas según su interpretación.

(7) Existe el peligro de enfocarse solamente en evaluar al niño. A veces, es importante **enfocarse en las causas externas al niño.** ¿Es la escuela el problema? ¿Está actuando de manera contraria a la que se espera al negar las destrezas del niño en el primer idioma y concentrarse en las fallas en el segundo idioma? ¿Está negando el sistema educativo la cultura y etnicidad del niño y, con ello, está afectando su autoestima y su rendimiento académico? ¿Requiere el plan de estudios un nivel de dominio del lenguaje superior al del niño? El remedio al problema puede estar en cambiar el sistema escolar, no al niño.

(8) El peligro de las pruebas es que muchas veces llevan al debilitamiento en lugar de llevar al **fortalecimiento** de los niños bilingües. Si las pruebas separan a los niños bilingües de los grupos dominantes que controlan el poder de la sociedad, entonces, las pruebas solo sirven para debilitarlos. Como resultado, pueden catalogar a los niños en grupos inferiores y marginados. Las pruebas deben ser para ayudar a los niños, no para usarlas en contra de ellos.

(9) Es importante tener en cuenta la evaluación de los **maestros** que hayan observado a los niños en variadas ocasiones. ¿Cuál creen ellos que es el problema? ¿Qué soluciones o intervenciones sugieren? ¿Tiene el maestro del niño un plan de acción? Un buen modo de ayudar a los niños es que se

forme un equipo de maestros que converse y discuta el rendimiento de los niños con problemas. Ese equipo puede ser el que decida si hace falta referir al niño a otros profesionales (como terapeutas del lenguaje, psicólogos o consejeros).

(10) Los resultados de las pruebas que se usan para evaluar a los niños se comparan con una **norma.** La norma que se usa es, generalmente, la de los niños monolingües del idioma dominante. Así que las comparaciones pueden ser muy injustas para los niños que hablan un idioma distinto del mayoritario.

Los encargados de crear estas pruebas son, por lo general, personas blancas, de clase media y que hablan solo inglés. Los términos y objetos que se mencionan en las pruebas reflejan su cultura y pueden resultar muy poco familiares para los niños que van a tomar el examen. Por ejemplo, *raqueta de tenis, muñeco de nieve* y *tarjeta de crédito* pueden ser conceptos poco conocidos para algunos de los niños. Además, la estructura de estos exámenes no permite analizar en profundidad las respuestas del niño. Comúnmente, consisten en que el niño marque con un lápiz una de las varias respuestas impresas debajo de cada pregunta, sin la posibilidad de proponer respuestas adicionales o de comentar su elección. Es imposible medir de este modo ciertos aspectos del lenguaje, la comunicación y la inteligencia.

Algunos de los exámenes dan su resultado en **percentiles** (en especial, en los Estados Unidos). Los percentiles se refieren al porcentaje de niños que han obtenido mejores o peores resultados que el niño evaluado. Por ejemplo, si un niño está en el percentil 40 quiere decir que un 39% de los niños que hicieron esa prueba tuvieron puntaje peor y que un 60% de los niños de la misma edad obtuvieron un promedio mejor. Es decir, para que un niño esté en el 40% del nivel más bajo, se asume que todos los niños están divididos en grupos iguales de 100.

Estos exámenes, en esencia, comparan a una persona con otra. ¿Tiene esto algún valor? ¿No es más importante ver qué contenidos del plan de estudios sabe un niño y cuáles no sabe? Descubrir que un niño está en el percentil 40 de inglés no informa al padre ni al maestro de sus debilidades y sus habilidades, de sus conocimientos y sus necesidades en inglés. Las **pruebas basadas en el currículo** buscan averiguar qué contenidos del plan de estudios ha asimilado el niño. Este tipo de pruebas pueden dar información más útil, porque dicen cuánto sabe un niño de una asignatura (por ejemplo, Matemáticas) y en qué necesita progresar. Este tipo de pruebas ayuda a trazar un plan individual para el niño.

E45: ¿Hay maestros bien preparados para ayudar a los niños bilingües?

Un problema serio para la educación bilingüe es que nunca se ha llegado a comprender la necesidad de que todos los educadores y administradores reciban preparación especial para educar a niños bilingües. Aun en los países bilingües, la mayoría de los cursos de capacitación para docentes no ofrecen suficiente formación en relación con temas que afectan a los niños bilingües: la adquisición del primer idioma; la adquisición del segundo idioma; los procesos del bilingüismo; los efectos de la inmigración y el consecuente desgarramiento del niño y su familia; la necesidad y posibilidad de trabajar con los padres de niños minoritarios, etcétera. Una consecuencia lamentable de todo esto es que el conocimiento adquirido durante años de experiencia y los resultados de las investigaciones llegan a las escuelas con muy poca frecuencia.

Hay excelentes y dedicados maestros bilingües que tendrían mucho que ofrecer a sus colegas, pero, en muchas ocasiones, el programa bilingüe dentro de la escuela se ve como un programa de menor categoría, un programa para trabajar con niños deficientes. Y, por lo tanto, se extiende a sus maestros la misma actitud despreciativa. De tal modo, el conocimiento de estos maestros no llega a permear la escuela.

Es común que, entre los administradores y directores de escuela, los consejeros y hasta los especialistas en patología del lenguaje, haya una **ignorancia** desconcertante sobre los niños bilingües y la educación bilingüe. Muchos maestros reflejan la actitud discriminatoria de la sociedad en general, que mira con desconfianza y, a veces, con antagonismo a los inmigrantes o a las personas que hablan un idioma distinto del dominante, no importa cuánto tiempo lleven en el país ni si, incluso, son los habitantes originarios, como ocurre con los indígenas americanos de los Estados Unidos.

Una dificultad de otro tipo se encuentra en las **escuelas de idiomas minoritarios,** como las escuelas que enseñan en catalán o en euskera en España o las que enseñan en galés o en irlandés en el Reino Unido. A menudo, estos maestros han sido educados como maestros monolingües en esos idiomas. Esto es magnífico, pero sería más conveniente si, además, se les proporcionara una formación en educación bilingüe para que comprendieran cómo estimular el desarrollo de dos idiomas y la diversidad cultural.

Todo educador, no importa en qué lugar o condiciones enseñe, debe tener conocimientos sobre el bilingüismo y el biculturalismo y, así como apoya el aprendizaje, el amor a la lectura y el valor del estudio, debe apoyar la riqueza de poseer dos idiomas y el valor del multiculturalismo.

Preguntas finales

Mía la historia
culta,
honrada,
valiente.
Mío el orgullo
de ser latino.
Y suficiente.

F. Isabel CAMPOY
Mi historia

F1: La economía y la política del mundo están cambiando. ¿Tiene algún futuro el bilingüismo?

F1

A medida que el mundo se convierte en una aldea global, que la información se esparce y que la Internet, las telecomunicaciones y los medios masivos de comunicación rompen las barreras nacionales, se corre el **peligro** de que los idiomas más internacionales, en particular el inglés, sigan creciendo en importancia. Al paso que los viajes entre continentes y países se hacen más fáciles, económicos y rápidos, se corre el riesgo de que los idiomas hablados por pocos se usen menos y los idiomas mayoritarios se hagan más útiles. Al mismo tiempo que la Comunidad Europea se hace más fuerte política, social, económica y culturalmente, que los países del Pacífico forman una alianza comercial y los Estados Unidos mantienen su preponderancia en el poder y la política mundial, se corre el peligro de que unos pocos idiomas tengan cada vez mayor uso y mayor valor. En el peor de los casos, muchos otros pueden quedar relegados a la historia sagrada y a unos cuantos hogares.

Algunos comentaristas creen que habrá un cambio en la economía lingüística. Puede haber una tendencia a que los idiomas internacionales (el inglés, el español, el alemán, el chino, por ejemplo) sean los únicos que se usen para el comercio, el intercambio de información y las relaciones internacionales. Si esto ocurre, es posible que las lenguas minoritarias y el bilingüismo, salvo si es de aquellos idiomas, estén en peligro. Algunos sugieren que el bilingüismo no es sino un punto intermedio en el camino entre un idioma minoritario floreciente y un movimiento al monolingüismo en un idioma mayoritario. Se ha sugerido que cerca de 100,000 idiomas han muerto ya y que el camino a la extinción continúa. Con la muerte de una lengua, mueren también culturas y civilizaciones, herencias e historia.

Michael Krauss, del Centro de Idiomas Nativos de Alaska, afirma que en los próximos cien años entre el 20% y el 50% de los idiomas que existen en el mundo desaparecerán o estarán próximos a extinguirse. Piensa que es una posibilidad realista que, a largo plazo, el 90% haya muerto o esté a punto de hacerlo. Afirma que el 50% de los idiomas ya no se enseñan a los niños y que sucumbirán, a menos que se hagan esfuerzos importantes de conservación.

La lista roja de especies amenazadas de la Unión Internacional para la Conservación de la Naturaleza (en inglés, International Union for the Conservation of Nature, IUCN, http://www.iucnredlist.org/) enumera así los porcentajes estimados de especies amenazadas: 63% de cícadas, uno de los tipos de palmeras más antiguos; 41% de anfibios; 33% de corales que forman arrecifes; 31% de tiburones y rayas; 25% de mamíferos; y 13% de aves. Oficialmente, el 7.5% de todos los mamíferos y el 2.7% de todos los pájaros están en peligro de extinción, y sabemos que es necesario ser más conscientes para tratar de preservar la maravillosa diversidad de la flora y la fauna. Si entre el 50% y el 90% de los idiomas están en peligro de desaparecer, también hacen falta medidas urgentes para preservar la diversidad de la existencia humana expresada por medio de sus lenguas y culturas.

También se puede tener una visión un poco más **optimista.** Durante siglos, muchas personas que hablaban **dos** o más **idiomas mayoritarios** han gozado de prestigio y estatus. La habilidad de hablar francés y árabe, hindi y urdu, alemán y francés, swahili y una lengua local africana, español y ruso, chino e inglés ha sido considerada siempre un valor apreciado en el comercio, la diplomacia y los viajes. La aldea global, la eliminación de las barreras en el comercio y el transporte han llevado a aumentar el valor de quienes pueden operar en dos idiomas internacionales. En Europa, parece haber aprecio y respeto crecientes por quienes saben hablar, leer y escribir dos o más idiomas. Lo mismo ocurre en los Estados Unidos en el ámbito de los negocios: se valora cada vez más a las personas que pueden hablar, leer y escribir bien en inglés y en español.

Con relación a **los idiomas que habla solo una minoría,** puede pensarse en un tipo de **optimismo** distinto. Es posible que, a medida que aumente la presión para ser parte de la aldea global y ser internacional, se produzca como reacción la necesidad de volver a las raíces. Al mismo tiempo que el mundo se achica y algunas diferencias empiezan a desaparecer, es posible que se produzca un deseo interior de saber quién es uno y de dónde viene. Es necesario tener un ancla en la identidad local, tanto como en la más amplia.

Muchos **inmigrantes** se asimilan a la lengua y la cultura mayoritarias. Otros tienen mucho interés en mantener viva la relación con su pasado y su historia, y la riqueza cultural de sus ancestros. La tradición familiar, la nostalgia por la herencia cultural del grupo étnico al que se pertenece, un deseo profundo de encontrar las propias raíces y de mantener la continuidad del pasado son fuerzas poderosas. Por ejemplo, entre inmigrantes de tercera y cuarta generación que no hablan la lengua de sus antepasados, hay muchos que se interesan en su historia familiar, en su herencia cultural y en encontrar sus raíces. Acercarse a la tradición cultural de un grupo minoritario puede reforzar la autoestima y la identidad personal; compartir la herencia del pasado puede ofrecer seguridad y estatus en lo *pequeño y conocido* en lugar de en *lo grande por conocer*.

Los idiomas casi nunca se mantienen estáticos. El cambio es parte de la esencia del lenguaje. Los cambios en la política, la economía, las necesidades individuales y las motivaciones exigen cambios en el lenguaje. Es difícil predecir el futuro de muchas lenguas de minorías. Sin embargo, en los últimos años, ha habido un creciente optimismo en pensar que preservar los idiomas es justo e importante a la vez porque se mantiene la diversidad lingüística, cultural y espiritual del mundo.

Los padres latinos que hablan, además del español, alguna de las numerosas lenguas indígenas de Hispanoamérica les harían un hermoso regalo a sus hijos hablándoles en ese idioma indígena y compartiendo con ellos sus tradiciones.

F2: ¿Qué es más común en el mundo: ser monolingüe o ser bilingüe?   `F2`

Muchos monolingües creen que el monolingüismo es el estado más lógico, aceptable y generalizado en el mundo. Pero la realidad es que los bilingües son mayoría. Existen varias estimaciones de qué porcentaje del mundo es bilingüe. Esto es muy difícil de saber porque la definición de bilingüe puede incluir o excluir a quienes apenas empiezan a aprender un idioma. Bajo el término bilingüe pueden encontrarse flores de colores y tonalidades muy distintas.

La cuenta también varía según se incluyan o no los hablantes de *pidgins* y *creoles*. Ya sea que se añadan o no los dialectos locales, todo porcentaje que se ofrezca será inexacto. Los cálculos que se manejan parecen indicar que **entre el 60% y el 70%** de las personas del mundo son bilingües. La conclusión es clara. Los bilingües, y no los monolingües, son la mayoría.

Un problema para los bilingües es que, a menudo, los **monolingües** tienen mayores privilegios y mayor poder, más estatus y prestigio que los bilingües. Por ejemplo, en Inglaterra, los Estados Unidos, Australia, Nueva Zelanda, Francia y partes de Alemania y Canadá, los monolingües tienen una representación despro-porcionadamente alta en **las esferas de poder** económico y político. En Inglaterra y en los Estados Unidos se tiende a ver a las personas bilingües como algo raro, un problema o, en el mejor de los casos, algo anticuado. A los hablantes monolingües de inglés a menudo les hace gracia oír a algunos hablar galés o escocés. Les parece rústico y pintoresco, pero también lo consideran rudo y sin valor. Por lo tanto, el problema para muchos bilingües es que son la mayoría del mundo, pero tienen solo la minoría del poder.

F3: ¿Por qué tantos políticos están en contra de la educación bilingüe?

El debate *público* y político sobre la educación bilingüe y los idiomas en la sociedad comienza, por lo general, con la idea de que la diferencia de idiomas causa complicaciones y dificultades. Esto queda bien ilustrado en las discusiones acerca de los supuestos **problemas cognoscitivos** que acarrea el operar en dos idiomas. Al bilingüismo también se le atribuyen, muchas veces, **problemas sociales y de personalidad,** como identidad dividida, dislocación cultural, autoestima pobre y falta de raíces. El lenguaje se ve como un **problema político.** A veces, desde el punto de vista grupal más que individual, se asocia el bilingüismo con la desunión nacional o regional.

Parte de lo que sostiene la orientación política que ve el *idioma como un problema* es que el perpetuar las minorías lingüísticas y la diversidad de lenguas puede provocar menos integración, menos unión, más antagonismo y mayor conflicto en la sociedad. Según este criterio, las complicaciones surgidas de los idiomas minoritarios deben **resolverse por asimilación** a la lengua mayoritaria. Este argumento supone que la lengua mayoritaria (por ejemplo, el inglés) unifique la diversidad. La habilidad de cada individuo para comunicarse con facilidad en el idioma mayoritario de la nación se ve como el rasero común. Se piensa que una nación unificada es una nación fuerte. Y la unidad dentro de la nación es sinónimo de la uniformidad y la semejanza. El argumento opuesto es que es posible tener unidad nacional sin uniformidad. La diversidad de idiomas y la unidad nacional pueden coexistir (como por ejemplo, en Singapur, en Luxemburgo y en Suiza).

A menudo, se relaciona un **idioma minoritario** con los **problemas** de pobreza, bajo rendimiento escolar, mínima movilidad social y vocacional, y falta de integración en la cultura mayoritaria. Desde esta perspectiva, el idioma minoritario es una causa parcial de los problemas sociales, económicos y educativos. Esta actitud de considerar que *el idioma es un obstáculo* queda resumida en la frase *Si hablaran inglés, no tendrían problemas.* El idioma minoritario se presenta como una limitación que el sistema escolar necesita resolver. Y la solución que se propone es enseñar más inglés a costa del idioma del hogar. La sumersión y la educación bilingüe transitoria tienen como objetivo que los niños minoritarios desarrollen el inglés lo más pronto posible para que puedan estar a la par de sus compañeros monolingües en las clases regulares.*

*Véase la página 178

Con frecuencia, los políticos perciben la **educación bilingüe** como **la causa de las dificultades lingüísticas.** Sugieren que este tipo de educación provoca problemas sociales o desintegración de la sociedad. Insisten en que, al apoyar el idioma minoritario y las diferencias étnicas, pueden surgir conflictos entre los grupos y falta de armonía. La verdad es, casi siempre, que la educación bilingüe lleva a una mejor integración, a mayor armonía y a la paz social. Por lo tanto, no debe considerarse la causa de los problemas. Más bien, la evidencia sugiere que el bilingüismo y la lectura en dos idiomas pueden lograrse sin dificultad y pueden brindar:

- mejor rendimiento en el currículo escolar de los niños que hablan idiomas minoritarios;
- mantenimiento de la lengua y la cultura del hogar;
- aumento de la autoestima y una actitud más positiva hacia la escuela.

Este mayor rendimiento puede permitir mejor uso de los recursos humanos en la economía del país. Una mayor autoestima también puede contribuir a la armonía social y a la paz.

F4: ¿Es el bilingüismo un derecho natural de todos los seres humanos? F4

Un criterio distinto al de ver *el idioma como un problema* es el de considerarlo un **derecho esencial de los seres humanos.** Así como se reconoce el derecho de los seres humanos a elegir la propia religión, debe reconocerse el derecho a elegir el propio idioma. Del mismo modo en que es necesario eliminar los prejuicios basados en las etnias y en las creencias para que exista una sociedad democrática, también es necesario eliminar los prejuicios basados en el idioma. Usted tiene el derecho fundamental de hablar el idioma que escoja, en público o en privado, y el derecho de educar a sus hijos en el idioma que usted quiera. Se trata de derechos internacionales reconocidos por la ley internacional, aunque no todos los gobiernos o estados del mundo los reconocen y los respetan.

Los derechos lingüísticos se derivan de los derechos **personales,** legales y constitucionales. Los derechos personales lingüísticos se apoyan en el derecho a la libre expresión. También puede afirmarse que existen ciertos derechos lingüísticos naturales **para los grupos humanos.** Estos derechos de grupo pueden relacionarse con la importancia de preservar las lenguas hereditarias y las comunidades culturales. Otro tipo de derechos lingüísticos es el **internacional,** que se deriva de planteamientos de organizaciones como las Naciones Unidas, la Unesco, el Consejo de Europa y la Comunidad Europea. Todas ellas han declarado que cada grupo lingüístico tiene derecho a mantener su propio idioma. Por ejemplo, en la Comunidad Europea, una directiva (77/486/CEE, de 25 de julio de 1977) estipula que los estados miembros deben promover la enseñanza de la lengua materna y la cultura del país de origen en la educación de los hijos de trabajadores migratorios. Sin embargo, los distintos países han ignorado, en el mayor número de los casos, las declaraciones internacionales.

Los derechos lingüísticos se expresan no solo en confrontaciones legales (por ejemplo, en los Estados Unidos) con la posibilidad de convertirse en ley, sino también en las **comunidades de base** por medio de protestas y grupos de presión, por medio de la acción local y de los debates. Por ejemplo, gracias al esfuerzo comunitario, se ha desarrollado el movimiento Kohanga Reo (Nidos Lingüísticos) en Nueva Zelanda. Desde 1982, estos nidos lingüísticos han ofrecido un programa preescolar de inmersión en lengua y cultura maorí para niños desde el nacimiento hasta la edad escolar. Su intención es proporcionar oportunidades de desarrollo y crecimiento dentro de un contexto en el que el idioma único sea el maorí.

Otro ejemplo de una expresión comunitaria que representa el principio de que *el idioma es un derecho* es la reciente experiencia céltica (en Irlanda, Escocia y el País de Gales). En estos países, que son parte de las Islas Británicas, los movimientos comunitarios han creado grupos de juego de niños de edad preescolar, grupos de *madres y niños pequeños* y clases de idiomas para adultos, de modo tal que las lenguas hereditarias puedan preservarse en la interacción entre adultos, pero, sobre todo, entre los jóvenes. Un fuerte activismo a favor de los idiomas unido a demandas insistentes han tenido como resultado la creación de escuelas primarias en las lenguas hereditarias (irlandés, escocés, galés), en especial en ciudades donde el idioma predominante es el inglés. Los padres han conseguido el derecho a la educación en su lengua propia, aunque no sin lucha, oposición y antagonismo burocrático. En estos grupos de presión, ha habido padres que hablan los idiomas hereditarios y otros que solo hablan inglés, pero que desean que sus hijos se eduquen en el idioma hereditario del lugar.

En las sociedades estadounidense y británica, el sistema político y legal no reconoce formalmente, por lo general, grupos de personas según su cultura, idioma o etnia. Más bien se centra en los **derechos individuales.** Pone el acento en la igualdad de oportunidades individual, en los resultados positivos individuales producto del mérito personal. Las regulaciones para prevenir la discriminación, por ejemplo, tienden a basarse en derechos individuales más que en derechos grupales. Los grupos de lenguas minoritarias, sin embargo, argüirán que tienen derecho a resultados positivos y justicia basados en su existencia como grupo definido en la sociedad. Estos grupos, que algunas veces se afirman en derechos territoriales y, a menudo, en identidad étnica, reclaman resultados positivos en proporción a su representación en la sociedad. **Los derechos de grupo** se ven, muchas veces, como un modo de compensar las injusticias cometidas contra las minorías lingüísticas. Esto puede ser un paso transitorio hacia la consecución completa de los derechos individuales. O, alternativamente, las minorías lingüísticas pueden reclamar el derecho a algún poder independiente, alguna participación en las decisiones y algún tipo de garantía de su autonomía y su autodeterminación.

F5: ¿Tienen derecho mis hijos a la educación bilingüe (por ejemplo, por ley, o por derecho natural)?

Cuando se trata de enseñar en dos idiomas mayoritarios (el inglés y el alemán, por ejemplo) es más fácil que la educación bilingüe reciba apoyo. Este tipo de

bilingüismo es **aditivo**. Se añaden un segundo idioma y una segunda cultura sin detrimento alguno del primer idioma ni de la primera cultura. Este tipo de educación bilingüe se ve como un proceso enriquecedor, que aumenta las posibilidades de trabajo y **civiliza**. Las escuelas privadas más costosas de Europa, Hispanoamérica e, incluso, aunque muchas personas no lo sepan, de los Estados Unidos, enseñan de forma bilingüe. Son escuelas para los niños favorecidos y sus padres son conscientes de que saber dos o más idiomas es un privilegio. El Movimiento de Escuelas Europeas es un ejemplo de instituciones que creen en el valor de saber dos o más idiomas.* En Hispanoamérica, son frecuentes las escuelas binacionales que cuentan con el apoyo de gobiernos y comunidades extranjeras, que quieren asegurarse de que los niños descendientes de alemanes, franceses, italianos, ingleses, chinos o japoneses mantengan su idioma. En estas escuelas, los niños hispanohablantes suelen pertenecer a las clases más influyentes del país. Es interesante señalar que los Estados Unidos, aunque manifiesten tanta controversia respecto de la educación bilingüe, ayudan a mantener escuelas norteamericanas en Hispanoamérica para que los hijos de los diplomáticos y de los altos empleados de corporaciones internacionales puedan educarse tanto en inglés como en el idioma del país en el que viven. Se trata, en resumidas cuentas, de que el bilingüismo en dos idiomas internacionales se ve como un privilegio para los que ya tienen privilegios.

*Véase la página 173

Esto es mucho más palpable cuando un idioma, por ejemplo, el español, recibe dos tratamientos diferentes según quién vaya a aprenderlo. Se considera algo valioso y enriquecedor si quien lo aprende es niño anglohablante de clase privilegiada, ya sea en una escuela privada en los Estados Unidos, ya en una escuela binacional en Hispanoamérica, o a través de clases privadas que, a veces, se imparten en la escuela pública, pero solo a quien paga por ellas. Pero si se trata de conservar y desarrollar el idioma de un niño en cuyo hogar se habla español, entonces se ve como un problema y un entorpecimiento.

La educación bilingüe para **niños minoritarios** no ha sido concebida, usualmente, como un derecho de grupo ni tampoco individual (aunque hay excepciones debidas, por ejemplo, a tratados históricos que dieron fin a conflictos pasados, como en las regiones autónomas del norte de Italia). Si existen programas bilingües, se han conseguido, por lo general, por medio de protestas, presiones, esfuerzos de las comunidades y constantes campañas. Los padres y los activistas que hablan idiomas minoritarios se han unido para persuadir a los administradores del valor de la educación en la lengua materna. A menudo, hay una **lucha** considerable para conseguir pequeñas concesiones para la educación bilingüe de las minorías. El crecimiento de la educación bilingüe es, generalmente, lento, controversial, desprovisto del apoyo de quienes están en el poder y fuente de conflicto continuo. Sin embargo, es paradójico que, en esta lucha, haya a menudo entusiasmo renovado y compromiso firme. Hay que ganar mentes y corazones. En la lucha hay fervor y pasión. Los niños se benefician del compromiso adicional y de la devoción con que se inician y mantienen los programas. En tales circunstancias, la educación bilingüe termina pareciendo un favor de parte de quienes están en el poder.

En muchos países, las **leyes** de educación se centran en lo que no se permite. Y, por lo tanto, no se expresan los *derechos naturales* de los padres a exigir educación bilingüe. Como la educación bilingüe es algo que concierne, en particular, a las minorías, se la ve casi siempre como una excepción a la regla.

No todos los países tienen el mismo modelo. Por ejemplo, en los Estados Unidos, hay **derechos** constitucionales que defienden la libertad y los derechos personales. Mientras que en otros países, como en España y en el País de Gales, a los activistas que defienden la educación se los ha sometido a juicio, en los Estados Unidos se los ha puesto junto al Gobierno. La Constitución de los Estados Unidos expresa los derechos y libertades de los individuos y permite defenderlos.

Los derechos de los individuos y de los grupos lingüísticos a recibir educación bilingüe han sido puestos a prueba en **los tribunales de los Estados Unidos.** Desde 1920 hasta la actualidad, los tribunales han ido estableciendo cada vez mayores derechos de las minorías a la educación. Un caso famoso fue el de Brown contra la Junta de Educación *(Brown vs. Board of Education)* en 1954. El tribunal dictaminó que la segregación por etnia en las escuelas violaba la enmienda 14 de la Constitución de los Estados Unidos. Este dictamen fue parte de la lucha inicial del Movimiento de los Derechos Civiles y contribuyó a establecer derechos para las minorías. Sin embargo, no obtuvo la prohibición de la discriminación debida al idioma y ni siquiera la obtuvo la Ley de Derechos Civiles de 1964.

Uno de los logros más importantes en el movimiento de la educación bilingüe en los Estados Unidos se consiguió en 1970 con **una demanda judicial.** Padres chinos iniciaron un juicio contra la Junta de Educación de San Francisco y alegaron que, si a los alumnos que no hablaban inglés se les enseñaba en un idioma que no podían comprender, no se les estaba dando las mismas oportunidades educativas que a los alumnos que hablaban inglés. El no ofrecer educación bilingüe, se alegaba, violaba la cláusula de protección de derechos de la enmienda 14 y el título VII de la Ley de Derechos Civiles de 1964. Este caso judicial, conocido como Lau contra Nichols, fue rechazado en el Tribunal Federal del Distrito y en la Corte de Apelaciones, pero finalmente fue aceptado por la Corte Suprema en 1974. El veredicto consideraba ilegales los programas de *sumersión* en inglés solamente para los alumnos de idiomas minoritarios y tuvo como resultado que se adoptaran en toda la nación los *remedios Lau.* Los remedios Lau exigían que se tomara medidas a favor de los alumnos que no hablaban inglés. Estas podían incluir clases de inglés como segundo idioma, ayuda de tutores en inglés y alguna forma de educación bilingüe. Los remedios Lau crearon una expansión del uso de los idiomas minoritarios. Desafortunadamente, durante el Gobierno de Reagan, fueron retirados y perdieron su fuerza de ley. El Gobierno federal permitió que los políticos locales crearan sus propias normas. Por ejemplo, en Nueva York, la educación bilingüe fue obligatoria durante muchos años como consecuencia de un convenio llevado a cabo fuera de corte por la Junta Educativa de la ciudad de Nueva York en 1974.

El caso legal de Lau es un símbolo de la lucha dinámica y continua por establecer **derechos lingüísticos** en los Estados Unidos, en especial en los tribunales. Sin embargo, a menudo, las leyes y los litigios legales han llevado a formas débiles de educación bilingüe (es decir, la educación bilingüe de transición). Las leyes recientes no han aumentado los derechos a la educación bilingüe. Durante los años de gobierno de Reagan y de Bush, el énfasis estaba en la sumersión y en la educación bilingüe de transición. El derecho a recibir educación en el idioma del hogar no floreció en esos años.

Un ejemplo de que hay que seguir manteniendo los derechos conseguidos es el ataque que recibió la educación bilingüe en California con la opresiva Proposición 227, que exige que "toda la instrucción en la escuela pública se haga en inglés". Concede que "los niños que no hablan inglés participen por tiempo breve, que generalmente no excederá un año, en un programa de inmersión en inglés". Permite que "los padres y tutores exijan que se cumpla la ley". Y asegura que "a todos los niños de las escuelas públicas de California se les enseñará inglés lo más *rápido y eficientemente posible* [...]. Esto exigirá que a todos los niños se les enseñe en clases donde se use solo el inglés". La Proposición 227 intentó erradicar la educación bilingüe en California y, con ello, también el bilingüismo. Sus proponentes llevaron la misma propuesta a Arizona y a la ciudad de Nueva York.

En contraste notable, el Gobierno federal de los Estados Unidos ha considerado que el bilingüismo será de gran importancia en el futuro y que hoy es una gran deficiencia que no haya más personas bilingües en el país. El sexto discurso anual, Estado de la Educación en Estados Unidos, pronunciado por el secretario nacional de Educación, Richard W. Riley, fue televisado desde Long Beach, California, el 16 de febrero de 1999. Este discurso reafirmaba la necesidad de mejorar la enseñanza de idiomas extranjeros como una de las carencias mayores del sistema educativo en los Estados Unidos:

> Esta nación no está enseñando suficientemente idiomas extranjeros a nuestros niños [...]. Cada niño de los Estados Unidos debería dominar por lo menos dos [...]. ¿No es lógico en este nuevo mundo global? Vamos a avanzar más allá de este hábito estadounidense de viajar por países extranjeros dando tumbos, llevando en la mano un libro lleno de frases en el idioma extranjero.

Desde la campaña electoral de George W. Bush, quedó claro que los votos hispanos son importantes y que hay que conquistar en español. La contradicción, entonces, es que hay una tendencia a valorar la adquisición de idiomas por un lado y a devaluar a las minorías lingüísticas que los hablan por otro. La educación de los Estados Unidos promueve que los monolingües anglohablantes aprendan idiomas extranjeros, pero destruye el don que los niños de hogares donde se hablan otros idiomas llevan a la escuela.

Los activistas de las minorías lingüísticas han sugerido cada vez con más ahínco que estas necesitan no solo **derechos,** sino también **fuerza y poder.** En lugar de seguir siendo sumisas, dependientes, serviles y subordinadas, necesitan educación y estímulo para volverse independientes, más autosuficientes, en especial, desde una perspectiva económica. Por medio de empleos en las áreas donde viven las minorías lingüísticas, podrán alcanzar un mayor poder sobre su propia vida y aumentar su autoestima y el concepto de sí mismas. Si los niños aprenden a leer y a escribir en su idioma, niños y padres ganarán en fuerza y en respeto. La lectura ofrece acceso a la información, y la información es poder.

Los derechos le pueden dar poder legal y constitucional a una minoría lingüística (por ejemplo, para promover la educación bilingüe). A la vez, las minorías lingüísticas necesitan, a menudo, desarrollar autonomía, libertad de fomentar su idioma y su cultura, para tener poder sobre su propia vida y el destino de su comunidad lingüística. A través de la educación, el empleo y la economía, las minorías lingüísticas pueden tratar de aumentar su poder y su capacidad para controlar su propio futuro.

 F6: El idioma es una parte importante de nuestra religión. ¿Deben mis hijos aprender otro idioma por esta razón?

Para muchos musulmanes, judíos y cristianos ortodoxos, y para algunos grupos asiáticos es importante que sus hijos aprendan **el idioma de su religión.** Muchas sinagogas emplean el hebreo y muchas mezquitas, el árabe. Para los ortodoxos griegos o rusos, el griego o el ruso pueden ser inestimables para penetrar en el corazón de la plegaria y sus servicios religiosos. Quienes han recuperado la religión yoruba de sus antepasados, requieren el yoruba para participar en el ritual.

Para muchos padres es importante que sus hijos aprendan el idioma que les permitirá participar en los **ritos religiosos** y **sus costumbres,** para crear un sentido de continuidad con el pasado religioso y, algunas veces, conseguir mayor santidad. El poder hablar el idioma de la religión que la familia practica les dará a los niños un mayor sentimiento de orgullo, de identificación religiosa, étnica y familiar, y les proporcionará el apoyo de sus raíces en el impredecible camino de la vida.

Para algunos padres, la inquietud es el **nivel de lengua** que van a adquirir sus hijos. Por ejemplo, alguien puede aprender bastante árabe para repetir oraciones en la mezquita, pero no para entablar una conversación. En el caso de algunos ortodoxos y judíos, el idioma se aprende, a veces, específica y exclusivamente con propósitos religiosos.

Todo esto ofrece un ejemplo interesante de **límites lingüísticos.** El niño aprende un idioma diferente, relacionado con un uso específico. Pero este uso tiene la particularidad de extenderse a otros usos más adelante. Por ejemplo, si un niño judío que aprendió hebreo solo para usarlo en la sinagoga luego visita Israel, descubrirá que puede extender el empleo de su idioma más allá de la sinagoga. Y quienes aprendieron árabe solo para leer el Corán, tendrán después mayor facilidad para aprender a conversar en árabe. Ofrecer a los niños un idioma con propósitos exclusivamente religiosos tiene la potencialidad de que luego los usos se amplíen.

F7: En nuestra casa usamos un idioma que algunos consideran un dialecto. ¿Son válidos para mis niños los consejos dados sobre la educación bilingüe en este libro o, para este caso, deberían ser distintos?

F7

Muchas veces es **difícil definir qué es un idioma.** No hay límites precisos entre los idiomas. Dónde acaba un idioma y dónde empieza un dialecto es un punto de debate. Algunos dialectos tienen un estatus alto, otros no. El término *idioma* es una etiqueta arbitraria que se le da a un dialecto que es reconocido política y socialmente. Por eso, se puede decir que un idioma es un dialecto con cañones. A veces, los académicos discuten si el inglés es o no un idioma. El inglés es una mezcla de sajón, francés, latín y griego. No tiene la *pureza* de continuidad que tienen el euskera (vasco), el finés, el galés o el griego. Es bueno recordar esto cuando algunos anglohablantes muestran su desprecio hacia los que hablan otros idiomas o variantes del inglés. ¿Por qué no decimos que los hablantes de Haití hablan haitiano y sí, en cambio, que hablan *creole haitiano*? ¿Solo porque es un país pequeño con poca fuerza política y sus hablantes son de piel oscura? Ningún idioma se queda estacionario ni tiene una forma estandarizada todo el tiempo. Los idiomas son cambiantes. Si un idioma está vivo, cambiará. Un idioma que no cambia tiene poco futuro.

Hay un **cambio constante en el lenguaje.** Si uno lee hoy el *Libro de buen amor,* las obras de Cervantes o de Benito Pérez Galdós, se da cuenta de los cambios enormes que sufrió el idioma (en vocabulario, estilo y estructura). Del mismo modo que la ciencia, la tecnología y la informática han cambiado el mundo en el siglo xx, han aparecido en el idioma palabras que nuestros antepasados no hubieran entendido: *computadora, teléfono móvil, Internet, satélite artificial, video, nave espacial.*

En el caso de idiomas ampliamente difundidos en el mundo, como el inglés y el español, hay distintas variantes de cada uno. En cada país de habla hispana, hay modalidades regionales propias. Estas modalidades se producen por préstamos de las lenguas indígenas de cada región y por la evolución de circunstancias propias del lugar. La televisión, los programas de radio, las canciones y la literatura ayudan a que estas variantes regionales se den a conocer en otros países. Aunque no hablan igual, los argentinos, los puertorriqueños, los dominicanos, los mexicanos, los españoles y los cubanos pueden entenderse sin grandes dificultades.

El inglés tiene todavía diferencias más marcadas, como se puede apreciar si se visita Nueva York, Kuala Lumpur, Helsinki, Moscú, Johannesburgo, Calcuta,

Bombay, Londres, Trinidad, Kenia o Nigeria. Habría que decir que hoy en día existen varios idiomas llamados inglés en lugar de uno solo.

Por lo tanto, los consejos de este libro son los mismos, sea cual sea el idioma o dialecto que se hable. De hecho, en la versión en español se ha preferido usar el término *idioma,* sin diferenciarlo de *dialecto,* en todas las ocasiones para ofrecer el mismo tratamiento de respeto a todas las lenguas.

Los **dialectos** regionales del español tienen el valor de la identidad local. Nadie habla un *idioma estándar.* Todo el mundo habla una forma vernácula o de dialecto. Es muy importante que el dialecto regional de un niño sea valorado y apreciado en la clase. A la vez, el aprecio por la variante propia del español no debe llevar a los hispánicos a la división ni a la separación. Se pueden apreciar las flores y frutas de las ramas, su color y sabor, pero eso no debe hacer despreciar las raíces comunes. El idioma español es fuerte porque lo hablan numerosas personas en 20 países, además de unos 45 millones en los Estados Unidos. Puede ser una importante fuente de cultura y de trabajo, de interacción y de riqueza.

Una ventaja de las variantes del español es que no son tan diferentes entre sí como para impedir la comunicación. Un hablante de español debe familiarizarse con las distintas maneras de hablar el idioma, para facilitar la comprensión y la riqueza que ello entraña.

En algunos idiomas, los **dialectos** pueden llegar a ser tan distintos unos de otros que la comprensión ya no es posible. Algunos lingüistas piensan que, si la comunicación no es posible, ya no se trata de dialectos, sino de idiomas. Por ejemplo, en España se hablan varias lenguas relacionadas: el gallego, el castellano o español y el catalán. Las tres son idiomas. Y aunque se parecen, un hablante de una de ellas puede no entender del todo las otras. El catalán, en cambio, tiene variantes: el valenciano, el ibicenco, el mallorquín y el menorquín. Y los hablantes de estos dialectos pueden entender el catalán. Algunos quieren considerarlos lenguas aparte porque buscan apoyar la identidad de su región. Otros quieren que se consideren un solo idioma, catalán, porque buscan la fuerza de la unidad de un número mayor de hablantes.

Como se dijo al principio, las fronteras entre idiomas y dialectos no son siempre lingüísticas, sino muchas veces políticas, sociales, culturales y afectivas. Si los hablantes de un idioma aprenden a comunicarse en las distintas variantes regionales, pueden llegar a ser bidialectales o incluso multidialectales.

F8: Tengo un hijo sordo. ¿Son los consejos de este libro los mismos o diferentes en este caso?

Hay dos grupos cuyos intereses coinciden más y más cada día: las personas preocupadas por el bilingüismo y las preocupadas por los niños sordos. **Mucho de lo que se ha escrito sobre niños bilingües se aplica a los niños sordos.**

Históricamente, la **postura médica** ha sido que los niños sordos o con dificultades de audición deben ser monolingües. Sostienen que, para funcionar en la sociedad, se debe aprender el idioma oral y escrito de la mayoría. Tienen una valoración negativa hacia el lenguaje por señas. Aunque las personas sordas aprenden el lenguaje por señas con naturalidad, el punto de vista *médico* ha insistido en que la prioridad debe ser la integración en la sociedad mayoritaria. Esta integración implica suprimir el lenguaje por señas que restringe las oportunidades de empleo y participación social.

La **postura bilingüe** es que las personas sordas o con dificultades de audición graves deben tener el lenguaje por señas como su primer idioma. El lenguaje por señas les permite una comunicación inmediata, instintivamente natural y completa. Se consigue el bilingüismo por una o dos rutas. El segundo idioma puede ser la forma escrita de un idioma mayoritario o minoritario, o la forma oral de ese idioma. La forma oral puede ser una combinación deliberada de palabras y señas, de vocalización y gestos.

Es importante comprender que hay una **controversia** sobre este tema y gran pasión en ambos grupos. Algunas personas reclaman que los sordos tienen derecho a un idioma propio; otros reclaman que las señas deben reproducir, por ejemplo, la gramática del inglés (o del idioma del país); y otros insisten en la importancia del idioma oral. Las complicaciones surgen porque, en la mayoría de los casos (9 de cada 10), los padres de los niños sordos no son sordos, porque las personas que usan el lenguaje por señas no siempre se encuentran en la misma localidad geográfica y porque algunas personas sordas están en contra del lenguaje por señas.

Como en el caso de las personas bilingües que oyen, se da una **transferencia** entre el primer idioma y el segundo. Los conceptos, las ideas, los conocimientos y las destrezas que se aprenden por medio del lenguaje por señas se transfieren al segundo idioma. El segundo idioma se aprende construyendo sobre las habilidades lingüísticas y los recursos intelectuales que se han desarrollado por medio del lenguaje por señas.

El lenguaje por señas (que es un idioma en sí mismo) y el segundo idioma forman **niños bilingües.** Los niños sordos se expresan de modo visual (por señas) y esto sienta las bases para el desarrollo de un idioma oral o escrito. El idioma oral o escrito se adquiere después que el lenguaje por señas, no simultáneamente. Cada uno de estos idiomas tiene usos y funciones determinados con distintas personas. Hay fronteras lingüísticas entre los idiomas, como ocurre con los bilingües que oyen. Una combinación del lenguaje por señas y el lenguaje oral o escrito también permite identificarse con distintos grupos de personas.

El tener un idioma visual, como es el lenguaje por señas, y un lenguaje oral o escrito (por ejemplo, el español, el inglés, el francés, el alemán) ofrece una gran riqueza de **expresión.** El lenguaje por señas es muy expresivo, pues transmite vívidamente una amplia variedad de sentimientos, con movimiento y color constantes. El uso del cuerpo (y no solo el de las manos) ofrece un marco de pensamiento y emociones. Es poesía en acción.

Si a los niños sordos se los **restringe** a usar el lenguaje por señas solamente (ya sea el lenguaje por señas americano, francés o español), no adquirirán el idioma de sus padres (suponiendo que no son sordos). Además, pretender que los niños sordos aprendan un solo idioma (el lenguaje por señas) implica tratarlos como deficientes. La **comunicación más amplia,** el acceso a distintas culturas, la experiencia de *otros mundos* y mayores y mejores oportunidades de empleo serán posibles si los niños (y adultos) sordos se vuelven bilingües. Del mismo modo, impedir que los sordos aprendan el lenguaje por señas restringe su desarrollo lingüístico y les niega la oportunidad de ser bilingües.

Con programas de educación bilingüe bien desarrollados y con clara información a los padres y su apoyo, los niños sordos pueden aprender dos idiomas, además del lenguaje por señas. La **educación bilingüe** para los sordos está creciendo, si bien lentamente. La escuela puede apoyar ambos idiomas, además del lenguaje por señas. El bilingüismo puede hacer que los sordos se integren por completo en las comunidades de sordos y de oyentes.

En Cataluña, hay excelentes programas bilingües donde los niños sordos aprenden catalán y español, los dos idiomas de la región. Su nivel de desarrollo en cada idioma puede variar —dependiendo, en gran medida, del que hablen en el hogar y con los amigos—, pero los niños adquieren suficientes destrezas para funcionar en ambos idiomas.

Los niños sordos sufren mucho a causa de las **actitudes negativas** hacia su bilingüismo. A menudo, a diferencia de otros grupos minoritarios, carecen del ambiente de apoyo de la familia o la comunidad. Los niños sordos de padres que oyen no tienen herencia, raíces étnicas ni tradiciones culturales comunes como sordos. La participación, la identidad cultural y la autoestima aumentarán si estos niños pueden volverse bilingües.

Para adquirir un lenguaje por señas y un segundo idioma, es necesario que existan **actitudes positivas** de parte del niño sordo, de sus padres, de los maestros y de los administradores educativos. Las actitudes negativas hacia el lenguaje por señas y el uso forzado de un lenguaje oral (por ejemplo, el inglés hablado) en la clase han llevado al mismo tipo de fracaso escolar que ha sido tan perjudicial para las minorías lingüísticas a las que se les ha exigido aprender solo el idioma mayoritario. Muchas personas sordas en Gran Bretaña y en los Estados Unidos piensan que se las ha retrasado educativamente por haberlas obligado a aprender inglés y en inglés solamente. **Apoyar el bilingüismo** entre los sordos es apoyar su primer idioma (el lenguaje por señas) y la educación bilingüe.

Estas breves consideraciones sugieren que muchas de las cuestiones que se han analizado en el libro sí son **relevantes para los sordos.** Se puede conseguir más información sobre el tema en las asociaciones de sordos, en los equipos de educación especial de las escuelas y en publicaciones especializadas.

F9: He oído hablar de diglosia. ¿Qué quiere decir?

El término *bilingüismo* se usa, generalmente, para describir los dos idiomas de una persona. Cuando cada uno de los idiomas tiene una función propia en la sociedad, se usa el término **diglosia**. Esta palabra de origen griego, que significa 'dos idiomas', implica el empleo de dos idiomas para fines distintos.

El bilingüismo y la diglosia pueden interactuar de varias maneras en situaciones distintas. En la **primera situación,** en la comunidad coexisten **el bilingüismo y la diglosia.** Casi todos los miembros pueden usar el idioma mayoritario y el minoritario, pero cada uno se emplea según su función específica. Por ejemplo, en el Paraguay, un mismo grupo de personas usa el español y el guaraní. Sin embargo, suelen emplear solo el idioma minoritario (el guaraní) en el hogar, en los servicios religiosos y en las actividades sociales. También para escribir canciones y poesía. El español, como idioma mayoritario, se aplica en el trabajo, en la escuela y, quizá, en los medios de comunicación [véase el cuadro a continuación]. Al mantener esta división de propósitos entre los dos idiomas, se evita que el idioma mayoritario reemplace totalmente al minoritario.

El siguiente cuadro sugiere que, de acuerdo con los contextos, un idioma es más prestigioso que el otro. El idioma mayoritario puede verse como superior, más elegante y educado, la puerta al éxito económico y educativo.

Sin embargo, no siempre queda tan fija la distribución de usos de los idiomas, ni tan dispersa la diferencia entre el prestigio del idioma mayoritario y del idioma minoritario. Se podría ver como ejemplo los usos del catalán (el idioma minoritario) y del español (el idioma mayoritario).

Contexto	Idioma materno (minoritario)	Segundo idioma (mayoritario)
(1) Hogar y familia	✓	
(2) Escuela		✓
(3) Medios de comunicación		✓
(4) Comercio y temas de negocios		✓
(5) Actividades sociales y culturales en la comunidad	✓	
(6) Correspondencia con familiares y amigos	✓	
(7) Correspondencia con agencias gubernamentales		✓
(8) Religión	✓	

Allí tendríamos que distinguir que la lengua del hogar, la de la correspondencia con los amigos, la de la religión podría ser una u otra, según se trate de
un hogar catalán o no. También sería interesante ver cómo el catalán, un idioma
minoritario (con relación a Europa o a España), tiene en Cataluña funciones de
idioma mayoritario (para el comercio y los negocios, para el gobierno) porque es
el idioma de quienes dominan el mundo comercial y financiero del lugar. Con esto
queda demostrado que los fenómenos del lenguaje son amplios y variados, y no
se los puede considerar desde una única perspectiva.

En la **segunda situación**, existe una **diglosia sin bilingüismo**. En este caso,
hay dos idiomas que coexisten en un área geográfica, pero un grupo de personas
habla un idioma, y otro grupo habla un idioma distinto. Por ejemplo, en Suiza
hay cuatro grupos lingüísticos (alemán, francés, italiano y romanche). El estatus
oficial de los cuatro idiomas es el mismo, pero hay pocos bilingües o individuos
que hablen con fluidez dos de los idiomas.

En otros casos, el grupo que ejerce el poder habla el idioma de mayor estatus,
y el grupo más grande, pero con menos poder, habla un idioma de menor estatus.
Por ejemplo, en las colonias inglesas y las francesas, la clase dominante habla
inglés o francés, y las masas hablan un idioma indígena.

La **tercera situación** es la del **bilingüismo sin diglosia**. En este caso, la mayoría
de las personas son bilingües y no restringen un idioma a un propósito específico.
Cualquiera de los dos idiomas puede usarse para casi cualquier función. Estas
comunidades tienden a ser inestables y cambiantes, y se espera que uno de los
dos idiomas se vuelva más poderoso e incremente su propósito. El otro idioma
puede estar decayendo en cuanto a sus funciones y su uso. Un ejemplo es el de
algunos idiomas indígenas de la antigua Unión Soviética. Bruce Gaardner y
Joshua Fishman han estudiado ampliamente la inestabilidad del bilingüismo en
las comunidades que no tienen establecida la diglosia.

Una situación digna de mencionarse, porque atañe a quienes hablamos español,
es la de las ciudades de frontera. Las circunstancias de la frontera pueden hacer que
ambos idiomas se mantengan porque sirven para comunicarse con comunidades
monolingües cercanas. A la comunidad bilingüe le bastaría un idioma para relacionarse entre sí, pero le son útiles dos para comunicarse con los monolingües. Es el
caso de El Paso, Texas, por ejemplo, donde un gran número de personas habla dos
idiomas, inglés y español. ¿Por qué los siguen hablando? Para relacionarse con los
estadounidenses monolingües en inglés y los mexicanos monolingües en español.
Otro caso semejante es el de Miami, que, aunque no colinda físicamente con un
país hispanohablante, es una puerta abierta a Hispanoamérica. Los numerosos
visitantes e inmigrantes recién llegados mantienen viva la necesidad del español.

En la **cuarta situación** no hay **ni bilingüismo ni diglosia**. Por ejemplo, en Cuba
y en la República Dominicana todos hablan español y hay poco bilingüismo. Otro
ejemplo sería el de una comunidad lingüística pequeña que se mantiene aislada de
las lenguas mayoritarias vecinas.

Los cambios de idioma son más comunes que la estabilidad lingüística. Los cambios en la fortuna y el destino de un idioma en una situación bilingüe ocurren porque el propósito y la función de los idiomas cambian con el tiempo. Las fronteras que separan un idioma de otro no son nunca permanentes. Aun con el **principio territorial** (un idioma para cada área geográfica), la base política y de poder de los idiomas cambia con el tiempo. Sin embargo, el mantener fronteras y el compartimentar el uso de las lenguas en la sociedad es, generalmente, necesario para que el idioma más pobre pueda sobrevivir.

Cuando se reclama el principio territorial (como por ejemplo, en el País de Gales, en Gran Bretaña), se usa la geografía para definir las fronteras del idioma, y los habitantes de una región se clasifican como hablantes de un idioma. El argumento para apoyar la supremacía, el mantenimiento y el desarrollo del idioma se basa en su importancia histórica dentro del territorio geográfico. Por ser el idioma indígena de la región, puede recibir derechos lingüísticos protegidos por la ley.

Los hablantes de galés tienen ciertos derechos lingüísticos en el País de Gales (por ejemplo, pueden usar el galés en cualquier juicio legal), pero pierden sus derechos al cruzar la frontera y estar en Inglaterra. El principio territorial beneficia al galés, pero tiene implicaciones desafortunadas para otras lenguas minoritarias de los inmigrantes en Gran Bretaña. El peligro y la naturaleza discriminatoria del principio territorial se ven en estas preguntas: ¿Si el galés es el idioma del País de Gales, debe verse el inglés como el único idioma de Inglaterra? ¿Pertenecen los idiomas a las regiones y territorios, o a sus hablantes, donde quiera que estos se encuentren? Los hablantes de punjabi, urdu, bengalí, hindi, griego y turco, ¿deben permanecer en sus territorios? ¿Tienen esos idiomas un lugar en Inglaterra? Bajo el principio territorial, ¿deben hablar las minorías lingüísticas solo el idioma del territorio o deben regresar a su país de origen? El principio territorial tiene beneficios para algunos (por ejemplo, los galeses), pero para otros es inaceptable, injusto e intolerable.

Para quienes no pueden beneficiarse del principio lingüístico territorial, es especialmente útil el **principio de la personalidad.** Según este principio, los hablantes de un idioma minoritario pueden reclamar su uso basándose en el carácter y la continuidad con el pasado, y en relación con su identidad étnica y cultural. La *personalidad* de un grupo lingüístico minoritario es la suma de los atributos más o menos distintivos de un idioma (por ejemplo, los asociados con las costumbres y rituales, hábitos y valores, cultura y creencias, comunicación y literatura). Un grupo lingüístico (por ejemplo, la comunidad amish en Pennsylvania) ha asegurado la primacía de su idioma reservándole un lugar especial en el hogar y en la iglesia. Hablan inglés en la escuela y con *los de afuera.* El principio de la personalidad se practica en este caso por la **segregación** de los dos idiomas por medio de usos distintos. Cada idioma tiene funciones específicas y separadas para el grupo lingüístico.

El principio de la personalidad es un concepto especialmente valioso para los grupos de inmigrantes (por ejemplo, las comunidades lingüísticas en Inglaterra y las minorías lingüísticas en Canadá y en los Estados Unidos). Estos grupos no pueden reclamar el principio territorial. En cambio, necesitan *crear espacio* para sus idiomas hereditarios aplicando el principio de la personalidad. Destruir el idioma de un grupo inmigrante es intentar destruir su pasado, su personalidad y el carácter de su cultura.

El principio de la personalidad requiere un convenio para el uso separado de los dos idiomas por un grupo de personas bilingües. Si no hay un acuerdo para el empleo diferenciado e independiente de los dos idiomas, lo más probable es que se produzca un cambio al monolingüismo en el primer idioma.

Los latinos en los Estados Unidos tienen un reto especial. El español necesita encontrar una existencia separada, reconocida entre los latinos, que les sirva de fuerza cohesiva. Si no se logra este objetivo continuará produciéndose el cambio al inglés. El número de hispanohablantes en los Estados Unidos no ha disminuido, porque siguen llegando muchos inmigrantes. Pero cada día se pierden hablantes: un niño, una niña, un joven empiezan a no responder más en español, solo en inglés; consciente o inconscientemente deciden hablar solo inglés. En lugar mantenerse en el poder de dos idiomas, se unen a la filas del monolingüismo.

F10: Los libros que hablan sobre la crianza de los niños advierten que no se los debe educar de manera bilingüe. ¿Cómo debo reaccionar?

Algunos libros sobre la crianza de los niños sugieren que no es bueno hablarles en dos idiomas cuando son pequeños. Otros animan a los padres a hablarles solo en inglés y no en el idioma del hogar.

Estos libros usualmente están escritos por médicos o psicólogos que no tienen experiencia o conocimiento sobre el bilingüismo, y repiten errores que ya hemos analizado en otras preguntas.

Recuerde los consejos de este libro y otros similares. Busque la **información** de los expertos, de quienes tienen verdaderos conocimientos en este tema y amplia experiencia sobre el bilingüismo infantil.

F11: ¿Va a afectar la Internet al bilingüismo de mis hijos?

El espacio virtual fue dominado, inicialmente, por el inglés y eso creó una gran preocupación en los hablantes de otros idiomas, debido al énfasis adicional que el inglés recibe de este modo. Sin embargo, a medida que más negocios han empezado a anunciar mercancías y servicios en la red, han ido apareciendo más páginas en otros idiomas. No tiene sentido anunciarse en inglés si los clientes hablan otro idioma. Por otra parte, escuelas, universidades, gobiernos locales, bibliotecas, agencias de información local y periódicos han ido desarrollando sus propios sitios en distintos idiomas. Así que, aunque en un principio el inglés pareció dominar la Internet, otros idiomas han empezado a utilizarla cada día más. Hoy se puede encontrar información en muchos idiomas. Los principales son el inglés, el chino, el español, el japonés y el portugués.

El uso de Internet contribuye al desarrollo lingüístico de los niños. Les permite emplear el lenguaje con auténticos propósitos de comunicación. La posibilidad de comunicarse con niños de otros países es una motivación para utilizar ambos idiomas. Anímelos a iniciar la búsqueda de información de temas interesantes.

El correo electrónico y las conferencias electrónicas son algunas de las actividades más importantes de la Internet. Ayudan a que veamos el planeta como una aldea sin barreras (de tiempo ni de espacio) para la comunicación.

Por naturaleza, la Internet ayuda a que la gente que habla el mismo idioma se ponga en contacto. Al intercambiar información con niños de otros países, los niños pueden lograr una mayor independencia en su uso del lenguaje, pueden variar de estilo según a quien se dirijan y pueden comunicarse con hablantes nativos no solo por escrito, sino también cada vez más por medio de video y conferencias. Se pueden reforzar las visitas a otros países o se pueden hacer visitas virtuales. La Internet promete la posibilidad de traducir los mensajes, y los niños bilingües y trilingües podrán aprender con estas traducciones al compararlas con el original.

La Internet les ofrece a maestros y a alumnos bancos de recursos multimedia: una riqueza de grabaciones de audio y video de todas partes del mundo, información pictórica y escrita, y actividades generadas por distintos centros de lenguaje en distintos países. Las personas que proporcionan información pueden usarla para dar publicidad a eventos, cursos, materiales y servicios.

Algunas páginas de Internet para bilingües:

(1) *iLoveLanguages* (http://www.ilovelanguages.com/).
(2) *Ethnologue: Languages of the World* (http://www.sil.org/ethnologue/).
(3) *Centre for Information of Language Teaching and Research (CILT)* (http://www.cilt.org.uk/).
(4) *Center for Applied Linguistics,* US (http://www.cal.org/).
(5) *California Association for Bilingual Education (CABE)* (http://www.bilingualeducation.org/) [véase el Glosario].
(6) *National Clearinghouse for English Language Acquisition & Language Instruction Educational Programs,* US (http://www.ncela.gwu.edu/).
(7) *Multilingual Matters* (http://www.multilingual-matters.com/).
(8) *700 Reasons for Studying Languages* (https://www.llas.ac.uk//700Reasons).
(9) *National Association for English as an Additional Language* (http://www.naldic.org.uk/).
(10) *Bilingualism Database,* University of Birmingham (http://www.education2.bham.ac.uk/webapps/bilingualism/search.php).

F12: ¿Dónde puedo obtener más información sobre el bilingüismo y lugares para conseguir libros y grabaciones en español para mis hijos?

Los libros sobre el bilingüismo escritos en inglés son muy numerosos y la edición en inglés de este libro los menciona. Es fácil encontrar libros en español en Amazon.com o en distribuidores especializados, como www.delsolbooks.com.

Libros en español:
* *Ayudando a nuestros hijos,* de Alma Flor Ada y F. Isabel Campoy. Un manual para los padres escrito en español, sencillo y rico en sugerencias para la educación y el cuidado de los hijos, y en actividades para compartir con los niños la herencia cultural. Se encuentra en www.Amazon.com y en www.delsolbooks.com.
* *Home School Interaction with Cultural or Language Diverse Families (La interacción entre el hogar y la escuela con familias de culturas o idiomas diversos),* de Alma Flor Ada y F. Isabel Campoy. Este manual está dirigido a los educadores que deseen crear conexiones más fuertes entre el hogar y la escuela. Los temas incluyen la educación transformadora, los padres como educadores, los padres como autores y protagonistas, el desarrollo del idioma en el hogar. También presenta cartas a los padres en inglés y en español. Puede encontrarse en www.delsolbooks.com.
* *Transformative Family Literacy: Engaging in Meaningful Dialogue with Spanish-speaking Parents (Las familias, la literatura y la transformación: El diálogo con padres hispanohablantes),* de Rosa Zubizarreta, ofrece claras directrices para implementar un programa basado en el uso de libros infantiles para motivar la reflexión y la creatividad de padres y niños. Estos programas, diseñados por Alma Flor Ada y basados en la filosofía de Paulo Freire, han recibido distintos nombres: *Padres como autores, Padres, niños y libros, Libros y familias* o *Literatura infantil y familiar.* Son un vehículo extraordinario para reforzar el papel de los padres como maestros. El libro incluye guías modelo para dialogar sobre libros infantiles en el hogar y desarrollar así el pensamiento de los niños. Puede obtenerse en www.delsolbooks.com.

Libros en español recomendados para fomentar la lectura y desarrollar el lenguaje

SECCIÓN G

Libros y CD para leer y cantar

Las canciones tienen un enorme valor en el desarrollo del lenguaje. Es mucho más fácil recordar palabras nuevas cuando se las aprende en una canción. Estas canciones ayudarán a desarrollar el vocabulario de los niños; conceptos como los números, los días de la semana, los meses del año; y valores como familia, amigos, escuela.

Todos los CD mencionados pueden adquirirse en www.delsol.com.

Alma Flor Ada y F. Isabel Campoy

- *¡Pío Peep! Un tesoro clásico de rimas infantiles,* New York: Harper Collins, 2003.
  Colección de rimas infantiles populares del mundo hispánico en su versión original en español y en una versión en inglés. Incluye un CD para cantar algunas con los niños.

- Colección Música Amiga
  Una riquísima colección que combina canciones del folclore hispano y de poemas de varios autores convertidos en canción. Son diez libros con la letra de las canciones y los poemas, y diez CD con un total de ciento veinte canciones cantadas por Suni Paz, que compuso la música de las poesías.

Libros y CD para disfrutar de la poesía hecha canción

Alma Flor Ada

- *Abecedario de los animales,* Madrid: Espasa-Calpe, 1990.
  En este libro, hermosamente ilustrado por Viví Escrivá, hay dos poemas por cada letra.
  Uno sobre la letra misma, jugando con su forma y sonido; el otro sobre un animal cuyo nombre comienza con la letra.
  Hay un CD del mismo nombre grabado por Suni Paz, que compuso la música.
- *Arrullos de la sirena,* Bogotá: Panamericana, 2015.
  Poemas sobre la ilusión con que la madre espera a su niño o niña.
  Hay un CD del mismo nombre grabado por Suni Paz, que compuso la música.
- *Coral y espuma,* Madrid: Espasa-Calpe, 2004.
  Poemas sobre el mar y la vida marítima convertidos en canción por Suni Paz, que ha grabado el CD del mismo nombre.
- *Gathering the Sun,* Nueva York: Lothrop, Lee & Shepard, 1997.
  Un libro de poemas en inglés y en español en celebración de los campesinos migrantes, con vigorosas ilustraciones de Simón Silva.
  Hay un CD del mismo nombre, que incluye los poemas en español convertidos en canción por Suni Paz.
- *Todo es canción,* Miami, FL: Alfaguara, 2011.
  Colección de poemas originales sobre varios temas.
  Hay un CD del mismo nombre con los poemas convertidos en canción por Suni Paz.

F. Isabel Campoy

- *Poesía eres tú,* Miami, FL: Alfaguara, 2014.
  Amplia antología de poemas de la autora con hermosas ilustraciones.
  Hay un CD del mismo nombre con los poemas convertidos en canción por Suni Paz.

Libros para compartir folclore infantil, rimas, canciones, trabalenguas, adivinanzas

Alma Flor Ada y F. Isabel Campoy

- *¡Muu, Moo! Un tesoro de rimas infantiles de animales,* Nueva York: Harper-Collins, 2010.
  Colección bilingüe de rimas infantiles centradas en los animales.
- *Diez perritos/Ten Little Puppies,* Nueva York: Harper Collins, 2011.
  Versión bilingüe de una canción muy popular en español. Ayuda a los niños a identificar los números y a aprender el ritmo y rima del español y el inglés.

Libros para compartir los cuentos que disfrutamos en la infancia

Alma Flor Ada

- *El gallo que fue a la boda de su tío,* Nueva York: G. P. Putnams' Sons, 1993.
  Un cuento acumulativo que divierte mucho a los niños y demuestra la importancia de la amistad.
- *La lagartija y el sol/The lizard and the Sun,* Nueva York: Dell, 1997.
  Una leyenda mexicana con extraordinarias ilustraciones de Felipe Dávalos, que ayudará a conversar sobre la importancia de no darse nunca por vencido.
- *Medio pollito/Half-chicken,* Nueva York: Dell, 1995.
  Hay distintas versiones de este cuento, en esta se demuestra la importancia de hacer el bien a los demás.

F. Isabel Campoy y Alma Flor Ada

- *Cuentos que contaban nuestras abuelas,* Nueva York: Atheneum, 2006.
  Esta antología de doce cuentos folclóricos de distintas regiones del mundo hispánico ilustrada por cinco artistas latinos ha recibido múltiples reconocimientos.

F. Isabel Campoy

- *Rosa Raposa,* Nueva York: Harcourt, 2002.
  Libro ilustrado, con tres cuentos sobre el famoso personaje folclórico de la raposa, que siempre quiere engañar al jaguar.

Libros para conocer figuras hispanas importantes

Alma Flor Ada y F. Isabel Campoy

- *Sonrisas* (biografía de Pablo Picasso, de Gabriela Mistral y de Benito Juárez).
- *Pasos* (biografía de Rita Moreno, de Fernando Botero y de Evelyn Cisneros).
- *Caminos* (biografía de José Martí, de Frida Kahlo y de César Chávez).
- *Voces* (biografía de Luis Valdés, de Judith F. Baca y de Carlos J. Finlay.
  Estos cuatro volúmenes forman parte de la Colección Puertas al Sol (Miami: Alfaguara, 2000). Cada uno contiene la biografía de tres personajes importantes de la cultura hispana: poetas, pintores, líderes, científicos y pensadores, hombres y mujeres que todos los niños latinos deben conocer.

Yuyi Morales

- *Viva Frida,* Nueva York: Roaring Book Press, 2014.
  Una hermosa presentación con magníficas ilustraciones y un texto breve sobre la vida de esta pintora. Véanse también otros libros de esta autora.

Monica Brown

- *Me llamo Gabito: La vida de Gabriel García Márquez/My Name is Gabito: The Life of Gabriel García Márquez*, Lanham, MD: Luna Rising, 2007. Sencilla presentación de la vida del premio nobel de literatura Gabriel García Márquez. La autora ha escrito otros libros de biografías de notables personajes hispanos.

Libros para celebrar nuestra cultura

Alma Flor Ada y F. Isabel Campoy
- *Ojos del jaguar*, Miami: Alfaguara, 2000.
- *En alas del cóndor*, Miami: Alfaguara, 2000.
- *Vuelo del quetzal*, Miami: Alfaguara, 2000. Estos tres libros representan una visión de la importancia de la historia cultural hispanoamericana. Se resaltan las contribuciones en arquitectura, agronomía, arte, astronomía, literatura, música y artesanía de las diversas culturas.

Alma Flor Ada y F. Isabel Campoy
- *¡Sí! Somos latinos*, Miami: Santillana, 2013. Un volumen informativo sobre el desarrollo de la realidad latina, su origen múltiple, (indígena, africano, español, sefardí, asiático), el proceso de la inmigración y afianzamiento en los Estados Unidos, y sus contribuciones a este país, así como trece momentos en la vida de niños latinos de distinto origen y ciscumstancia. Encontrará actividades y libros recomendados de varios autores en www.sisomoslatinos.com.

George Ancona
- *Mi barrio/My Neighborhood*, Nueva York: Children's Press, 2004. George Ancona ha publicado más de cien libros sobre la cultura hispana, ilustrados con magníficas fotos. Una extraordinaria crónica visual de nuestra cultura.

Libros para jugar con el alfabeto y reconocer los momentos del día

F. Isabel Campoy
- *Mi día de la A a la Z*, Miami: Alfaguara, 2008. Un libro que encantará a los niños que empiezan a leer, que seguirán con interés al gracioso elefante Fanti durante un día. Magnífico para que los padres hablen con los hijos sobre su propio día.

Libros para disfrutar leyendo o escuchando

Alma Flor Ada

* Colección Cuentos para Todo el Año, Miami, FL: Santillana, 1993.
  Doce cuentos cargados de humor e información que apoyan valores que queremos sembrar en los niños: familia, amistad, generosidad, creatividad y respeto a las diferencias.
  Existe un CD con dos versiones de los doce cuentos. La primera contiene los cuentos leídos por la autora. La segunda contiene los mismos cuentos, pero transformados en verso por la autora y convertidos en canción por Suni Paz. Los títulos son los siguientes:

  Cómo nació el arco iris
  Después de la tormenta
  El papalote
  El susto de los fantasmas
  La hamaca de la vaca
  La jaula dorada
  La piñata vacía
  La sorpresa de Mamá Coneja
  No fui yo
  No quiero derretirme
  ¿Pavo para la cena de Gracias? ¡No, gracias!
  Rosa alada

* Colección Libros para Contar, Miami, FL: Santillana, 1993.
  Cinco libros divertidos que facilitan el desarrollo de vocabulario y los conceptos. Contienen bellas ilustraciones de Viví Escrivá.
  Existe un CD con los cinco cuentos convertidos en canción por Suni Paz. Los títulos son los siguientes:

  Amigos
  Se presenta el tema de la diversidad a través de figuras geométricas y de un cuento simpático.
  El canto del mosquito
  ¿Quién nacerá aquí?
  Me gustaría tener
  Una extraña visita

Libros para reconocernos y reconocer a nuestra familia y amigos

Alma Flor Ada

- *Cristina y la rana*, Dallas, TX: Frog Street Press, 2010.
  La llegada de un bebé a la familia puede estar llena de sorpresas.
- *El vuelo de los colibríes*, Torrance, CA: Laredo Publishing, 1993.
  La riqueza humana de una familia de campesinos migrantes.
- *Me gustan los Saturdays y domingos*, Miami, FL: Alfaguara, 2003.
  El personaje de esta historia es una niña que visita los sábados a los abuelos anglos, que hablan inglés, y los domingos a los abuelos mexicanos, que hablan español. No solo aprende los dos idiomas, sino que se enriquece con dos culturas.

Alma Flor Ada y Gabriel Zubizarreta

- *Con cariño, Amalia*, Nueva York: Atheneum, 2014.
  El tema doloroso de la muerte de la abuela tratado con delicadeza.
- *Nacer bailando,* Nueva York: Atheneum, 2015.
  Margarita nació en los Estados Unidos, se hace llamar Margie y quiere hablar solo inglés. Cuando su prima Lupe, que llega de México, va a vivir a su casa, Margie descubre todo un mundo que había querido ignorar...

Amelia Lau Carling

- *La tienda de mamá y papá*, Nueva York: Dial Books, 1998.
  Con magníficas ilustraciones, la autora e ilustradora nos deja ver la vida de su infancia.

René Colato Laínez

- *Del norte al sur*, Nueva York: Children's Book Press, 2010.
  El tema de la inmigración en la voz de este autor, que ha escrito numerosos libros basados en su propia experiencia.

Libros para disfrutar la poesía

F. Isabel Campoy y Alma Flor Ada

- Serie de poesía. Colección Puertas al Sol (Miami: Alfaguara, 2000).
  Estas antologías hermosamente ilustradas incluyen poemas de grandes escritores del mundo hispánico y otros creados por Alma Flor e Isabel para homenajear a los poetas y a los países de donde provienen. Consta de cuatro libros:
- *Antón Pirulero*, ilustrado por Julián Cícero, Blanca Dorantes y Patricio Gómez.
- *Chuchurumbé*, ilustrado por Rapi Diego, Felipe Ugalde y Enrique Martínez.

- *Mambrú*, ilustrado por Gloria Calderas, Carmen Cardemil, Claudia Legnazzi y Felipe Dávalos.
- *Pimpón*, ilustrado por Sofía Suzan, María Eugenia Jara, Manuel Monroy e Isaac Hernández.

Francisco X. Alarcón
- *Los ángeles andan en bicicleta y otros poemas de otoño*, Nueva York: Children's Book Press, 1999.
  Los cuatro libros de esta serie, cada uno dedicado a una estación del año, son altamente recomendados.

Libros para disfrutar formas de escritura originales

Alma Flor Ada (autora) y Leslie Tryon (ilustradora)
- *Atentamente, Ricitos de Oro*, Miami, FL: Santillana, 2007.
- *Querido Pedrín*, Nueva York: Atheneum, 1994.
  Libros hermosamente ilustrados y escritos en forma de cartas que se envían entre sí algunos personajes de cuentos.
- *¡Extra! ¡Extra! Noticias del Bosque Escondido*, Miami, FL: Santillana, 2007.
  En este libro, escrito en forma de periódico, los niños irán descubriendo las historias y apreciarán los modos distintos de comunicación por escrito.

SECCIÓN

H

La importancia de la comunicación entre padres e hijos en el hogar

Los padres son los primeros maestros de los hijos y seguirán preocupándose por ellos a lo largo de toda la vida. Con independencia de cuál pueda ser su nivel de educación formal, los padres tienen importantes lecciones de vida que impartir.

Lamentablemente, cuando el idioma del hogar y el de la sociedad no son el mismo, en demasiados casos los niños dejan de hablar la lengua materna, lo cual atenta contra el papel de los padres como educadores. Es frecuente que se produzcan dos realidades con graves consecuencias:

• Al no poder comunicarse a fondo con sus padres, los hijos pierden el apoyo y los consejos que hubieran debido recibir.
• Como los padres dejan de ser el modelo del idioma, los hijos se sienten avergonzados de que sus padres no hablen bien inglés y dejan de respetarlos, de apreciar sus esfuerzos, de beneficiarse de su experiencia.

La escuela debe ayudar en la labor fundamental que es mantener viva la lengua del hogar, ya sea que ofrezca un programa bilingüe o no.

Reconocer en la escuela el valor del español

Todos, padres y educadores, están de acuerdo en que los niños latinos necesitan desarrollar un buen inglés. Las dificultades estriban en que los padres, en un gran número de los casos, no saben que el mejor camino para lograrlo es que, a la vez que lo aprenden, perfeccionen al máximo el español. Como la sociedad no les da claros mensajes y muchas veces les aconseja lo contrario, los padres pueden dejar de hacer un esfuerzo para que sus hijos mantengan el idioma materno.

Aunque no haya recursos estatales o ayuda especial alguna, la escuela puede darles un mensaje importante a los padres para que adquieran conciencia de la importancia que tendrá en el desarrollo de sus hijos saber dos o más idiomas. Simplemente, **es fundamental** mantener en la familia un idioma que todos entienden y en el que se comparten sentimientos, consejos, cultura e historia de las raíces.

El respeto al uso de la lengua del hogar y el apoyo para que ese aprendizaje se profundice pueden transmitirse de muchas maneras. No basta con decirlo, hay que demostrarlo. Para contribuir a este proceso, la escuela en general o cada maestro en su clase pueden realizar las siguientes actividades:

(1) **Poner en las paredes carteles en los idiomas de los alumnos.**
Estos carteles deben ser, en lo posible, hermosos y deben contener pensamientos importantes, datos sobre la cultura, imágenes culturales, incluso las de personas que han contribuido de modo importante a la humanidad.

(2) **Destacar cada semana a una familia, con un cartel.**
En el cartel se pueden incluir fotos, comentarios del alumno sobre su familia, actividades que comparten y consejos de los padres.

(3) **Asegurarse de que haya libros en el idioma de los niños en la biblioteca de la escuela y en la biblioteca de la clase.**
Avisar a los niños dónde se encuentran esos libros, animarlos a verlos en los recreos o fuera de las horas de clase, y permitirles que los lleven a la casa.

(4) **Enfatizar la importancia de personajes históricos, literarios y artísticos de la cultura de los alumnos.**
Proporcionar fotos y mensajes que expliquen sus contribuciones. Mencionarlos en días o momentos especiales.

(5) **Realizar encuentros sociales con los padres de un modo regular.**
Se pueden organizar reuniones para hablar de la importancia de tener dos idiomas, de las ventajas del bilingüismo y de la necesidad de mantener con orgullo las raíces de la familia, y para proporcionar sugerencias prácticas.

Somos conscientes de los problemas locales, de la falta de personal, medios o tiempo, y de las órdenes emanadas de las autoridades de cada distrito escolar, pero en español hay un refrán que recordamos a cuantos se desaniman frente a un reto: **Hace más el que quiere que el que puede.**

Estimular diariamente la comunicación en el hogar

Pocas cosas pueden ayudar tanto al éxito escolar como que se mantengan conversaciones significativas en el hogar, independientemente del nivel social o académico de los padres. Esto es algo que un gran número de los padres ignora. Por eso, es deber de la escuela estimular la comunicación en el hogar. No se trata solo de decirles a los padres cuán importante es que hablen con sus hijos, la escuela debe favorecer esa comunicación proponiendo temas significativos.

Cada maestro debe pedir a sus alumnos que, como tarea para el hogar, hablen con sus padres o familiares de algo relacionado con el tema de la clase. Al día siguiente, invitará a los estudiantes a compartir esas conversaciones.

Si en la clase se ha mencionado **la amistad**, los alumnos pueden elaborar una serie de preguntas para planteárselas a los padres, por ejemplo:

¿Quiénes eran tus amigos cuando tenías mi edad?
¿A qué jugaban, qué cosas compartían?
¿Qué es lo que más apreciabas de tus amigos? ¿Qué apreciaban ellos de ti?
¿Se pelearon algunas veces? ¿Qué hicieron después para volver a ser amigos?
¿Cómo completarías la frase "La amistad es..."?

Con este tipo de tareas, y gracias a la iniciativa y la guía del maestro, que propone la actividad y prepara a los alumnos para que obtengan resultados significativos, se contribuye al diálogo y la comunicación en el hogar.

Temas sobre los cuales los padres deben hablar con sus hijos

Los padres necesitan ayuda y estímulo para que hablen con sus hijos sobre temas importantes y de interés para su desarrollo. Pero, con frecuencia, la vida diaria se desarrolla en paralelo: la de los padres por un lado y la de los hijos por otro. Las ocupaciones, las preocupaciones, las responsabilidades de los adultos no les permiten visualizar cómo ni cuándo sentarse a conversar con los hijos.

Esta falta de comunicación, hoy aumentada por el uso constante de aparatos y medios electrónicos (Internet, iPads, iPods, iPhones, juegos) tiene consecuencias irreversibles en la adolescencia y la madurez de los hijos. Y, en realidad, como vivimos en un mundo en el que nos hemos acostumbrado a hacer más de una cosa a la vez, pueden sugerirse ciertas estrategias para favorecer la comunicación entre padres e hijos, y así desarrollar el idioma del hogar.

La comunicación entre padres e hijos puede incrementarse cuando se comparten tareas

A lo largo de la semana, hay momentos en que uno de los padres está cocinando, lavando o arreglando el auto, lavando o doblando la ropa, limpiando el jardín, haciendo compras en el supermercado o realizando cualquier otra tarea doméstica. Es valioso llevar a cabo esas tareas con los hijos no solo para que reconozcan y comprendan cuáles son las responsabilidades cotidianas y participen en ellas, sino para tener ocasión de conversar y conocerse mejor, de compartir y crear recuerdos juntos en la lengua del hogar.

En esos momentos y también en otros (por ejemplo, durante las comidas) se puede hablar de los siguientes temas:

Experiencias de todos los días

- Comente lo que hace cada día, tanto las tareas diarias como cosas interesantes que haya visto u oído, o cosas que haya aprendido a hacer recientemente. Haga preguntas sobre lo que usted está contándoles a sus hijos para comprobar que lo están escuchando y que están participando en la conversación.
- Describa las cosas del día que más le cuestan y explique por qué. De esa manera, sus hijos empezarán a entender su papel en la familia y el regalo que representa su vida en la escuela.
- Pida que los niños hablen de la misma forma sobre su día. Haga preguntas que no puedan contestarse con un sí o un no.

Es muy importante que los padres les pidan a los hijos que les cuenten todo lo que hacen durante el día. Esto tiene un valor presente, pero también futuro. Los niños que se acostumbran a contar sus experiencias y a confiar en sus padres siguen haciéndolo luego sin esfuerzo cuando son adolescentes o jóvenes, y se encuentran con situaciones en las que tienen que tomar decisiones.

Infancia

- Comparta recuerdos de su niñez: juegos, amigos, lugares, familiares, comidas, fiestas. Comparta las diferencias entre su infancia y la de sus hijos.
- Explique cuáles fueron los momentos importantes de su infancia y las lecciones que aprendió de cada uno de ellos.

Familia

- Hábleles a los niños sobre la familia, tanto de los parientes que conocen como de los que no han conocido. Cuénteles anécdotas, cosas que hicieron juntos, momentos importantes en la vida de esas personas.
- Hágales saber de dónde vienen sus antepasados. Es importante que ellos conozcan sus raíces y que puedan comparar sus tiempos con los de aquellos.
- Contribuya a que sus hijos se sientan orgullosos del amor que reciben de su familia, del apoyo que tienen para ir a la escuela. Y a que individualicen las cosas del pasado que no quieren repetir.

La sabiduría de la vida

- Decimos que los padres son graduados de la universidad de la vida y han acumulado gran sabiduría por el simple hecho de vivir cada día.
- Cuénteles a sus hijos qué cosas ha aprendido solo con vivir y que ellos también aprenden todos los días algo nuevo. Hábleles de lo que ha aprendido sobre la amistad, el trabajo, la familia, los alimentos sanos, la diversión.

- Comparta la sabiduría de los refranes. Por ejemplo:

Haz bien y no mires a quién.
Dime con quién andas y te diré quién eres.
Quien a buen árbol se arrima buena sombra lo cobija.

Todas estas actividades o sugerencias van destinadas a fortalecer el uso de la lengua materna en el hogar. Es importante que los padres comprendan que, si pierden la conexión que da la lengua, pierden también la posibilidad de ser maestros de sus hijos. Esta enorme pérdida ocurre, desgraciadamente, porque no se piensa a tiempo en las consecuencias de abandonar la práctica del idioma.

Los padres deben meditar sobre el hecho de que, al igual que no permitirían que sus hijos hicieran cosas que los dañasen, tampoco debieran permitir que tomaran decisiones que tienen que ver con el uso de una u otra lengua.

Los padres que no saben inglés, mientras continúen usando el idioma hereditario con los hijos y se lo enseñen, podrán retener el papel de maestros y de autoridad que les corresponde. En cambio, pueden perder el respeto de los niños si estos hablan solo inglés y los padres no son competentes en esa lengua. Una vez que eso ocurre, es muy difícil volver atrás. Para que las conversaciones en la casa sean significativas, será importante que tengan lugar en el idioma que los padres manejan mejor.

Padres, maestros y niños protagonistas y autores

La escuela puede enfatizar la importancia de contar las historias familiares y afianzar la identidad cultural de la familia.

En una cultura como la de los Estados Unidos, con altos porcentajes de alfabetización, se les otorga gran importancia a los libros y, en consecuencia, a los autores y a los protagonistas que se destacan en sus páginas.

En la escuela, los niños están inmersos en el mundo de los libros. Estos se les presentan como instrumentos prestigiosos que almacenan conocimientos y formas de aprendizaje. Recientemente, gracias a la iniciativa de pedir más libros que introduzcan en la escuela la diversidad de las culturas, están apareciendo algunos cuyos personajes principales tienen características distintas en cuanto a etnia, cultura y lengua. Sin embargo, aún falta mucho para que las páginas ofrezcan un espejo en el que pueda reflejarse cada niña y cada niño.

En el hogar, el ritmo de horarios y obligaciones de los padres impide, a veces, que ellos tengan contacto con los libros o participen en actividades de lectura o de escritura. Esta distancia entre los dos mundos que los niños comparten a diario (la escuela y el hogar), puede generar una opinión negativa o una infravaloración del hogar.

En estos casos, ¿cómo puede la escuela valorar la cultura del hogar para que los hijos no se alejen de su casa ni de la escuela?

Cuando se incorporan en el currículo libros escritos por los padres o en los cuales ellos son los protagonistas, se valida la cultura familiar y se amplía la cultura de la escuela. Muchos de estos libros se referirán a experiencias personales de algún miembro de la familia. Otros contendrán anécdotas o cuentos que alguien oyó en su infancia. En las clases que se dictan en inglés, los libros pueden escribirlos los alumnos, basados en las historias relatadas por sus padres en

253

español. En las clases bilingües, los libros pueden escribirse en inglés, en la lengua del hogar o en ediciones bilingües. No hay restricción alguna para el tipo ni para la cantidad de libros que proponemos para cada clase. Lo esencial es que sean sinceros y auténticos.

En general, pueden crearse tres tipos de libros:

- **libros individuales**, creados por el maestro primero, como modelo, y luego por un niño o uno de sus padres;
- **libros de dos autores**, creados por un alumno y por alguno de sus padres sobre un mismo tema;
- **libros colectivos**, en los cuales cada alumno contribuye con una página, ya sea escrita por el niño o por sus padres.

Para crear libros colectivos: La sabiduría de nuestros padres

El propósito de estos libros es reconocer los aportes que los padres pueden hacer para fomentar una comunidad entre las familias de los alumnos.

Los alumnos les piden a los padres que hablen sobre un tema específico y luego lo llevan escrito a la clase. Pueden escribirlo los adultos o dictárselo a los niños.

Así, cada alumno contribuye con una página del libro Es importante que cada uno incluya su nombre y también el de la persona que le dio la información. Los niños pueden ilustrar las páginas para hacer el libro más atractivo.

Algunos temas pueden ser los siguientes:

- **Refranes**
- **Consejos**
- *Mi mejor consejo para ti es...*
- **Rimas**
- **Canciones de cuna**
- **Cosas que sé hacer bien y cómo las aprendí**
- **Mis sueños para mis hijos**
- **Pensamientos**
- *La amistad es...*
- *El trabajo es...*
- *El estudio es...*

Para crear libros individuales

Una forma muy efectiva de motivar a los padres para que compartan sus historias con los hijos es que la maestra o el maestro ejemplifique el proceso contando sus propias experiencias. Aunque esta práctica no se ha enfatizado suficientemente, es algo a la vez sencillo y poderoso. Todo el mundo tiene historias que relatar, gente de la que hablar con admiración e ideas que compartir. Sentimientos y experiencias que nadie más podría contar porque son propias, únicas.

Si los maestros hablan la lengua de los estudiantes, pueden enviar a la casa un libro hecho por ellos sobre sí mismos o sobre cualquier tema que los acerque a la familia de sus alumnos. El valor de esos libros reside en su autenticidad. Algunos ejemplos de temas para este tipo de libro son los siguientes:

- *Quién soy*
- *Las enseñanzas de mi abuela*
- *El sueño de mi madre*
  Reconocer a las personas que han influido en nuestra vida.
- *La historia de mi nombre*
  Hay una historia detrás de cada nombre.
- *No siempre fui maestra*
  Para permitir que los alumnos y sus familiares vean un proceso de crecimiento.

Cuando una maestra se presenta como ser humano y transmite sus experiencias a los padres, establece una relación de igual a igual en la tarea de educar a los niños. Una vez que la maestra haya compartido sus libros con los alumnos y con su familia, será más fácil pedirles a ellos que escriban de un modo similar.

Puede verse un mayor desarrollo de este proceso y un amplio número de ejemplos de libros creados por maestros, padres y alumnos en www.authorsinthe-classroom.com.

A lo largo de este libro, hemos enfatizado la importancia de los padres como primeros educadores de sus hijos. Ellos serán siempre sus primeros maestros y continuarán procurándoles el mayor bienestar posible durante toda la vida.

No importa cuál sea el nivel de educación formal de los padres, ellos tienen lecciones esenciales que compartir con los hijos, experiencias personales, la historia familiar y, sobre todo, el conocimiento adquirido a través de los esfuerzos hechos para sobrevivir.

Desgraciadamente, como ya mencionamos, cuando la lengua de la sociedad y la del hogar son distintas, y la habilidad de usar la lengua materna no se desarrolla, el papel de los padres como maestros puede erosionarse en gran medida.

El hogar juega un papel importante en el desarrollo del niño. Y el idioma no es una excepción. Los padres o cuidadores tienen como misión crear la base lingüística de sus hijos. Muchos padres no son conscientes de la función esencial que significa ser modelos de la lengua que los niños escuchan y repiten. Es necesario, pues, que las escuelas enfaticen a los padres la importancia de mantener conversaciones en familia, individual o grupalmente, para que los niños tengan oportunidad de hacer preguntas, narrar sus experiencias y expresar sus sentimientos.

Es trágico que algunos padres que hablan español como primera lengua, así como otras minorías, motivados por su deseo de que sus hijos hablen perfectamente inglés, eviten o limiten su papel de *maestros de su lengua*.

Es fácil entender su actitud, ya que, en la mayoría de los casos, se debe a que tratan de prevenir que sus hijos sufran tanto como ellos han sufrido por no tener fluidez en inglés. Lo que es una pena es que sacrifiquen la oportunidad de que sus hijos desarrollen bien el idioma del hogar bajo la falsa premisa de que aprenderán mejor inglés si olvidan su primera lengua. El mejor indicador para el éxito en el aprendizaje de inglés es tener una sólida base en el idioma hereditario.

Hay niños, tan pequeños como de tres o cuatro años, que, cuando regresan a la casa del jardín de infancia, están decididos a no volver a hablar la lengua del hogar. Es una decisión inconsciente que puede tener múltiples motivaciones: la alegría de estar aprendiendo algo nuevo y querer demostrarlo; la satisfacción de los padres de ver que sus hijos hablan una lengua nueva que, en algunos casos, a ellos aún les resulta difícil dominar; la internalización que tiene el niño de que el inglés tiene un estatus superior y, por lo tanto, debe ser el idioma preferido; y, desgraciadamente, muchas veces, el hecho de que el español no es valioso o, incluso, es despreciado.

Pero ¿deben ser los niños quienes hacen una elección que tendrá consecuencias tan graves en su vida? Algunas veces, los adultos no se dan cuenta de que, al no insistir en que la lengua del hogar sea la hereditaria, la que aprendieron desde la cuna, los niños perderán las habilidades aprendidas o, quizás, se quedarán estancadas en un nivel infantil.

Otros adultos son conscientes de lo que sucede, pero, en especial si ellos mismos hablan bien el inglés, encuentran que es un trabajo doble el reforzar el uso de la primera lengua en el hogar. Y mientras que imponen su ley en cuestiones de salud y seguridad, se rinden cuando se trata de proteger lo más preciado en su vida, su primera lengua.

Ser bilingües competentes y estar alfabetizados en dos idiomas tiene un gran valor para el futuro. Aparte de ser valioso tanto académica como profesionalmente, es el instrumento que permite funcionar en dos culturas. Cuando una de esas culturas es la del hogar, proporciona un vehículo para preservar la identidad, permite el enriquecimiento personal gracias al mantenimiento de las tradiciones culturales y desarrolla lazos más cercanos con la familia. Los padres deben estar alerta de estos hechos y se los debe animar a hacer lo que han hecho durante siglos: mantener vivo el regalo del idioma.

Primeros pasos para enseñar a los niños a leer en español en la casa

Aprender a leer en español es un proceso relativamente fácil porque en español hay una gran correspondencia entre cada letra y el sonido que representa. En inglés, muchas letras representan más de un sonido, y no es fácil saber cuándo pronunciarlas de una o de otra manera; también hay letras que a veces representan un sonido y otras veces son mudas. Por eso, los niños tardan más en aprender a leer en inglés.

En español, hay solo una letra *(c)* que representa dos sonidos, pero es fácil reconocerlos porque depende de la sílaba en que esté incluida la letra. Se pronuncia de una forma cuando la sílaba es *ca-, co-* o *cu- (cama, como, cuna)* y de otra cuando es *ce-* o *ci- (cereza, cima)*. La *h* es siempre muda, así que no hay vacilación en reconocer que no la pronunciamos nunca, ya aparezca en *hamaca, hielo, hola* o *humo*.

Si un padre o una madre sabe leer en español, puede enseñarle a su hijo con facilidad. Ayuda mucho el hecho de que trabaje con uno o dos niños solamente porque así puede dedicarles toda su atención, en contraste con lo que sucede en una clase, donde el maestro les enseña a varios niños a la vez.

Si al ingresar en la escuela el niño ya sabe leer, tendrá una ventaja muy grande. Aunque en la escuela vaya a aprender a leer en inglés, saber leer en español lo ayudará mucho. Como hemos explicado en otros lugares de este libro, no se aprende a leer dos veces. Quien ya sabe leer en un idioma aplica los conocimientos al segundo idioma.

Hay cartillas que pueden guiar en el proceso de enseñanza de la lectura. Un programa sencillo, pero muy eficaz, es *Hagamos caminos,* que se compone de tres libros: *Andamos, Corremos* y *Volamos*. Estos presentan todas las combinaciones silábicas que un niño necesita para leer cualquier texto en español. También hay cuadernos con los mismos nombres para enseñar la escritura. Pueden obtenerse a un precio muy razonable en www.delsolbooks.com.

Además, se puede enseñar sin usar libros especiales. A continuación, explicamos los primeros pasos.

La importancia de las vocales

Las vocales son el cimiento del proceso de la lectura en español. El mejor método para enseñar la lectura es el que respeta la naturaleza del idioma. En español hay solo cinco sonidos vocálicos. Estas vocales mantienen siempre el mismo sonido, sin modificarse por su ubicación en la palabra: comienzo, medio o final.

La única excepción es la *u* muda en las sílabas *que-, qui-* y *gue-, gui-*. Pero, por supuesto, si a los niños se les enseña a reconocer sílabas, en lugar de letras sueltas, no tendrán dificultad en reconocer los sonidos representados por ellas.

Una vez que los niños dominan los sonidos representados por *a, e, i, o, u*, tendrán la base para aprender todas las combinaciones silábicas del español. Por eso, es esencial que aprendan muy bien las vocales. Si, como dijimos, las vocales son el cimiento en el que se apoya todo el proceso de la lectura, es fundamental que sea un cimiento firme.

Todo tiempo y esfuerzo dedicado a reafirmar el conocimiento de las vocales redundará en la eficiencia y seguridad con que los niños puedan luego descifrar cualquier texto en español. Por eso, es necesario asegurarse de que las dominan bien. Para ello, pueden resultar valiosos algunos poemas y canciones.

Para una adquisición eficaz de las vocales

Personalizar el aprendizaje

Debe aprovecharse toda oportunidad para que la lectura tenga una relación lo más directa posible con el niño y su entorno.

- Relacionar las vocales con el nombre del niño, si su nombre termina o empieza con vocal.
- Relacionar las vocales con el nombre de sus familiares (padres, abuelos, hermanos), amigos y mascotas.

Hacer de la lectura una experiencia total

- Invite al niño a representar con el cuerpo la forma de las vocales.
- Anímelos a trazar la forma de las vocales en el aire, primero con el brazo, luego con el dedo.
- Invítelo a escribir la forma de las vocales en tamaño grande, con crayolas sobre papel de periódico, con tiza en el suelo o con tiza o marcadores sobre la pizarra.

- Prepare cinco tarjetas o trozos de papel con una de las vocales en cada una. Dele al niño una tarjeta a la vez e indicaciones para que realice una acción. Por ejemplo: "Que salte la *a*...", "Que se agache la *e*...", "Que se ponga de pie la *i*...". El niño debe responder a la orden que corresponde a la vocal de su tarjeta. Vaya cambiando las tarjetas y las órdenes hasta que esté muy claro que reconoce las cinco vocales perfectamente.

Relacionar vocales y colores

En español, cada una de las cinco vocales coincide con la vocal acentuada del nombre de los colores más frecuentes:

a	anaranj*a*do
e	v*e*rde
i	amar*i*llo
o	r*o*jo
u	az*u*l

Esta relación entre las vocales y el nombre de los colores puede servir de apoyo durante la presentación inicial.

Dele crayones o lápices de esos cinco colores. Luego pídale que haga un círculo anaranjado alrededor de todas las aes en los títulos de una hoja de periódico o de revista. Luego dele otra hoja y pídale que haga un círculo verde alrededor de todas las es. Haga algo similar con las demás vocales.

Enséñele rimas tradicionales, canciones y poemas sobre las vocales

A, a, a, abuelita ven acá ♪♪♪

A, *a*, *a*, abuelita ven acá.
E, *e*, *e*, un abrazo te daré.
I, *i*, *i*, un besito ya te di.
O, *o*, *o*, tu besito me gustó.
U, *u*, *u*, ¿me vas a dar uno tú?

A, *a*, *a*, abuelita ven acá.
E, *e*, *e*, un besito te daré.
I, *i*, *i*, el besito ya te di.
O, *o*, *o*, cuánto a ti te quiero yo.
U, *u*, *u*, y sé que me quieres tú.

Alma Flor ADA

A, E, I, O, U
inspirado en la rima tradicional *A, e, i, o, u, manzanita del Perú*

A, E, I, O, U,
nadie vale más que tú.

A, E, I, O, U,
nadie es más lista que tú,
nadie es más listo que tú.

A, E, I, O, U,
no hay un niño como tú
ni una niña como tú.

A, E, I, O, U,
¡qué buen niñito eres tú!,
¡qué buena niña eres tú!

A, E, I, O, U,
¡qué fantástica eres tú!,
¡qué fantástico eres tú!

A, E, I, O, U,
soy alegre como tú,
me porto bien como tú.

A, E, I, O, U,
seamos amigos,
¿lo quieres tú?

Alma Flor ADA
y F. Isabel CAMPOY

Para continuar el proceso

Sílabas directas (c + v)

El paso siguiente es enseñar los grupos de sílabas formadas por consonante seguida de vocal, por ejemplo:

sa, se, si, so, su
pa, pe, pi, po, pu
ma, me, mi, mo, mu
ta, te, ti, to, tu

Con niños pequeños, puede escribir cada una de estas sílabas en tarjetas y luego formar palabras con ellas:

o + so = oso
o + sa = osa
ma + má = mamá
pa + to = pato

Puede escribir cada palabra completa en una tarjeta y pedirle al niño que haga en ella un dibujo del objeto o que lo recorte y lo pegue, o use una pegatina. Así, el proceso de la lectura será un juego alegre y divertido.

Después de estos primeros pasos, puede ir presentando otros grupos de sílabas tanto directas

da, de, di, do, du
na, ne, ni, no, nu

como algunas inversas, en las cuales la consonante está después de la vocal (v + c)

en
el
un

¡Que disfrute mucho convirtiendo a sus hijos en lectores!

Cómo promover y reforzar la lectura en casa

Las ventajas que ofrece a los niños la lectura frecuente son innumerables y les durarán toda la vida. Es importante que los padres refuercen esta experiencia en el hogar. Los niños deben aprender un mínimo de mil palabras al año y, para aprenderlas *realmente*, se necesitan múltiples experiencias con cada una (leerla, oírla, escribirla, pronunciarla al menos unas veinte veces). Los niños necesitan tener cuantas experiencias de lectura puedan a lo largo del día.

Criar a los hijos como buenos lectores depende de muchos factores. Algunos niños nacen con el deseo innato de tener un libro en las manos. A otros, por el contrario, les cuesta más descubrir el encanto de los libros. Si tienen hermanos en edad escolar, el ejemplo de los mayores será siempre crucial para los que siguen. Es por eso que hay que poner especial cuidado en fomentarles la lectura en el hogar a todos los hijos.

Para conseguir el éxito de la lectura en la casa, se requerirán algunas condiciones. En primer lugar, los adultos deben fijar un tiempo para sentarse con un libro, una revista, un periódico, incluso, un iPad y posar los ojos sobre la letra impresa. Sabemos que no es fácil encontrar tiempo en familia para esta actividad, pero recuerden: "Hace más el que quiere que el que puede". Por muy difícil que resulte apagar la televisión o la radio, o cerrar las ventanas que dan al exterior, hay que hacerlo para conseguir un mínimo de treinta minutos de silencio y dedicación a la lectura. Tener en la casa opciones de materiales para leer será la mejor *tentación* y motivación. Para ello, será muy importante ir una vez por semana (o cada quince días) a la biblioteca y pedir prestados libros. Se les puede destinar algún sitio especial en la casa y ponerlos cada tarde o cada noche sobre la mesa durante media hora. Esto significará una invitación a la lectura y tendrá buenos resultados si se realiza de manera constante y se desarrolla en un ambiente agradable y positivo.

La biblioteca

Para colaborar con el proceso de crear una biblioteca en el hogar, las bibliotecarias desempeñan un papel muy importante. En cada vecindario de los Estados Unidos, hay una biblioteca pública y, en ella, hay una bibliotecaria dispuesta a recomendar y prestar libros a cada miembro de la familia.

La biblioteca es también un lugar de silencio donde cualquiera puede sentarse a leer un libro, una revista o un periódico, en distintos idiomas y sobre distintos temas. Es como tener una sala de estar al alcance de la mano.

Nunca se sabe el impacto que una nueva experiencia puede tener en la familia hasta que se prueba. Desde aquí, invitamos a padres y a niños a hacer una visita a la biblioteca, una actividad preciada por todos. Recuerde que *un ejemplo vale más que mil palabras*.

Epílogo

Deseamos que la lectura de este libro haya contribuido a reforzar en cada padre, cada madre, cada educadora, cada educador el convencimiento de la importancia de los padres como primeros maestros de los niños y la confirmación de cuánto pueden hacer los maestros para estimular ese privilegio extraordinario que es utilizar dos idiomas con total confianza y eficiencia.

Si desean comunicarse con nosotros pueden hacerlo visitando www.almaflorada.com; www.isabelcampoy.com; www.authorsintheclassroom.com; o www.sisomoslatinos.com. Será un placer recibir comentarios de los lectores de este libro.

Y, como despedida, junto con nuestros mejores deseos de que vean cumplidos todos sus sueños para sus hijos y alumnos, les dejamos dos de nuestros poemas:

No te olvides, no
No te olvides, no,
de decir *familia*,
de decir *amigo*,
de hablar español.

No te olvides, no,
que al hablar dos lenguas
tú eres culto y rico
y vales por dos.

No te olvides, no,
de lucir tu orgullo
al decir *latino*
que latina soy.

No te olvides, no.

F. Isabel CAMPOY

Bilingüe
Porque hablo español,
puedo oír los cuentos de mi abuelita
y decir *familia, madre, amor*.
Porque hablo inglés,
puedo aprender de mi maestra
y decir *I love school*.
Porque soy bilingüe
puedo leer *libros y books*,
tengo *amigos y friends*,
disfruto *canciones y songs*,
juegos y games,
y me divierto el doble.
Y algún día,
porque sé hablar dos idiomas,
podré hacer el doble de cosas,
ayudar al doble de personas
y hacer lo que haga el doble de bien.

Alma Flor ADA

Glosario

acento. Pronunciación que permite reconocer, por ejemplo, la región, país o clase social de donde proviene el hablante.

actitud lingüística. Creencias y valores favorables o desfavorables que expresan las personas hacia los distintos idiomas.

aculturación. Proceso de adaptación de una persona o grupo a una nueva cultura.

adquisición del lenguaje. Proceso de adquirir un primer o un segundo idioma. Algunos lingüistas distinguen entre la adquisición y el aprendizaje de un segundo idioma. La adquisición describe el desarrollo natural del idioma y el aprendizaje su estudio formal.

adquisición planificada. Parte de la planificación lingüística en la cual se prevén intervenciones para que las familias transmitan la lengua materna a sus hijos de manera natural y las escuelas produzcan más hablantes de lenguas minoritarias.

afasia. Disfunción cerebral que causa pérdida de la habilidad para entender y usar el lenguaje. Puede ser parcial o total, y puede afectar al lenguaje oral o al escrito.

alternancia de idiomas *(code-switching).* Pasaje de un idioma a otro, intercalación de oraciones o palabras en un idioma cuando se está hablando en otro.

ambiente de la clase. Características de la clase que promueven o dificultan el aprendizaje.

análisis contrastivo o por contraste. Comparación de la estructura de dos idiomas.

análisis de errores. Estudio de las faltas que se cometen, por ejemplo, al leer. A veces estos errores no lo son tanto, sino sustituciones significativas que hace un lector eficaz.

análisis del discurso. Estudio del lenguaje oral y escrito para determinar cómo se negocian los distintos significados de las palabras que usan los hablantes, las formas lingüísticas que seleccionan y los significados que quedan entendidos en las expresiones lingüísticas, las estructuras, las estrategias y los símbolos empleados en la comunicación, así como el papel de cada hablante.

andamiaje. Apoyo graduado al repertorio existente de conocimiento y comprensión de un alumno. A medida que el alumno progresa y se vuelve más independiente, el apoyo dado por el maestro puede irse eliminando gradualmente.

anomia. 1) Sentimiento de desorientación y desarraigo, como el que pueden sufrir los inmigrantes. 2) Sentimiento de incertidumbre y desconcierto en las relaciones entre una persona que está aprendiendo un idioma y el grupo lingüístico al que trata de integrarse.

aprendizaje a distancia. Aprendizaje independiente, fuera de la clase, que puede realizarse por teléfono, por satélite, por Internet o utilizando un paquete de materiales, por ejemplo.

aprendizaje de idiomas en comunidad. Metodología para la enseñanza de idiomas extranjeros que se basa en las técnicas de terapia de Roger y que responde a las necesidades de la *comunidad* de estudiantes.

aprendizaje del lenguaje. Proceso de internalización del primer o del segundo idioma. Algunos autores restringen el uso del término solo al aprendizaje formal (por ejemplo, en la clase). Otros incluyen el proceso informal (la adquisición en el hogar) [véase *adquisición del lenguaje*].

aprendizaje flexible. Estudio que da a los alumnos la oportunidad de aprender con materiales apropiados, con el mínimo de guía y de dirección de parte del maestro.

aprendizaje integrado de contenido y lengua extranjera (*Content and Language Integrated Learning*, CLIL). Término inclusivo que designa, en especial en Europa, la educación bilingüe o multilingüe en la cual se emplea un segundo idioma para aprender el contenido de las asignaturas y se estudia, simultáneamente, el idioma y el contenido de manera integrada.

aprendizaje significativo. Estudio que pasa a formar parte del sistema conceptual de una persona. Se distingue del aprendizaje memorístico, que no se integra necesariamente en la comprensión conceptual ya adquirida y que puede olvidarse en poco tiempo.

aptitud lingüística. Habilidad especial para aprender idiomas, independiente de la inteligencia o la motivación.

artes del lenguaje. Áreas del currículo que se centran en el desarrollo del lenguaje: lectura, escritura, gramática, ortografía y comunicación oral.

asignatura principal. Materia de importancia primaria en el currículo. Las tres asignaturas que se reconocen como principales son Matemáticas, Idioma del país (inglés, español) y Ciencias. Se dice que estas tres forman el corazón del currículo.

asimilación. 1) Proceso por el cual una persona o un grupo pierde su propio lenguaje y cultura, y son reemplazados por otros. 2) Medida política que busca absorber a los inmigrantes en la lengua y cultura dominantes del país nuevo para crear unidad cultural y social.

bicultural. Calificativo que se le da a la persona que se identifica con la cultura de dos grupos lingüísticos distintos. Ser bilingüe no es, necesariamente, lo mismo que ser bicultural. Se puede ser bilingüe sin ser bicultural.

bilingüismo aditivo. Situación en la cual un individuo, o un grupo, aprende un segundo idioma sin interrumpir el desarrollo del primero. En esta situación, se añade un idioma al primero sin reemplazarlo. Es lo opuesto al bilingüismo sustractivo.

bilingüismo balanceado. Manejo de dos lenguas con el mismo nivel de competencia [véase *bilingüismo equilibrado*].

bilingüismo compuesto. Manejo de dos idiomas aprendidos al mismo tiempo y en el mismo contexto.

bilingüismo coordenado. Manejo de dos idiomas adquiridos en momentos diferentes y en contextos distintos.

bilingüismo equilibrado. Manejo de dos lenguas con el mismo nivel de competencia [véase *bilingüismo balanceado*].

bilingüismo incipiente o emergente. 1) Etapas iniciales del bilingüismo, cuando un niño está aprendiendo a hablar simultáneamente en dos idiomas que no se han desarrollado todavía lo suficiente. 2) Primera etapa en la adquisición de un segundo idioma, cuando este todavía no se ha desarrollado lo suficiente.

bilingüismo pasivo. Manejo de dos idiomas gracias al cual se comprende (y, en ocasiones, se lee) el segundo, pero sin hablarlo ni escribirlo.

bilingüismo primario. Manejo de dos idiomas que se han adquirido de una manera *natural* (no por medio de clases en la escuela, por ejemplo).

bilingüismo productivo o activo. Manejo de dos idiomas gracias al cual se comprenden, se hablan y se leen ambos, y también se escribe en los dos.

bilingüismo receptivo. Manejo de dos idiomas gracias al cual se comprende y se lee el segundo, pero sin hablarlo ni escribirlo.

bilingüismo secuencial. Manejo de dos idiomas que se adquiere al aprender un segundo idioma después que el primero está bien establecido, por lo general, después de los tres años de edad. Se diferencia del bilingüismo simultáneo, en el que los dos idiomas se aprenden al mismo tiempo.

bilingüismo secundario. Manejo de dos idiomas cuando el segundo se ha aprendido de una manera formal [véase también *bilingüismo primario*].

bilingüismo simultáneo. Manejo de dos idiomas que se logra adquiriendo ambos al mismo tiempo, por lo general, antes de los tres años.

bilingüismo sustractivo. Situación en la cual se aprende un segundo idioma a expensas del primero, al que suele reemplazar (puede ocurrirles a los inmigrantes o a los alumnos que hablan un idioma minoritario en una educación de sumersión).

cambio lingüístico. 1) Pasaje de un idioma a otro por parte de un individuo o de una comunidad. Con frecuencia implica el pasaje de un idioma minoritario al idioma que domina en el país. Generalmente, el pasaje se produce *hacia abajo*, en el sentido de la pérdida de un idioma. 2) Modificaciones que se producen en una lengua a través del tiempo. Todos los idiomas están en proceso de cambio (por ejemplo, en la pronunciación, la gramática y el vocabulario).

clase o centro para recién llegados. Sitio dedicado a alumnos que son inmigrantes recientes para enseñarles el idioma y, a veces, la cultura del país.

cloze. Técnica para medir la habilidad de lectura que consiste en dejar en blanco algunas de las palabras de un texto. El lector debe reponer las palabras suprimidas basándose en el contexto.

codificación. Descripción sistemática de la variante de un idioma (por ejemplo, vocabulario, gramática). Puede ocurrir cuando se está sistematizando un idioma o cuando se está creando un sistema de escritura —que hasta entonces no existía— para un idioma oral.

código lingüístico. Término neutro que se usa en lugar de *lengua, habla* o *dialecto.*

cognición. 1) Adquisición, almacenamiento, recuperación y uso del conocimiento. 2) Procesos mentales de percepción, memoria, pensamiento, razonamiento y lenguaje.

competencia común compartida. Capacidad de dominio de dos idiomas que se apoyan en el proceso mental. Cada idioma apoya un proceso común de pensamiento.

competencia comunicativa. Capacidad de dominio del lenguaje en conversaciones diarias. Este término pone el énfasis en la comprensión y no en la *corrección.* No hace hincapié en la gramática ni en el vocabulario, sino en la capacidad de usar el idioma de manera social y culturalmente aceptable.

competencia léxica. Dominio del vocabulario.

competencia lingüística. Término general usado muchas veces como sinónimo de *destreza lingüística* para indicar la medida cuantificable de una prueba de idiomas. Se la ve como resultado de un conjunto de mecanismos: el aprendizaje formal, la adquisición natural (por ejemplo, en la calle) y las características personales del hablante, como la *inteligencia.*

competencia o dominio del hablante. Grado de habilidad que tiene una persona para crear y comprender el lenguaje. Es más que la comprensión del vocabulario y la gramática, pues exige que el oyente entienda oraciones que no ha oído nunca antes. El término se usa en relación con las teorías de Chomsky de la gramática transformacional, que describen la internalización que hace la persona de la gramática de un idioma, que le permite crear y entender nuevas oraciones. El término *competencia* (a veces, también referido como *dominio*) se usa a menudo para describir a un hablante/oyente ideal con conocimiento completo de la totalidad del idioma y se distingue del término *uso* del idioma, que es el empleo real que las personas hacen del idioma.

comunicación no verbal. Transmisión de mensajes sin palabras, por ejemplo, por medio de gestos, miradas, posturas, movimientos corporales, contacto físico y tono de voz.

comunicación total. Método utilizado para enseñar a los niños sordos y con dificultades de audición que combina las señas y el idioma hablado.

concepto. Idea o significado asociado con una palabra o símbolo en el sistema de pensamiento. Todos los idiomas pueden expresar los mismos conceptos, aunque los distintos idiomas construyan los conceptos de modos variados (por ejemplo, en los diferentes idiomas se reconocen distintos colores en el arco iris, unos ven cinco, otros ven siete, otros nueve).

conciencia lingüística. Conocimiento y aprecio que tiene un hablante de los atributos del lenguaje, su funcionamiento y su uso en la sociedad.

conciencia metalingüística. Comprensión de la forma y estructura del lenguaje a la que se llega mediante la reflexión y el análisis de la comunicación propia.

conferencia de escritura. Conversación entre maestro y alumno sobre lo que el alumno ha escrito para ayudarlo a comprender su estilo, sus ideas, su nivel de confianza en sí mismo y sus destrezas para comunicarse. Estas conferencias regulares van despertando la conciencia de escritor en el alumno.

conocimiento fonológico. Capacidad de identificar y usar sonidos individuales, llamados *fonemas*.

contacto lingüístico. Relación entre hablantes de distintos idiomas, sobre todo cuando se encuentran en la misma región o en comunidades adyacentes. También se habla de *lenguas en contacto*.

contexto. Lugar en el que ocurre la comunicación. El contexto crea posibilidades y limitaciones en lo que se dice y en cómo se dice. El contexto puede referirse al lugar físico o a la conversación en la cual se utiliza una palabra o se expresa algo.

creole. Lengua *pidgin* que ha sido adoptada como idioma nativo de una región. Una lengua *creole* tiende a tener una gramática más compleja y un vocabulario más amplio que una lengua *pidgin*. Hay, por ejemplo, *creoles* de base inglesa y de base francesa [véase *pidgin*].

creolización. Proceso por el cual una lengua *pidgin* se convierte en *creole* gracias a la expansión del vocabulario y el desarrollo de estructuras lingüísticas más complejas [véase *pidgin*].

cultura. Conjunto de conceptos, creencias, actitudes, tradiciones, costumbres diarias y acuerdos sociales de un grupo específico, una comunidad o una sociedad.

chicano. Término con que se designa a una persona de ascendencia mexicana nacida o criada en los Estados Unidos. Es un término que reivindica el origen mestizo y la herencia indígena con una connotación política: la de lucha por la igualdad de derechos. En algunos casos, el término también se aplica a otros latinos de ideología semejante. Se diferencia del término *méxico-americano* por las connotaciones ideológicas.

choque cultural. Sentimientos de desorientación, ansiedad o inseguridad que experimentan algunas personas al encontrarse en una cultura diferente. Por ejemplo, cuando alguien se muda a otro país, puede pasar por un período de turbación hasta que se familiariza con la nueva cultura.

demografía lingüística. Distribución del uso de un idioma en un área geográfica definida. También se llama *geolingüística*.

desciframiento. En el aprendizaje de la lectura, el desentrañar los sonidos y significados de las letras, las combinaciones de letras, las palabras y las oraciones. Algunas veces se refiere a poder leer un texto, pero sin comprender el significado.

destreza o habilidad del lenguaje. Capacidad que se aplica en el manejo de un idioma. Las destrezas del lenguaje son escuchar, hablar, leer y escribir. Cada una de ellas puede dividirse en subdestrezas. Las destrezas lingüísticas se refieren a componentes específicos, observables y claramente definibles, como la escritura.

dialecto. Variedad de un idioma cuyos rasgos identifican la extracción regional o social del hablante. Muchas veces el término se usa en relación a la variante reconocida del idioma (por ejemplo, un dialecto del inglés sería la forma regional de hablar inglés en una zona específica o por un grupo de personas de un origen determinado).

diario. Relato de lo sucedido día por día, escrito en un cuaderno. Los alumnos escriben todos los días sus experiencias personales dentro y fuera de la escuela, sus reacciones a lo que han leído y aprendido. El maestro responde, haciendo ver al estudiante que ha leído y comprendido, pero sin hacer juicios de valor ni correcciones del lenguaje. El propósito es estimular a los estudiantes a expresarse por medio de la personalización, la motivación reiterada y el diálogo íntimo con el maestro.

diglosia. Coexistencia estable de dos idiomas distintos o de dos variantes de un idioma en la misma sociedad debido a que cada idioma o variante tiene asignados usos específicos.

discurso. Término que describe porciones relativamente extensas de la conversación o del texto escrito. El término no se relaciona tanto con el vocabulario o la gramática como con la comprensión de las ideas.

discurso de la clase. Tipo de lenguaje usado en la clase. Este lenguaje está gobernado por los distintos papeles asumidos por maestros y alumnos, y por el tipo de actividades que se realizan. Un área de especial interés en el discurso de la clase es el tipo de preguntas que plantea el maestro: *abiertas* (que pueden tener distintas respuestas) o *cerradas* (que solo admiten una respuesta).

dislexia. Dificultad para aprender a leer; dificultad para reconocer la forma de las letras, su orden en la palabra o la forma de las palabras. Por ejemplo, una persona disléxica puede confundir 4131 y 4113.

doble inmersión. [Véase *inmersión doble*].

dominio. Capacidad de manejo; contexto específico en que se usa un idioma. Por ejemplo, puede haber un dominio de la familia, en el que se usa el idioma del hogar, y un domino del trabajo, en el que se usa el idioma mayoritario.

dominio lingüístico. 1) Capacidad de manejo del idioma. 2) Idioma más fuerte de un individuo o el preferido. 3) Idioma más prestigioso en una región determinada.

educación bilingüe compensatoria. Forma de enseñanza que utiliza la lengua materna solo para *corregir* la presunta *deficiencia* de los alumnos en el idioma mayoritario.

educación bilingüe de desarrollo. Tipo de programa de enseñanza bilingüe de los Estados Unidos que promueve que los alumnos aprendan a hablar, leer y escribir bien en dos idiomas, y que apoya el desarrollo del primer idioma (por ejemplo, el español). Los alumnos asisten a estos programas durante cinco años o más.

educación bilingüe de enriquecimiento. Tipo de educación bilingüe aditiva, que se propone enriquecer la educación personal, social y cultural de la persona. Se desarrollan dos idiomas y dos culturas en la escuela.

educación bilingüe de inmersión. Programa de enseñanza en el que la mayor parte de la instrucción se lleva a cabo en un segundo idioma. Los alumnos de escuelas de inmersión son, generalmente, hablantes nativos de un idioma mayoritario y la enseñanza se estructura de acuerdo con sus necesidades. El bilingüismo resultante es aditivo.

educación bilingüe de mantenimiento. Programa que enseña en dos idiomas con el propósito de que todos los alumnos lleguen a hablar, leer y escribir bien en dos idiomas.

educación bilingüe de transición. Programa de enseñanza cuyo primer objetivo en los Estados Unidos es facilitar que los alumnos pasen a clases que se enseñan solo en inglés. El idioma del hogar se usa solo en la primera etapa, cuando los alumnos entran en la escuela. El tiempo y la cantidad de instrucción en el primer idioma varían, generalmente, de uno a tres años.

English-Only. Término que denomina a organizaciones y legisladores que aspiran a conseguir que el inglés sea declarado el único idioma oficial en los Estados Unidos. Incluye dos organizaciones nacionales: US English e English First.

English Plus. Movimiento que promueve que todos los residentes de los Estados Unidos deben tener la oportunidad de saber hablar otro idioma además del inglés.

enseñanza basada en el contenido. Término utilizado sobre todo en los Estados Unidos que se aplica al programa que trata de enseñar a los alumnos el lenguaje que necesitan para estudiar en clases, que se dictan solo en inglés. Se centra en enseñar las destrezas de lengua necesarias para luego estudiar matemáticas, geografía, estudios sociales y ciencias.

enseñanza basada en el proceso. Tipo de educación que pone énfasis en las *actividades* de clase más que en la creación de un producto. Se resaltan los procesos y las técnicas más que los resultados; se aprende por medio de la reflexión en lugar de aprender por medio de la transmisión y la memorización del conocimiento.

enseñanza de la escritura basada en el proceso. Forma de enseñanza que considera que el proceso de realizar un trabajo es una parte importante de la experiencia de aprendizaje. Por ejemplo, para mejorar las destrezas de escritura, se le pide al estudiante que planifique su trabajo, que lo revise y que realice varias versiones incorporando las correcciones.

enseñanza paralela. Educación que proporcionan dos maestros, cada uno en un idioma distinto. Los maestros planean el trabajo juntos, pero enseñan independientemente.

ERASMUS. Programa europeo que permite a los alumnos realizar parte de su educación universitaria en más de una universidad europea, además de hacerlo en una universidad de su propio país.

estereotipar. Clasificar a los miembros de un grupo (por ejemplo, a los que hablan un idioma minoritario) como si todos fueran iguales. Tratar a los individuos del grupo como si ninguna otra característica del grupo existiera o fuera válida. Ver siempre a los miembros del grupo de acuerdo con una característica (por lo general, negativa).

estilo cognoscitivo. Modo particular con el cual cada individuo aprende mejor. Los distintos alumnos tienen distintas preferencias, patrones y estilos de aprendizaje.

etnocéntrico. Calificativo aplicado a individuos que manifiestan etnocentrismo (discriminación hacia personas de otros grupos étnicos). Una de las mayores dificultades de las personas etnocéntricas es que, generalmente, ignoran que lo son. Consideran que las actitudes de su grupo son *lo normal* y no reconocen sus prejuicios.

etnocentrismo. 1) Creencias, actitudes y conducta discriminatorias contra personas de origen étnico distinto del propio. 2) Evaluación de personas que pertenecen a otros grupos étnicos con criterios que pertenecen al propio.

etnografía. Disciplina que investiga, describe y analiza grupos de personas (por ejemplo, étnicos, culturales). Sus métodos son descriptivos, cualitativos más que cuantitativos (incluyen, por ejemplo, estudios de campo, entrevistas y observaciones). Estas investigaciones se hacen, generalmente, con pocos participantes para poder desarrollarlas de forma detallada y en profundidad.

etnografía de la comunicación. Disciplina que estudia el lugar que ocupa el idioma en distintos grupos y comunidades. Estudia los propósitos sociales y culturales del idioma.

etnolingüística. Disciplina que estudia las relaciones entre la lengua y la cultura de uno o varios pueblos.

etnopedagogía. Prácticas educativas que se derivan de la etnografía. Un investigador etnográfico se interesa por una clase, observa su pedagogía, participa en ella y ayuda a transformarla. Intenta que los alumnos aprendan a leer a partir de sus propios conocimientos culturales y fomenta la interacción entre los estudiantes.

familia de lenguas. Grupo de idiomas que se derivan históricamente de un antecesor común.

filtro afectivo. Metáfora que describe las actitudes que afectan a la adquisición de un segundo idioma. Los sentimientos negativos, como la falta de motivación, la poca confianza en sí mismo y la ansiedad ligada al aprendizaje son como un filtro que impide u obstruye el aprendizaje de un idioma. Este concepto está asociado al modelo de monitor o de control en el aprendizaje de un segundo idioma descrito por Stephen Krashen.

fondos de conocimiento. Sabiduría que existe en las comunidades e individuos fuera de la escuela. Esta sabiduría deriva, en especial, de las minorías lingüísticas y culturales, y no se transmite en el currículo mayoritario.

fonema. Parte más pequeña del idioma hablado capaz de distinguir significados. La mayoría de las palabras tienen más de un fonema. La palabra *de* tiene dos fonemas, /d/ y /e/; *con* tiene tres fonemas, /c/, /o/ y /n/. Un fonema puede estar representado por más de una letra.

fonética. Estudio de los sonidos del habla.

fonología. Parte de la gramática que estudia el sistema de sonidos de un idioma.

geolingüística. Término relativamente reciente que describe el interés en la interrelación entre lengua y área. Estudio de los idiomas o dialectos que se hablan en las distintas áreas o regiones geográficas. También se denomina *lingüística de área*.

gramática. 1) Estudio de los elementos de una lengua y de la forma en que se organizan y combinan. 2) Estudio de la estructura de un idioma. 3) Estudio de la forma en que se combinan los elementos para crear palabras y de la forma en que se combinan las palabras y las frases para crear oraciones.

grupos heterogéneos. Grupos o clases formados por alumnos con distintos niveles de destreza o con distintos idiomas. Es lo opuesto de *grupos homogéneos,* término que se refiere al conjunto de alumnos que tienen el mismo nivel de destreza. La práctica de agrupar a los alumnos según sus destrezas (en inglés, *tracking*) da como resultado, muchas veces, un encasillamiento del cual es muy difícil salir.

habilidad lingüística. Término muy amplio y, por lo tanto, ambiguo. 1) Predisposición latente, determinante del posible éxito en el aprendizaje de un idioma. 2) Destrezas adquiridas en un idioma. Se mide lo que una persona ya puede producir en un idioma, no lo que va a poder lograr en el futuro.

hegemonía. Dominio de un grupo sobre otro. El grupo dominante espera que el grupo dominado obedezca y se subordine.

hipótesis del lenguaje comprensible. Planteo que propone que el lenguaje para la enseñanza de idiomas debe contener elementos que están un poco más allá del nivel de comprensión. Siempre que se empleen claves contextuales que ayuden la comprensión, los alumnos podrán aumentar gradualmente su propio nivel.

hipótesis del monitor. Teoría de aprendizaje de segundas lenguas desarrollada por Stephen Krashen. De acuerdo con esta teoría, un idioma solo puede adquirirse de forma natural, inconsciente. Las reglas conscientes aprendidas tienen la función de controlar y editar la comunicación. Esto implica vigilar la conversación o la escritura para asegurarse de que haya precisión de forma y significado, siempre que sea necesario.

hipótesis del período crítico. Planteo que considera que existe un período genéticamente determinado del desarrollo infantil durante el cual debe tener lugar el aprendizaje, ya que, de no ser así, no se producirá más tarde. Esta teoría, que se ha puesto en duda en el campo lingüístico, sostiene que los niños aprenden idiomas mejor antes de los 13 años.

hispánico. 1) Perteneciente o relativo a España y a los países y culturas de habla española. 2) Término usado por la Oficina del Censo de los Estados Unidos para referirse a quien vive en los Estados Unidos y tiene el español como primer idioma o desciende de personas cuyo primer idioma es el español. En ninguna de estas dos acepciones se distingue el país de origen del hablante ni de sus antecesores, a diferencia de términos que apuntan a una procedencia específica, como *chicano* o *puertorriqueño*. Otros términos que no hacen referencia específica a un determinado país de origen son *latino* e *hispano*.

hispano. Adjetivo que se aplica a quien es de origen hispanoamericano y vive en los Estados Unidos [véase *hispánico*].

identidad étnica. Aspectos del pensamiento, emociones, percepciones y conducta de un individuo que se deben a ser miembro de un grupo étnico, así como el sentimiento de pertenecer a un grupo y sentir orgullo de esa pertenencia.

idioma de amplia comunicación. Lengua usada por distintos grupos lingüísticos para la comunicación dentro de una región o país.

idioma de la comunidad. Lengua utilizada por una comunidad especial o en un área específica. Se usa en general al hablar de lenguas minoritarias. En Inglaterra, se usa la expresión para referirse a la lengua de grupos asiáticos o europeos que viven en áreas específicas.

idioma extranjero o lengua extranjera. Idioma que se enseña en la escuela como asignatura, pero que no se emplea como medio de instrucción ni de comunicación en el país, en la comunidad o en los organismos públicos.

idioma hereditario. Lengua materna o nativa de una persona, familia o grupo.

idioma indígena o lengua indígena. Idioma propio de un lugar durante largo tiempo, en contraste con un idioma inmigrante.

idioma internacional. Idioma de alto prestigio que se usa como medio de comunicación entre distintos grupos lingüísticos en un mismo país (por ejemplo, el inglés en la India) y entre países que hablan idiomas distintos (por ejemplo, inglés, español, francés).

idioma nacional. A primera vista, la expresión se refiere a un idioma prestigioso y autorizado de un país. Pero puede tener significados distintos y debatibles.

A veces, se usa con el mismo sentido que *idioma oficial*, pero, en un país multilingüe, pueden coexistir uno o varios idiomas oficiales con un idioma nacional o con varios. Estos idiomas nacionales quizá no se usen en público, pero tienen un estatus simbólico y gozan de prestigio. En algunos casos, las lenguas nacionales tienen reconocimiento oficial, en otros, el reconocimiento se lo dan los hablantes.

idioma nativo. Primer idioma que una persona aprende o el que lo identifica como miembro de un grupo étnico.

idioma o lengua dominante. Idioma que mejor domina o conoce, o el que más utiliza, una persona que sabe más de un idioma.

idioma oficial. Lengua usada en un país para propósitos públicos, formales, administrativos y oficiales (por ejemplo, en el gobierno, en la administración, en la educación y en los medios de comunicación).

idioma preferido. Idioma que una persona sabe mejor o usa más, según su propia evaluación.

idioma primario. Idioma que mejor habla una persona bilingüe o multilingüe, o el que prefiere usar. No es necesariamente el idioma que aprendió primero.

inclusión en la clase regular (en inglés, *mainstreaming*). Pasaje de un alumno que previamente estaba en clases especiales o bilingües a la clase regular. Para los alumnos hispanohablantes en los Estados Unidos, significa pasar a recibir toda la instrucción en inglés, sin apoyo de la lengua materna.

inglés con raíces africanas *(black English)*. Inglés que tiene influencias de los idiomas de África y lo hablan muchas personas afroamericanas. No debe ser considerado como un inglés imperfecto ni de segunda categoría, sino como una variante del inglés, con sistema y normas propios.

inmersión doble. 1) Educación escolar en la cual los contenidos del programa se enseñan por medio de un segundo y un tercer idioma (por ejemplo, hebreo y francés con estudiantes cuyo primer idioma es el inglés). 2) En los Estados Unidos, se refiere, en general, a programas en los que dos grupos de estudiantes están aprendiendo dos idiomas, pero la enseñanza se hace la mayor parte del tiempo en el idioma minoritario (por ejemplo, alumnos anglohablantes e hispanohablantes estudian 100%–90% del tiempo en español).

inmersión estructurada. Programa educativo que tiene como meta que los alumnos aprendan un idioma mientras aprenden también el contenido de las asignaturas. En los Estados Unidos, estos programas se aplican para enseñar el currículo en inglés, con un nivel que puedan comprender los alumnos que no hablan inglés. En general, promueven el monolingüismo.

inmigrante. Persona que emigra a otro país y tiene allí su residencia.

instrucción individualizada. Currículo cuidadosamente estructurado para atender a las diferentes necesidades y al ritmo de aprendizaje de cada estudiante. La instrucción individualizada trata de brindarles a los estudiantes un control mayor sobre lo que aprenden y el modo y ritmo en que lo aprenden.

interacción en la clase. Relación entre los maestros y los alumnos, y entre los alumnos mismos, tanto en términos de comunicación oral y escrita como de comunicación no verbal.

interaccionismo. Posición que afirma que no puede entenderse un idioma sin referencia a su contexto social.

interferencia. Cruce del vocabulario o la sintaxis de un primer idioma en el segundo, que lleva a cometer errores. Este término se usa cada vez menos debido a sus connotaciones negativas y despectivas [véase *transferencia lingüística*].

interlengua. Forma intermedia de lengua que usan las personas que están aprendiendo un segundo idioma. La interlengua contiene algunas transferencias y préstamos del primer idioma. Es un sistema de aproximación a la gramática y la comunicación.

interlocutor. Persona que participa activamente en una conversación, para diferenciarla de la que permanece en silencio.

koiné o coiné. Lengua hablada de una región que se ha convertido en la lengua franca.

laboratorio de idiomas. Habitación con casillas provistas de grabadora. Los estudiantes escuchan cintas grabadas y practican ejercicios de conversación, que los maestros pueden corregir. Recientemente, se han incorporado computadoras y sistemas de multimedia para el aprendizaje de idiomas.

latino. 1) En su acepción amplia, persona procedente de alguno de los pueblos de Europa o de América donde se hablan lenguas derivadas del latín. 2) En su acepción restringida y, en especial, en los Estados Unidos, persona de ascendencia latinoamericana que vive en ese país. Este término no distingue diferencias raciales ni nacionales. Se usa en inglés tanto como en español.

lealtad lingüística. Mantenimiento y retención voluntarios de un idioma cuando el idioma se ve amenazado. Esta es una preocupación de las minorías lingüísticas en regiones dominadas por otro idioma.

lecciones comunitarias. Lecciones en las que los alumnos de distintos idiomas se mezclan para realizar actividades comunes, como proyectos, trabajos artísticos o educación física. Son lecciones comunitarias, por ejemplo, las horas europeas de las escuelas europeas.

lectoescritura bilingüe. Lectura y escritura en dos idiomas.

lectura de contenido. Lectura utilizada para aprender áreas específicas del currículo, en contraste con lo que se lee simplemente por diversión.

lecturabilidad. Nivel de dificultad de un texto escrito. Depende de varios factores: longitud de las oraciones, complejidad gramatical y frecuencia de uso del vocabulario.

lengua aislada. Lengua que no tiene ninguna relación aparente con otras lenguas conocidas. Es, por ejemplo, el caso del euskera, el idioma de los vascos.

lengua apoyada por el contexto. Lenguaje en el que la comunicación se produce con la ayuda del contexto (por ejemplo, ilustraciones, gestos, expresiones, objetos circundantes). Lenguaje en el cual se proporcionan numerosos elementos para la comprensión y se desentraña el significado gracias a la naturaleza física o social de la conversación.

lengua autóctona. Término usado especialmente en Europa para describir los idiomas indígenas o las lenguas que se han hablado por mucho tiempo en una región o territorio.

lengua auxiliar. 1) Idioma usado como medio de comunicación entre varios grupos lingüísticos (véanse también *lengua franca, pidgin, idioma de amplia comunicación*). 2) Lenguaje artificial inventado como medio de comunicación entre distintos grupos lingüísticos.

lengua de comercio. Lengua que se adopta o evoluciona como medio de comunicación en los negocios o el comercio entre personas de distintos grupos lingüísticos. Muchos *pidgins* nacieron de lenguas de comercio en los puertos y en los grandes centros comerciales.

lengua estándar o general. Variedad de un idioma que goza del apoyo oficial y que se usa en situaciones formales (por ejemplo, en el gobierno y en la escuela). Generalmente, tiene normas muy claras para la ortografía, el vocabulario y la gramática. Es la forma más usada en la literatura, en los medios de comunicación masiva (por ejemplo, la radio y la televisión) y en los libros de texto.

lengua franca. 1) Lengua mixta, creada sobre la base de una lengua determinada y con la aportación de numerosos elementos de otra u otras, que usan con preferencia en enclaves comerciales hablantes de diferentes idiomas para relacionarse entre sí. 2) Idioma en que se comunican entre sí varios grupos lingüísticos. Puede ser un idioma local, regional, nacional o internacional. Puede ser el primer idioma de uno de los grupos. Las lenguas francas se encuentran especialmente en regiones multilingües.

lengua hereditaria. Idioma que una persona reconoce como su lengua nativa, ancestral o del hogar. Incluye los idiomas nativos (por ejemplo, el navajo o el zapoteco) y las lenguas inmigrantes (como el español en los Estados Unidos).

lengua materna. 1) Idioma que se aprende de la madre. 2) Primer idioma que se aprende, no importa de quién se aprenda. 3) Idioma que mejor se habla en algún momento de la vida. 4) Lengua hereditaria del país o de la región (por ejemplo, el irlandés en Irlanda). 5) Idioma más usado por una persona. 6) Idioma por el cual una persona siente el mayor afecto.

lengua mayoritaria o idioma mayoritario. Idioma de alto estatus que, a menudo (aunque no siempre), es hablado por la mayoría de la población de un país. El adjetivo *mayoritario* se refiere más al estatus y al poder que al número de los hablantes.

lengua minoritaria o idioma minoritario. Idioma hablado solo por una minoría de personas en un país o por personas socialmente marginadas. Puede referirse tanto al número de hablantes como a su estatus.

lenguaje artificial. 1) Lenguaje inventado como medio de comunicación internacional (por ejemplo, esperanto, ido). 2) Sistema de comunicación creado con un propósito específico (por ejemplo, lenguaje cibernético o informático).

lenguaje a través del currículo. Modo de concebir el desarrollo del idioma materno que acentúa el enriquecimiento del lenguaje en todas sus formas (lectura, escritura, expresión oral) y en todas las asignaturas. El idioma no se enseña solo como materia específica, sino que se aplica a todas las demás. Un énfasis similar puede dársele a la escritura a través del currículo o a la lectura a través del currículo.

lenguaje comprensible. Lenguaje que se mantiene al nivel de comprensión del alumno. Puede tener algunos elementos nuevos siempre que el contexto ayude a entenderlos.

lenguaje de contexto reducido. Lenguaje donde hay pocas claves sobre el significado más allá de las propias palabras. Probablemente, un lenguaje abstracto.

lenguaje integrado. Modelo de enseñanza de las artes del lenguaje (la lectura y la escritura) que promueve el uso de un lenguaje natural con verdaderos propósitos de comunicación. Utiliza el aprendizaje cooperativo y anima a los estudiantes a descubrir sus múltiples habilidades para la expresión oral y escrita. Incorpora al máximo las obras literarias como fuente de lectura y está en contra del uso de textos artificiosos, carentes de belleza literaria y de contenido profundo. Aunque incorpora técnicas fonéticas para apoyar a los niños que empiezan a leer, rechaza el uso del método fonético como método principal de la enseñanza de la lectura.

lenguaje por señas. Idioma usado por personas sordas o con impedimentos del habla, y por quienes desean comunicarse con ellas. Estos lenguajes utilizan medios no verbales para la comunicación de todo tipo de contenidos. Son idiomas completos con sus propios sistemas gramaticales. En distintas partes del mundo, se han desarrollado distintos sistemas de lenguaje por señas (por ejemplo, el americano, el británico, el francés). También hay distintas variantes en los países de habla hispana.

lenguaje productivo o activo. Lenguaje que se utiliza al hablar y escribir.

lenguaje receptivo o pasivo. Lenguaje que una persona puede escuchar, leer o comprender, pero que no puede usar todavía para hablar ni para escribir.

Ley de Educación Bilingüe. Título VII de la Ley de Educación Primaria y Secundaria de los Estados Unidos, sancionado en 1968, que establece las regulaciones federales para los alumnos de idiomas minoritarios y la educación bilingüe. Fue reautorizado en 1998 como parte de la Ley para Mejorar las Escuelas: las enmiendas aumentan la responsabilidad de los estados y ayudan a los solicitantes que desean obtener destrezas bilingües.

léxico. Vocabulario; conjunto de palabras de un idioma.

libro de lectura básico. Libro de lectura que usa vocabulario y estructuras gramaticales simplificados, cuidadosamente medidos y estructurados, y que resulta muy artificial.

libro de texto graduado. Libro o conjunto de libros cuidadosamente graduados en términos de la dificultad del vocabulario y la complejidad de la gramática. Para conseguir el control lingüístico se sacrifica la autenticidad. Pueden ser libros de lectura para hablantes nativos, libros para adultos que aprenden un segundo idioma o para alumnos que aprenden un idioma extranjero.

libro grande o gigante. Libro de tamaño muy grande, que permite que los niños puedan leerlo junto con el maestro. Se utiliza con regularidad en los programas de lectura integrada para tratar de reproducir la experiencia lectora que tiene un niño a quien en su casa le leen con frecuencia.

LINGUA. Programa europeo para ampliar la enseñanza de idiomas mayoritarios a través de Europa. Este programa concede becas y promueve el intercambio de estudiantes y de materiales para mejorar la enseñanza y el aprendizaje de idiomas en los países de la Comunidad Europea.

lingüicismo. Uso de ideologías, estructuras y prácticas para legitimar y reproducir divisiones injustas del poder y de recursos entre los grupos lingüísticos.

mantenimiento lingüístico. Uso continuado de un idioma, sobre todo por parte de las minorías lingüísticas (por ejemplo, a través de la educación bilingüe). También se usa en referencia a las tácticas políticas o sociales que protegen y promueven las lenguas minoritarias.

medio de instrucción. Idioma usado en la enseñanza. También llamado *vehículo de instrucción*.

mensaje. Significado de la comunicación. Puede transmitirse en forma verbal o no verbal, como la mirada, los gestos y la postura. Muchas veces se distingue entre el contenido y la forma del mensaje. La forma se refiere a cómo ocurre la comunicación y el contenido a su significado.

metacognición. Toma de conciencia de los procesos mentales propios.

metalingüística. 1) Uso del lenguaje para describir el lenguaje. 2) Pensamiento sobre el lenguaje propio.

método comunicativo. Método de enseñanza de una segunda lengua que pone el énfasis en el uso del idioma en situaciones comunicativas diarias.

método ecléctico. Sistema de enseñanza del idioma o de la cultura que utiliza una combinación de otros métodos.

método fonético. Método de enseñanza de la lectura que se basa en el reconocimiento de los sonidos, de las letras y de las combinaciones de letras.

método integrado. Método que integra las actividades de escuchar, hablar, leer y escribir para la enseñanza y la evaluación de idiomas.

método lingüístico. Término que se usa de forma general para describir las teorías y posturas filosóficas sobre la naturaleza del lenguaje y el aprendizaje de idiomas (por ejemplo, acercamiento auditivo-verbal, acercamiento comunicativo). El término *método* se usa para describir cómo se enseñan los idiomas en la clase (por ejemplo, método audiolingual) y el término *técnicas* se usa para describir las actividades que implica (por ejemplo, dramatizaciones, ejercicios).

méxico-americano. Persona de origen o ascendencia mexicana que vive en los Estados Unidos. No tiene la misma connotación reivindicativa que el término *chicano*.

mezcla de códigos o de lengua. Mezcla de dos idiomas dentro de una frase o una comunicación.

minoría lingüística. 1) Comunidad lingüística (o persona) cuyo primer idioma es distinto del idioma dominante en el país. 2) Grupo que habla un idioma que, en una sociedad específica, tiene poco prestigio, poco poder o pocos hablantes.

minoría involuntaria. Grupo minoritario radicado en un país. Estos grupos se diferencian de los inmigrantes y de las minorías *voluntarias* en que no han inmigrado voluntariamente al país (por ejemplo, en los Estados Unidos, los indígenas norteamericanos, los afroamericanos, los hispanos del suroeste descendientes de quienes vivían allí antes de la guerra de México y los puertorriqueños). También se denominan *minorías estilo casta*.

modelo de déficit. Modelo basado en la idea de que algunos niños tienen una deficiencia en su lenguaje —en el vocabulario, la gramática o la comprensión— particularmente en la clase. Se piensa que el niño tiene un *déficit* que debe ser compensado con un programa especial. Se culpa del problema al niño más que al sistema escolar, a la sociedad o a la ideología de quien lo percibe. Lo opuesto es un modelo de enriquecimiento [véase *educación bilingüe de enriquecimiento*].

monogénesis. Teoría que sostiene que todos los idiomas del mundo derivan, históricamente, del mismo antecesor.

monóglota. [Véase *monolingüe*].

monolingüe. Persona que habla un solo idioma.

morfema. Unidad mínima de significado. Por ejemplo, la terminación *-s* es un morfema que significa 'plural', 'más de uno'. El prefijo *bis-* es un morfema que significa 'dos' o 'dos veces'.

morfología. Estructura interna de las palabras.

mosaico étnico. Coexistencia en un mismo país de inmigrantes que mantienen elementos constituyentes de su identidad.

motivación instrumental. Deseo de aprender un idioma por razones utilitarias (por ejemplo, para obtener un mejor empleo).

motivación integradora. Deseo de aprender un idioma para ser parte de un grupo (por ejemplo, para hacer amigos).

muerte de un idioma. Fin de la existencia de un idioma en la práctica, ya sea por la desaparición de sus últimos hablantes, ya sea porque los hablantes dejan de usarlo en beneficio de otro idioma. Una lengua muerta ha dejado de existir como medio de comunicación.

multilingüe. Persona que habla más de dos idiomas.

negociación. Táctica que se aplica en una conversación para lograr una verdadera comunicación, como el uso de respuestas, ejemplos, repeticiones, elaboraciones y simplificación.

nivel académico o **cognoscitivo del lenguaje.** Nivel de dominio en el segundo idioma requerido para realizar las tareas de la clase, que exigen un mayor esfuerzo académico y cognoscitivo. En algunas clases, se ofrece poco apoyo contextual y, por ende, el nivel necesario es mayor. Se distingue de las destrezas interpersonales de comunicación (BICS), que requieren poco esfuerzo cognoscitivo porque la comunicación se apoya en el contexto.

nivel umbral. 1) Nivel de competencia lingüística que tiene que haber alcanzado una persona para que el bilingüismo le represente beneficios en el proceso de pensamiento. 2) Nivel de lengua necesario para funcionar en un idioma extranjero, según el Consejo de Europa. Se especifican distintos contextos y los objetivos que los alumnos tienen que alcanzar para obtener este nivel.

normalización. Estandarización o tipificación de un idioma, en particular de la forma escrita, para documentos y comunicación oficiales, literatura, currículo escolar, etcétera.

objetivos graduados. Objetivos de un currículo que determinan los niveles que deben adquirirse en las distintas etapas. Se plantean metas específicas e inmediatas para los estudiantes, a quienes se les exige que dominen cada objetivo antes de pasar a otros más complejos.

pérdida lingüística. Proceso de un individuo o un grupo por el cual pierde la habilidad para usar un idioma. La pérdida lingüística se estudia, en particular, entre los inmigrantes a un país donde su lengua madre tiene un estatus reducido, poco valor económico y poca aplicación en la educación.

pidgin. Lengua que se desarrolla como medio de comunicación cuando grupos lingüísticos distintos entran en contacto regular. Usualmente, una lengua *pidgin* tiene un vocabulario muy reducido y una estructura gramatical simplificada. Como norma general, no hay hablantes nativos de *pidgin,* que es un segundo idioma, aunque hay algunos casos de *pidgins* extendidos (como en Papúa Nueva Guinea), que se convierten en el idioma principal de la comunidad. Cuando un *pidgin* se extiende y se convierte en el idioma nativo de un grupo de hablantes, con un vocabulario más extenso y una estructura gramatical más compleja, se acostumbra a llamarlo *creole.*

pidginización. 1) Evolución de una lengua *pidgin.* 2) En el aprendizaje de segundos idiomas o de idiomas extranjeros, desarrollo de una forma simplificada del idioma que se está aprendiendo (también se la llama *intralengua*). Este estado intermedio es, por lo general, temporal, pero, de acuerdo con la hipótesis de *pidginización,* puede volverse permanente si quienes aprenden el idioma se mantienen socialmente separados de los hablantes nativos o cuando el idioma que se está aprendiendo se usa muy poco.

planeamiento lingüístico. Planificación deliberada para regular el uso de un idioma. La planificación lingüística emplea con frecuencia la codificación y la expansión de las normas del idioma (planeamiento del corpus); la selección de distintas variedades para distintas funciones y propósitos (planeamiento del estatus) y la decisión de si el idioma debe adquirirse en la familia o en la escuela (planeamiento de la adquisición).

planeamiento lingüístico del corpus. Planificación que se centra en los aspectos lingüísticos del idioma (por ejemplo, el vocabulario y la gramática) para tratar de asegurar una normalización del idioma dentro de un área [véase *planeamiento lingüístico*].

pluralismo cultural. Familiaridad con dos o más culturas, y sus creencias, valores y actitudes. La educación multicultural, en muchos casos, se propone fomentar en los niños el pluralismo cultural.

plurilingüe. Persona que habla bien tres o más idiomas.

políglota. Persona que habla bien tres o más idiomas.

préstamo lingüístico. Palabra o frase de un idioma que ha pasado a otro. Por ejemplo, en inglés se usan palabras del español como *taco, enchilada, villa, patio;* en español se usa *ok* y *popcorn*. Adopta distintas formas. Se puede tomar solo parte de la palabra, puede adaptarse la palabra al otro idioma o pueden traducirse sus elementos. Por ejemplo, *rascacielos* es la traducción de *skyscraper*.

primer idioma. 1) Idioma que se aprende primero. 2) Idioma que se conoce mejor. 3) Lengua materna. 4) Idioma que se usa con más frecuencia.

principio de la personalidad. Derecho a usar una lengua basado en la historia y el carácter de la lengua, en lugar del derecho a usarla basado en el territorio [véase *principio territorial*].

principio territorial. Derecho a usar una lengua dentro de un territorio o un área geográfica.

profecía de autorrealización. Internalización de la opinión de otro sobre uno y conducta que comprueba la opinión. Por ejemplo, si un maestro considera que un alumno no va a tener un buen rendimiento y se lo hace saber, el alumno puede actuar como el maestro espera aunque podría haber tenido un buen rendimiento si el maestro así lo hubiera manifestado.

programa en dos idiomas. También llamado *educación bilingüe de desarrollo o de mantenimiento,* o *programa dual*. Sistema educativo en el que se usan dos idiomas en el currículo durante aproximadamente la misma cantidad de tiempo. Las clases pueden tener una mezcla de hablantes nativos de cada idioma. Se puede combinar con un programa de inmersión y se habla, entonces, de *inmersión doble*.

prosodia. Estudio de la melodía, tono, velocidad y ritmo de la lengua hablada; fuera de la entonación, incluye la transmisión de significado que se produce por distintos tipos de énfasis.

proyecto grupal. Trabajo independiente que se realiza, por lo general, sobre un tema interdisciplinario. Son pasos importantes de los proyectos grupales la planificación, la ejecución, la discusión y el diálogo, la revisión y la reflexión, la evaluación y la edición. Se enfatiza el valor del trabajo cooperativo entre los miembros del grupo y las situaciones auténticas de aprendizaje.

prueba psicométrica. Prueba para medir las características de un individuo (por ejemplo, actitudes, creatividad, destrezas, dislexia, personalidad, necesidades e intenciones). Las pruebas psicológicas más conocidas son los tests de inteligencia o *IQ tests*.

prueba referida a criterios. Prueba educativa que evalúa al alumno según su dominio de una asignatura, en contraste con la prueba normativa, que lo evalúa en comparación con otros alumnos. Una prueba de idiomas referida a criterios requiere una clara especificación de la estructura del idioma que se estudia.

purismo lingüístico. Intento deliberado de librar a un idioma de elementos que se consideran poco deseables (por ejemplo, formas dialectales, préstamos de palabras extranjeras, etcétera).

racismo. Exacerbación del sentido racial de un grupo étnico que suele llevar a la discriminación y persecución de otros y a establecer un sistema de privilegios y opresión basado en la etnia. Se apoya en la creencia de que una etnia es superior a otras y tiene como resultado el mantener diferencias económicas, sociales, políticas y educativas acordes con esa supuesta superioridad.

racismo institucionalizado. Procesos, actitudes y conducta discriminatorios de una organización o sociedad, que perjudican a los individuos y grupos minoritarios.

registro. 1) Variedad de un idioma asociada con los contextos en los que se usa (por ejemplo, la corte judicial, la clase, la iglesia) y, por lo tanto, con personas de distintas profesiones u oficios (por ejemplo, jueces, profesores, sacerdotes). 2) Variedad de un idioma utilizada por un individuo en un contexto específico.

rendimiento o aprovechamiento lingüístico. Resultado de las clases formales de idiomas. Destreza en un idioma adquirida gracias a lo enseñado y aprendido en la clase.

retrotraducción. Traducción que se vuelca nuevamente al idioma original para evaluar su exactitud.

revitalización lingüística. Proceso de restauración de la vitalidad de un idioma al promover su uso y sus funciones en la comunidad.

segundo idioma. 1) Segundo idioma que se aprende. 2) Idioma que se domina menos. 3) Idioma que no es la lengua materna. 4) Idioma que se usa menos. En ocasiones, el término también alude al tercero y al cuarto idioma. También puede referirse a un idioma frecuente en el país donde vive el hablante (como el español en los Estados Unidos) para diferenciarlo de un idioma extranjero.

semántica. Estudio del significado de las palabras.

semilingüe. Término controvertido que describe a una persona que habla dos idiomas, pero sin que ninguno de ellos se haya desarrollado por completo.

sintaxis. Estudio del modo en que se combinan las palabras en la oración, y de las reglas que gobiernan la relación entre ellas y su organización en el sintagma.

sociolingüística. Estudio de la lengua en relación con los grupos sociales, la clase social, la etnicidad y otros factores interpersonales de la comunicación.

sumersión. Enseñanza de los alumnos que hablan idiomas minoritarios proporcionada exclusivamente a través de la lengua mayoritaria, en muchas ocasiones, en las mismas clases que los alumnos que hablan el idioma mayoritario como lengua nativa. Este sistema obliga a los alumnos minoritarios a "nadar o hundirse" en el plan de estudios regular. Caracteriza el tratamiento que sufren los niños hispanohablantes en los Estados Unidos cuando se les enseña solo en inglés. No debe confundirse con el término *inmersión*.

textos auténticos. Textos tomados de periódicos, revistas, grabaciones de lenguaje natural de la radio o la televisión. No son creados por el maestro, sino que existen en el mundo fuera de la clase.

traducción mecánica. Traducción de un idioma a otro hecha por un programa de computadora.

traducción oral. Traducción de un idioma a otro realizada verbalmente. La traducción es consecutiva cuando el intérprete traduce oralmente durante las pausas que hace el hablante. La traducción es simultánea cuando el intérprete traduce al mismo tiempo que el hablante emite el mensaje. La traducción simultánea se hace, a veces, por medio de un micrófono conectado a audífonos.

transferencia lingüística. Efecto de un idioma en la adquisición de otro. Puede haber transferencia negativa, llamada *interferencia*, y, mucho más a menudo, transferencia positiva, sobre todo, en la comprensión de los conceptos.

translenguaje. Flexibilidad de los bilingües para controlar su propio aprendizaje y autorregular cuándo y cómo manifestarse lingüísticamente según el contexto en el que deben actuar.

US English. Organización decidida a convertir el inglés en idioma oficial de los Estados Unidos y a impedir la educación bilingüe.

variante de una lengua. Variante regional o social claramente distinguible. Se usa este término en lugar de *dialecto* porque *dialecto* ha cobrado una connotación negativa y se emplea, muchas veces, para expresar una distinción jerárquica con respecto a un idioma.

variante regional. Término neutro que se usa en lugar de *dialecto* o *lengua* cuando es difícil diferenciarlos.

variedad no nativa. Variedad de un idioma llevada por inmigrantes, por ejemplo, el inglés de la India en Inglaterra.

vernáculo. Idioma indígena de un individuo o de una comunidad. Se usa para definir una lengua nativa en oposición a un idioma clásico, como el latín y el griego; a un idioma de uso internacional, como el inglés y el francés; y al idioma oficial o nacional de un país.

vitalidad lingüística. Medida en que una lengua minoritaria mantiene y expande su empleo diario y su radio de aplicación. Se dice que contribuyen a la vitalidad lingüística factores como el estatus, el apoyo institucional, el valor económico y el número y la distribución de los hablantes.

vocabulario activo. Número real de palabras que una persona usa, en contraste con el vocabulario pasivo, que son las palabras que la persona comprende. Los hablantes nativos de un idioma tienen, generalmente, un vocabulario activo de entre 30,000 y 50,000 palabras. Su vocabulario pasivo puede llegar a ser de 100,000. Cuando se aprende una lengua extranjera, se considera que una persona tiene un nivel apropiado cuando alcanza un vocabulario activo de unas 3,000 a 5,000 palabras y un vocabulario pasivo de aproximadamente 10,000.

zona de desarrollo próximo. Áreas de aprendizaje al alcance de un alumno. Vygotsky vio la zona de desarrollo próximo como la distancia entre el nivel de desarrollo de un alumno capaz de resolver un problema sin la ayuda de un adulto y el nivel de desarrollo posible al resolver problemas en colaboración con compañeros y maestros. La zona de desarrollo próximo es donde se hace posible la comprensión de nuevas ideas por medio de la interacción colaborativa y el diálogo.

Glosario de siglas y nombres en inglés

Estas siglas se usan frecuentemente en inglés. Ofrecemos el significado para facilitar la comprensión de la realidad educativa en inglés.

BEA. Bilingual Education Act, Ley de Educación Bilingüe. Parte de la legislación de los Estados Unidos sobre la educación bilingüe; parte de la Ley de Educación Primaria y Secundaria de los Estados Unidos (ESEA).

BICS. *Basic Interpersonal Communicative Skills,* habilidades de comunicación interpersonal básicas. Destrezas elementales para usar el idioma en situaciones cotidianas sencillas y donde el contexto ayuda a comprender lo que se dice. Es un término usado por Jim Cummins para referirse al nivel superficial que pueden adquirir los niños en el idioma mayoritario, que les permite mantener conversaciones sencillas, pero no necesariamente realizar trabajo académico.

CABE. California Association for Bilingual Education, Asociación de Educación Bilingüe de California.

CALL. Aprendizaje de lenguas apoyado en programas de computadora.

CALP. *Cognitive Academic Language Proficiency,* nivel de lenguaje que se requiere para comprender temas académicos del plan de estudios en la clase. Este lenguaje es, por lo general, abstracto, sin apoyos contextuales, como gestos o imágenes.

CE. Comunidad Europea. Grupo de países europeos que se han unido para obtener beneficios económicos, sociales y culturales mutuos. Su unidad monetaria es el euro.

CLIL. *Content and Language Integrated Learning*, aprendizaje integrado de contenido y lengua extranjera.

CUP. Competencia común compartida.

DBE. Educación bilingüe de desarrollo o educación en dos idiomas.

EAL. *English as an Additional Language*, inglés como idioma adicional.

EFL. Inglés como idioma extranjero.

ELL. Alumnos que no hablan inglés, pero que lo están aprendiendo. Se prefiere a LEP, alumnos limitados en inglés, porque se centra en el desarrollo y no en el déficit.

ELT. *English language teaching*, enseñanza del idioma inglés.

ERA. Equal Rights Amendment, Enmienda a la Constitución de los Estados Unidos que garantiza los derechos de igualdad.

ESEA. Ley de Educación Primaria y Secundaria de los Estados Unidos.

ESL. Inglés como segundo idioma. En los Estados Unidos, estos programas, generalmente, usan muy poco el idioma materno de los alumnos.

ESOL. Inglés para hablantes de otros idiomas. Equivale a ESL.

ESP. Enseñanza del inglés a hablantes de otros idiomas con propósitos específicos, por ejemplo, para aprender ciencias y tecnología, para los negocios o inglés vocacional.

EU. Unión Europea. Término que describe la agrupación de países europeos para el beneficio mutuo.

FEP. Persona que habla inglés con fluidez.

FLAP. *Foreign Language Assistance Program*, Programa de Asistencia a las Lenguas Extranjeras, autorizado por el título VII de la Ley para la Mejora de las Escuelas de Estados Unidos en 1994; ofrece apoyo económico a las agencias educativas estatales y locales para respaldar programas que mejoren la enseñanza de idiomas extranjeros.

LEP. Hablante limitado en inglés. Término que se usa en los Estados Unidos para referirse a los alumnos que no tienen el inglés como lengua materna y no han alcanzado el nivel de destrezas deseado para comprender, hablar, leer o escribir en inglés. Se infiere que estos alumnos no tienen suficiente inglés para poder aprovechar la enseñanza impartida solo en este idioma.

LM. *Language Minority*, comunidad o persona cuyo primer idioma es diferente del idioma dominante del país. Grupo que habla una lengua de bajo prestigio o de bajo poder, o poco numerosa en una sociedad.

LMS. *Language Minority Students*, estudiantes de una minoría lingüística.

L1/L2. *Language 1/Language 2*, primera lengua o idioma/segunda lengua o idioma.

NABE. Asociación Nacional de Educación Bilingüe, organización profesional de los Estados Unidos para maestros, administradores, padres y personas interesadas en proporcionar igualdad de derechos educativos a los alumnos de idiomas minoritarios.

NCBE. National Clearinghouse for Bilingual Education, organismo nacional con fondos de la Oficina Nacional de Educación Bilingüe, que recopila y provee información sobre el bilingüismo y la educación bilingüe.

NEP. Persona que no habla inglés.

OBEMLA. Oficina de Educación Bilingüe y Asuntos de Lenguas Minoritarias del Departamento de Educación de los Estados Unidos, establecida en 1974 por el Congreso para proveer oportunidades educativas equitativas para alumnos de competencia limitada en inglés.

OCR. Oficina de los Derechos Civiles de los Estados Unidos.

SAIP. Programas especiales de instrucción alternativa en los Estados Unidos.

SLT. *Second Language Teaching*, enseñanza de una segunda lengua.

SUP. Competencia subyacente separada.

TBE. Educación bilingüe transicional.

TEFL o TESFL. Enseñanza del inglés como idioma extranjero o como segundo idioma.

TESL. Enseñanza del inglés como segundo idioma.

TESOL. 1) Maestros de inglés para hablantes de otros idiomas y su organización. 2) Enseñanza del inglés como segundo idioma o como lengua extranjera.

Agradecimientos

Los autores agradecen a la profesora Ofelia García y a la doctora Sylvia Prys Jones sus contribuciones a este glosario. El glosario se basa en las obras *Policy and Practice in Bilingual Education: A Reader Extending the Foundations* [Regulaciones y prácticas en la educación bilingüe: Lecturas para ampliar los fundamentos], de O. García y C. Baker (Clevedon: Multilingual Matters, 1995) y *The Encyclopedia of Bilingualism and Bilingual Education* [Enciclopedia de bilingüismo y educación bilingüe], de C. Baker y S. Prys Jones (Clevedon: Multilingual Matters, 1998).

Índice Analítico